国家出版基金项目
NATIONAL PUBLICATION FOUNDATION

新技术法学研究丛书

丛书主编：张保生 郑飞

电子数据侦查取证行为研究

谢登科 —— 著

中国政法大学出版社

2024 · 北京

图书在版编目（CIP）数据

电子数据侦查取证行为研究 / 谢登科著. —— 北京：中国政法大学出版社, 2024. 7. —— ISBN 978-7-5764-1636-7

Ⅰ. D918

中国国家版本馆 CIP 数据核字第 2024XN6085 号

书　　名	电子数据侦查取证行为研究 DIANZI SHUJU ZHENCHA QUZHENG XINGWEI YANJIU
出版者	中国政法大学出版社
地　　址	北京市海淀区西土城路 25 号
邮　　箱	bianjishi07public@163.com
网　　址	http://www.cuplpress.com (网络实名：中国政法大学出版社)
电　　话	010-58908466(第七编辑部) 010-58908334(邮购部)
承　　印	北京中科印刷有限公司
开　　本	720mm×960mm　1/16
印　　张	23.25
字　　数	340 千字
版　　次	2024 年 7 月第 1 版
印　　次	2024 年 7 月第 1 次印刷
定　　价	98.00 元

作者简介

　　谢登科　男，汉族，1980 年 10 月出生，湖北随州人，法学博士。吉林大学法学院教授，博士生导师。中国刑事诉讼法学研究会常务理事，吉林省法学会检察学研究会会长，吉林省律师协会刑事专业委员会副主任。曾任黑龙江省齐齐哈尔市中级人民法院法官。在《法学研究》《环球法律评论》《法律科学》《法制与社会发展》等刊物发表学术论文 80 余篇。主持国家社科基金青年项目、国家社科基金一般项目、国家社科基金重大项目子课题、最高人民检察院检察理论研究项目、最高人民法院司法案例研究项目、中国人权研究会部级项目等科研项目 20 余项。曾获第四届"吉林省杰出中青年法学家"称号，获吉林大学优秀青年教师精英阶段培养资助。

总　序

21世纪以来，科技迅猛发展，人类社会进入了新技术"大爆发"的时代。互联网、大数据、人工智能、区块链、元宇宙等数字技术为我们展现了一个全新的虚拟世界；基因工程、脑机接口、克隆技术等生物技术正在重塑我们的生物机体；火箭、航天器、星链等空天技术助力我们探索更宽阔的宇宙空间。这些新技术极大地拓展了人类的活动空间和认知领域，丰富了我们的物质世界和精神世界，不断地改变着人类社会生活的面貌。正如罗素所言，通过科学了解和掌握事物，可以战胜对于未知事物的恐惧。

然而，科学技术本身是一柄"双刃剑"。诺伯特·维纳在《控制论》序言中说，科学技术的发展具有为善和作恶的巨大可能性。斯蒂芬·霍金则警告，技术"大爆炸"会带来一个充满未知风险的时代。的确，数字技术使信息数量和传播速度呈指数级增长，在给人类生产和生活带来信息革命的同时，也催生出诸如隐私泄露、网络犯罪、新闻造假等问题。克隆技术、基因编辑等生物技术在助力人类攻克不治之症、提高生活质量的同时，也带来了诸如病毒传播、基因突变的风险，并给社会伦理带来巨大挑战。

奥马尔·布拉德利说："如果我们继续在不够明智和审慎的情况下发展技术，我们的佣人可能最终成为我们的刽子手。"在享受新技术带来的便利和机遇的同时，提高风险防范和应对能力是题中应有之义。我们需要完善立法来保护隐私和知识产权，需要通过技术伦理审查确保新技术的研发和应用符合人类价值观和道德规范。尤为重要的是，当新技术被积极地应用于司法领域时，我们更要保持清醒的头脑，不要为其表面的科学性和查明事实真相方面的精确性所诱，陷入工具崇拜的泥潭，而要坚持相关性与可靠性相结合的科学证据采信标准，坚守法治思维和司法文明的理念，严守司法的底线，不能让新技术成为践踏人权的手段和工具。

不驰于空想，不骛于虚声。在这样一个机遇与挑战并存的时代，我们应以开放的胸襟和创新的精神迎接新技术带来的机遇，也需要以法治理念和公序良俗应对新技术带来的挑战。弗里德里奇·哈耶克曾反思道："我们这一代人的巨大不幸是，自然科学令人称奇的进步所导致的人类对支配的兴趣，并没有让人们认识到这一点，即人不过是一个更大过程的一部分，也没有让人类认识到，在不对这个过程进行支配，也不必服从他人命令的情形下，每一个人都可以为着共同的福祉做出贡献。"因此，在新技术"大爆发"的新时代，我们需要明确新技术的应用价值、应用风险和风险规制方式。本丛书的宗旨就在于从微观、中观和宏观角度"究新技术法理，铸未来法基石"。阿尔伯特·爱因斯坦说过："人类精神必须置于技术之上。"只有良法善治，新技术才能真正被用于为人类谋福祉。

张伟珂

2023 年 12 月

目　录

第一章
电子数据概述

电子数据已经成为网络信息时代的"证据之王"，[1]很多案件中都会使用到一种或数种电子数据。在司法实践中，较为常见的电子数据有微信、短信、电子支付记录、电子邮件、系统程序、数字音视频、数字图片、电子文件、数据库等。《刑事诉讼法》《民事诉讼法》《行政诉讼法》等法律已经将电子数据确定为法定证据种类之一，赋予了其独立的法律地位。但在司法实践中常将电子数据与视听资料、书证、证人证言等证据相互混淆，将本应作为电子数据的证据材料错认为证人证言、视听资料等证据，或者将本属于证人证言、视听资料等证据材料误认为电子数据。有些司法机关对某些具有电子形式的证据材料归属于何种证据作模糊处理，仅将其作为认定案件事实的证据，但并不明确其属于何种法定证据。从表面上来看，此种误认源于视听资料、书证、证人证言等传统证据电子化和电子数据纸质化的现象，但其内在原因则是没有准确认识电子数据的基本特征，没有厘清电子数据与其他法定证据的相互关系。在证据理论层面，电子数据是与物证、书证、证人证言等其他证据并列的法定独立证据种类，还是其他证据材料的电子化表现形式，是对法定证据的电子化替代，所以存在"并列说""转化说"等不同观点。这些关于电子数据的实践问题和理论争议，主要源于对电子数据的内在特征、基本范围、理论定位等基本问题没有厘清，由此导致无法正确认定电子数据以及其与其他证据的关系。因此，有必要对电子数据的概念、内涵、特征等问题予以研究。

第一节　电子数据的概念与特征

一、电子数据的名称演变

我国《刑事诉讼法》《民事诉讼法》《行政诉讼法》都采取"电子数

---

[1]　刘品新：《电子证据法》，中国人民大学出版社 2021 年版，第 3 页。

据"的名称，由此形成了统一、权威的法律表述。但从该法律术语的发展演变来看，电子数据前身有很多名称，如计算机证据（Computer Evidence）、电子证据（Electronic Evidence）、数字证据（Digital Evidence）、电子交互数据（Electronic Data Interchange，EDI）等。人们用不同术语来指称电子数据，其名称演变既源于计算机、网络信息技术的飞速发展，也源于其外延和范围的不断扩展。

（一）计算机证据

人类历史上最早的计算机是我们中国人在 800 多年前发明的算盘。现代意义上的计算机则要归功于德裔美籍统计学家赫尔曼·何乐礼（Herman Hollerih）发明的打孔卡片制表机，他创办了制表机器公司，后来发展成为 IBM 公司。世界上第一台现代电子数字计算机 Atanasoff-Berry Computer（ABC 计算机），是美国物理、数学教授约翰·文森特·阿塔纳索夫（John Vincnet Atanasoff）和他的研究生克利福特·贝瑞（Clifford E. Berry）在联邦政府资助下研发的，它具有二进制运算、并行处理、独立内存、再生存储等能力。在此基础上，美国宾夕法尼亚大学摩尔学院电气工程系 1946 年 2 月 14 日建成了世界上首台电子数字积分计算机（ENIAC），这是大多数现代计算机、大型机和个人计算机等的原型。ENIAC 的诞生和应用，引发 20 世纪 60 年代和 70 年代计算机技术蓬勃兴起，计算机开始在高校、企业等中开始流行，后来发展出个人计算机，创造出了个人可以登录访问的网络世界。[1]计算机和网络信息技术的发展、普及，给人们的学习、工作和生活等带来了巨大便利，但也给违法犯罪分子带来了新的犯罪工具和对象，计算机犯罪、网络犯罪、数字犯罪也逐渐兴起并不断发展，对于这些犯罪的查处和打击就离不开以计算机证据为代表的新型证据。

1991 年，在美国召开的第一届国际计算机调查专家会议（International Association of Computer Investigative Specialists，IACIS）上，首次提出了"计算机证据"（Computer Evidence）的概念，并将其界定为可以识别、恢复、

---

〔1〕［美］Marjie T. Britz：《计算机取证与网络犯罪导论》，戴鹏、周雯、邓勇进译，电子工业出版社 2016 年版，第 23～24 页。

提取、保存并形成报告成为证据的以电子形式存储的信息（Electronically Stored Information，ESI）。计算机证据的表述主要源于当时对计算机犯罪的追诉和研究，这就涉及认定计算机犯罪中不可或缺的证据材料——计算机证据。计算机证据能够较为清晰地阐述此类证据的来源和出处，也揭示了其与计算机技术密不可分的关系，即便是当下比较流行的智能手机、智能家居、穿戴设备等电子设备或终端设备在本质上也属于微型计算机。在电子数据出现早期，我国尚未将其作为独立的证据种类，而是将其归属于视听资料，而此时的电子数据也主要是计算机数据，即计算机存储的数据信息。比如，最高人民检察院于1996年发布的《关于检察机关侦查工作贯彻刑诉法若干问题的意见》第3条第1款就规定视听资料包括电子计算机内存信息资料。但是，计算机证据的概念存在较多的局限性。

（1）计算机证据无法反映此类证据的本质特征。关联性是证据的本质属性，它会直接影响到某材料是否属于证据、属于何种证据等。在各种涉及计算机及其存储信息的案件中，与案件事实具有关联性的通常并不是计算机本身，而是计算机中存储的电子信息（ESI），此类电子信息才是用于证明案件事实的证据材料。在诉讼中提出存储数字信息的载体作为证据时，主要是以其中存储的数字信息来发挥证明作用。[1]对于此类证据的收集，并不必然要求收集计算机，可以仅收集计算机中存储的相关数据信息。但是，这并不意味着作为电子数据载体的计算机就完全不具有关联性。由于电子数据具有虚拟性特征，人们需要借助于计算机等电子设备才能操作、处理电子数据，此时可能会在某些特定案件中借助于载体关联性来建立人与案件之间的关联。但是，对于内容关联性则无法通过计算机设备来单独建立，这是电子数据发挥证明作用的核心之处，其无法通过计算机等存储介质予以替代。

（2）电子信息的存储载体并不限于计算机。信息技术发展早期，电子信息主要存储于计算机之中，计算机证据可以反映电子信息存储的载体。随着网络信息技术的不断发展，电子信息存储并不限于计算机，它可以存

---

〔1〕　李荣耕：《数位时代中的搜索扣押》，元照出版有限公司2020年版，第41页。

储于手机、平板等移动终端设备之中，也可以存储于硬盘、光盘、U盘等存储介质之中。计算机所存储的电子信息，仅是此类电子数据中的一种，用计算机证据无法涵盖此类证据的全部类型。

（3）计算机证据较为侧重于电子数据的存储介质，可能忽视了电子数据自身的独立性。虽然电子数据的虚拟性特征决定了其对存储介质具有高度依赖性，其需要依附特定存储介质而存在。在电子数据发展早期，此种存储载体主要就是计算机。但是，随着网络信息技术的飞速发展，计算机以外的其他电子设备越来越多，如手机。在网络信息技术进入5G及其之后的时代，逐步出现了万物互联的"泛网性"特点，如智能家居、智能穿戴、智能交通、智能城市等都会涉及电子数据。电子数据独立存储介质也大量出现，如U盘、硬盘等。电子数据在产生时通常需要借助于计算机等电子设备，但其在诞生之后，则可以独立于该电子设备，将其单独转移、复制至其他电子设备或存储介质中。在电子数据取证中，也并不都需要将电子数据连同其生成、运行的计算设备一体收集，也可以采取技术手段仅收集、提取涉案数据本身，如云空间中存储的电子数据。

案例：樱花公司与知乐公司侵害商标权纠纷案[1]

樱花公司向法院提交了支付宝账户明细作为证据，但该证据并未被一审法院采纳。樱花公司对一审判决提起上诉，认为法院应采纳支付宝账户明细数据。二审法院经审理后认为：支付宝的转账交易明细属于能够证明某种法律关系存在的证据范畴，属于电子数据。电子数据是指以电子、光学、磁或其他类似手段生成、发送、接收、存储的信息证明案件事实的一种证据，包括电子通信证据、计算机证据、网络证据和其他电子数据。电子数据是现代信息技术不断发展和应用的产物，作为信息世界里新的"证据之王"，其具有综合性、易变性、隐蔽性等特征，是来源于七种传统证据，将各种传统证据部分地剥离出来而形成的一种新证据形式。但由于电子数据使用电磁介质，储存的数据修改简单且不易留下痕迹，因而对于这

---

〔1〕 详见广东省佛山市中级人民法院（2021）粤06民终11473号民事判决书。

类电子证据采信，应当保持足够警惕。证据须查证属实，才能作为认定事实的根据。樱花公司提交的支付宝明细系其通过筛选而来的，可见来源尚应补充证据加以完善。一审判决认为该份证据为樱花公司单方制作，相关数据应以支付宝公司出具的电子数据为准的结论符合法律规定。因此，对于樱花公司该上诉意见不予采纳。

在该案中，法院将支付宝账户明细认定为电子数据，比较契合我国现有司法解释对电子数据的界定，但其将计算机证据纳入电子数据范围，将其作为电子数据类型之一，则有待商榷。计算机组成既包括了其硬件设备，也包括各种软件；前者如控制器、计算器、存储器、输入设备、输出设备等，这些硬件并不属于电子数据；后者如系统软件、应用软件等，这些软件及其在运行中产生的数据，若能够证明案件事实，则属于电子数据。因此，计算机证据虽然和电子数据存在交叉，但并非都能纳入电子数据范畴。

（二）电子证据

电子证据（Electronic Evidence）是指称此类证据比较常见的概念，在我国《刑事诉讼法》《民事诉讼法》等法律将电子数据规定为独立证据种类之前，很多司法解释和规范性文件都主要采用"电子证据"的概念。比如，"两高三部"于2010年联合颁布的《关于办理死刑案件审查判断证据若干问题的规定》第29条就采用了"电子证据"的概念，并规定了电子证据常见类型及其审查认定规则。即便在我国2012年《刑事诉讼法》等法律法规采用"电子数据"概念之后，国内仍然有很多学者在相关论文或专著中使用"电子证据"的概念。比如，刘品新教授的专著《电子证据法》中就主要采用"电子证据"的概念，电子证据在司法实践中也较为常用。

案例："云开庭"在线调解涉新型电子证据民间借贷纠纷案

徐某因生意之需向项某借款。项某通过微信向徐某转账94 550元，但徐某未出具借条。后徐某未能按时还款，项某持微信聊天记录、电话录音、微信转账记录等证据向法院起诉。一审判决后，项某不服，提起上诉。二审法院经审理后认为：本案债权人对借款和款项交付已尽到举证责任。在微信聊天记录等证据面前，徐某认可欠款，在法院组织下双方在线上达成分期偿还调解协议。

在该案中，法院主要使用了电子证据的概念，将案件中涉及的微信聊天记录、电话录音、微信转账记录等作为新型电子证据。按照《最高人民法院、最高人民检察院、公安部关于办理刑事案件收集提取和审查判断电子数据若干问题的规定》（以下简称《电子数据规定》）第1条对电子数据的具体列举，上述证据材料显然属于电子数据。即便在我国现有诉讼制度、证据制度明确采取了"电子数据"的概念之后，电子证据的概念在理论界和实务界仍然具有较大"市场"。用电子证据来指称此类证据时，主要具有以下优势：

（1）电子形式。"电子"是由介质、磁性物、光学设备、计算机内存或类似设备生成、发送、接收、存储的信息存在形式。相比于计算机证据，用"电子证据"来界定此类证据时，其更为强调电子信息自身的形式属性，而不是着眼于电子信息所依附的存储介质，这就为电子证据在法律地位上摆脱其存储介质而成为独立证据种类奠定了基础。从涵盖范围来看，电子证据涵盖的范围比电子数据更广，其外延更大。任何在生成时就以电子形式存在的证据材料，都可能纳入电子证据范畴，但却可能因欠缺数字形式而无法纳入电子数据范畴，如电磁波证据。当然，"电子证据"这一概念也存在弊端，此类电子信息在刑事诉讼中并不都是作为证据使用，它具有多元功能和价值，[1]如可以作为案件线索，也可以作为分析当事人心理、挖掘情报的重要来源。若将此种功能的电子信息亦纳入电子证据范畴，则并不符合证据关联性的要求。

（2）法律本质。"电子"仅是此类证据的外在表现形式，但并非具有此种外在形式的信息都属于电子证据，其法律属性要求此类电子信息能够

---

〔1〕 刘品新：《电子证据法》，中国人民大学出版社2021年版，第16页。

证明案件事实，即它是可以作为证据使用的电子信息。相比于"电子数据"概念，电子证据的表述更加契合其法律性质，对于其作为证据的法律属性把握更为严谨。因为仅从术语表述本身出发，电子数据比较侧重于从表现形式方面对此类证据予以界定，仅从该术语本身无法呈现其在法律层面的本质属性，无法揭示其与案件事实之间的关联性。这可能是我国很多学者在专著或论文中不愿意采用"电子数据"而更愿意使用"电子证据"的原因。

（3）学科属性。电子证据具有较强的功能指向性，其名称就表明其主要是用于证明案件事实的材料，由此决定了电子证据在法学中具有较为清晰的学科定位，其主要属于诉讼法学、证据法等学科的研究范畴。但是，电子数据则是从计算机和网络信息等领域移植过来的法律术语，[1]仅从该术语本身无法揭示其功能，电子数据也可能出现在数据安全法、个人信息保护法等法律领域，其在涉及计算机、网络信息领域的部门规章或规范性文件中也多有使用。即便有学者采取了"电子数据"的概念，其可能也会在表述中增加"证据"予以限定，如赵长江教授的专著《刑事电子数据证据规则研究》。因为仅表述为"电子数据规则"，若不结合其具体内容和表达语境，则无法准确揭示其证据法学的学科定位。但电子证据的表述则能较为清晰地反映其学科定位，在彰显学科属性和诉讼功能等方面，电子证据这一术语可能更具优势。

（三）电子数据

在我国《刑事诉讼法》等法律将电子数据规定为独立证据种类之前，也有少部分规范性文件采用"电子数据"的概念，如公安部于 2005 年发布的《公安机关电子数据鉴定规则》。该概念表述可能主要受国际贸易规则中"电子交互数据"（Electronic Data Interchange，EDI）概念的影响。EDI 所引起的证据法问题主要是计算机储存的数据能否在诉讼中被法院作为证据使用及其证据价值。[2]我国 2012 年《刑事诉讼法》等法律都采取"电

---

[1] 潘申明等：《电子数据审查判断与司法应用》，中国检察出版社 2017 年版，第 2-3 页。
[2] 冯大同："国际贸易中应用电子数据交换所遇到的法律问题"，载《中国法学》1993 年第 5 期。

子数据"的名称，之后出台的相关司法解释及规范性文件都采用了"电子数据"的表述。电子数据是我国诉讼法中对此类证据的统一指称。关于电子数据和电子证据之间的关系，学界主要存在"等同说"和"区别说"两种观点。从两个概念所指称的对象来看，它们并不存在本质区别，可以混同使用，本书主要采取"等同说"观点。但是仅从术语表述来看，这两个概念存在细微差别。

（1）电子证据的表述本身就蕴含了其与案件事实之间关联性的要求，其采取"电子+证据"的表述方式。这和其他多数法定证据具有相同的表述结构，大多数都采取此种"形式+实质"的表述方式。比如物证，"物"是此类证据的外在表现形式，要求其案件信息承载于一定的物质表现形态中；"证"是其作为证据的法律本质，要求其能够用于证明案件事实。但是，"电子数据"这一术语仅表述了此类证据的形式特征，即仅要求其具有电子数据的表现形式，却缺乏"形式+实质"的表述结构，这就需要在界定电子数据时对其法律本质予以明确和限定，即要求其能够证明案件事实，否则就很容易造成电子数据认定范围的扩大化。

（2）电子证据的表述从其作为证据的法律本质角度予以限定，电子数据的表述则侧重于从数据属性角度予以限定。以"电子化"为表现形式的证据并不局限于电子数据，如电磁波信号的证据材料也属于电子证据，但并不属于电子数据。电子数据不仅要求此类证据具有电子化表现形式，还要求其是"0-1"二进制数据信息。若仅具有电子化表现形式且能够证明案件事实，但并非"0-1"二进制数据信息，则也不属于电子数据。由于数字时代的电子化信息，绝大多数都是"0-1"二进制数据。因此，电子数据和电子证据涵盖的范围绝大多数相同，仅在某些特定类型的电子信息认定上会出现差异。

当然，从数据信息的表现形态来看，除电子数据之外，随着计算机信息技术的飞速发展，未来可能会出现很多新形态的信息数据。比如，随着量子计算机的诞生和发展，[1]未来可能出现作为证据的"量子数据"，传

---

[1] 常河："量子计算机'九章'"，载《光明日报》2021年12月18日，第1版。

统计算机是通过集成电路的通断来实现"0-1"二进制数据，量子计算机是通过量子两态的量子力学体系来表示"0-1"二进制数据。另外，还有光子计算机、生物计算机等信息技术正在不断发展、演进，这些新兴信息计算技术若能够推广普及，则会带来诉讼中的"光子数据""生物数据"等新型证据。

二、电子数据的基本概念

我国《刑事诉讼法》等法律仅将电子数据规定为独立证据种类，但并未规定电子数据概念。《电子数据规定》第 1 条对电子数据的概念予以明确，并列举了其常见类型，其要求电子数据是案件发生过程中形成的，以数字化形式存储、处理、传输的，能够证明案件事实的数据。根据该条对电子数据概念的界定，电子数据应当符合以下要求。

（1）时间性要求。电子数据要求形成于案件发生过程中。这里的"案件发生过程中"不仅包括犯罪行为实行阶段，还包括为实行犯罪准备工具、制造条件的犯罪预备阶段以及犯罪实行终了以后行为人为掩盖犯罪事实等活动阶段。[1]毋庸置疑，多数能够作为证据使用的电子数据都形成于案件发生过程之中。因为不在案件发生过程中形成，则很难同案件事实之间存在客观联系，也就不可能成为案件的证据材料。[2]但是，也不能完全排除某些电子数据可能形成于案件发生之后，时间性要求可能会不当限缩电子数据的范围，导致本应属于电子数据的证据材料不能归入该法定证据种类之中。比如，刑事案件发生之后，被害人以手机短信的方式向公安机关进行报案；再如，案件发生之后，犯罪嫌疑人以手机短信的方式向公安机关交涉自首事宜。按照上述时间性要求，用来证明报案、自首等事实的短信就不属于电子数据范畴。对电子数据的时间性限定，可能也会与《刑事诉讼法》中的证据概念存在冲突。《刑事诉讼法》第 50 条第 1 款规定：

---

[1] 万春等："《关于办理刑事案件收集提取和审查判断电子数据若干问题的规定》理解与适用"，载《人民检察》2017 年第 1 期。

[2] 刘玉民、于海侠编：《刑事证据规则适用》，中国民主法制出版社 2012 年版，第 21 页。

"可以用于证明案件事实的材料，都是证据。"这里对于证据的界定，仅要求其能够证明案件事实，而没有要求其必须形成于案件发生过程之中。根据该款之规定，能够证明案件事实的电子数据也都是证据，而并不必然要求电子数据形成于案件发生过程中。故，对电子数据的形成时间原则上不宜作限定。

虽然生成时间并不会影响某种材料成为证明案件事实的证据，不宜将电子数据限定于案件发生过程中形成，但证据生成时的具体形态会影响其属于何种证据类型的认定和归属，从而影响适用何种证据规则对其予以审查认定。比如，在陈某、吴某与御景园公司商品房预售合同纠纷案中，法院就认定某单位出具的情况说明属于言词证据，其是单位员工对案件事实的描述，具有主观性特征，不同于案件发生过程中形成的书证，其证明力相对较低；合议庭认为出具情况说明的人员应当出庭作证，否则该材料不得作为认定案件事实的依据。[1]在该案中，法院主要依据"案件发生过程中"证据材料的形态来认定证据种类。在电子数据取证中，很多情况下是将电子数据通过截屏、打印等方式将其转化为书面材料，此时对这些书面材料所属证据种类，就不能依据其在法庭中出示或展示的形态来认定，而应当依据该证据材料在生成时的具体形态予以认定。

案例：刘某合同诈骗案[2]

在刘某合同诈骗案中，侦查人员通过录像方式固定涉案车辆在受害单位 GPS 监控系统中的电子数据。侦查机关出具情况说明以证明办案民警对相关电子证据的提取、扣押过程，因涉案车辆监控软件系被害单位日常运营需用到的 GPS 设备后台系统，故无法对其存储介质予以扣押，民警通过录像方式固定了相关电子数据。

辩护方认为：GPS 使用说明及地图，系电脑系统内电子数据截图，其原始载体属于电子证据范畴，卷中该证据既不是原始载体，且提供该证据

---

〔1〕 详见浙江省义乌市人民法院（2019）浙 0782 民初 21889 号民事判决书。
〔2〕 详见河北省元氏县人民法院（2018）冀 0132 刑初 110 号刑事判决书。

的单位与本案具有利害关系，故 GPS 使用说明及地图不能作为定案依据。

法院经审理后认为：电子数据是案件发生过程中形成的，以数字化形式存储、处理、传输的，能够证明案件事实的数据。用于车辆定位和监控的 GPS 信号属于电子数据，对电子数据收集与提取方法、形式，法律均有明确规定。被害单位提交的涉案车辆 GPS 信号纸质截图及使用说明不符合电子数据法定形式，故辩护人提出其不具有合法性的质证意见成立。但该证据属于书证，只是不能发挥电子数据特有的证明作用而亟待补强。因该证据对本案至关重要，在法院建议下公诉机关补充了相关证据。侦查机关采用录制视频的方式对涉案车辆的 GPS 信号进行了固定，对取证过程制作了笔录，对上述情况原因进行了文字说明，该电子数据的提取符合《电子数据规定》相关要求。经过补强的 GPS 信号证据由三部分组成：录像光盘（视听资料）、公司员工询问笔录（证人证言）、侦查机关出具的情况说明及公司提交的信号截图（书证），不同类型的证据相互印证，故对该证据予以采信。

在该案中，法院主要依据《电子数据规定》第 1 条之规定，将 GPS 使用说明及地图认定为电子数据，显然对证据材料所属的证据种类作出了正确认定，但将 GPS 信号纸质截图认定为书证，可能就有待商榷。在认定某一证据的法定种类时需要依据其生成时的具体形态。在该案中，由于侦查机关无法扣押电子数据的原始存储介质，故采取了电子数据的转化收集模式，即将电子数据通过截图打印、录像录屏等方式予以收集。此时，对于证据材料属于何种证据的认定，就不应依据其转化之后的具体形态，而应当依据其生成时的原始形态。因为在电子数据转化收集模式中，其仅将电子数据中承载的证据信息转移、复制至其他材料之中，其仅改变了证据信息所依附材料的形态，但并不能改变证据材料原本的证据种类。比如，《最高人民法院关于民事诉讼证据的若干规定》（以下简称《民事证据规定》）第 15 条第 2 款在规定电子数据原件规则时，将直接来源于电子数据的打印件或其他可以显示、识别的输出介质，明确规定为电子数据的"拟制原件"。这意味着电子数据打印件仍然是电子数据，并不因其具有纸质形态就转化为书证。因此，该案中 GPS 信号纸质截图仍然属于电子数据，而不属于书证，法院应当适用电子数据的相关证据规则对其展开审查认定。

（2）形式性要求。电子数据必须是以数字化形式存储、处理、传输的数据，这是电子数据的形式特征。无论何种形态或功能的计算机、手机等电子设备，它们都是以"0-1"二进码数字编码形态，以光电脉冲或是光学信号，将信息存储于载体之中，并加以读取、处理、运算、修改、传输和存储。这些电子设备呈现的文字、声音、图像，最终都是"0-1"二进码数字编码形态。[1]我国《刑事诉讼法》规定了八种法定证据，立法上区分不同证据种类的重要标准就是证据形成和存在的方式。关于电子数据是否可以作为独立证据种类的问题，在理论界和实务界曾有较大争议，主要存在"视听资料说""混合证据说"和"独立证据说"等观点。我国《刑事诉讼法》采取了"独立证据说"的观点，将电子数据作为具有独立地位的法定证据之一。这主要就源于电子数据是与书证、视听资料具有不同形成和存在方式的证据。而"以数字化形式存储、处理、传输的数据"就是其主要表现形式，这决定了它是独立于书证、视听资料的法定证据种类之一。因此，"以数字化形式存储、处理、传输的数据"是电子数据重要的形式特征。

但是，《电子数据规定》从形式特征方面来界定电子数据概念时，可能存在以下缺陷：①概念循环的问题。该定义采取"电子数据是……的数据"的表述方式，存在逻辑学上的同义反复之嫌。[2]该定义为了突出数字化特征，在表述上采取了"电子数据是……，以数字化形式……的数据"方式，存在多重反复之嫌。②概念融贯的问题。我国《刑事诉讼法》将证据界定为能够证明案件事实的材料，电子数据作为法定证据种类，其自然也属于能够证明案件事实的材料。《电子数据规定》对电子数据的定义将其界定为"数据"，这虽然能够反映电子数据的形式特征，但可能会与

---

〔1〕 李荣耕：《数位时代中的搜索扣押》，元照出版有限公司 2020 年版，第 40-41 页。
〔2〕 赵长江：《刑事电子数据证据规则研究》，法律出版社 2018 年版，第 8 页。

"材料说"的证据概念无法有效兼容。③概念范围的问题。该定义在形式上界定电子数据时，过于重视电子数据的数字化特征，而忽视了其电子化特征。有些证据虽然具有数据或数字的表现形式，如纸上写的数字信息、用旗语打的数字信息，但其因欠缺电子化的形式特征，也不能归属于电子数据。

电子信息可分为模拟信息（Analog Signal）和数字信息（Digital Signal），前者是以连续变化的物理量来表示的信息，后者是以"0-1"二进位数码表述的信息。以作为传统视听资料的磁带为例，其主要采取模拟信号。磁带上涂有磁粉，电信号通过磁头线圈转换成磁信号，磁信号作用于匀速旋转的磁带，就形成磁记录信号。由于数字信号比模拟信号更有利于准确控制，更有利于信息的存储、处理、传输，其已经成为当今时代最主要的电子信息表现形式。在数字信息时代，数字音视频则主要采取数字信号，它是以"0-1"二进位数码表述的信息。作为诉讼证据的电子数据，其主要是数字信息，而不包括模拟信息。有观点认为电子数据既包括模拟数据，也包括数字数据。[1]此观点虽然注意到电子数据作为数据信息的重要特征，但却忽视了其作为数字化数据的本质特征，由此很容易导致视听资料与电子数据界限不清。比如，磁带、录像带、唱片等实物介质存储的音像资料采取模拟信息，其在证据种类上属于视听资料。而以数字化形式存储的音视频资料采取数字信息，其在证据种类上属于电子数据。

（3）关联性要求。关联性证据规则要求，能够证明案件事实的材料才是证据，与案件事实无关的材料则不能作为证据。关联性是任何材料作为证据的必备要件，电子数据也应当具有关联性，它必须能够证明案件事实。但是，电子数据关联性存在其特殊性，它既要求电子数据本身与案件事实之间的关联性，也要求电子数据存储介质与案件事实之间的关联性，此即电子数据"双关联性"要求。[2]这主要源于电子数据具有虚拟性特征，其必须依赖于相应电子设备或存储介质而存在。电子数据只有与案件

---

〔1〕 潘申明等：《电子数据审查判断与司法应用》，中国检察出版社 2017 年版，第 11-12 页。
〔2〕 刘品新：《电子证据法》，中国人民大学出版社 2021 年版，第 34-39 页。

事实之间具有关联性，才可能在诉讼中作为证据使用。电子数据具有虚拟性特征，它无法被人直接感知和接触，人们须通过电脑、手机等电子设备才可以对其进行操作，由此决定了仅仅依据电子数据无法建立其与具体操作人之间的对应关系，其和人之间的关联性需通过存储介质或者电子设备才能建立。因此，在审查电子数据关联性时，既应关注电子数据与案件事实之间的关联性，也应关注存储介质与案件当事人之间的关联性。

案例：至道公司与黄某、丰普公司计算机软件著作权案[1]

至道公司向法院提交了某软件内容截图打印件，用以证明涉案软件是研发团队成员共同使用的软件开发管理工具，该系统数据显示黄某仅负责开发团队的进度管理工作。黄某对该证据的真实性和关联性不予认可。法院经审理后认为：公证书显示至道公司提交的该软件数据记录提取于至道公司的台式电脑，但该文档不能完整显示名称，且对于不同用户对应人员并无清晰指向，亦无法完整体现涉案软件代码形成的整个过程，与案件不具有关联性，故对该证据不予采纳。

在该案中，软件内容截图属于书面化电子数据，该证据虽然能够证明软件管理、使用过程等事实，与案件具有关联性，但此电子数据本身并无法佐证该软件仅系由黄某负责项目进度管理的事实，因为该文档不能完整显示使用者名称，对于其系统用户实际对应的操作人员并无清晰指向，其无法建立该电子数据存储介质与黄某之间的实际使用操作关系，缺乏对其存储介质身份关联性的证据材料，故该电子数据因欠缺载体关联性而没有被法院采纳。电子数据所处空间是人所不能直接亲临的虚拟空间，这些虚拟空间同案件事实所处的物理空间并非总是能够有效直接对应，这就需要通过载体关联性来建立电子数据与物理世界中案件事实之间的联系。人通常是直接操作载体来间接实现对其中存储电子数据的处理，载体关联性通

---

[1] 详见最高人民法院（2019）最高法知民终 371 号民事判决书。

常是用于确立电子数据载体与当事人或其他参与人之间的关联性。[1]在该案中，至道公司主要就是因为没有向法院提供载体关联性的证据材料，导致法院认为其提交的电子数据欠缺关联性而未被采信。

三、电子数据的主要特征

电子数据的特征是它区别于物证、书证等传统实物证据的独特之处，是其得以成为独立证据种类的重要基础，这些特征会对电子数据的收集提取和审查认定产生重要影响。

（一）虚拟性

电子数据是"0-1"二进制电子化数据信息，它们并不是某种实在物，而是以数字化方式存储的信息；它们无法用手直接感触，也无法用肉眼直接观察，无法被人们直接感知和识别，而需要借助于相应电子设备来读取和演示。电子数据的虚拟性决定了其无法独立存在，其生成、传输、存储需要借助于电子设备和存储介质。在诉讼中提交电子数据，通常要提交存储该电子数据的存储介质或载体。这与物证、书证等传统实物证据形成鲜明差别。物证、书证作为有形物和实体物，它们所承载的案件信息会体现在其物质特征之中或与其物质特征紧密联系，这就决定了物证、书证等传统实物证据能够被人们直接感知和发现。虚拟性是电子数据的基本特征，它会衍生出电子数据的很多其他特征，如载体依赖性、可复制性、海量性等。

案例：群之英公司与埃盎公司侵害发明专利权纠纷案[2]

在群之英公司与埃盎公司侵害发明专利权纠纷案中，埃盎公司提供了某订单交易快照。群之英公司认为该证据不具有真实性，该交易快照由T公司出具，而T公司与本案具有利害关系，其没有对交易快照的稳定性作出统一、合理的解释，故主张该证据不应被采信。法院经审理后认为：交

---

〔1〕 刘品新：《电子证据法》，中国人民大学出版社2021年版，第34—35页。
〔2〕 详见最高人民法院（2019）最高法知民终614号民事判决书。

易快照属于电子数据证据。电子数据证据由于具有内容虚拟性、修改隐蔽性等有别于其他类型证据的特点，在数据生成、存储、传输等环节容易受到技术、人为等因素的影响而导致内容变化。在审查电子数据证据时，应结合当事人质证意见，通过审查电子数据的生成主体、生成时间、存储介质、内容完整性、验证方式等要素，来判断电子数据的真实性。该证据经过公证，能够印证其真实性；该交易快照与该公司其他交易订单都含有特定代码、浮影等特征，能够验证其真实性；T公司具有一定知名度和信誉度，其提供的数据较为稳定可靠；群之英公司提交的反驳证据不足以证明交易快照不真实。故，对订单交易快照予以采信。

在该案中，法院认为电子数据具有虚拟性、修改隐蔽性等特征。电子数据无疑具有虚拟性，但认为其具有修改隐蔽性，则值得商榷，此点后文将详细阐述。电子数据的虚拟性特征，会对取证行为产生影响。物证、书证等传统实物证据，绝大多数可以由侦查人员、当事人来直接予以收集获取，仅在直接收集确有困难时才可以采取拍照、复印等方式予以收集。由于电子数据具有虚拟性，其需要依附特定存储介质而存在，由此就衍生出了电子数据的"一体收集""单独提取"和"转化收集"三种取证模式。"一体收集"模式是将电子数据连同其原始存储介质一并予以收集、封存、移送；"单独提取"模式是仅收集提取电子数据而不扣押收集其原始存储介质。[1]"转化收集"模式并不收集电子数据本身而是将其所蕴含的证据信息通过打印、拍照或录像予以固定收集。[2]在该案中，由于电子数据的虚拟性特征，其并不独立存在于现实物理空间之中，故当事人采取了转化收集方式，将其承载的证据信息通过打印方式予以收集，并将其打印件提交给法院。但是，在电子数据转化收集中可能存在信息丢失、增减、删改等因素而影响其真实性，电子数据真实性就成为该案当事人争议的焦点问

---

[1] 谢登科："电子数据的取证主体：合法性与合技术性之间"，载《环球法律评论》2018年第1期。

[2] 详见《公安机关办理刑事案件电子数据取证规则》（以下简称《电子数据取证规则》）第8条之规定。

题。在该案中，法院主要结合公证材料、类似材料比较等方法来鉴真电子数据，最终确认了电子数据具有真实性，而将其作为认定案件的依据。

（二）系统性

电子数据具有虚拟性，其需要在电子设备或存储介质中借助于特定系统而存在。电子数据生成、处理、传输等并不是孤立的，其需要借助于若干元素组成的系统，是由一系列代码或程序遵循相关技术标准形成的综合材料。电子数据通常具有"三位一体"的组成，即其是由内容信息数据、附属信息数据、关联痕迹数据所形成的整体。在虚拟空间中，生成某个电子数据，其背后会产生很多相关数据。比如 Word 文档，在创建、编辑、保存过程中会产生大量痕迹数据，如访问文件、预读取文件、缓存文件等，通过分析这些痕迹数据可以发现 Word 文档的生成、变化过程。电子数据的系统性特征，决定了其具有可恢复性、修改后可发现性等特征。在电子数据收集中，不仅要重视收集涉案电子数据本身，也要重视对附属信息数据、关联痕迹数据的收集；在电子数据审查认定中，若因电子数据的真实性发生争议，可以借助附属信息数据、关联痕迹数据来审查认定电子数据的真实性。

关于电子数据是否具有易篡改性、易伪造性的问题，在理论界和实务界存在较大争议，主要有"易伪造说"和"难伪造说"两种观点。前者认为电子数据具有虚拟性，其不是实体证据，需要依附计算机系统、存储介质而存在，其在生成、存储、传输、处理过程中，若出现系统故障、硬件损害等情况，就可能导致电子数据灭失或破坏，也会出现人为修改、增减、删除等因素，从而导致电子数据变化或灭失。[1]后者认为电子数据是系统性证据，电子数据生成后产生很多相关数据信息，系统性特征决定了电子数据不易被造假。传统证据造假仅需改动一两个地方，电子数据造假则需要改动一批数据信息，很多附属信息数据都是电子设备自动生成的，其不能人为改动。[2]

---

〔1〕 潘申明等：《电子数据审查判断与司法应用》，中国检察出版社 2017 年版，第 11—12 页。
〔2〕 刘品新：《电子证据法》，中国人民大学出版社 2021 年版，第 14—15 页。

上述两种观点都承认电子数据的系统性特征，但前者主要采取了外部视角，认为电子数据所依附系统的变化会导致电子数据变化，从而主张电子数据容易被篡改和破坏。后者主要采取了内部视角，电子数据变化会导致其所依附系统数据的变化，从而主张电子数据不易被伪造。在电子数据是否容易伪造的问题上，需要区分"易伪造"和"易有效伪造"，前者着眼于电子数据伪造、增减的难易程度，后者着眼于电子数据伪造、增减而不被发现的难易程度，电子数据仅具有"易伪造性"，而不具有"易有效伪造性"。由于电子数据具有系统性特征，对其进行修改、增减、删除等相对较为容易。但是，系统性特征也决定了很容易借助于电子数据的附属信息数据、关联痕迹数据等来发现其是否被修改、增减，对其进行伪造而不被发现则极为困难，甚至无法实现。另外，电子数据伪造的难易程度，对不同主体而言也并不相同。对于精通计算机、网络信息技术的人员，其能够伪造电子数据及其附属数据而无法被轻易识别；对于欠缺网络信息知识和操作经验的人，则很难修改电子数据，即便予以修改或删除，也可能通过数据恢复技术予以还原或修复。

案例：慈文公司与电信公司、成功公司侵犯著作权纠纷案[1]

在慈文公司与电信公司、成功公司侵犯著作权纠纷案中，慈文公司向法院提交了经过公证的域名为 J 的网站网页截屏电子数据。二被告提供了公证书证明通过复制目标 IP 地址，"欺骗"域名解析，从而模拟出原告方相同访问结果的方法，仅是众多域名重新定向技术中的一种。一审法院经审理后认为电信公司经营的 J 网站，拥有自己的 IP 地址，只有将 J 网站与该特定 IP 地址相结合，才能锁定 J 网站与电信公司的关系。需要查明与 J 网站对应的 IP 地址，或能够真实反映域名解析的网络属性（ipconfig/all）、访问路由（tracer-route）跟踪等附属信息，否则无法保证访问结果的真实性。在没有相关证据或电子证据本身附属信息予以佐证的情形下，缺乏唯一性和排他性，不能证明该电子数据的真实性，故对网站网页截屏电子数

---

〔1〕 详见浙江省高级人民法院（2009）浙知终字第 67 号民事判决书。

据不予采信。

慈文公司对一审判决不服，向法院提交了鉴定意见书，证明J网站网页截屏及其所附光盘内容能够相互印证，操作过程合理有效，内容真实，法院应当予以采信。电信公司、成功公司认为该鉴定意见书没有针对电子数据瑕疵展开。

二审法院经审理后认为：由于互联网的特殊性及计算机技术发展，在技术上确实存在通过DNS域名解析服务器对特定域名地址进行重新定义，使电脑访问该特定域名时实际访问的是局域网内预设IP地址而非互联网上该特定域名所指向的IP地址。这一技术手段的存在就意味着某些网页内容可以不是某一特定域名所对应的真实网站内容，而是对应了预先制作完成的、处于指定互联网空间中的网页内容，出现虚假链接的可能性。随着该新技术的出现，当取证方式不够规范，对方当事人对该证据提出异议的情况下，法院须审查网络信息是来自互联网上的IP地址还是局域网预设的IP地址，并在此基础上决定能否作为定案依据。原告方提供的J网站网页截屏电子数据，缺失对所登录J网站对应IP地址进行解析的过程，需要查明与J网站对应的IP地址，或能够真实反映域名解析的网络属性（ipconfig/all）、访问路由（tracer-route）跟踪等附属信息，否则不能保证访问结果的真实性。故，对该证据不予采纳。

在该案中，原告方败诉的主要原因就在于忽视了电子数据的系统性特征，仅注重对内容信息类电子数据的收集，而没有收集内容电子数据背后的附属信息数据、关联痕迹数据。原告方仅提供了侵权网页截屏电子数据，该网页虽然有域名、网址信息，但不能排他性证明该域名对应着被告电信公司的IP地址，无法建立侵权网页与电信公司之间的身份关联性，被告方亦从此点出发对电子数据提出异议。在网络信息中，存在DNS欺骗技术，即通过冒充域名服务器，将查询IP地址设为被替换的IP地址。虽然该案中侵权网页截屏电子数据经过公证，但由于欠缺网页域名所对应的IP地址，无法建立其与被告电信公司在身份上的关联性，因此，该公证并不能让欠缺身份关联性的电子数据具有关联性。该案一审法院作出判决后，原告方虽然委托鉴定机构对涉案电子数据予以鉴定，但是该鉴定意见并没有建立网站网页与被告方的身份关联性，也没有解决涉案电子数据欠缺附属信息数据的问题。因此，二审法院最终也没有采信该网站网页截屏电子数据。

（三）科技性

网络信息技术催生了电子数据，电子数据作为网络信息技术的产物，具有很强的科技性特征。在网络信息时代，人们会借助于微信、短信、QQ、电子邮件等通信方式进行沟通和交流，这会在网络虚拟空间、电子设备等中产生大量"痕迹"，在诉讼活动中它们会以电子数据形式成为认定案件事实的重要材料。随着科学技术的发展，新型网络信息技术也不断诞生，由此催生了很多新型电子数据。例如，区块链技术会带来区块链电子数据，[1]云存储、元计算技术的发展会产生云电子数据，元宇宙技术也将会生成元宇宙类电子数据。电子数据属于典型的科技证据之一，有学者甚至将其称为"高科技证据"，[2]这既源于电子数据受到科学技术影响的深度和广度都远高于传统物证，也源于电子数据在网络信息时代司法证明活动中占据重要地位。传统物证如指纹、血迹、足迹等，在生成时可能并不会涉及科学技术，其在收集、提取、分析等环节才会大量使用科学技术。但是，电子数据除了收集提取、审查认定会应用相关科学技术，其产生、保管、流转等活动也需要以网络信息技术为基础。科学证据的形成、发现、收集、保全、证明力揭示等环节都需要借助现代科学技术。[3]电子数据的科技性特征，会对电子数据侦查取证活动产生以下影响。

首先，对取证主体的技术资质要求。电子数据科技性要求取证主体应当具有相应专业技术知识和实践经验。侦查人员需要从海量数据中迅速收集、提取有用的证据材料，其需要熟练掌握数据采集、存储、挖掘、分析

---

〔1〕 刘品新："论区块链证据"，载《法学研究》2021年第6期。

〔2〕 方玉珍：《电子证据认知新思路——基于实验的直观体现方式》，中国法制出版社2019年版，第5页。

〔3〕 陈学权：《科技证据论——以刑事诉讼为视角》，中国政法大学出版社2007年版，第52-53页。

等技术，也需要掌握数据恢复、密码破译、在线分析、隐藏数据再现等技术。若缺乏相应技术知识和实践经验，侦查人员不仅无法收集到电子数据，还可能会破坏、毁灭电子数据。2014 年 5 月出台的《关于办理网络犯罪案件适用刑事诉讼程序若干问题的意见》（以下简称《网络犯罪刑事诉讼程序意见》）第 13 条规定："收集、提取电子数据，应当由二名以上具备相关专业知识的侦查人员进行……"该条对电子数据的收集主体作出强制性规定：第一，电子数据的收集、提取须由两名以上侦查人员进行。当然，这里对电子数据的理解应予以适当限定，即解释为作为控方证据的电子数据。第二，收集电子数据的侦查人员应具有相关专业知识。该规定实际上将电子数据收集主体的合技术性要求上升为合法性要求。如果电子数据收集主体不具备相应专业知识，就意味着违反了该条强制性规定，证据收集主体不合法，就可能对电子数据的证据能力产生消极影响。[1]因此，电子数据侦查取证主体除了需具有法定取证权限，还需具备专业技术知识。

其次，电子数据取证应遵循相应技术标准。《电子数据规定》第 2 条规定，侦查机关在收集、提取电子数据时应当遵循有关技术标准。第 7 条规定，取证方法应当符合相关技术标准。这实际上对侦查人员的素质提出了较高要求，侦查人员除要熟悉刑侦知识、法律知识外，还需要熟知相关的技术标准。《电子数据规定》第 17 条规定，对电子数据涉及的专门性问题难以确定的，由司法鉴定机构出具鉴定意见。第 26 条则对电子数据鉴定人出庭制度予以了规定。电子数据通常存储在各种电子设备和存储介质之中，其本身难为人们所直接感知和认识。电子数据中涉及的专门性问题，仅依靠侦查人员或者检察官自身的专业知识和诉讼经验，很难予以确定，故有必要将电子数据中的专门性问题委托鉴定机构进行鉴定。《电子数据规定》第 21 条规定，控辩双方在对电子数据举证、质证过程中，必要时，可以聘请具有专门知识的人进行操作，并就相关技术问题作出说明。第 26

---

[1]　谢登科："电子数据的取证主体：合法性与合技术性之间"，载《环球法律评论》2018年第 1 期。

条第 3 款规定,公诉人、当事人或者辩护人、诉讼代理人可以申请法庭通知有专门知识的人出庭,就鉴定意见提出意见。电子证据中可能会涉及专业性很强的问题,而绝大多数法官、检察官、律师和当事人并不具备这种专业知识。聘请有专业知识的人对电子数据进行操作,对相关技术问题进行说明,有利于对电子数据进行有效质证和审查判断。《电子数据规定》第 24 条第 1 项规定,对电子数据应着重审查其收集方法是否符合相关技术标准。这无疑对法院审查、认定电子数据提出了挑战。法官可以通过两种途径来按照该要求进行审查:(1)法官自身精通、熟知电子数据的相关技术标准,但从实践来看,多数法官并不具备这方面的知识储备和实践经验;(2)借助相关专家的意见来审查电子数据,如鉴定人、有专门知识的人。

最后,对电子数据鉴真方法的技术性变革。电子数据鉴真除了可以采用传统实物证据的"证据保管链"和"独特性确认"方法,也可以采取完整性校验、区块链存证、可信时间戳、数字签名等方法予以技术性鉴真。[1]互联网、人工智能、区块链等信息技术在司法活动中的推广应用,也引发电子数据真实性保障和防篡改机制的变革。在电子数据取证中,可以采取区块链存证等技术手段来保障其完整性和真实性。信息技术应用于电子数据鉴真,能有效适应电子数据自身特点。电子数据的技术性鉴真方法实际上属于算法程序,算法程序处理的对象就是"0-1"二进制数据,其运行过程就是数据处理过程,不能直接以实物形态的物品为处理对象。技术性鉴真可以保障收集提取电子数据的完整性。在电子数据取证中,可以通过镜像复制实现收集电子数据的完整性,在收集复制到电子数据后计算其完整性校验值。此时,可以通过完整性校验值比对来保障复制提取的电子数据具有一致性和完整性。技术性鉴真方法可高效适用于海量电子数据。识别和记录海量电子数据,将非常耗时耗力,有时甚至是人力所无法胜任的。信息技术可以高效处理海量数据,如通过 MD5 算法进行完整性校验,无论多大内存的数据,经过运算后都会得到 128 位散列值;对不超过 4GB的电子数据,可以在数据上传完毕后几秒至几分钟内就完成可信时间戳认

---

[1] 谢登科:"电子数据的技术性鉴真",载《法学研究》2022 年第 2 期。

证。侦查人员在电子数据侦查取证中，除需要制作取证笔录、同步录音录像、见证人见证之外，还可以采取完整性校验、区块链存证等技术方法来保障电子数据的真实性和完整性。

《电子数据规定》和《电子数据取证规则》等规范性文件建立了以"完整性校验"为核心的电子数据技术性鉴真规则体系：其一，在取证过程中应计算电子数据的完整性校验值。通过网络在线提取、冻结、调取、检查等方式收集电子数据时，侦查机关应计算其完整性校验值。其二，在取证笔录中应记载电子数据完整性校验值。侦查机关在电子数据收集取证中，需要制作相关取证笔录，在取证笔录中应当注明完整性校验值类型、具体数值。其三，在证据移交中应核对电子数据完整性校验值。证据保管部门在接收电子数据时应审查比对其完整性校验值，将比对情况和结果记载于接收笔录中。其四，在证据审查中应比对电子数据完整性校验值。电子数据在保管、移送、检验等环节中发生修改，会导致其完整性校验值不一致。若完整性校验值经比对确认一致，则可初步认定电子数据的真实性。

第二节　电子数据与其他证据

不同种类的证据在收集提取、审查认定中，既要遵循共同适用的证据规则，如关联性证据规则，也会根据自身特征适用专属的证据规则，如原件证据规则仅适用于物证、书证等实物证据，传闻证据规则仅适用于证人证言等言词证据。为了保障电子数据收集提取、审查认定中正确适用证据规则，就有必要在界定电子数据的基础上，正确厘清其与视听资料、书证、证人证言等常见证据种类之间的关系。关于电子数据与其他法定证据之间的关系，存在"综合说"和"独立说"两种不同观点。"综合说"认为电子数据具有多样性，它可以是电子化形式的文字、图片、音频、视频以及其他信息技术产生的数据，其证据种类具有多重性，它可以是物证、书证等实物证据，也可以是证人证言等言词证据；在证据规则适用上，它既可以适用实物证据的规则，也可以适用言词证据的规则。[1]"独立说"则认为电子数据是任何一种传统证据都无法囊括的、具有独立法律地位的证据类型。[2]我国《刑事诉讼法》和相关司法解释、规范性文件采取了"独立说"的观点，将电子数据与物证、书证、证人证言等并列为我国八种法定证据，其具有独立的法律地位。《最高人民法院关于适用〈中华人民共和国刑事诉讼法〉的解释》（以下简称《刑事诉讼法解释》）、《电子数据规定》也专门制定了电子数据的审查认定规则。因此，为了保障电子数据审查认定规则的正确性，必须厘清电子数据与其他证据种类之间的关系。

一、电子数据与视听资料

电子数据与视听资料关系较为复杂，尤其是数字化音视频资料属于何种证据，在实践中历来争议较大。从我国诉讼法和证据制度发展演变来看，电子数据与视听资料之间的相互关系在规则层面主要经历了三个阶段：依附阶段、相对独立阶段、完全独立阶段。

（一）依附阶段

此阶段为1996年《刑事诉讼法》修正后至2012年《刑事诉讼法》修正前的阶段。由于我国1996年《刑事诉讼法》将视听资料规定为法定证据，而并没有将电子数据规定为法定证据。在司法实践和规则制定中，电子数据通常被归入视听资料。比如1996年《最高人民检察院关于检察机关侦查工作贯彻刑诉法若干问题的意见》规定："视听资料是指以图像和声音形式证明案件真实情况的证据。包括与案件事实、犯罪嫌疑人以及犯罪嫌疑人实施反侦查行为有关的录音、录像、照片、胶片、声卡、视盘、电子计算机内存信息资料等。"按照现有主流观点，这里的"电子计算机内存信息资料"就属于典型的电子数据，该规范性文件却将其纳入视听资料之中。

将电子数据作为视听资料的具体类型之一，既源于我国当时网络信息

---

[1] 赵长江：《刑事电子数据证据规则研究》，法律出版社2018年版，第10页。
[2] 刘品新：《电子证据法》，中国人民大学出版社2021年版，第27—28页。

技术尚处于初步发展阶段，计算机、手机等电子设备并不普及，电子数据在司法实践中较少出现，1996年《刑事诉讼法》并未将电子数据列为法定证据，也源于电子数据与视听资料有很多相似之处：（1）视听资料属于可视化、可听化的音像资料，其音像效果通常需要以电磁、光电等方式得以展示和实现；电子数据在表现形式上也具有可读化、可视化的特征，这些信息需要借助电子技术和设备得以展现。（2）视听资料所展示的声光信息，需要存储于非纸质化的存储介质之中，其展示需要借助于相应电子仪器、设备；电子数据具有虚拟性，也需要借助电子设备或存储介质才得以生成、存储、传输，其证据信息的展示通常也需要借助于相应电子设备。（3）视听资料和电子数据都具有技术性、可复制性等特征。上述共同特征决定了将电子数据作为视听资料的具体类型之一。即便电子数据在后来被确立了独立的法律地位，成为法定证据种类之一，但其与视听资料的上述共同特征、相似之处仍然存在，故实务人士常会混淆电子数据与视听资料，仍然可能会就某一证据材料属于电子数据还是视听资料发生争议。

（二）相对独立阶段

此阶段为2012年《刑事诉讼法》出台后至2016年《电子数据规定》出台前的阶段。2012年《刑事诉讼法》将电子数据列为法定证据，由此确立了其独立的法律地位，但此种独立地位具有相对性，这主要体现在将视听资料与电子数据并列为第八类法定证据，《刑事诉讼法》并没有专门适用于电子数据的取证规则和审查认定规则。最高人民法院于2012年出台《刑事诉讼法解释》，其在"视听资料、电子数据的审查与认定"一节中，分别规定了视听资料的审查认定规则和电子数据的审查认定规定，但二者却有相同的排除规则。此阶段，电子数据具有独立的法律地位，此种独立性意味着其在法律制度层面无须归属于视听资料，不是视听资料的具体类型之一。但是，电子数据并没有完全独立于视听资料，电子数据和视听资料在证据能力、证明力审查判断上并无实质区别，它们适用相同或相似的证据审查规则。

（三）完全独立阶段

证据的独立性主要体现在两个方面：其一是独立的法律地位。这需要由法律承认某种材料为独立的证据种类，在法律层面明确承认其为法定种类的证据。其二是独立的证据规则。对证据进行分类的重要目的之一就是建立其各自不同的收集取证规则和审查认定规则，这需要由相关法律法规、司法解释、规范性文件确立专属于某种证据的审查认定规则。

2016 年《电子数据规定》的颁布实施，确立了电子数据完全独立的法律地位，这标志着电子数据有了专属于自己的收集提取、审查认定规则，电子数据在证据规则层面上已经完全脱离视听资料。2019 年《电子数据取证规则》的颁布实施，则为刑事司法中电子数据侦查取证提供了直接的制度规范。上述规范性文件的颁布实施意味着电子数据制度规范实现了"从无到有，从有到精致化"的发展历程。[1] 2021 年 1 月最高人民法院发布的《刑事诉讼法解释》，在证据审查认定规则中，虽然仍将电子数据与视听资料列为一节，但此种合并化处理方式主要体现了对《刑事诉讼法》中证据种类制度的尊重，其对电子数据审查认定的规定已经和视听资料隔离开来，二者适用的证据审查认定规则并不相同。

电子数据获得完全独立的法律地位，既源于电子数据已经成为网络信息时代的"证据之王"，它广泛出现在人们学习、生活、工作等各个方面，在诉讼程序中已经成为认定案件事实不可或缺的证据，也源于其在表现形式、具体类型等方面与视听资料存在重大差异：（1）电子数据本质上是电子化"0-1"二进制数码信息，视听资料则属于电子化模拟信号表现出来的音像信息。随着信息技术不断发展，传统视听资料逐渐被数码音视频所取代，这些数码音视频虽然也是以声音、图像、动画等方式向人们展示其内容，但其内在"0-1"二进制数码信息的本质决定了其属于电子数据。（2）电子数据类型繁多，其所表现内容并不限于音视频信息，还有文字通信、转账记录、算法程序、数据库等。视听资料则主要是图像、声音等信息，其外在表现形式和具体形态要远远少于电子数据。（3）传统的录音磁带、录像带、电影胶片等视听资料具有实物形态，相关的声音、图像信息

---

〔1〕 刘铭："公安电子数据取证规范的文本分析"，载《中国人民公安大学学报（社会科学版）》2021 年第 4 期。

承载于具有实物形态的磁带、胶片之中，音像信息与其实物载体密不可分。但是，电子数据则具有虚拟性，其需借助于存储介质而存在。

在智能手机、数码相机等数字化电子设备普遍兴起后，人们在日常工作、学习和生活中会大量使用这些电子设备拍照、录音、录像，在此过程中会形成数字化音视频资料。在司法实践中，对于数字化音视频资料属于电子数据，还是属于视听资料，往往存在较大争议。

案例：吕某诈骗案[1]

在吕某诈骗案中，被害人檀某用手机录下与吕某的谈话，谈话内容涉及吕某收钱、退钱的内容。吕某的辩护律师认为：公诉方指控吕某犯诈骗罪的直接证据就是当庭出示并播放的手机录音，该录音资料属于电子数据，而不是视听资料。民事诉讼法中，存储在电子介质中的录音资料和影像资料，适用电子数据的规定。可见，对存储在如手机此类电子介质中的录音资料在民事诉讼法中已明确为电子数据，在刑事诉讼中应参照适用。公诉方出具的两份鉴定文书显示，该证据具有具体存储路径和计算文件的哈希值，上述存储及计算方式是电子数据才具有的特征，故该录音资料应被认定为电子数据。电子数据的收集、保管、移送等环节均应严格遵守法定程序和相应技术标准，即侦查机关在提取电子数据时应对电子介质进行封存、屏蔽信号、阻断电源并制作提取笔录，且在笔录中应记载该电子数据的完整性校验值，并在移送证据过程中保证该证据处于完整的封存状态。而侦查机关在收集、保管和移送等过程中并没有遵守电子数据的法定程序和要求，没有记录完整性校验值，没有对该证据采取封存措施，且鉴定意见显示，侦查机关在提取该手机后，又在该手机中生成新的文件，导致该证据存在被修改、损坏的可能性，无法确定该证据与原始记录是否具有同一性，存在违法取证。侦查机关和公诉机关将该录音错误认定为视听资料，对该证据的提取、收集、保管和移送环节均未按法定程序进行，不

---

[1]　详见云南省富源县人民法院（2018）云 0325 刑初 47 号刑事判决书；云南省曲靖市人民法院（2019）云 03 刑终 322 号刑事裁定书。

具有合法性，导致无法确认该证据是否为原始记录，内容不具备客观性，不能作为认定案件事实的依据。

一审法院经审理后认为：视听资料和电子数据均为独立的证据种类，二者存在明显区别。视听资料又称音像证据，是指以实物存储介质存储的录音、录像等表现形式，并通过声音、图像来证明案件事实的音像资料，如录音磁带、录像带、唱片、光盘等；而以电子数据形式存在的则是电子视听资料。电子数据，是指以电子数据形式存在并可以用于证明案件事实的材料，电子数据的存在形式本质上是以电子形式存储或者传输的数据。如视频语音聊天记录，虽然是音像资料，但因为是以电子数据形式存在，且未存放在实物介质中，故不属于视听资料，而是电子数据。从上述区分可以看出，视听资料强调的是声音和图像，须有存储的实物介质；电子数据强调的是数据和文字，且传播、存储同样是以数据形式来完成。而本案中的录音资料是通过手机录音软件存储，并通过声音传播信息，且该录音存储在手机这样的实物存储介质上，该录音传播的是声音而不是数据。因此，该录音资料应认定为视听资料而不是电子数据。该录音资料经鉴定不存在剪辑、增删等情形。故，法院将该证据作为定案依据。

一审判决作出后，吕某不服、提出上诉：原审法院认定手机录音属于视听资料是错误的，其应属于电子数据。二审法院经审理后认为：手机录音不属于电子数据，而属于被告人供述。该录音系公安机关依法提取的手机录音，来源合法，录音制作过程中不存在威胁、胁迫、引诱当事人等情形，录音内容经鉴定，未经过剪辑处理，故该录音资料客观真实，与本案有关联性。录音中吕某的说话内容，与本案被害人檀某、陈某陈述以及其他证据可以相互印证，故该录音可以作为定案依据。

在该案中，控辩审三方对手机中数字音频的证据种类存在严重分歧。对于某一证据材料归属于不同的证据种类，可能会导致其在取证、举证、质证、审查、认定等方面所遵循和适用法律规则的差异。我国《刑事诉讼法》规定证据法定种类时，将电子数据、视听资料规定在一项之中，即在一项条款中规定了两种证据，但这并不意味着它们适用的证据规则就完全相同。正如该案辩护律师所述，我国现有司法解释和规范性文件对电子数据的收集提取、审查认定规定了更为严格的法定程序和技术标准，这些法定程序和技术标准并不适用于视听资料。比如在电子数据取证中，需要计算电子数据的完整性校验值，以便为审判中的电子数据鉴真奠定基础；而视听资料取证中并不要求计算完整性校验值，因为传统视听资料主要采取模拟信号，其并不具有数字化形式而无法通过哈希算法来进行完整性校验。辩审双方都认识到区分电子数据和视听资料很重要，但在区分标准上存在分歧。

辩护方认为该数字音频属于电子数据而不是视听资料，其主要理由是《民事证据规定》第99条第2款规定，"存储在电子计算机等电子介质中的视听资料，适用电子数据的规定"。《民事证据规定》没有给出电子数据与视听资料的具体区分标准，该款之规定也没有将存储在电子介质中的录音资料和影像资料作为电子数据，而仍然是将其作为视听资料。若《民事证据规定》将电子化录音资料和影像资料作为电子数据，则没有必要规定该款之内容，因为电子数据本来就应当适用电子数据的相关规定。依据《民事证据规定》之规定，无法推导出存储在电子介质中的录音资料、影像资料属于电子数据的结论。按照辩护方观点的内在逻辑，涉案手机中存储的谈话录音属于视听资料，其可以按照《民事证据规定》中规定的电子数据证据规则予以审查认定。此时，在法律层面区分电子数据和电子化视听资料（数字化视听资料）就没有必要了，因为它们二者适用完全相同的证据规则。基于《民事证据规定》的上述条款之内容，该规定仍然将存储在电子介质中的录音资料和影像资料界定为视听资料，但对于该类视听资料的审查认定适用电子数据的证据规则。但是，在刑事诉讼领域，随着《电子数据规定》《电子数据取证规则》等出台，其对电子数据收集提取和审查认定规定了更为严格的规则和标准，即便将电子介质中的录音资料和影像资料界定为视听资料，但其在收集提取和审查认定中仍然应当适用电子数据的相关规则，这可能会产生"借视听资料之名，行电子数据之实"的问题。此时，若确实只能将该数字音频在视听资料和电子数据之间予以选择，则将其归为电子数据可能更为适宜（后文将详述）。

该案一审法院在区分电子数据和视听资料时主要采取了"展示内容说"的标准，即电子数据与视听资料的主要区别并不在于是否以电子形式存储或传输，因为电子视听资料与电子数据都具有电子化表现形式，二者的主要区别在于展示内容是数据、文字，还是声音、图像，若是前者则属于电子数据，若是后者则属于视听资料。在该案中，手机中存储的谈话录音属于具有声音、图像的展示内容，其属于电子化视听资料，而不属于电子数据。

但是，一审法院的观点可能并未厘清电子数据的本质特征和发展趋势。随着网络信息技术不断发展，现代音视频资料实现了从电子化模拟信号到电子化数字信息的转变。智能手机、数码相机等电子设备拍摄或录制的音视频资料在本质上属于"0-1"二进位数码信息，这些音视频资料也都属于电子数据。《电子数据规定》第 1 条第 2 款第 4 项就明确将数字图片、数字音视频列为电子数据，因为数字信息时代的图片、音视频主要都是数字图片、数字音视频。不过，数字音视频可能具有双重性，即从其展示内容来看，它们是具有可视性、可听性的图片、声音、动画等资料，可以将其作为视听资料；从其内在本质来看，其属于"0-1"二进位数码信息，其属于电子数据。故，现有法律法规对于数字化视听资料属于何种法定证据，也存在不同定性。比如《民事证据规定》第 99 条第 2 款就将存储于手机、计算机等电子介质中的音视频资料定性为视听资料。但是考虑到，此种视听资料在本质上属于"0-1"二进位数码信息，故该条款也规定此类视听资料可以适用电子数据的规定。法律法规的相互矛盾和冲突，既体现了数字化音视频资料的双重性，也体现了此类视听资料的审查认定对电子数据证据规则的依附性。电子数据正在逐渐侵占、蚕食其他证据种类的领域，而作为传统证据的视听资料可能会在诉讼程序中逐步退出历史舞台。

该案二审法院认为手机中存储的谈话录音不属于电子数据，而属于被告人供述，对于该证据主要从口供自愿性、关联性、真实性等方面予以审查。但是，目前我国《刑事诉讼法》和刑事证据理论的主流观点，通常将"供述"界定为犯罪嫌疑人、被告人在刑事诉讼中就其被指控的犯罪事实及其他相关事实向公安司法机关所作的陈述。这里的手机谈话录音并非生成于刑事诉讼过程中，而是形成于案件发生之后、公安立案之前的时间阶段。另外，吕某对案件事实的陈述也并非形成于侦查人员或司法机关工作人员对其讯问之中，而是发生于其与被害人谈话、交流之中。但是，若将供述区分为诉讼内供述和诉讼外供述，则该谈话录音可以被认定为诉讼外供述。在该谈话录音生成时，案件事实已经发生完毕，吕某是基于其对案件事实的感知、记忆所作陈述，此种陈述属于诉讼外供述，谈话录音在本质上是对诉讼外供述的固定。从这个角度来看，谈话录音并不是独立的证据，其在本质上属于供述。总体来看，本书更倾向于该案二审法院的裁判意见，认为应当将该案中记录、固定吕某陈述内容的数字化音视频认定为供述。

二、电子数据与书证

书证是以其记载内容和表达思想来证明案件事实的文件和资料，这和电子数据具有本质上的相似性。从域外国家或地区的相关立法来看，也有将视听资料、电子数据纳入书证范畴的立法例，这主要源于它们两者主要也是以其记载的信息内容来证明案件事实，不过书证是以文字符号等方式将内容信息记载于纸张上，而电子数据是以"0-1"二进制数码将内容存储于电子设备或存储介质之中，它们都是以记载内容来证明案件事实。电子数据具有与书证实质的相似性，也部分体现在我国相关司法解释和规范性文件之中。比如，《民事证据规定》第 99 条第 2 款就明确了关于书证的规定可以适用于电子数据。但是，由于我国现有立法对证据种类予以更为精细化区分，在法律层面明确将电子数据和书证规定为不同的证据种类，将书证、电子数据作为两种不同类型的证据。在司法实践中，存在"电子数据书面化"和"实物证据电子化"两种现象，此时也经常会引发某证据材料属于电子数据还是书证的争议。

（一）电子数据书面化

电子数据取证存在"转化收集"模式，即将电子数据所承载的证据信息复制、固定在具有物质形态的照片或打印件上，这时就会出现"电子数据书面化"现象。从实践运行来看，侦查机关在电子数据侦查取证中采用最多的就是打印、截图方式，因为此种方式简便易行，[1]但由此也引发电子数据打印件、截图属于电子数据还是书证的问题。有传统观点将电子数据极易篡改的认识误区作为"电子数据书面化"的主要原因，[2]通过打印件等实物化方式对证据信息予以固定和保全，来防止电子数据被篡改。该观点可能无法有效解释"电子数据书面化"现象。若人们认为电子数据具有易篡改性，为了保障其在诉讼中提供的电子数据能够被法官采取，则应当采取相应方法或技术来保障电子数据不被篡改，如采取相应技术手段对电子数据予以封存、固定，而不是将其证据信息由电子数据复制、转移至纸质材料上。电子数据书面化处理会加大其承载证据信息丢失、变动的风险。电子数据在转化为纸质材料时，通常仅能复制、转移电子数据的内容信息，而无法转移其附属信息，这就可能导致在电子数据真实性发生争议时无法通过附属信息来证明、认定其真实性。另外，电子数据书面化处理之后，人们通常会将关注点转移至纸质化电子数据上，而忽略对原始电子数据的固定和保存，这可能会导致原始电子数据的丢失或毁灭。在电子数据真实性发生争议后，人们可能无法通过比对原始电子数据与纸质化电子数据来审查认定证据的真实性。

案例：王某与杨某民间借贷纠纷案[3]

在该案中，王某向法院提供了其与高某微信账号 W 的聊天记录。高某确认微信账号 W 系其本人账号，但否认此微信内容系其本人发出，对其真实性不予认可，提出可能是王某盗用了高某微信账号或使用"微信生成器"类软件生成聊天记录。法院委托某司法鉴定中心鉴定，鉴定意见认为

---

[1] 胡铭："电子数据在刑事证据体系中的定位与审查判断规则——基于网络假货犯罪案件裁判文书的分析"，载《法学研究》2019 年第 2 期。

[2] 方玉珍：《电子证据认知新思路——基于实验的直观体现方式》，中国法制出版社 2019 年版，第 15 页。

[3] 详见北京市门头沟区人民法院（2014）门民（商）初字第 4239 号民事判决书。

— 034 —

该微信聊天记录截图不符合常见微信生成器生成的图片特征，微信聊天记录截图未见剪辑修改痕迹。杨某认为该鉴定意见仅能证明微信聊天记录没有造假，并不能证明系高某所发。法院经审理后认为：高某作为微信账号W的电子签名人，微信账号W对外发出电子数据应视为高某行为及意思表示；若高某发现其微信账号无法正常登录使用时应意识到可能被他人盗号，并积极采取措施预防可能发生的风险；但高某作为微信账号W的电子签名人未提供证据证明其账号被王某盗用，故法院对该电子数据予以采信。

案例：周某车辆超载行政处罚案[1]

2013年9月14日3时许，周某因驾驶车辆超载被N市巡警大队执勤民警当场作出处罚决定，后周某向法院提起行政诉讼，请求确认该行政处罚决定违法。在庭审中，周某及其诉讼代理人对车辆称重记录提出异议，认为其打印日期为2013年10月24日，系作出处罚后收集的证据，且高速公路收费站称重设备是为收取过路费而设立，不能作为行政处罚依据，该称重是在动态下进行，不具有稳定性和排他性，故对证据效力不予认可。法院经审理后认为：周某驾车经过收费站时所形成的称重记录，是巡警大队在现场执法时将该称重结果作为行政处罚的证据，应当认定巡警大队在作出处罚前已取得该证据。随着电脑科技的发展，电子数据已成为证明事实的重要证据，将电子数据内容打印的过程只是将电子数据转化成纸质形式，而不是电子数据的形成过程，打印时间不应认定为收集证据的时间，故法院认定该称重记录可以作为行政处罚所依据的证据。

在王某与杨某民间借贷纠纷案中，当事人在向法院提供微信聊天记录作为证据材料时，并未提供手机及其中存储的微信聊天电子数据，而仅向法院提供了微信聊天记录截图，它实际上是电子数据书面化处理所形成的衍生证据或派生证据。在该案中，当事人在向法院提交微信聊天记录截图

---

[1] 详见江苏省南通市港闸区人民法院（2014）港行初字第0005号行政判决书。

后，忽视了对手机中存储涉案电子数据的保存和备份，在手机系统更新时遗失了涉案电子数据，致使法院在审理中无法将微信聊天记录截图与电子数据原件予以比对确认。虽然当事人委托鉴定机构对该微信聊天记录截图予以鉴定，但该鉴定意见也无法解决原件缺失、电子数据身份关联性的问题。法院将数字签名作为推定该电子数据身份关联性的重要方法，即高某作为微信账号 W 的数字签名人，可以推定该账号聊天信息为其本人行为。这里的"推定真实"就源于微信账号中数字签名可以实现对其身份关联性的初步证明。

在周某车辆超载行政处罚案中，原告方认为作出处罚决定依据的证据材料生成于行政处罚决定之后，主要理由就在于其将称重记录作为书证，即仅以称重记录打印时间作为证据生成的时间，而并未将称重记录作为电子数据，按照电子数据生成、提取时间来确定证据收集时间。若按照原告方此种观点的内在逻辑，巡警大队就存在"先处罚后取证"的违法问题，其行政处罚决定就构成违法。法院并未采纳该观点，其认为"称重记录"属于电子数据，应当以电子数据收集提取时间来认定取证时间，而不应当以电子数据打印时间来认定取证时间。实际上，该案中打印件仅仅是对电子数据的书面化处理，它是电子数据取证中对其证据信息的固定保全方式，此种方式可以降低取证门槛、方便举证质证，但该书面化电子数据并不属于书证，而仍然应当属于电子数据。

"电子数据书面化"现象在司法实践中较为常见，其主要原因是此种情况下电子数据收集、取证、质证的门槛较低，效率较高。此种取证方式可以摆脱电子数据虚拟性束缚，将电子数据转化为现实物理空间的实体物，这对取证主体技术资质要求较低，可以无须借助电子数据专业取证设备就可以完成取证工作。另外，采取打印、截屏等方式收集电子数据具有操作简单的优势，能够高效、及时地收集固定证据，部分案件还省略了后期检验、鉴定等环节，有利于节约侦查取证成本。[1]若收集提取电子数据

---

〔1〕 刘浩阳等：《公安机关办理刑事案件电子数据取证规则释义与实务指南》，中国人民公安大学出版社 2020 年版，第 58 页。

本身，对取证技术和设备要求较高，普通人员通常不具有此种专业技术和设备。电子数据书面化会让其证据信息被复制、传递至纸质材料上，其与书证在外观上具有了相同的表现形式，它们在诉讼过程中都表现为以纸质材料所记载的信息内容来证明案件事实，此时就很容易产生电子数据打印件与书证之间的混同。

对于某材料所属证据种类的认定，应当依据该证据材料的最初生成形态来予以确定，而不能以其转化之后的形态来确定其属于何种证据。比如证人证言，既可以通过制作证人证言笔录予以收集，也可以采用电子数码设备将证人陈述内容和过程予以同步录音录像。此时证言笔录和音像视频仅是收集、固定证人证言的方式，证人证言并不会因其具有书面化记载、固定形式而成为书证，也不会因其以数字化音像视频方式予以固定、展示而成为电子数据。对于电子数据而言，亦是如此。某种证据材料属于电子数据还是书证，应当以该证据材料最初生成的表现形态来确定其证据种类，而不能以其转化后的表现形态予以确定。因此，电子数据并不会因其书面化处理而演变为书证，其仍然属于电子数据。但是，电子数据的书面化处理须按法定条件和适用顺位，否则就可能面临电子数据被排除的风险。

案例：胡某虚开增值税专用发票案[1]

在胡某虚开增值税专用发票案中，辩护律师提出：侦查机关对涉案手机中的照片、通讯录、通话记录等在取证程序、证明力上存在问题，不能作为定案依据。法院经审理后认为：手机内存在的通讯录、通话记录属电子数据；作为证据使用的电子数据在扣押、封存、收集、提取等环节都有相应规定。侦查人员仅对涉案手机简单操作后以手机屏幕显示的内容拍照固定，未按规定以电子数据处理，不能直接作为定案的依据，故对辩护方该意见予以采纳。

---

[1] 详见上海市高级人民法院（2018）沪刑终27号刑事裁定书。

在该案中，侦查机关以截屏方式来收集涉案电子数据。在司法实践中，侦查机关通常以截屏、打印方式来收集涉案电子数据，此种方式将电子数据作书面化、实物化处理后予以收集，虽然降低了电子数据取证难度和成本，但可能在转化收集中导致相关信息丢失，从而面临不被法院采信的风险。在该案中，法院就以侦查人员没有按照法定程序和要求收集电子数据为由对其予以排除。《电子数据规定》《电子数据取证规则》等规范性文件确立了"以扣押原始存储介质为原则，以提取电子数据为例外，以打印、拍照等方式固定为补充"的顺位规则，这主要是为贯彻原件证据规则中原始证据优先性的要求。[1]基于原件证据规则的内在要求，以打印、截屏等方式收集电子数据在适用顺位上具有置后性，仅在无法扣押原始存储介质且无法提取电子数据的情况下，侦查机关才可以采取打印、拍照等方式收集电子数据。即便采取打印、截屏等方式收集电子数据，侦查机关也需要制作取证笔录，[2]对采取打印等方式固定电子数据的原因、电子数据存储位置等信息予以详细记载，从而保障"证据保管链条"的完整性，为庭审中鉴真电子数据打印件等证据材料奠定基础。但是，在该案中，侦查机关既在"转化收集"模式适用顺位上违反了《电子数据规定》《电子数据取证规则》的强制性规定，所收集的证据材料有违原件证据规则的基本要求，也在"转化收集"中没有制作取证笔录，导致无法对电子数据予以有效鉴真，故法院排除了该电子数据。

（二）实物证据电子化

随着在线诉讼和智慧司法的不断推广适用，案件审理环境从物理庭审场所转移至网络信息空间，据以认定事实的实物证据也由传统物理形态转变为数字化形态，此时就会出现"实物证据电子化"现象，即将物证、书证等传统实物证据通过扫描、翻拍、转录等方式予以电子化处理，将其上传至在线诉讼系统平台。《人民法院在线诉讼规则》第11条第2款、第12条、第13条，分别对在线诉讼中证据材料电子化提交方式、法律效力、例

---

[1] 喻海松："刑事电子数据的规制路径与重点问题"，载《环球法律评论》2019年第1期。

[2] 详见《电子数据取证规则》第8条、第9条之规定。

外情形等内容予以规定。在"电子数据书面化"和"实物证据电子化"中都可能出现电子数据与书证相混淆的问题。但是，正如前文所述，对于某材料所属证据种类，应当依据该证据材料最初生成的表现形态来认定，而不能以其转化后的表现形态来认定。在线诉讼中的电子化证据材料，虽然具有电子化、数据化的表现形式，但它们仅是传统物证、书证等实物证据转化后形成的证据材料，它们仅是传统实物证据的衍生证据和传来证据。对于此类证据材料的归属，应当依据电子化处理之前的证据材料来确定其证据种类，电子化处理并不会改变证据种类和归属。

案例：优图公司与心海公司侵害作品信息网络传播权纠纷案[1]

原告优图公司通过一审法院的电子诉讼平台系统提起诉讼，并将作品登记证书附表、公证书等证据材料作电子化处理后通过电子诉讼平台予以提交。在法庭审理中，被告心海公司认为作品登记证书附表、公证书等证据材料并不是原件，对其真实性不予认可。但是，在优图公司同意提供原件的情况下，心海公司拒绝庭下核验。故，法院对心海公司提出的质证意见不予采纳，认为优图公司提交的上述证据应视为原件，对该证据予以采信。

在该案中，原告就通过电子诉讼系统在线提交了登记证书附表、公证书电子化处理之后的材料。与"电子数据书面化"相类似，将书证、鉴定意见、勘验笔录等证据材料作电子化处理后所形成的材料属于衍生证据或派生证据，但是此种电子化处理并不会改变该证据材料原来所属的证据种类。比如，书证经电子化处理所形成的"电子化书证材料"仍然属于书证，鉴定意见书经电子化处理所形成的材料仍然属于鉴定意见。《最高人民法院关于互联网法院审理案件若干问题的规定》第 10 条赋予实物证据电子化材料的"拟制原件"法律效力。基于该条款之规定，优图公司在线

---

〔1〕 详见北京知识产权法院（2020）京 73 民终 767 号民事判决书、北京互联网法院（2019）京 0491 民初 35666 号民事判决书。

提交的登记证书附表、公证书电子化处理材料具有"拟制原件"法律效力。心海公司对上述电子化处理材料的真实性提出异议，但并未提出具体理由，且拒绝庭下核实登记证书附表、公证书的真实性，故其提出的异议并不足以推翻电子化处理材料"拟制原件"的法律效力。

三、电子数据与证人证言

证人证言是证人就其所感知案件事实而作出的陈述。证人证言属于言词证据，电子数据属于广义实物证据，它们两者在外部表现、举证方式等方面都有很大差异。仅从理论层面来看，电子数据与证人证言通常比较容易区分，二者之间不会发生混同。但是，由于我国刑事诉讼制度和证据制度并没有确立传闻证据规则，刑事审判在实践运行中呈现出"卷宗笔录中心主义"，[1]即法官主要依据案件卷宗中的讯问笔录、证人证言笔录、鉴定意见书等证据材料来认定案件。即便在我国开展"以审判为中心"的诉讼制度改革和"庭审实质化"改革之后，此种"卷宗笔录中心主义"的庭审方式在实践中仍然大量存在，出具证言的证人绝大多数并不出庭陈述事实，法官也主要是依据证人证言笔录等笔录材料来认定案件事实。证人证言在司法实践中通常表现为侦查人员、检察人员等诉讼主体制作的证人证言笔录。随着信息技术的不断发展，在证人证言取证上也逐渐出现了证言音频、作证视频等电子化或数据化的证人证言，其外观和形式就很像电子数据。对于此类证据材料，在司法实践中经常产生其属于电子数据还是证人证言的争论。

（一）数字音视频式证人证言

案例：L公安局不予立案行政诉讼案

余某因向L公安局报警，L公安局不予立案且不出具不予立案文书，故向法院提起行政诉讼，请求法院确认不立案行为违法。余某向法院提交

---

[1] 陈瑞华："案卷笔录中心主义——对中国刑事审判方式的重新考察"，载《法学研究》2006年第4期。

了一份证人证言录音光盘。L公安局辩称该录音光盘的本质不是电子数据，应当属于证人证言，证人应当出庭以确认其证人身份。法院经审理后认为该证据与案件无关，故不予采纳。

在该案中，当事人之间关于录音光盘的证据种类发生争议。原告方认为该录音光盘属于电子数据，该证据是以其中存储的数字化音频资料来证明案件事实。被告方则认为录音光盘在本质上属于证人证言，其中存储的数字化音频资料仅是用来固定和保全证人陈述内容的手段。对于某种可用于证明案件事实的材料归属于何种证据，应当依据其生成时的形态来予以确定。在案件发生过程中，其案件相关的信息会散落至物理空间、网络空间、电子设备、人脑等之中。案件信息在物理空间中存储于相关物品或痕迹中就会产生物证，如作案凶器、指纹、血迹等。案件发生时，相关信息被人们感知并存储于脑海之中，即存储于精神世界之中，后经陈述就会产生证人证言。案件发生时，相关信息以数据形式存储于网络空间或电子设备之中则会产生电子数据。

在该案中，光盘中存储的数字音频信息在本质上是对人陈述信息的记录，但若因此就断定其属于证人证言似乎稍显武断，因为并非只要人的陈述就属于证人证言，此时仍然需要考虑人的陈述在案件事实中的地位和功能。若人的陈述本身就是案件事实的组成部分，则数字音视频对人陈述信息的记录就应当属于电子数据，因为此时人的陈述内容及陈述行为本身就构成案件事实的重要组成部分。比如，债权人、债务人通过微信留言来协商借款并就借款达成合意的音频信息，此种音频信息虽然也记载了人的陈述信息，但微信语音聊天记录了当事人对借款协商、合意的意思表示，它是在案件发生过程中对事实信息的直接记载，而不是对人基于其精神世界中记忆案件事实陈述信息的记录，故其属于电子数据而不是当事人陈述或证人证言。若人陈述的内容是其精神世界对感知案件事实的记忆，则记载此种陈述内容的数字音频就属于证人证言、当事人陈述等言词证据，如侦查机关在讯问犯罪嫌疑人中制作的同步录音录像。

当然，这里的"案件事实"不仅包括案件的实体性事实，如关于定罪量刑的事实，也包括案件的程序性事实。某一用于证明案件事实的材料归属于何种证据，除了需要考察该证据的自身形态，还需要将其与待证事实结合起来分析。比如，讯问中录音录像若用于证明案件的实体性事实，其不属于独立证据种类，而仅仅是用于固定和保全犯罪嫌疑人供述的方法，其在本质上属于被告人供述或辩解；若其用于证明供述合法性，即用于证明讯问犯罪嫌疑人程序合法性时，则其无须借助于犯罪嫌疑人供述内容来证明，而仅仅依据同步录音录像自身记载的讯问过程信息就可以证明，其此时属于电子数据。[1]因此，对于数字化音视频不能仅因为记载了人的陈述就将其归为言词证据，而需要结合陈述内容在证明案件事实中的功能、待证事实类型等因素来具体分析。

在该案中，余某向法院提交的音频光盘是该村村主任陈述铲毁树木、征收补充等内容，这是村主任事后对其精神世界所记忆案件事实的陈述，故该音频光盘属于是对证人证言的固定和保存方式，其在本质上属于证人证言，而不是电子数据。虽然我国《刑事诉讼法》及其司法解释并未确立传闻证据规则，但《民事证据规定》则基本确立了传闻证据规则，无正当理由未出庭的证人以书面等方式提供的证言，不得作为认定案件事实的根据。[2]在民事诉讼和行政诉讼中，言词证据应当适用传闻证据规则，证人原则上应当庭陈述案件事实并接受各方当事人质证，证人庭外陈述原则上不能作为定案依据。当然，法院在该案中并非因证人未出庭而不予采纳该音频光盘，而主要是因该音频光盘与案件事实不具有关联性而未予采纳。由于该案主要审理公安机关不予立案是否具有合法性，法院认为该音频光盘与公安机关不予立案的程序性事实不具有关联性，故对该证据不予采纳。

对于以数字化形式记载的证人证言、被害人陈述以及犯罪嫌疑人、被告人供述和辩解等证据，《电子数据规定》第1条第3款明确规定了其不

---

〔1〕 谢登科："讯问中录音录像制度适用问题研究——以念斌案为视角"，载《北京理工大学学报（社会科学版）》2016年第4期。

〔2〕 详见《民事证据规定》第68条第3款之规定。

属于电子数据，但也明确了"确有必要的，对相关证据的收集、提取、移送、审查，可以参照适用本规定"。这主要源于对证据法定种类的认定应当依据该证据材料的最初生成形态来予以确定，而不能以其转化之后的形态来认定。证人证言，既可以通过制作证人证言笔录予以收集，也可以通过电子数码设备将证人陈述内容和过程予以同步录音录像来收集。此时证言笔录和音像视频仅是收集固定证人证言的方式，证人证言并不会因其具有书面化记载固定形式而成为书证，也不会因其以数字化音像视频方式予以固定展示而成为电子数据，其在本质上仍然属于证人证言。但是，在通过录音录像来固定证人证言中出现了"主观证据客观化"的问题，即言词证据具有了实物证据的外在表现形态。正是考虑到以数字化形式记载的言词证据和电子数据一样，都是以数字化形式存储、移送的，对其可以参照适用《电子数据规定》的有关规则。[1]在证人证言等言词证据的音像视频保管、移送等环节，可能出现增减、篡改等失真风险，此时就需要参照实物证据规则来审查证言笔录、音像视频的完整性与真实性。比如，在供述同步录音录像制作完毕后，计算该音视频的完整性校验值并予以记录，若事后因音视频真实性发生争议，则可以通过比对完整性校验值来审查认定其真实性。

（二）数字音视频类电子数据

案例：刘某与高某民间借贷纠纷案

在刘某与高某民间借贷纠纷案中，原告刘某向法院提交了2013年3月17日其和被告高某的通话内容（陈述记录）、与王乙的短信记录一组，以证明刘某和高某存在借贷关系。高某对该组证据的真实性有异议，认为原告没有提供对方身份，仅凭该记录不足以证明借款的真实性。法院经审理后认为：短信内容当庭与原始载体（手机）进行核对，能够认定该短信内容真实，可以作为认定案件事实的依据。2013年3月17日的通话记录不

〔1〕 万春等："《关于办理刑事案件收集提取和审查判断电子数据若干问题的规定》理解与适用"，载《人民检察》2017年第1期。

是视听资料，也不是电子数据，但可以作为当事人对借款合意的陈述。故，对该组证据予以采纳。

在该案中，当事人对手机中存储数字化通话记录的真实性发生争议。法院在审查认定该通话记录的数字音频时认为其既不属于视听资料，也不属于电子数据，而是当事人对于借款合意的陈述。在证据种类的问题上，该法院实际上是将该通话记录作为当事人陈述而不是电子数据，此观点不无值得商榷之处。

作为法定证据种类之一，当事人陈述是当事人就案件事实所作的陈述。这里的"陈述"是当事人基于对案件事实的直接感知、记忆所作的陈述。在该案中，所谓的"当事人陈述"并不是作为法定证据种类的当事人陈述，它是 2013 年 3 月 17 日高某与刘某就借款事宜进行协商并达成合意的过程与内容，其本身就是案件事实的组成部分，此部分案件事实信息承载于数字化通话记录之中，其在本质上属于电子数据，而不是当事人陈述。该法院在认定此通话记录的证据种类时没有将其归为电子数据，可能主要源于其认为该通话记录是对当事人陈述内容的固定和存储。但是，该法院却忽视了这里的"陈述"发生于当事人对借款事项的协商、合意过程之中，而并非当事人对其脑海中精神世界记忆案件事实的陈述。因此，该案中的数字化通话录音应当被认定为电子数据。

当然，也并非所有电话录音都属于电子数据。在实践中，有些民间借贷案件的当事人，可能因没有书面欠条而在向对方当事人电话催收欠款时会私下用手机录下通话录音。此时，对方当事人陈述欠款事实是基于其脑海中记忆的案件事实，通话记录是对当事人陈述的固定和存储，其在证据种类上就属于当事人陈述，而不是电子数据。此种当事人陈述属于诉讼外当事人自认，即当事人在诉讼程序之外作出对自己不利事实的承认。《民事证据规定》仅规定了诉讼中自认具有免除对方当事人举证责任的法律效果，对于诉讼外当事人自认的法律效力则未作规定。[1]有实务界人士认

---

[1] 详见《民事证据规定》第 3 条至第 8 条之规定。

为：“对于诉讼外当事人承认，由于作出的时间、背景、场合不同，自认人在作出自认时与诉讼中所处地位、维护利益均不相同，缺乏相应法律程序保障，仅具有一般证据效力，不能直接卸除对方当事人的举证责任。诉讼外自认可以作为主要证据使用，但它既不排除法院为查清事实要求相关当事人进一步提供证据的可能，也不排除法院根据经验法则、日常情理、交易习惯等作出否定性判断的可能。”[1]此种通话录音所承载的当事人诉讼外自认，在证据种类上属于当事人陈述，它并不具有免除对方当事人举证责任的法律效力，其若能与其他证据形成印证，或者其内容符合经验法则、日常情理、交易习惯等，则可以作为认定案件事实的依据。

四、电子数据与科学证据

电子数据作为信息网络技术的产物，有学者将其称为“科学证据”，甚至称为“高科技证据”，[2]这主要源于电子数据的科学技术性要远高于传统实物证据。在确定电子数据的范围与外延、电子数据是否属于科学证据时，就需要厘清电子数据与科学证据（scientific evidence）之间的关系。

对于科学证据的内涵和外延，我国理论界和实务界之认识存在较大差异。陈学权教授认为，科学证据是运用科学技术发现、收集、保全以及揭示其证明价值或者其本身就具有科学技术特征的证据。[3]该观点是在广义层面界定科学证据，它既包括在收集、保全、出示等环节需要应用到科学技术的各种证据，如需要借助于科学技术收集、分析的指纹、血迹等实物证据，也包括在形成或者生成过程中需要应用到科学技术的各种证据，如鉴定意见、电子数据。狭义层面的科学证据，主要是指鉴定意见、专家证人意见。在英美法系证据法学中，科学证据主要是指专家证言，[4]将科学

---

〔1〕 杨夏：“诉讼外限制性自认的效力”，载《人民司法（案例）》2018 年第 26 期。

〔2〕 何家弘主编：《电子证据法研究》，法律出版社 2002 年版，第 4 页。

〔3〕 陈学权：《科技证据论——以刑事诉讼为视角》，中国政法大学出版社 2007 年版，第 51 页。

〔4〕 ［美］爱德华·J. 伊姆温克尔里德：《科学证据的秘密与审查》，王进喜等译，中国人民大学出版社 2020 年版，第 3-6 页。

证据（scientific evidence）与科学证言（scientific testimony）直接混同使用，如美国联邦最高法院在 Daubert 案裁判书中就多次将二者混同使用。[1]在诉讼活动中，专家证人需要借助科学理论或者方法而对案件事实中的专门性问题出具意见，这些专业意见需要使用各种科学原理或科学方法，因此，狭义层面的科学证据就是专家意见。但是，有观点认为科学证据和专家证据并不完全相同，前者是专家依据科学知识或者科学理论就案件事实认定中的专门问题所作的证言，后者是专家基于其专门知识或者专门经验作出的证言，专门知识并不都是科学知识，如水暖工就供水、供暖管道等专门性问题作出的专家意见，可能就不涉及科学知识。[2]虽然，上述观点对狭义科学证据的范围和外延认识存在差异，但都主张科学证据在本质上是专家证言。在广义层面和狭义层面的科学证据之下，电子数据是否属于科学证据就存在较大分歧和争议。

按照广义层面的科学证据概念，电子数据就属于科学证据，这主要体现在以下方面：（1）电子数据本身就是现代信息网络技术的产物。所有科技证据都是科学技术的产物，[3]电子数据作为科学证据也不例外。电子数据是人们在利用信息网络实施各种行为或者活动中留下的数字"痕迹"。若没有信息网络技术的诞生和发展，就不存在电子数据。（2）电子数据收集、提取、保全中需要使用科学技术方法以及相关软硬件设备。电子数据侦查取证中应当遵循及时、全面等原则，这就需要在电子数据取证中采取相应科学技术方法及设备，如电子数据收集中的账号解密技术、镜像复制技术等，电子数据保全中的信号屏蔽技术、信息阻断技术等。若不借助于相应的科学技术方法，有时不仅无法有效收集到电子数据，还可能会导致电子数据丢失、毁灭、破坏。有观点认为互联网技术对电子数据的影响主

---

〔1〕 王进喜编译：《证据科学读本：美国"Daubert"三部曲》，中国政法大学出版社 2015 年版，第 40 页。

〔2〕 马跃：《美国证据法》，中国政法大学出版社 2012 年版，第 192 页。

〔3〕 陈学权：《科技证据论——以刑事诉讼为视角》，中国政法大学出版社 2007 年版，第 53 页。

要涉及其完整性。[1]该观点注意到电子数据形成、收集、提取中对互联网技术的依赖性，无疑具有合理性，但这不限于通过相关科学技术来保障电子数据的完整性，还包括数据识别、数据获取等方面，也都需要使用大量的信息网络技术，如电子数据远程取证中，若缺乏相应取证设备、代码程序，远程取证将无法运行。（3）电子数据审查认定中需要采取相应技术方法及设备。在电子数据举证质证、审查认定中，除可以在庭审中出示电子数据的纸质打印件之外，通常需要借助相应的电子设备进行展示或者演示，如通过计算机以及软件程序来展示网页证据。在电子数据鉴真中，需要借助于完整性校验、区块链存证、可信时间戳认证等信息网络技术方法。[2]广义层面的科学证据具有科技性、开放性、多样性等特征，[3]这在电子数据中亦得以体现。以科学证据的开放性和多样性为例，科学证据的范围和类型，会随着科学技术发展进步而不断扩大、增多。电子数据作为信息网络技术的产物，其类型和范围也会随着信息网络技术迭代发展而逐渐增多、扩大。早期的电子数据主要是计算机系统数据、应用程序、电子邮件、数字音视频、网站网页等。随着即时通信和在线支付技术的逐步兴起和快速发展，在实践中也产生了微信聊天记录、电子支付记录等电子数据。区块链技术在数字货币、数字版权、公共服务等领域的发展应用，也产生了区块链电子数据。[4]随着算法、元宇宙、人工智能、大数据等信息技术的发展应用，在电子数据领域也形成了算法电子数据、元宇宙电子数据、人工智能电子数据、大数据类电子数据等新兴电子数据。

按照狭义层面的科学证据概念，科学证据主要是指专家证言，电子数据就不属于科学证据。有观点甚至认为电子数据与科学证据是互不搭界的"并行关系"，[5]这主要缘于电子数据是实物证据而不是言词证据，也就不

---

[1]　冯姣：《互联网电子证据论：以刑事诉讼为视角》，北京大学出版社2023年版，第27页。

[2]　谢登科："电子数据的技术性鉴真"，载《法学研究》2022年第2期。

[3]　陈学权：《科技证据论——以刑事诉讼为视角》，中国政法大学出版社2007年版，第52-58页。

[4]　刘品新："论区块链证据"，载《法学研究》2021年第6期。

[5]　何家弘主编：《电子证据法研究》，法律出版社2002年版，第13页。

可能是科学证据即专家证言。但是，这并不意味着电子数据与"狭义说"科学证据是并行关系，也不意味着它们两者之间没有任何联系或者交集。在审判程序中，大多数证据都是言词证据，或者需要借助于言词证据，即便是物证、书证等实物证据，也都需要提供言词证据来确立其可信性、揭示其关联性，因此，言词证据是诉讼程序中最重要的证据种类。[1]证人证言通常可以分为"感知证人证言"（目击证人证言）和"专家证人证言"（科学证据），后者在现代实物证据的审查认定中会大量出现，在电子数据审查认定中也不例外。从狭义层面的科学证据来看，电子数据虽然本身不属于科学证据，但在电子数据收集提取、审查认定中会涉及大量科学证据。在电子数据收集提取中，很多情况下需要由有专门知识的人参与和介入，如需要信息网络专家对电子设备及其账号密码进行解码、解锁。电子数据收集过程中，需要采取完整性校验、区块链存证、可信时间戳认证等科学技术方法来保障电子数据的形式真实性和同一性。在电子数据收集、审查中，通常也会涉及大量鉴定意见，如电子数据存在性鉴定、信息量鉴定、同一性鉴定、来源鉴定、功能鉴定等。[2]这些鉴定意见在本质上都是狭义层面的科学证据，它们在电子数据收集提取、审查认定中发挥着重要作用。

虽然电子数据不是狭义层面的科学证据，但是由于其在收集提取、审查认定中会涉及大量狭义层面的科学证据。在电子数据审查认定中，不仅会涉及对电子数据自身证据能力和证明力的审查认定，也通常会涉及作为其铺垫性证据——科学证据的审查认定。对于科学证据的审查认定，通常也需要审查其关联性、可靠性。对于科学证据关联性的审查认定，与其他类型的证据并不存在本质差别，也需要审查其逻辑关联性和法律关联性。但是，对于科学证据可靠性的审查认定，则具有其特殊性。科学证据是专家证人应用其专业知识就案件事实认定中的专门问题所作证言，由于法官

---

[1] ［美］罗纳德·J. 艾伦等：《证据法的分析进路：文本、问题和案例》，张保生、王进喜、汪诸豪译，中国人民大学出版社 2023 年版，第 115-116 页。

[2] 麦永浩主编：《电子数据司法鉴定实务》，法律出版社 2019 年版，第 3-4 页。

通常不具有特定领域的专业知识，如何对科学证据的可靠性进行实质审查，就成为较棘手的证据法难题。美国司法机关早期曾在 Frye 案中确立了科学证据可采性审查认定的 Frye 标准，要求科学证据应当建立在科学理论之上，该科学理论必须在其所属领域已经被普遍接受（general acceptance）。[1] Frye 标准要求科学证据所依据的科学原理应当在其所属领域已经被普遍接受或者认可。该标准相对简单、统一，能够在很大程度上保障对科学证据可采性审查认定的统一性，有利于防止科学证据建立在"伪科学"基础之上，也有利于防止不当采纳"伪科学"证据。但是，该标准存在僵化性、单一性、保守性等问题和缺陷，特别是在适用于某些新兴领域科学证据的审查认定时，可能无法采用该标准来正确、合理地审查认定新兴科学证据的可采性，因为新兴科学技术领域中的某些原理或者理论可能尚没有被普遍接受，但未来可能会被普遍接受。另外，某种科学原理即便在当下已经被普遍接受，但也可能被后续科学技术发展证明是错误的，如"地心说"早期曾被普遍接受但后来却被证明是错误的。某些新兴科学技术的理论或者原理，虽然事后被证明是正确的，但在其发展的早期却无法获得普遍接受，由此就导致某些新兴科学技术领域的科学证据可能会被错误地认定为不可靠证据而予以排除。

鉴于"普遍接受"标准的缺陷和不足，美国联邦最高法院在 Daubert 案中，对科学证据可采性的审查认定确立了 Daubert 标准。在该案中，原、被告双方因盐酸双环胺是否会导致胎儿缺陷问题发生争议。原告提供了 8 份专家证言用于证明盐酸双环胺与胎儿缺陷之间存在关联性。初审法院认为对于盐酸双环胺有大量流行病学研究资料，原告提供的专家意见不是建立在流行病学证据基础之上，而是建立在动物细胞、动物活体、化学结构等研究结果之上，这些研究结果没有公开发表或者经过同行评议，也没有得到行业内普遍接受或者认可，故裁定这些专家意见不具有可采性。原告对上述判决结果不服，提出上诉。美国联邦第九巡回上诉法庭经审理后，

---

〔1〕 王进喜编译：《证据科学读本：美国"Daubert"三部曲》，中国政法大学出版社 2015 年版，第 3-9 页。

维持了原裁判结果。原告不服、提起申诉。美国联邦最高法院经审理后认为，《美国联邦证据规则》对证据可采性设置了相对宽松、自由的可采性标准，这主要体现在规则 402 之中，具有相关性的证据，原则上都具有可采性，除非法律或者其他规则另有规定。Frye 标准过于僵化、严苛，显然与《美国联邦证据规则》对证据可采性认定标准的自由化、宽松化发展趋势相背离。《美国联邦证据规则》在科学证据可采性的问题上，没有引入 Frye 标准，而是放弃了 Frye 标准。但是，这并不意味对科学证据可采性的审查认定没有任何限制，也不意味着无须审查科学证据就可以直接采纳。根据《美国联邦证据规则》的要求，法官应当确保采纳的科学证据具有相关性、可靠性。与普通证人出具的证言不同，专家证人意见的可靠性，并不要求它是建立直接感知或者"第一手"感知的基础之上，而是要求其建立在专业知识和专业经验基础之上。法院在科学证据的审查认定中仍然担任着"守门人"（gatekeeper）角色，需要审查科学证据的关联性与可靠性。前者要求审查科学证据是否有助于案件事实裁判者理解证据或者认定事实，后者要求审查科学证据形成的方法和依据，主要应当从以下方面展开审查：（1）科学证据所依据的理论、技术是否能够（且已经）被验证；（2）科学证据所依据的方法、理论是否已经过同行评议或者公开发表；（3）科学证据所依据的方法、理论是否已经在实践中应用，其已知或者潜在的错误率是否在可容忍范围之内；（4）科学证据所依据的方法、理论是否存在持续标准和控制；（5）科学证据所依据的方法、理论是否已经在行业内被普遍接受。[1] 这实际上建立了科学证据可靠性审查认定的多元化标准，并将 Frye 案中确立的"普遍接受"标准纳入 Daubert 标准之中。但是，在 Daubert 标准取代 Frye 标准之后，美国司法实践中对科学证据可采性的审查认定并没有发生明显变化，法官通常是采用第（2）项、第（5）项标准来审查认定科学证据是否建立在科学原理或者方法基础之上，这可能主要缘于作为非专业技术人员的案件事实裁判者通常没有能力对科学证据是

---

〔1〕〔美〕阿维娅·奥伦斯坦：《证据法要义》，汪诸豪、黄燕妮译，中国政法大学出版社 2018 年版，第 205-206 页。

否建立在科学原理或者方法基础之上展开实质化审查。[1]虽然，电子数据并不属于狭义层面的科学证据，但由于电子数据收集提取、审查认定会涉及大量科学证据，上述关于科学证据的审查认定标准，在电子数据所衍生出科学证据的审查认定中也会经常适用。

第三节　电子数据的主要分类

按照不同标准，电子数据可以分为不同类型，这些不同类型的电子数据会影响电子数据收集提取、审查认定规则的设置与适用。

一、静态电子数据和动态电子数据

按照电子数据是否处于形成或传输之中的状态，可以将其分为静态电子数据和动态电子数据。静态电子数据通常能较长时间存储于电子设备或存储介质之中，其稳定性较强；在排除人为因素和外部因素干扰的情况下，静态电子数据通常具有较好的完整性和真实性。较为常见的静态电子数据，主要有电脑、手机中存储的文档、图片、音视频等电子数据。静态电子数据的收集，相对比较容易，可以采取搜查扣押、封存、冻结等方式予以收集。

动态电子数据是指处于网络传输中的电子数据。网络传输数据是较为常见的动态电子数据，其具有动态性和变化性特征，它们处于不断变化、稍纵即逝的状态。较为常见的动态电子数据是行踪轨迹类数据，如 GPS 定位信息图。在远大公司与金某公司租船合同纠纷案中，金某公司就向法院提交了轮船的 GPS 定位动态电子数据，用以证明轮船承运第三方货物的航运轨迹。对于动态电子数据收集，应当恪守及时取证原则，否则可能会无法收集到电子数据。动态电子数据取证通常具有同步性、秘密性特征，在电子数据传输过程中通过技术手段对其予以取证。对于动态电子数据的侦

---

〔1〕　陈学权：《科技证据论——以刑事诉讼为视角》，中国政法大学出版社 2007 年版，第53 页。

查取证，《电子数据规定》《电子数据取证规则》等规范性文件创设了网络远程勘验、网络在线提取等新型侦查措施。比如，在某市公安机关侦查的网络淫秽色情案件中，犯罪嫌疑人多次上传自拍视频，其视频和观看人数等信息始终处于动态变化中，侦查人员通过远程下载方式多次对数据进行提取，制作了取证笔录，形成完整的证据链来证明其犯罪过程。[1]当然，这里作为网络在线提取对象的淫秽视频、观看人数等动态电子数据属于公开信息，对其侦查取证并不会干预公民基本权利，其程序控制可以相对宽松。

但是，有些承载了公民基本权利的动态电子数据，对其侦查取证可能需要采取技术侦查措施中的网络拦截、网络嗅探、网络监控等措施，可能会严重干预公民隐私权、通信秘密权等基本权利。[2]从权利保障角度来看，在动态电子数据取证中，可能收集到的电子数据具有未知性、不确定性，这就可能造成对公民隐私权、通信秘密权等基本权利的侵犯。对动态电子数据取证，通常处于不被数据权利人所知晓的秘密状态，因此，对有些动态电子数据取证可能需要将其纳入技术侦查范畴，须受到严格的程序控制。

二、原始电子数据和传来电子数据

传统实物证据和言词证据按照来源不同，可以分为原始证据（原生证据）与传来证据（派生证据），前者是指直接来源于案件事实或原始出处的证据；后者是指经过复制、复印、传抄、转述等中间环节形成的证据，它是从原始证据派生出来的证据。按照上述分类，电子数据也可以分为原始电子数据和传来电子数据。原始电子数据通常是直接来源于案件事实的"第一手"证据资料，其真实性、可靠性比较有保障。传来电子数据则经过复制、打印、转化等环节，其在被复制、复印等环节中，可能出现信息

---

〔1〕 刘浩阳等：《公安机关办理刑事案件电子数据取证规则释义与实务指南》，中国人民公安大学出版社 2020 年版，第 58 页。

〔2〕 赵长江：《刑事电子数据证据规则研究》，法律出版社 2018 年版，第 53 页。

增减、修改等因素而影响其真实性。

通常来说，原始电子数据的可靠性和证明力要高于传来电子数据，如手机中存储的微信类原始电子数据，通常就要比微信截图打印件的真实性和可靠性更高。在电子数据取证中，通常应当优先收集原始电子数据。对于传来电子数据，在能够保障其真实性、完整性的情况下，具有和原始电子数据同等的法律效力。电子数据通过镜像复制等技术手段，可以让复制件与其原件所蕴含的证据信息完全一致。在保障完整性和真实性的前提下，复制件完全能够实现和电子数据原件相同的功能，此种情况下应当承认电子数据复制件具有与电子数据原件同等的法律效力，即具有"拟制原件"的法律效力。比如，根据《民事证据规定》第 15 条第 2 款之规定，电子数据制作者制作的与原件一致的副本，或者直接来源于电子数据的打印件或其他可以显示、识别的输出介质，被拟制为"电子数据原件"，其具有和电子数据原件同等的法律效力。

案例：陈某与赵某赠与合同纠纷案[1]

在陈某与赵某赠与合同纠纷案中，陈某向法院提交了微信聊天记录、微信转账等电子数据的打印件。赵某辩称陈某提交的 20 多份电子数据打印件全系复印件，没有合法证据来源的凭证，其证据形式均不符合《民事证据规定》中真实性、合法性、关联性的要求，属无效证据，故不应被采信。法院经审理后认为：陈某为证明其诉讼主张，依法提交了与赵某的微信聊天记录、微信转账截图打印件，且经当庭核实，微信聊天记录中的微信号系赵某本人微信号。故，陈某从手机中打印的微信聊天记录以及截屏内容，系从手机电子数据中输出，应视为电子数据原件，并非赵某所称复印件，上述证据具有真实性，且对待证事实具有高度盖然性，故依法予以采信。

在该案中，法院将微信聊天记录、微信转账等电子数据打印件界定为

---

[1]　详见湖南省常德市中级人民法院（2020）湘 07 民终 1579 号民事判决书。

电子数据"拟制原件",其在真实性上与原件具有等同的法律效力。拟制原件既意味着源于此类电子数据的打印件,与真正意义上的电子数据原件存在差异,也意味着该打印件能够实现与电子数据原件相同的证明功能,具有与原件同等的法律效力。在该案中,真正意义上的"电子数据原件"是当事人在进行信息交流、转账支付时在手机中同步生成的微信记录。电子数据自首次生成时起保持了其完整性和未予改动,且后来展示为人们可以感知的形式,也符合电子数据原件要求。[1]由于直接收集、提交电子数据生成时所依附的手机,可能因影响当事人对手机的使用,故通常不宜向法院直接提交。在实践中,绝大多数当事人会选择将涉案电子数据通过截屏、打印等方式向法院提交。在保障与原件具有一致性的情况下,《民事证据规定》将电子数据截屏、打印作为"拟制原件",承认其具有与电子数据原件相同的法律效力。在该案中,法院当庭核实了打印件与手机中的电子数据,在确认其真实性、关联性的情形下,对其依法予以采纳。若仅仅提供了电子数据打印件,而对方当事人对其真实性提出异议,在无法将其与电子数据原件进行核对的情况下,法院通常不会将电子数据复制件单独作为定案根据。

对于原始电子数据和传来电子数据的区分,除了在电子数据审查认定中需遵循原件证据规则,在电子数据收集提取中也有重要意义。在计算机证据国际组织(International Organization on Computer Evidence,IOCE)确定的电子数据取证六原则中,"无损原件"和"适格主体"原则都和电子数据此种分类存在联系。无损原件原则要求电子数据取证时不得改变其原件。由于电子数据是电子化的数字信息,其很容易因受到软硬件系统影响而发生变化,可能导致后期无法审查验证电子数据的真实性和完整性,因此,要求采取相应技术方法、遵循技术标准来保障电子数据的完整性和原始性。在电子数据取证中,需要采取专业设备对电子数据进行镜像备份,后续对电子数据的分析、展示主要在其复制件上进行,从而保障原始电子数据不受损害。适格主体原则要求对原始电子数据取证的人员应当经过专

---

〔1〕 刘品新:《电子证据法》,中国人民大学出版社 2021 年版,第 78-79 页。

门培训，若欠缺专业知识，不仅无法收集提取电子数据，还可能损害电子数据。但是，随着智能手机、云计算、虚拟机等信息技术兴起，严格的无损原件原则已经不能满足电子数据有效取证的要求，甚至束缚了电子数据取证技术的发展，出现了"严格无损原件"原则到"相对无损原件"原则的转变。[1]但是，这并不影响区分原始电子数据和传来电子数据在其收集提取、审查认定中的重要意义。

三、主体电子数据和附属电子数据

根据电子数据的内容和性质不同，可以将其分为主体电子数据和附属电子数据。主体电子数据是体现主体内容的电子数据。比如，电子邮件正文、微信聊天记录、电脑中制作的 Word 文件等。主体电子数据通常可以用于证明案件事实，因为它们本身就承载了案件事实的相关信息。比如在合同纠纷中，通过电子邮件发送的电子合同本身就记载了合同关系发生、变更、履行等方面内容的数据。主体电子数据通常记录着人所制作的文件、图画、符号等信息，它通常可以反映人的主观意思或想法，它是人通过操作计算机等电子设备后，经过电子设备内系统程序、代码指令等运行后所产生的数据。

附属电子数据是指记录主体电子数据生成、存储、传输、系统环境、适用条件等信息的电子数据。附属电子数据通常并不直接体现人的意志，它是由代码程序运行后自动生成的数据。比如，在电子邮件传输中，邮件服务器会在接收电子邮件时，自动生成 Received 附属信息，其会记录接收电子邮件服务器的 IP 地址。由于附属电子数据是由计算机系统自动生成的，其稳定性和真实性较高。主体电子数据通常属于计算机存储数据，而附属数据通常属于计算机生成数据。[2]附属电子数据通常不能直接用于证明案件事实，但可以用于对主体电子数据的鉴真，即可以用于证明主体电

---

[1]　赵长江、申梦凡、张硕："电子数据取证'不损坏原件'原则的挑战与变通"，载《山西警察学院学报》2021 年第 1 期。

[2]　李荣耕：《数位时代中的搜索扣押》，元照出版有限公司 2020 年版，第 44-46 页。

子数据的真实性和完整性。另外，在有些附属电子数据中可能会含有制作人、接收人、传递路径、日志记录等信息，其可用于证明特定主体与内容电子数据在身份上的关联性。

案例：润朗律所与富海公司法律服务合同纠纷案[1]

该案中，一审判决作出后，润朗律所对判决不服，提出上诉认为：富海公司提交的聊天记录、电子邮件等仅为截屏复印件，既没有展示存储介质，也没有聊天双方电子认证身份，没有完整全面地展示数据内容、附属信息、关联痕迹以及系统环境等内容。润朗律所庭审中要求富海公司提供证据原件及其储存的电子设备，富海公司拒绝提供，故上述电子数据不应作为定案依据。

富海公司辩称：对于聊天记录、往来邮件等电子数据，富海公司一审中做好了当庭展示的准备，但润朗律所以该组证据未经公证为由拒绝发表质证意见。在法官当庭释明后，润朗律所补充发表质证意见，否认其真实性。但上述证据具有真实性，故应作为定案依据。

二审法院经审理后认为：对于往来邮件、聊天记录等证据，润朗律所参与网络开庭，其要求当庭登录富海公司邮箱，验证邮件往来，因富海公司拒绝，故上诉主张质证程序违法。法院认为，富海公司参与现场开庭，上述证据富海公司提供的是保存邮件的财务人员的电脑及手机等原始载体，且经法庭当庭验证，故上述证据可以作为定案依据。

在电子数据取证中，既要重视收集主体电子数据，也要重视收集附属电子数据。在庭审过程中，若控辩双方就主体电子数据的真实性、完整性发生争议时，需要由证据提供方对电子数据的真实性承担证明责任，而附属电子数据是证明主体电子数据真实性和完整性的重要材料。附属电子数据对真实性、可靠性的证据功能，主要源于电子数据的系统性特征，对电子数据进行修改、增减、删除等操作，可以凭借电子数据的附属信息数据

---

[1] 详见山东省高级人民法院（2020）鲁民终 1854 号民事判决书。

等来发现其是否被修改、增减。附属数据是在电子数据生成过程中同步附属于内容电子数据的信息数据，它通常是对内容电子数据生成、存储、修改、增删、复制等情形的记录，如文档大小、创建时间、修改时间、访问时间、修订记录、IP 地址等信息记录。因此，附属电子数据可以用于对内容电子数据的鉴真。

但是，电子数据鉴真方法具有多元化特征，它可以通过附属数据予以证明和认定，也可以通过取证保管笔录、录音录像、鉴定、公证等方式予以鉴真，还可以采取区块链存证、完整性校验、可信时间戳等技术方法予以鉴真。举证方可以根据证据类型、经济成本、难易程度等因素自行选择采取何种鉴真方法，只要该方法能够实现对电子数据有效鉴真，能够让法官确认电子数据的真实性与可靠性，也并非必然要求收集附属电子数据。在该案中，被告方以电子数据未经公证、未收集附属数据等为由来否定电子数据真实性的质证主张，显然忽视了附属数据的价值功能和鉴真方法的多元化，故其主张未能得到法官支持。

主体电子数据和附属电子数据除在功能、用途上存在较大差别外，其鉴真方法也存在区别。主体电子数据是由人制作的文件、图画、符号等信息，它们可以借助于电子设备被人们认识、知悉。任何对于主体电子数据有感知的人，对主体电子数据的内容有直接认识或了解，都可以通过辨认方式对该电子数据予以鉴真，它并不要求知情人必须是通晓计算机信息技术的工程师或者专家，也并不要求他们通晓计算机信息技术。[1]另外，若主体电子数据中有独特外观、内容、性质或内部结构等特征时，也可以通过其他间接证据对主体电子数据予以鉴真，如电子邮件中有特定当事人的数字签名，数字签名就可用于证明该电子邮件系由特定当事人所写。若当事人之间对附属电子数据的形式真实性和同一性发生争议时，对附属电子数据也应当予以鉴真。但是，附属电子数据是由电子设备、代码程序运行后自动生成的数据，而不是由人所制作的文件、图画、符号等信息，其鉴真主要并不是依据人的辨认或识别，而主要是审查生成该附属数据的电子

---

[1]　李荣耕：《数位时代中的搜索扣押》，元照出版有限公司 2020 年版，第 58—61 页。

设备或系统程序是否能够正常运转、产生正确的数据。除借助于电子设备或系统程序运行的稳定性之外，当事人也可以聘请具有计算机、网络信息等专门知识的人，利用其专业知识和实践经验来证明附属电子数据的真实性。

第二章
电子数据与基本权利

电子数据是我国《刑事诉讼法》《民事诉讼法》等法律中的法定证据种类之一，它既是诉讼中认定案件事实的证据，也承载着财产权、隐私权、通信自由权等基本权利。作为网络信息时代的"证据之王"，电子数据种类繁多、范围广泛。诸如电子邮件、短信微信、电子交易记录、计算机程序等能够证明案件事实的数据都属于电子数据，由此决定了电子数据承载着多种类型的基本权利。明晰电子数据所承载的基本权利，是电子数据取证中实现"尊重和保障人权"的重要前提，对科学构建我国电子数据取证规则和审查规则具有重要意义。由于公民基本权利范围广泛、内容多样，有些基本权利通常不会受到电子数据取证活动的干预或侵犯，如生命权、教育权、劳动权等基本权利；有些基本权利则可能会受到电子数据取证活动干预，如财产权、隐私权等基本权利。从电子数据取证的实践运行来看，财产权、隐私权、通信自由权、言论自由权、平等权等基本权利可能会受到电子数据取证活动影响。本书主要选取这些基本权利作为分析对象。由于刑事侦查是国家权力与公民权利冲突最为激烈的领域，侦查机关享有通过搜查、扣押、冻结等强制性侦查措施来收集电子数据的权力。因此，有必要以刑事电子数据取证为研究对象，分析其对公民基本权利的干预和影响。

第一节　电子数据与财产权

财产权是公民对其合法财产享有的占有、使用和处分权利。我国《宪法》第 13 条第 1 款规定了"公民的合法的私有财产不受侵犯"。在现代法治国家中，财产权、生命权、自由权共同构成公民最基本的三大权利，它们集中体现了人的基本价值和尊严。财产权为国家公权力设置了严格界限，个人可以自由行使其财产权从事生产经营活动来创造财富。随着经济社会的不断发展，公民财产权的范围日益扩大，出现了各种新型财产权，[1]其中就包括数字财产权。在网络信息社会之前，人们的财产权主要依附于各种有形物，如房屋、土地、车辆、生活物品、生产设备等，这些有形物中蕴含了财产的使用价值和交换价值。实物财产在诉讼中可能演变为认定案件事实的证据，即物证。比如在盗窃案件中，被告人盗窃的钱款、金银首饰、手机、车辆等各种财物；交通肇事案件中，被告人驾驶的车辆等。物证是以有形物为表现形式的证据，其证明信息通常存在于有形物的外部特征、物质属性之中，其蕴含的案件信息会依附于其物质载体，不能脱离其物质载体而单独存在。这些物证一方面是认定案件事实的证据，另一方面承载着被调查对象的财产权。侦查机关在收集物证时，就可能会干预或侵犯该物证所承载的财产权，阻碍公民对其财产的交易或使用。比如，侦查机关搜查扣押动产类实物证据，或者查封不动产类实物证据后，权利人就无法占有、使用、处分该动产或不动产。

在网络信息时代，人们除拥有实物财产外，有些财产也会以数据形式存在，如数字货币、算法程序、操作系统等。2018 年，中国数字经济产值高达 31.3 万亿元，约占国内生产总值的 34.8%，数字经济成为中国经济增长的新引擎。[2]数据财产的价值核心是数据和信息，数据财产的本质是其功能效用而非外在形式。一方面，数据服务创造的价值正在逐步超越实物价值，另一方面，人类历史上出现了数据服务主导硬件产品的情形。[3]数据财产虽然不具有实物财产的物质性、有形性等特征，但其本身也具有使用价值和交易价值。数据所蕴含的使用价值与交易价值决定了其可以成为财产权客体。数据财产在诉讼程序中也会演变为认定事实的证据材料，即电子数据。电子数据中蕴含的证据信息存在于数据之中，数据本身就是证据信息的载体，如下文案例中的比特币等数字货币。

---

〔1〕 胡锦光、韩大元：《中国宪法》，法律出版社 2016 年版，第 252-258 页。

〔2〕 何渊主编：《数据法学》，北京大学出版社 2020 年版，第 3 页。

〔3〕 高艳东、李诗涵："数字时代财产犯罪中财物的扩张解释：以数据服务为例"，载《吉林大学社会科学学报》2020 年第 5 期。

案例：陈某等人组织、领导传销活动案[1]

在陈某等人组织、领导传销活动案中，公安机关案发后从被告人陈某、丁某、彭某处扣押部分该平台数字货币，其中比特币194 102.2809个、以太坊831 216.8853个、莱特币1 420 499.924个、柚子币27 244 812.5个、达世币74 055.2656个、瑞波币487 875 661.2个、狗狗币6 050 447 261个、比特现金79 183.43967个、泰达币213 724.1288个，从各被告人处扣押作案工具手机32部、电脑11台、笔记本电脑5台、移动硬盘2个、固态硬盘1个、种子密码卡2张、U盘2个。

在该案中，侦查机关扣押了涉案的比特币、以太坊、莱特币等数字货币，它们都是以区块链为底层技术的加密数字货币。[2]加密数字货币并不等同于实体货币，但它具有交易价值和使用价值，可以兑换实体货币。比特币资讯网2021年2月18日提供的交易价格为52 114.20美元/比特币，仅侦查机关扣押的比特币金额就高达约一百亿美金。该案中数字货币的价值要远高于作为其存储介质的手机、电脑等财产。侦查机关通过扣押来收集涉案数字货币，但数字货币的自身特征决定了仅依靠扣押无法完成对其的有效取证。

第一，数字货币的虚拟性决定了侦查机关无法仅通过扣押措施来对其进行有效取证。传统实物货币具有实物形态，侦查机关通过搜查扣押就可以实际占有该实物货币，犯罪嫌疑人在侦查机关扣押后将丧失对实物货币的占有权和支配权。而数字货币本质上是虚拟的"0-1"数据，其并不具有实物形态，无法直接予以扣押。在实践中，有些侦查机关可能会扣押犯罪嫌疑人的作案手机、电脑等数字货币的操作设备。但是，仅扣押作案的手机、电脑等数字货币的操作设备，并不会让犯罪嫌疑人丧失对数字货币的支配权。只要犯罪嫌疑人掌握其数字钱包的公钥和私钥密码，其仍然可

---

[1] 详见盐城市中级人民法院（2020）苏09刑终488号刑事裁定书。

[2] 赵刚、张健：《数字化信任：区块链的本质与应用》，电子工业出版社2020年版，第59-60页。

以在其他手机、电脑等设备上安装数字钱包程序，通过密钥获得对其数字货币的支配权。

第二，数字货币的去中心化特征决定了侦查机关无法通过冻结措施来对涉案数字货币进行有效取证。对于传统货币存款，侦查机关可以通过冻结方式让犯罪嫌疑人丧失对其财产的支配权，如对涉案银行卡账号的冻结。冻结能够固定涉案账号财产，使其账号内资金不再交易或者流转，因为传统银行卡号采取了中心化的组织结构，查封信息通过某个网点上传至中央服务器后，其就可以阻止涉案账号资金在其下各个交易网点的存取或交易。但是，比特币、以太坊、莱特币等加密数字货币是以区块链作为其底层技术，具有去中心化的特点，其采取 P2P（点对点）的网络结构，并不存在独立第三方对网络进行集中监管。[1]比特币、以太坊、莱特币等加密数字货币去中心化的特点，决定了仅通过对某个节点采取冻结措施，将无法阻止数字货币的流通或交易。

第三，将数字货币作变现处理后予以扣押，既可能侵犯数字货币所承载的财产权，也可能侵犯犯罪嫌疑人其他权利。在司法实践中，有些侦查机关将数字货币变现为传统货币予以扣押，如在黎某、张某非法获取计算机信息系统数据案中，公安机关将涉案比特币 350.11 个、莱特币 19 791.7 个提现为人民币后予以扣押。[2]但是，数字货币采取了公钥、私钥和非对称加密技术，侦查机关对数字货币作变现处理必须从犯罪嫌疑人处获得数字钱包的公钥和私钥密码。除非犯罪嫌疑人告诉侦查机关其数字钱包的公钥和私钥密码，否则侦查机关将无从对数字货币作变现处理。基于趋利避害的自然理性，犯罪嫌疑人通常不会自愿将公钥、私钥密码告诉他人。若侦查机关采取暴力、胁迫等手段从犯罪嫌疑人处获得公钥、私钥密码，不仅会干预犯罪嫌疑人人身权，也会违反禁止强迫自证其罪原则。

电子数据具有虚拟性、可复制性等特征，其可以通过提取、复制等方

---

〔1〕 高航、俞学劢、王毛路：《区块链与人工智能：数字经济新时代》，电子工业出版社 2018 年版，第 23-28 页。

〔2〕 详见阜新市中级人民法院（2020）辽 09 刑终 23 号刑事裁定书。

式转存至其他存储介质之中，由此决定了电子数据取证的财产权干预形态会更为复杂。总体来说，电子数据取证可能会涉及两类财产权：（1）电子数据自身所承载的数据财产权。数据自身所蕴含的使用价值与交易价值决定了其可以成为财产权客体。[1]电子数据取证中，搜查、扣押、查封、冻结等侦查措施会干预其交易价值和使用价值，从而侵犯电子数据自身所承载的数据财产权。（2）电子数据依附原始存储介质财产权。电子数据的无形性和虚拟性特征，决定了其不能独立存在而须依附于存储介质。这可能是电子数据的原始存储介质，也可能是原始存储介质之外的其他存储介质。在侦查取证过程中，若将电子数据连同其原始存储介质一并搜查、扣押，不仅会侵犯电子数据自身所承载的数据财产权，也会侵犯其所依附的原始存储介质财产权。

电子数据的不同取证模式决定了其权利干预形态的差异。一般来说，电子数据取证主要有"一体收集"和"单独提取"两种模式。[2]在"一体收集"模式下，需将电子数据连同其原始存储介质一并封存、扣押，在查封、扣押该原始存储介质时，也实现了对其中所存储电子数据的收集。而"单独提取"模式并不查封扣押电子数据的原始存储介质，而是将电子数据从原始存储介质中提取、复制后转存在其他介质中。"单独提取"模式只会侵犯电子数据所承载的权利而并不侵犯原始的存储介质财产权；"一体收集"模式则会同时侵犯电子数据所承载的权利和原始存储介质财产权。原始存储介质中还可能有其他电子数据，此时"一体收集"模式还可能会侵犯其他电子数据所承载的信息、隐私等权利。比如，通过扣押来收集手机中的转账记录，还可能会侵犯手机中存储的短信、照片、视频等电子数据所承载的权利。从权利保障和比例原则角度出发，侦查机关在电子数据取证中应尽量采取对公民基本权利侵害最小的侦查措施。电子数据"单独提取"模式的权利干预性比"一体收集"模式要低，若仅从权利保障角度出发，侦查机关应优先适用"单独提取"电子数据取证模式。

---

〔1〕 闫立东："以'权利束'视角探究数据权利"，载《东方法学》2019 年第 2 期。

〔2〕 谢登科："电子数据的鉴真问题"，载《国家检察官学院学报》2017 年第 5 期。

第二节　电子数据与隐私权

隐私权是公民所享有的私人生活安宁与私密空间、私密活动、私密信息不被他人知晓的权利，它意味着私人生活和私人信息不被他人非法刺探、侵扰和公开。我国《宪法》虽然没有明确规定隐私权，但《宪法》第38条规定的"人格尊严不受侵犯"中却包含了隐私权。隐私权是人格尊严的重要内容，若公民个人私生活无法得到法律保护，则法律主体将无法享有完整的人格权。[1]我国《民法典》在人格权编中设专章规定了隐私权，并对隐私权与个人信息权予以区分。个人信息是能够识别特定自然人的各种信息，它包括私密信息和非私密信息，前者包括个人健康、财产状况等信息，后者包括姓名、出生日期、电话号码、身份证号码等信息。隐私权和个人信息权存在交叉，但前者范围远大于后者。个人信息中的私密信息属于隐私权调整范围，侦查机关收集私密个人信息会干预公民隐私权。对于非私密个人信息，即能够识别特定自然人的公开信息，侦查机关在收集此类信息时并不会侵犯公民隐私权。随着社会文明和信息技术不断发展，个人独处与隐私信息对公民不可或缺；较之于纯粹的身体、财产等物质性伤害，侵害隐私权对公民个人精神所带来的痛苦会更大。[2]当然，隐私权也有其边界和限度，国家为了维护公共利益，有权依法定程序干预个人隐私权。

网络信息技术的飞速发展，既扩张了隐私权的客体范围，也导致其依附载体、控制主体的巨大变革。在网络信息时代，人工智能、大数据、区块链、云存储等技术，带来了很多新形态的隐私信息，如计算机登录日志、网页浏览痕迹、电子交易记录等，这就扩大了隐私信息的内容和范围。在刑事案件中，隐私类电子数据也会大量出现，侦查机关收集电子数

---

〔1〕　胡锦光、韩大元：《中国宪法》，法律出版社2016年版，第246-247页。

〔2〕　〔美〕路易斯·D. 布兰代斯等：《隐私权》，宦盛奎译，北京大学出版社2014年版，第3-7页。

据也可能侵犯公民隐私权。

案例：张某侵犯公民个人信息案[1]

在张某侵犯公民个人信息案中，张某在顾某乘坐的公务车上秘密安装GPS定位仪，通过对车辆轨迹进行实时监控，获取了车辆每天的行驶路线、停车位置信息。法院经审理后认为：张某违反国家有关规定，非法获取、出售公民个人信息，情节严重，其行为侵犯了公民隐私权，扰乱了社会秩序，构成侵犯公民个人信息罪。

案例：赵某等人贩卖毒品案[2]

在赵某等人贩卖毒品案中，侦查机关向汽车租赁公司调取了该公司捷达轿车的 GPS 定位信息，获取该捷达轿车 2017 年 11 月的车辆行驶轨迹。法院经审理后将该 GPS 定位信息作为定案依据之一。

上述两案都涉及 GPS 定位信息。在张某侵犯公民个人信息案中，私人非法收集他人 GPS 定位信息，法院认为其侵犯了公民隐私权，构成侵犯公民个人信息罪。在赵某等人贩卖毒品案中，侦查机关通过"调取程序"获得了他人车辆 GPS 定位信息。调取不同于搜查等强制性侦查，它无须经过审批就可以由侦查人员自行决定适用。侦查机关调取车辆 GPS 定位信息是为查明贩卖毒品犯罪的案件事实，其目的具有正当性，但却缺乏相应程序控制，GPS 定位信息中承载的公民隐私权可能无法得到有效保障。一方面私人会因非法收集他人 GPS 定位信息、侵犯他人隐私权而被法院定罪量刑，另一方面承载公民隐私权的 GPS 定位信息却在侦查机关证据调取中无法获得程序保障。这就意味着电子数据取证中的隐私权保障并未受到足够重视。在现代社会中，隐私权占据重要地位，较之于纯粹的身体、财产等物质性伤害，侵害隐私权对公民个人精神所带来的痛苦会更大。因此，在

---

〔1〕　详见青岛市中级人民法院（2017）鲁 02 刑终 713 号刑事裁定书。
〔2〕　详见益阳市中级人民法院（2018）湘 09 刑初 31 号刑事判决书。

电子数据取证中应通过正当程序设置来保障公民隐私权。在电子数据取证中，隐私权干预具有以下特点。

第一，电子数据中隐私权客体的扩张及其依附载体的变化，决定了电子数据取证对隐私权的干预无须借助于强制有形力。在网络信息时代，某些不具有隐私期待或隐私期待很低的碎片信息，可能会在大数据分析之中具有隐私利益期待。比如，人们在公路上驾车的位置及动向等信息因暴露于公共空间而不具有合理隐私期待，但长期 GPS 定位追踪就会因持续性信息收集而能够反映个人生活状况等隐私信息。从隐私权的依附载体来看，传统隐私活动主要存在于住宅、汽车等实物之中，隐私信息主要存储于日记本、纸质账本、病历本等各种有形物之中。在网络信息时代，人们除了在现实世界开展大量私密行为，也会开展网络在线学习、工作、娱乐、购物等活动，这就决定了现代隐私信息除了存在于住宅、汽车、日记本等实物之中，也会大量存在于电子文档、登录日志、电子交易记录、数字视频等电子数据之中。从隐私权干预方式来看，传统个人隐私信息主要存在于房屋、汽车、日记本等有形实物之中，侦查取证可以直接借助于强制的有形力，如房屋搜查中在被调查人拒绝配合的情况下，侦查机关可以破门而入。对网络空间中的隐私信息，无法直接借助强制的有形力来收集取证，其更多是要借助于相应的信息技术手段，如解密技术、后门程序、数据分析等。对隐私权的保护和论争将不再以国家监控或电话窃听为中心，信息技术给个人隐私保护带来了前所未有的冲击。[1]电子数据取证虽然没有使用强制的有形力，但并不意味着其没有干预公民隐私权。

第二，电子数据中的隐私信息存在"自我占有"和"第三方占有"，这就决定了电子数据取证存在多种路径。从隐私信息的占有和控制主体来看，传统隐私信息存在于住宅、汽车、日记本等实物之中，这些实物财产多由权利主体自我控制，若将其交由第三方主体控制则会让隐私信息丧失私密性。因此，传统隐私信息以权利主体的自我控制为原则、以第三方控

---

〔1〕〔英〕约翰·帕克：《全民监控：大数据时代的安全与隐私困境》，关立深译，金城出版社 2015 年版，第 8 页。

制为例外。在网络信息时代，电子文档、登录日志、电子交易记录、数字视频等电子数据中的隐私信息，不仅存储于权利主体自己的手机、电脑、iPad 等电子设备之中，也大量存储于网络运营商、服务商等第三方主体的服务器、存储器之中。因此，网络信息时代的隐私信息"自我占有"和"第三方占有"均为常态。网络运营商、服务商等第三方主体虽然占有个人隐私信息，但并不意味着其可以随意使用或公开个人隐私信息，数据加密技术可以在技术层面保障权利主体对隐私信息的专有使用。由于传统隐私信息以权利主体的自我控制为原则、以第三方控制为例外，这就决定了实物取证中隐私权干预主要是围绕犯罪嫌疑人所有的汽车、住宅等实物财产而展开。网络信息时代的隐私信息"自我占有"和"第三方占有"均为常态，侦查机关既可以通过搜查犯罪嫌疑人的电脑、手机等实物财产来收集电子数据，也可以向网络运营商、服务商等第三方主体来收集或调取涉案电子数据。[1]在前文所述赵某等人贩卖毒品案中，侦查机关就是通过车辆出租商来获得的 GPS 定位信息。由于网络运营商、服务商等第三方主体具有更强的信息技术能力，若他们自愿配合侦查机关调查取证，将大幅降低电子数据取证的难度和成本，且此种取证通常不易被犯罪嫌疑人知悉，侦查机关会更愿意采取此种方式收集电子数据。因此，向网络运营商、服务商等第三方主体调取电子数据，将成为网络信息时代干预公民隐私权的常态。

第三，对存储于车辆、房屋等实物空间的电子数据，在电子数据取证中可能存在隐私权的二次干预。传统个人隐私信息主要存在于房屋、汽车、日记本等有形实物载体，公民私人生活安宁和私密信息已嵌入这些实物之中。侦查机关搜查汽车、住宅时，就同步完成了对其中所承载隐私利益的干预。在网络信息时代，隐私信息类电子数据并不主要依附于住宅、汽车等实物财产之中，而是大量存储于手机、电脑、iPad 等电子设备之中。侦查机关在搜查汽车、住宅过程中，仅能获得上述实物电子设备，而

---

　　[1]　谢登科："论侦查机关电子数据调取权及其程序控制——以《数据安全法（草案）》第32 条为视角"，载《环球法律评论》2021 年第 1 期。

无法直接取得存储于其中的电子数据。对于其中存储的电子数据，侦查人员还需进一步搜查，这就会产生电子数据取证中隐私权二次干预问题。基于电子数据取证对隐私权的二次干预，美国刑事司法中要求进入住宅搜查需取得令状，而搜查手机中的电子数据需再次取得令状。[1]我国现有电子数据取证制度缺乏对隐私权二次干预问题的关注，侦查人员在搜查住宅后可随意搜查被调查人手机、电脑中存储的电子数据，由此将导致对被调查人隐私权保障不足。为了强化对公民隐私权的保障，可探索建立对手机、电脑等设备中电子数据搜查的双重审查批准制度。

第三节　电子数据与通信自由权

通信自由是公民通过书信、电话、电报或其他手段，根据自己意愿进行通信，不受他人干涉的自由。通信是公民参与社会生活、沟通交流信息的必要手段，是公民不可或缺的基本自由。人们可以通过通信自由来表达观点、传递思想和交流情感。[2]我国《宪法》第40条规定了公民通信自由和通信秘密权，将其作为一种独立的基本权利。在网络信息时代之前，人们主要通过纸质邮件、电话电报等方式行使通信自由权。在以纸质邮件行使通信自由权的情况下，通信信息存储于纸质信件之中。由于信件经过寄信人密封处理，虽然邮政部门在传递信件过程中能够占有控制该邮件，但在没有开拆的情况下通常无法知悉邮件内容，由此实现信件内容在邮寄中的保密性。若邮政人员私自开拆邮件，也会留下相应痕迹而被收件人知悉，此时寄件人或收件人可通过法定程序来寻求救济。由于邮件信息需要依附于其纸质信件，邮政部门只在邮寄过程中占有、控制该信件，投递完毕则丧失了对该邮件的占有和控制，此时对邮件的占有、控制转移至收件人。因此，侦查机关对纸质邮件的取证主要有两种方式：第一，在信件邮寄过程中，侦查机关可以通过邮政部门收集涉案邮件，这主要是依据邮件

---

〔1〕　陈永生："电子数据搜查、扣押的法律规制"，载《现代法学》2014年第5期。

〔2〕　胡锦光、韩大元：《中国宪法》，法律出版社2016年版，第248—249页。

检查扣押的法定程序。在符合法定条件和程序的前提下，邮政部门有义务配合侦查机关的邮件检查。第二，在信件投递完毕后，对邮件的占有、控制就由邮政部门转移至收件人，此时侦查机关需要通过搜查、扣押方式取得涉案信件。在司法实践中，侦查机关需要根据纸质信件的邮寄、投递状态，来确定采取何种方式收集涉案信件。

在网络信息时代，人们不再主要以纸质信件进行沟通交流，而主要通过电子邮件、QQ、微信等网络信息技术进行通信交流。这不仅突破了传统意义上发送、投递和接收式通信模式，也拓展了公民通信自由、通信秘密的内涵和外延，使得网络信息时代的"通信"呈现新形态。[1]从通信形式上看，电子邮件、QQ、微信等数字化通信已经替代传统的纸质信件，这将使得网络信息时代的通信更具技术性、效率性、互动性。从通信内容上看，人们在纸质信件中仅能交流文字信息，而数字化通信借助于网络数据链路，既可以传递文字、图像信息，也可以传递音频、视频、电子文件等信息。从交流对象来看，纸质信件仅能实现"一对一"信息交流，人们要实现"一对多"信息交流则需要借助多封纸质信件；而网络信息时代的数字通信，既可以实现"一对一"的通信交流，也可以通过微信群、QQ群、视频会议等实现"一对多"的通信交流。

网络信息时代的通信载体、通信方式发生巨大变革，但通信类电子数据仍然承载着通信自由和通信秘密权。网络信息技术在扩张人们行使通信自由的方式和内容时，也带来国家在犯罪侦查中公民通信自由权干预手段和方式的变革。[2]电子邮件、微信、短信等通信类电子数据，在借助于网络数据链路传递过程中，会同步存储于发送方电子设备、邮件服务器、接收方电子设备中，这就决定了侦查机关可以采取搜查、调取、远程勘验等多种方式来收集通信类电子数据。通过这些侦查措施来收集通信类电子数据时，也各自会产生对公民通信自由权保障不足的问题。

---

〔1〕　帅奕男："基本权利'新样态'的宪法保障——以互联网时代公民通信自由权为例"，载《法学评论》2018年第6期。

〔2〕　谢登科："论电子数据收集中的权利保障"，载《兰州学刊》2020年第12期。

第一，在搜查扣押的手机、电脑等设备中调取通信类电子数据，可能会缺乏对通信自由权的独立性程序保障。在司法实践中，侦查机关会先搜查扣押涉案手机、电脑等设备，然后通过技术手段从中提取相关的电子邮件、微信、短信等电子数据。比如，在朱某等人走私普通货物案[1]中，侦查机关扣押了涉案的电脑、手机、U盘等物品，后委托鉴定机构从中提取了电子邮件、短信、QQ聊天记录等文件。辩护方提出这些电子数据属于非法证据，应当予以排除。法院经审理后认为：这些电子数据的扣押、提取、检验程序合法，提取的文件与本案有关联，应当作为证据。此种"搜查扣押+数据提取"的取证模式，仅能让对手机、电脑等设备的搜查扣押行为受到《刑事诉讼法》调整，而无法规制之后的电子数据提取行为。这就让电子邮件、短信、QQ聊天记录等电子数据所承载的通信自由权，仅能依附于其原始存储介质的所有权而得到保护，而无法获得独立性程序保障。为了彰显对通信类电子数据自身所承载的基本权利的保障，可以考虑在"搜查扣押+数据提取"模式中，对后期的通信类电子数据调取行为设置相应的审批程序。

第二，通信类电子数据的调取程序，因缺乏审批程序而无法有效保障公民通信自由权。通过网络通信服务商等第三方主体的配合来监控电子邮件或调取涉案电子邮件，是较为常见的通信类电子数据取证方式。比如，作为世界最具神秘色彩的谍报机构之一的英国军情五处电子邮件监控中心负责监控该国所有往来电子邮件，网络服务商都必须与该中心的监控设备相连，以便其监控所有电子邮件。[2]此时就涉及对通信类电子数据的技术侦查措施，其适用需符合《刑事诉讼法》中关于技术侦查措施的法定条件和程序。侦查机关可以通过调取，向网络运营商、服务商等主体收集通信类电子数据，调取程序的要求和纸质邮件调取程序基本相同。比如，在徐某走私普通货物、物品案[3]中，侦查机关就从网易公司调取了电子邮箱

---

〔1〕 详见广东省高级人民法院（2017）粤刑终347号刑事判决书。

〔2〕 ［英］约翰·帕克：《全民监控：大数据时代的安全与隐私困境》，关立深译，金城出版社2015年版，第260页。

〔3〕 详见山东省高级人民法院（2015）鲁刑二终字第41号刑事判决书。

中邮件往来内容和附件中的合同、发票等电子数据，法院经审理后将这些电子数据作为定案依据。但是，我国《刑事诉讼法》及相关司法解释没有规定调取的审批程序，这就意味着侦查人员可以根据其工作需要而自行决定，这显然不利于保障通信类电子数据所承载的公民基本权利。

第三，对通信类电子数据的网络在线提取、网络远程勘验，亦因缺乏程序性制约而无法实现对通信自由权的有效保护。在司法实践中，侦查人员可以自行借助于相应网络信息技术和取证设备在线收集通信类电子数据，此时就涉及通信类电子数据的网络在线提取、网络远程勘验。比如，在于某非法吸收公众存款案[1]中，侦查机关就通过网络远程勘验收集到多个电子邮箱中的涉案电子邮件，法院经审理后将这些电子邮件作为定案根据。但是，我国现行司法解释和规范性文件主要将网络在线提取、网络远程勘验界定为任意性侦查。[2]由于《刑事诉讼法》对侦查行为调整的重点是强制性侦查，而对任意性侦查则缺乏程序规制，此种界定虽有利于侦查机关高效收集涉案电子数据，但却缺乏对通信自由和通信秘密权的有效保障。

第四节　电子数据与言论自由权

言论自由权是公民通过语言、行为或其他方式来表达自己思想和观点的权利。[3]言论自由存在多种行使方式，既可以通过口头方式用言词来直接表达，也可以通过书面方式表达；在符合法律规定的前提下，还可以采取广播、报刊等方式来表达思想和观点。随着网络信息技术不断发展，人们行使言论自由的方式越来越多样化。在网络信息时代之前，个人主要通过书籍、报刊、广播等方式来表达自己的思想和观点；在网络信息时代，人们主要借助于网页、博客、微信、朋友圈等来行使言论自由权。言论自

---

〔1〕　详见山东省高唐县人民法院（2017）鲁1526刑初139号刑事判决书。

〔2〕　谢登科："电子数据网络远程勘验规则反思与重构"，载《中国刑事法杂志》2020年第1期。

〔3〕　胡锦光、韩大元：《中国宪法》，法律出版社2016年版，第205页。

由权也存在界限，我国《宪法》第 51 条规定了基本权利的合理界限，其中就包括言论自由权的界限，即行使言论自由权不得损害国家、社会和集体利益，不得损害其他公民的合法权利和自由。由于网络信息传播具有速度快、范围广的特点，人们在借助于网络行使言论自由时，可以让其表达的思想和观点传播范围更广、速度更快，但是由此带来的负面效应也会更大，诽谤、淫秽等不当言论所带来的社会危害也将更大。行政机关或司法机关可通过禁令方式来制止不当言论，但此种禁令若适用不当，也可能会侵犯公民的言论自由权。但是，行政机关或司法机关在作出禁令前，需要收集相关证据、查明案件事实，并非所有的涉言论表达类电子数据取证都会干预公民言论自由。

一、电子数据取证与狭义言论自由

言论表达的本质是通过语言、行为等方式让他人知晓自己的观点和思想。在因当事人利用网络不当行使言论自由的案件中，言论表达类电子数据就蕴含着表达者的观点和思想，也是此类案件中的重要证据。言论表达类电子数据取证，通常并不会直接阻碍或者干预公民的言论表达自由。

案例：杨某寻衅滋事案[1]

杨某在微信朋友圈、QQ 上发布对被害人王某的恐吓信息。侦查机关调取了杨某在微信朋友圈和 QQ 上发布的上述信息资料作为证据。杨某在庭审中辩称：其在微信朋友圈、QQ 上发布的言论属于言论自由范围。法院经审理后没有采纳被告人的辩护意见，而将上述电子数据作为定案依据。

在该案中，杨某提出其在微信朋友圈、QQ 上发布的言论属于言论自由范围。一般来说，公民的冒犯性言论、挑衅性言论、诽谤性言论、煽动性言论、恐怖主义言论等中损害他人利益、国家利益的言论，并不属于言

---

〔1〕 详见上海市第一中级人民法院（2019）沪 01 刑终 2020 号刑事裁定书。

论自由权保护的范围。[1] 杨某在该案中发布的恐吓性言论，并不属于合法言论表达，其并不能受到言论自由权的保护。为了分析电子数据取证是否侵犯言论自由权，这里可以假设杨某的辩护意见成立，即其在微信朋友圈、QQ 上发布的言论属于言论自由范围。此时侦查机关对此类电子数据的侦查取证行为也并不会直接侵犯公民言论自由权。这主要基于以下理由：

第一，侦查机关在收集言论表达类电子数据时，被调查人的言论表达行为通常已经完成，电子数据侦查取证行为本身并不会阻碍被调查人的言论表达。在言论自由领域，在权利主体作出言论表达之前的阶段，国家无法对言论自由进行任何影响。[2] 因为在言论被表达之前，权利者所要表达的观点和内容属于思想领域，而法律仅能规范人的行为，而无法调整或干预人的思想。在杨某寻衅滋事案中，侦查机关收集微信朋友圈、QQ 上发布的言论时，杨某就已完成其言论表达，杨某在该言论中所表达的观点和思想已经通过微信朋友圈、QQ 传播出去。

第二，公开的言论表达本身是为了让社会公众知悉表达者的思想和观点，任何不特定的网络使用者都可以查阅、浏览、下载、复制，侦查人员自然无须使用强制手段就可以收集网页、博客、朋友圈、贴吧等言论表达类电子数据。在杨某寻衅滋事案中，杨某通过微信朋友圈、QQ 发布言论，就是为了让其朋友、QQ 空间访问者知悉上述言论。侦查人员在收集上述言论类电子数据时，可以通过多种非强制性取证方式或途径：首先，可以通过被害人向侦查机关提供上述微信朋友圈、QQ 空间信息，此时侦查机关无须使用任何强制性措施；其次，侦查机关可登录杨某 QQ 空间、微信朋友圈等通过远程勘验收集涉案电子数据，开放的 QQ 空间、微信朋友圈等，任何网民都可以登录访问，侦查机关也无须任何强制性措施就可浏览、下载或复制杨某 QQ 空间、微信朋友圈中公开发布的言论信息。

第三，侦查机关电子数据取证行为并不会直接阻碍言论表达。国家机

---

〔1〕　[美] 艾伦·德肖维茨：《一辩到底：我的法律人生》，朱元庆译，北京大学出版社 2020 年版，第 117-118 页。

〔2〕　张翔主编：《德国宪法案例选释（第 2 辑）言论自由》，法律出版社 2016 年版，第 21 页。

关对公民言论自由权最主要的干预来自言论审查，并会根据审查情况作出是否允许表达的决定。侦查机关在收集涉言论表达类电子数据时，虽然也会审查其中所承载的言论内容，但其主要是审查所要收集的电子数据与案件是否具有关联，并根据审查结果决定是否收集该电子数据，而不是要作出是否允许自由表达的决定。因此，言论表达类电子数据取证中的"审查"与言论审查存在本质区别，其并不会对言论表达产生阻碍效果。

虽然，对相关证据的搜查扣押并不会直接侵害或者阻碍言论自由权，但它可能会侵害或者干预其他信赖关系而对言论自由产生间接侵害，即搜查扣押对言论自由的"寒蝉"效应。在美国联邦最高法院审理的 Zurcher v. Stanford Daily[1]案中，也曾经探讨了搜查扣押与言论自由权关系的问题。在该案中，因游行示威发生警民冲突，有警察被示威群众打伤。Stanford Daily 报道了警民冲突并发布照片。警察认为报社记者拍摄到殴打警察之人的照片，故向法院申请搜查令来收集照片证据，但经搜查后没有发现任何证据。后报社向法院提起诉讼，请求确认搜查行为违反宪法。Stanford Daily 主张违宪的理由主要有两项：一是侵犯宪法中的言论自由（新闻自由）；二是对第三人搜查违反美国联邦宪法第四修正案。对于前者，Stanford Daily 主张：宪法保护言论自由，新闻自由是言论自由的重要组成部分。对报社占有相关材料的调查取证，首先应当通过提供令（subpoena）的方式予以收集，仅在有证据表明依据提供令无法收集到相关证据时，才可以适用搜查，否则就侵犯了报社的言论自由权。美国联邦最高法院在该案裁判中没有采纳 Stanford Daily 的观点，其认定对报社的搜查合法。美国联邦最高法院认为：对于新闻媒体的搜查，美国联邦宪法并没有规定不同的程序，都仅需要满足搜查扣押的一般条件，即具有相当理由、需要明确描述搜查场所及欲扣押的物品、搜查扣押执行行为具有合法性等。若上述条件在搜查扣押中已经得到遵守，就足以保护新闻自由。由于搜查令是由处于中立、超然地位的法官签发，在审查签发搜查令过程中，法官通常会考虑搜查令执行可能会对报社产生的影响，从而对搜查扣押的

---

[1] 427 U. S. 463 (1976).

类型、范围和方法等予以限定。

另外，对于允许执法人员对报社予以搜查，是否会导致消息提供者因担心身份曝光而不敢向报社提供消息，从而对新闻自由产生间接压制？美国联邦最高法院在该案判决中认为：宪法允许在符合法定条件下，对报社签发并执行提供令，报社必须遵守提供令的要求提交相关证据材料。报社在执行提供令时，也可能会产生线人因担心身份曝光而拒绝提供相关消息的问题。若对报社依法适用提供令，不会侵犯其言论自由，无须担忧线人身份泄露而间接影响言论自由，则在依法适用搜查令制度中也不应存在类似担忧。但是，在该案中持反对意见的 Stewart 大法官认为：搜查报社会影响言论自由。警察在执行搜查扣押时，搜查工作会造成报社工作停顿，对报社正常运行产生干扰，从而侵犯言论自由权。报社通常需要依靠线人提供秘密消息，报社必须对线人身份予以保密。但是，在对报社进行搜查的过程中，侦查人员可能会有意或者无意发现与本案有关的秘密消息，线人就恐因身份泄露而不敢向报社提供消息，从而对言论自由产生间接影响。

美国联邦最高法院在该案判决中也认为：虽然上述裁判结果是基于宪法解释而作出，但并不禁止立法机关或者行政机关对搜查报社等新闻媒体单位设置更为严格的条件，以有效保护新闻自由和言论自由。美国国会于1980 年制定了《隐私保护法》（*Privacy Protection Act*），其中就对新闻业和言论自由相关行业的搜查扣押设置了更为严格的条件。该法将新闻媒体人员持有的文字资料区分为"工作成果材料"（work product material）和"非工作成果材料"，对于这两种材料的搜查扣押，除了需要符合宪法第四修正案规定的一般条件外，还明确规定了适用搜查扣押的具体情形。对于"工作成果材料"的搜查扣押，应当符合以下两种情形之一：（1）有相当理由认定该新闻媒体人员已经实施或者正在实施与该文书材料有关联的犯罪；（2）有理由相信立即扣押，对于防止相关人死亡或者重伤害具有必要性。对于"非工作成果材料"的搜查扣押，应当符合以下四种情形之一：（1）有相当理由认定该新闻媒体人员已经实施或者正在实施与该文书材料有关联的犯罪；（2）有理由相信立即扣押，对于防止相关人员死亡或者重伤害具有必要性；（3）有理由相信适用提供令，可能会导致资料灭失、变造、损毁；（4）经法院签发提供令而拒不提供，且用尽司法程序仍然不遵守，或者再适用提供令可能导致司法正义迟延。在不具有上述具体情形时，即便符合搜查扣押的一般要件，也不得对报社等新闻媒体单位实施搜查扣押。[1]上述规定实际上体现了言论自由和侦查犯罪的有效平衡，将比例原则和正当程序贯彻于对新闻媒体行业的搜查扣押之中。

在德国刑事司法中，也曾经出现过因搜查扣押侵害特定信赖关系而间接损害言论自由的案例。在该案中，被搜查对象是美国众达（Jones Day）律师事务所，该律师事务所在德国慕尼黑设有办事处。众达律师事务所曾为大众汽车公司提供法律服务。2017年3月，德国慕尼黑第二检察院对大众公司及其员工涉嫌诈骗案件进行侦查。在从治安法官处获得搜查令后，对作为第三人的美国众达律师事务所慕尼黑办事处进行突击搜查，该律师事务所的网站服务器及相关数据存储于布鲁塞尔（比利时首都）。德国执法部门无视众达律师事务所的强烈抗议，通过慕尼黑办事处的计算机远程登录、复制了位于布鲁塞尔服务器中的电子数据。美国众达律师事务所就该搜查令及其直接跨境执行向德国慕尼黑第一地区法院提出申诉。德国慕尼黑第一地区法院于2017年6月7日作出裁定认为搜查扣押行为违法，故裁定将比利时境内服务器下载的电子数据返还给美国众达律师事务所，并销毁该电子数据副本。[2]德国慕尼黑第一地区法院作出该裁定的主要理由有两项：首先，根据欧盟《网络犯罪公约》的规定，对于境外电子数据，仅在数据系公开发布或者取得数据权主体同意的情况下，才可以跨境远程直接取证，否则就需要通过刑事司法协助方式予以收集。执法部门在搜查前，没有向比利时政府发出欧洲调查令（European Investigation Order，EIO）或者刑事司法协助请求，就直接从德国远程登录、访问、下载、复制位于比利时境内服务器中存储的电子数据，属于境外非法行使管辖权，取证行为违法。但是，有观点认为此种恪守传统刑事司法协助制度的裁判逻辑，不利于境外电子数据及时、迅速取证，特别是处理某些具有紧迫性

---

〔1〕 王兆鹏：《美国刑事诉讼法》，北京大学出版社2005年版，第109-110页。

〔2〕 Den Beschluss des Landgerichts München I vom 6. Juni 2017 – 6 Qs 5/17, 6 Qs 6/17.

的恐怖活动犯罪案件。[1]其次，《德国刑事诉讼法》第 53 条赋予被告人辩护人、律师、法律顾问等特定职业人员拒证权，这主要是为了保护特定职业人员与其客户之间的信赖关系。但是，该搜查扣押行为侵害了律师的拒证权，破坏了律师事务所与其客户之间的信赖关系，可能会导致当事人不愿或者不敢向其律师告知相关秘密信息，从而产生间接阻碍言论自由的"寒蝉"效应。

二、电子数据取证与出版自由

广义的言论自由包括出版自由。相对于狭义言论自由而言，出版自由权有其自身特点，这就决定了对于涉出版自由类电子数据取证，有可能干预出版自由权。在出版之前的阶段，出版自由有可能受到干预，因为出版自由不仅存在获取信息与传播信息阶段，而且还存在中间的编辑、出版和印刷等阶段，国家在上述阶段均有可能对出版自由施加影响。[2]出版自由除要保护出版者所要表达的思想和观点外，还需要保障出版所依赖的物质和技术基础。[3]因此，对出版物类电子数据的收集取证有可能干预出版自由权。

案例：付某非法经营案

在付某非法经营案中，侦查机关搜查扣押了付某在互联网上销售的《洗脑的历史》一千余册，经新闻出版部门鉴定认为《洗脑的历史》为非法出版物。付某辩称其出版书籍属言论自由。法院经审理后，没有采纳被告人的辩护意见，而将这些书籍作为定案依据，认定付某构成非法经营罪。

---

〔1〕 Nathalie A. Smuha, Towards the EU Harmonization of Access to Cross-Border E-Evidence: Challenges for Fundamental Rights & Consistency, European Criminal Law Review 8 (2018), pp. 95-96.

〔2〕 张翔主编：《德国宪法案例选释（第 2 辑）言论自由》，法律出版社 2016 年版，第 21 页。

〔3〕 陈征："论宪法出版自由的保护范围"，载《当代法学》2014 年第 4 期。

案例：快播公司传播淫秽物品牟利案[1]

在快播公司传播淫秽物品牟利案中，北京市海淀区文化委员会查获并扣押四台涉案服务器，从中提取视频文件29 841个。经鉴定，其中21 251个视频文件属淫秽视频。法院经审理后将上述电子数据作为定案依据。

在上述两个案件中，由于涉案书籍和视频分别为非法出版物和淫秽视频，出版、传播上述书籍和视频已经不属于出版自由权的保护范围。为了探讨电子数据取证与出版自由权之间的关系，可以假设上述书籍和视频文件属于出版自由权保护范围，这种假设在实践中是具有合理性，因为在未对出版物鉴定之前，侦查机关无法确定其是否属于非法出版物或淫秽视频。比如，在快播公司传播淫秽物品牟利案中，仅有大部分视频文件被鉴定为淫秽视频，另有小部分视频并没有被认定为淫秽视频。若上述书籍和视频文件属于出版自由权保护范围，侦查机关（行政机关）搜查扣押书籍和视频就可能会干预出版自由权。侦查机关可以在出版物的编辑、制作、印刷阶段来干预出版自由权，如通过搜查扣押印刷设备、视频制作设备等方式；也可以在出版物的传播阶段来干预出版自由，如搜查扣押出版物。上述两案中，侦查机关（行政机关）都是在传播阶段通过搜查扣押出版物来干预出版自由。国家限制出版自由的根本目的是阻止出版信息被公众接收，而并非阻止信息发布。[2]在付某非法经营案中，侦查机关通过搜查扣押《洗脑的历史》一千余册，就阻断了这些非法出版物继续向社会流通、散布。在纸质出版物中，出版物信息需要依附于其纸质载体即书籍而存在，该纸质书籍同时也涉及公民财产权。在德国《明镜周刊》案中，原告在针对搜查行为提起宪法诉讼时，就主张警察对编辑部的搜查行为侵犯了《德国基本法》第5条保护的出版自由、第13条保护的住宅自由和第14条保护的私有财产权，并申请临时保护措施。德国联邦宪法法院经审理后

---

[1] 详见北京市海淀区人民法院（2015）海刑初字第512号刑事判决书和北京市第一中级人民法院（2016）京01刑终592号刑事裁定书。

[2] 张翔主编：《德国宪法案例选释（第2辑）言论自由》，法律出版社2016年版，第21页。

认为：搜查和查封此类证据必然会干预公民基本权利，但其通常是刑事追诉不可或缺的手段，侦查人员在取得搜查令情况下所进行的搜查并不违宪。[1]由于纸质出版物同时承载公民出版自由权和财产权，而纸质出版物通常处于被调查人的住宅、办公室等场所，因此，在纸质出版物的搜查扣押中可能会干预出版自由权、财产权、住宅权等多项基本权利。

执法机关查封扣押涉案数字视频及其存储介质后，就会阻断这些视频信息向社会传播、流通。此时可能会干预电子出版物所承载的公民出版自由。电子数据具有虚拟性、可复制性特征，其需要依附于存储介质而存在。作为电子数据的存储介质，可以是其原始存储介质，也可以是原始存储介质之外的其他存储介质。这就决定了电子数据取证存在"一体收集"和"单独提取"两种模式。[2]电子数据"一体收集"模式，是侦查机关将电子数据连同其原始存储介质一并收集，在收集原始存储介质时也同步实现对其中存储电子数据的收集。电子数据"单独提取"模式，是侦查机关仅收集原始存储介质中的电子数据，并将其存储到其他存储介质之中，而并不收集电子数据的原始存储介质。在该案中，执法机关采取了电子数据的"一体收集"模式，扣押涉案四台服务器并从中提取淫秽视频文件。此种情况下，侦查机关对电子数据的调查取证行为，可能会干预公民出版自由，也会干预电子数据所依附原始存储介质的财产所有权。

第五节　电子数据与平等权

我国《宪法》第 33 条第 2 款规定了公民平等权。平等权是公民平等地享有权利、承担义务，不受任何差别化对待，并要求国家给予同等或相等保护的权利。与其他基本权利不同，平等权没有特定且具体的内容，平等是一种表明与其他主体、其他公民之间相互关系的概念，它通常需要以

---

〔1〕　张翔主编：《德国宪法案例选释（第 2 辑）言论自由》，法律出版社 2016 年版，第 1－20 页。

〔2〕　谢登科："电子数据的鉴真问题"，载《国家检察官学院学报》2017 年第 5 期。

两个或两个以上主体为前提。平等权的权利性主要体现在与其他基本权利的相互关系之中，如经济平等权、政治平等权，其本质是要在权利义务上给予同类主体相同待遇，禁止差别化对待。但是，平等权仅禁止不合理差别，合理差别则具有合宪性。判断差别正当性的基本原则是：是否符合作为宪法核心机制的人的尊严原则；确定差别措施的目的是否符合公共利益；采取的手段和目的之间是否具有合理联系等。[1]平等权的本质是要给予本质上相同的个体或群体相同对待，但不同个体或不同群体之间总会存在差异，若差别化待遇是基于个体或群体间差异而给予的合理设置，则差别化待遇并不意味着不平等。[2]平等并不意味着完全相同的待遇，合理的差别化待遇也并不意味着不平等。由于合理的差别化待遇具有合宪性，其符合平等权的内在精神和实质要求，若应当给予合理的差别化待遇而并未给予，此时从外在形式来看似乎符合平等权的要求，但却实质违反了平等原则。

电子数据在生成、收集、保管和质证中，会涉及公民平等权这一宪法性基本权利。电子数据作为网络信息技术的产物，其具有技术性强的特征。电子数据的收集、保管和质证需要较高水平的专业技术知识，也需要借助相应取证设备和操作软件。但是，不同主体在数据占有、专业知识等方面存在差异，这就会导致电子数据偏在性与公民平等权之间的紧张关系。从电子数据生成来看，人们在开展网络在线购物、在线娱乐、在线交流等线上行为时会产生大量电子数据，这些电子数据往往被网络服务商、运营商等公司或企业所掌握，他们通过搜索引擎、算法程序等技术手段很容易调取涉案电子数据。而作为个体的普通公民很难有专业知识或设备来获取涉案电子数据，其通常会在发生纠纷后通过照片、截屏、打印等方式提交涉案电子数据，这些电子数据主要是表层显示的内容信息和应用信息，而缺乏其系统信息、环境信息等方面的电子数据。在诉讼过程中，若网络服务商、运营商本身就是诉讼主体，基于趋利避害、追求胜诉的心

---

〔1〕 胡锦光、韩大元：《中国宪法》，法律出版社 2016 年版，第 189-191 页。
〔2〕 陈征："我国宪法中的平等权"，载《中共中央党校学报》2010 年第 5 期。

理，他们可能会拒绝向对方当事人或法院提供涉案电子数据，由此就会产生电子数据占有上的偏在性问题。[1]这既不利于法院查明案件事实，也会阻碍当事人在诉讼程序中获得平等保护的权利。

在电子数据存证和鉴真中也会出现偏在性。对电子数据除可以采取"证据保管链"和"独特性确认"两种传统鉴真方式外，还出现了以网络信息技术为支撑的新型"技术性鉴真方式"，如可信时间戳、完整性校验值、区块链存证等。区块链存证作为电子数据的技术性鉴真方式，主要是通过分布式账本技术、数字签名技术等方式来保障入链电子数据不被删减或篡改，其虽然可以有效保障电子数据的真实性，但对操作者也提出了专业知识、硬件设备、操作程序等方面的要求。在实践运行中，可能会出现"算法鸿沟""网络鸿沟""区块链鸿沟"等问题，[2]即那些没有能力或无法使用区块链存证的当事人，在诉讼程序中提交的电子数据可能会因真实性或可靠性无法得到保障而被法官拒绝采信。以广州互联网法院司法区块链为例，该平台截至2019年12月底存证电子数据4400余万条，但从电子数据的接入方和存证主体来看，其存证主体全部是诸如腾讯、蚂蚁金融、京东、百度等互联网公司，而并没有自然人利用该司法区块链存证。[3]仅从理论层面上看，虽然当事人都有权利和机会利用司法区块链对电子数据进行存证，但由于不同当事人在专业知识、硬件设备、操作程序等资源方面存在差异，这就阻碍了当事人平等享受区块链存证所带来的技术便利，就可能在电子数据审查采信过程中产生不平等现象。在作为科学证据的电子数据面前，本已处于天然失衡状态的控辩关系会因"技术鸿沟"而更加失衡。不同当事人由于教育背景、专业知识等方面的差异，其在电子数据质证中也会面临"技术鸿沟"，各自对电子数据的质证效果也会存在显著差

---

〔1〕　高波："电子数据偏在问题之解决——基于书证提出义务规则的思考"，载《法律科学（西北政法大学学报）》2019年第2期。

〔2〕　韩旭至："司法区块链的复合风险与双层规制"，载《西安交通大学学报（社会科学版）》2021年第1期。

〔3〕　段莉琼、吴博雅："区块链证据的真实性认定困境与规则重构"，载《法律适用》2020年第19期。

异。比如，在快播公司传播淫秽物品牟利案中，被告人作为 IT 行业的知名平台，对涉案电子数据的真实性和完整性提出了诸多技术性问题。[1]

为了消除电子数据偏在性所导致的不平等现象，有必要采取以下措施：第一，赋予网络运营商、服务商等公司的电子数据提出义务。此种电子数据提出义务并非源于其证明责任，而主要是为了消除电子数据偏在性所引发的不平等现象。这些主体占有涉案的大部分甚至全部电子数据，但是，对方当事人受制于技术、设备、软件等因素，无法自行取证来获得上述涉案电子数据。赋予这些特定主体电子数据提出义务，可以消减当事人在电子数据占有和举证中的不平等现象。《最高人民法院关于互联网法院审理案件若干问题的规定》第 5 条第 2 款赋予电子商务平台经营者、网络服务提供商等特定主体对涉案电子数据的提供义务。这对于克服电子数据偏在性、实现诉讼平等具有重要意义。若电子商务平台经营者等特定主体未按照上述规定履行电子数据提供义务，法院可以妨碍诉讼为由对其适用罚款等制裁措施。第二，赋予法院在特定案件中对电子数据的职权取证和职权存证义务。对于因欠缺专业知识、取证设备、操作软件而无法对案件重要电子数据进行取证或存证的当事人，可以申请法院依职权调取、存证涉案电子数据。《人民法院在线诉讼规则》第 2 条第 4 项就赋予法院对老年人等特殊群体提供司法便利的义务。此规定既有利于我国法院在电子诉讼中贯彻"以人民为中心"的基本理念，也有利于消除老年人群体因欠缺在线诉讼能力所导致的诉讼不平等问题。对电子数据取证和存证也可以参照上述规定，赋予法院对特定主体提供司法便利的义务。比如，在利用司法区块链存证电子数据中，法院应当向特定主体告知区块链存证的法律规定，引导帮助特定主体熟悉、掌握电子数据区块链存证的操作流程。在电子数据收集审查中应当遵循"法律的归法律，技术的归技术"理念，即对电子数据审查中的法律问题可以由法官独立审查认定，而电子数据审查中的技术问题可以由相关专业人员来辅助法官进行审查认定。为了解决知识

---

[1] 谢登科、刘冷："'扫黄打非'中电子数据的收集与认定——以'快播案'为视角"，载《出版发行研究》2017 年第 4 期。

产权审判中事实认定的技术问题，我国确立了知识产权审判中的技术调查官制度，未来可以考虑将技术调查官制度引入电子数据等科学证据的审查认定之中，通过技术调查官辅助法官解决电子数据审查认定中的技术问题。对于当事人因欠缺专业技术知识所导致的无法有效质证，可以考虑扩大有专门知识的人制度的适用范围。若在电子数据质证中遇到相关的专业技术问题，可以赋予当事人申请有专门知识的人出庭的权利。

第六节　小　结

电子数据承载着财产权、隐私权、通信自由权、言论自由权等公民基本权利。对干预财产权、隐私权、通信自由权的电子数据行为应当归为强制性侦查范畴，其制度设计和实践运行应遵循法律保留主义、令状主义、比例原则等基本要求。

从法律保留主义角度来看，由刑事电子数据取证所衍生的新型侦查行为，如网络远程勘验、网络在线提取、电子数据冻结等，主要是由《电子数据规定》《电子数据取证规则》等司法解释、部门规章所创设。由司法解释、部门规章来创设和调整可能会干预基本权利的电子数据取证行为，存在法律层级相对较低的问题。应当将干预基本权利的新型侦查取证行为纳入《刑事诉讼法》的调整范围，只有在取得法律授权的情况下，电子数据取证中的基本权利干预才具有形式合法性。

从比例原则角度来看，电子数据取证应当尽量采取权利干预程度最低的手段或方法来收集电子数据，应当禁止手段与目的不相当的过度侵害行为。《电子数据规定》和《电子数据取证规则》中规定了优先扣押原始存储介质规则，即在电子数据取证中应当尽量扣押其原始存储介质。[1]这不仅侵犯了电子数据自身所承载的基本权利，也侵犯了原始存储介质所有权。在通过技术手段能够保障收集、提取电子数据完整性的情况下，就没

---

〔1〕　比如，《电子数据规定》第8条第1款规定："收集、提取电子数据，能够扣押电子数据原始存储介质的，应当扣押、封存原始存储介质，并制作笔录，记录原始存储介质的封存状态。"

有必要扣押电子数据的原始存储介质。在未来立法中可以考虑适当限制原始存储介质规则的适用范围。

从令状主义角度来看，《电子数据规定》和《电子数据取证规则》中规定的网络远程勘验、网络在线提取、电子数据调取等侦查措施的适用都无须经过审批程序，它们可以由办案人或者办案人所在部门根据案件情况自行决定适用，这显然不利于保障电子数据所承载的基本权利。基于令状主义所要求的审批程序，既可以审查案件是否符合权利干预的正当事由，也可以通过授予令状让办案人获得具体授权。虽然，我国尚未建立对搜查、技术侦查等强制性侦查的司法审查制度，但适用这些强制性侦查措施需要经过侦查机关负责人审批。未来可以参考搜查制度，在电子数据取证中适用干预基本权利的新型侦查措施时，应当取得县级以上侦查机关负责人的审查批准。

从基本权利救济来看，对于遭受违法取证行为侵犯的公民基本权利，可以通过非法证据排除予以救济。虽然我国《刑事诉讼法》建立了非法证据排除规则，但并未将电子数据纳入其中。由于电子数据承载了财产权、隐私权、通信自由权等公民基本权利，电子数据违法取证行为也会侵犯公民基本权利。因此，需要将电子数据纳入非法证据排除规则范围，对于严重侵犯公民基本权利的违法电子数据取证行为，应当通过非法电子数据排除方式给予程序性制裁，从而实现对公民基本权利的事后救济。

第三章
电子数据侦查取证的
域外考察

人类社会已经进入信息网络时代，信息化、数字化在全球范围内引发了生活方式和行为方式的重大变革，信息网络技术、数字经济成果已经渗透到人们生活的各个方面。但是，由此也引发了信息网络犯罪和数据犯罪，既包括各种新兴信息网络犯罪，如非法获取计算机信息系统数据罪、侵犯公民个人信息罪等，也包括传统犯罪的网络化、数字化，如网络诈骗、网络敲诈、网络诽谤等。网络犯罪不仅是我国在信息网络时代面临的社会问题，也是世界各国、地区共同面临的治理难题。在网络犯罪治理中，电子数据是认定案件事实不可或缺的证据。2001 年 11 月，欧盟各成员国在布达佩斯签订《网络犯罪公约》，美国、加拿大、日本、南非等国家以非成员国身份签订该公约。该公约是西方国家就打击网络犯罪取得的共识性成果，也是全球首个打击网络犯罪的国际公约，它不仅从实体层面规定了非法侵入计算机信息系统罪、非法获取计算机信息系统数据罪等罪名，也在程序层面规定了网络犯罪管辖制度、电子数据侦查取证制度等内容。对于电子数据侦查取证，《网络犯罪公约》既结合电子数据取证对传统侦查措施予以适当改造，如电子数据搜查、扣押，也创设了很多新兴电子数据侦查取证措施，如数据保护、数据截取等。当然，《网络犯罪公约》仅规定了电子数据取证的基本要求或者最低限度要求，各缔约国可以根据自己的法律制度、司法传统、政治体制等因素制定契合本国实际状况的电子数据侦查取证制度。很多国家因应信息网络技术的飞速发展，规定了很多电子数据侦查取证措施，如 2017 年《德国刑事诉讼法》增设第 100b 条，规定了电子数据在线搜查，对其适用条件、适用范围、运行程序、权利保障等内容予以规定。美国联邦最高法院通过 Riley 案、Carey 案、Jones 案等典型案件，将手机搜查、电脑搜查、GPS 定位信息收集等电子数据取证行为纳入美国联邦宪法第四修正案的调整和规制范围。2018 年美国国会通过《美国澄清合法使用境外数据法》（*Clarifying Lawful Overseas Use of Data Act*，CLOUD Act，中文简称为"云法"），为美国执法部门向网络服务提供者直接调取存储于境外的电子数据提供了法律依据。[1]因此，有必要考察域外电子数据取证行为的立法动向和实践状况，总结电子数据侦查取证的发展规律和方向，从而为更好地完善我国电子数据侦查取证制度和实践提供参考。

第一节 数据保护令

欧盟《网络犯罪公约》第 16 条规定了数据保护令制度，它主要是电子数据保全措施，是为了防止因人为因素或其他因素导致电子数据丢失、破坏、毁灭等而设置的侦查措施。数据保护令在法律性质上是证据保全措施，它并不是证据收集措施。适用数据保护令的前提条件，是相关人员或者组织已经取得、占有、存储相关数据，但尚未被侦查机关取得，且数据具有丢失、破坏、毁灭等风险。数据保护令并不是侦查机关亲自采取技术措施来保护相关数据，而需要借助于网络服务提供者等第三方主体来对数据采取保护措施，如由占有或者控制数据的网络服务提供者采取账号冻结措施。此种侦查措施在行为结构上比较类似于数据提供令，都需要借助于第三方主体的数据保存或者提供行为，但是二者在价值功能、运行程序上并不完全相同，前者是要实现电子数据保全，后者是要实现电子数据收集取证。从电子数据有效取证来看，数据保护令仅授权执法部门命令相关个人或者组织保护电子数据，而没有授权侦查人员收集、取得电子数据，数据保全仅完成了电子数据取证的阶段性工作，若侦查机关要取得被保护的数据，还需要取得其他令状授权，如数据提供令。

由于数据保护令会干预权利人对于数据的访问、处理等权利，也会干预网络服务提供者等第三方主体的经营活动，其在法律性质上属于强制性侦查措施，因此，其通常仅能适用网络服务提供者存储于境内的电子数据。若电子数据被网络服务者存储于境外，则需要依据《网络犯罪公约》

---

〔1〕 梁坤："美国《澄清合法使用境外数据法》背景阐释"，载《国家检察官学院学报》2018 年第 5 期。

第 29 条之规定通过刑事司法协助方式对数据予以保护。数据保护令作为临时性的证据保全措施，其适用通常具有较强的时效性要求。刑事司法协助通常耗时较长，这可能无法有效回应数据保护的高时效性要求，此处就需要建立数据保护刑事司法协助的快速处理机制。数据保护令的刑事司法协助执行，通常并不要求适用"双重犯罪"原则，即双重犯罪原则通常不得作为数据保护令刑事司法协助执行的适用条件。这主要基于两个方面原因：一是现代刑事司法协助中的"双重犯罪"原则通常仅适用于最具干预性的侦查措施或程序措施，如搜查、扣押，对于干预程度相对较低的侦查措施的刑事司法协助执行，通常并不要求适用"双重犯罪"原则；二是网络犯罪侦查取证对时效性要求较高，审查是否符合"双重犯罪"原则通常要耗费较长时间，这可能会导致需要保护的数据被删除、破坏、毁灭而无法有效打击网络犯罪。

数据保护令会干预公民基本权利，它意味信息数据在未经数据权人"知情—同意"的情况下被他人存储、保存，数据存储在本质上属于数据处理行为之一，这可能会限制权利人对其信息数据的自决权和处理权，[1]故适用数据保护令时原则上应当取得令状。数据保护令仅授予侦查人员命令网络服务提供者等第三方主体对数据采取保存措施的权限，而没有赋予侦查人员收集、获得数据的权力。数据保护作为一种新兴侦查措施，有利于及时保全易伪造、易破坏的电子数据，防止电子数据因伪造、破坏而无法收集取得或者丧失证据价值，也有利于通过保护的数据来分析、发现犯罪线索和证据。在数据保护中，需要采取相应技术性措施来保障数据的完

---

〔1〕　有观点认为数据保护不同于数据冻结，在数据被采取保护措施之后，仍然允许其合法用户访问被保护的数据（参见皮勇：《刑事诉讼中的电子证据规则研究》，中国人民公安大学出版社 2005 年版，第 93-94 页）。该观点注意到数据保护令具有证据保全的性质和功能无疑具有合理性。仅从表面来看，允许用户对被采取保护措施的数据予以访问、处理，无疑会让数据面临较高的破坏、毁灭风险，故对于被适用保护令的数据，似乎不应当允许其客户访问、处理。但是，《网络犯罪公约》第 16 条第 3 款在数据保护令制度中，赋予个人或组织对数据保护令执行情况的保密义务，此种保密义务主要是对其用户进行保护。若禁止用户对采取保护措施的电子数据的继续访问、使用，此种保密义务将丧失意义，因为禁止访问、使用可能会让其客户察觉到异常，会让其怀疑或知道其数据被采取保护措施。数据冻结不是数据保护令中的必然措施，但若不适用电子数据冻结，可能会导致数据丢失、破坏、毁灭，则应当在执行数据保护令中对数据予以冻结。

整性。《网络犯罪公约》对数据保护令需要采取的技术保障措施没有规定，持开放态度，这有利于第三方主体针对电子数据类型、自身技术能力等因素，在数据保护中采取针对性技术措施。在法律效力上，数据保护令既免除了网络服务提供者的数据删除义务，也要求其采取措施来保护相关数据。[1]在技术层面，数据保护主要是对数据予以存储，避免其因系统变化、人为破坏等因素而被毁坏、删除、修改。保护数据并不必然意味着要冻结数据，但若不冻结，可能会导致数据丢失、破坏、毁灭，则应当在执行数据保护令中对数据予以冻结。数据保护期限，最长不得超过 90 天，在国际司法协助中，数据保护最低期限不得少于 60 日。

《网络犯罪公约》第 16 条第 3 款赋予个人或组织对数据保护令执行情况的保密义务。从内容上看，这里主要是对数据保护令的执行情况予以保密，而不是对其占有、掌握的数据予以保密，因为后者通常会设置于网络服务提供者等第三方主体与其客户之间签订的协议或合同之中，第三方主体依据此种协议本身就需要承担保密义务。对数据保护令的执行情况保密义务的设置，主要是为了避免惊动犯罪嫌疑人，防止其出现逃避侦查、破坏证据等妨碍刑事侦查的行为。数据保护令主要是在网络犯罪的前期侦查阶段予以适用。在采取数据保护令时，相关电子数据并没有被侦查机关所掌握或者收集，其主要处于网络服务提供者等组织或个人的占有、控制之下，此时对侦查程序的相关情况予以保密就很有必要。有观点认为此种保密义务具有保障侦查秘密性和保障个人信息隐私的双重效果。[2]但是，该保密义务主要是公法性质的义务，它主要是对作为侦查措施的数据保护执行情况予以保密，要求网络服务提供者在特定时间内不向其客户公开或者披露数据保护令的执行情况，而不是将其占有或者控制的数据本身对外公开的保密义务。

对于流量数据（traffic data）的保护令制度，除需要遵守《网络犯罪

---

[1] 李彦：《打击跨国网络犯罪国际法问题研究》，中国法制出版社 2021 年版，第 150 页。
[2] 皮勇：《刑事诉讼中的电子证据规则研究》，中国人民公安大学出版社 2005 年版，第 94-95 页

公约》第 16 条中计算机数据保护令的一般规定之外，还需要对其予以及时保护、快速披露，这两个义务主要规定在《网络犯罪公约》第 17 条之中。流量数据对于查明信息数据的来源地和目的地、识别犯罪嫌疑人身份具有重要意义，它们可以用来追踪、识别网络犯罪案件的嫌疑人。但是，此类数据通常仅会在计算机系统中短暂存储，网络服务提供者为了节约存储空间、提高存储空间利用率，通常会定期或不定期删除部分数据，其中就包括流量数据。这就需要及时采取保护措施以保障流量数据的可收集性和完整性，需要网络服务提供者及时采取保护措施，并向侦查人员快速披露。在实践中，流量信息可能存储于多个网络服务提供者处，如数据经过多次传递，此时并不是所有的网络服务提供者都掌握着全部流量信息，他们通常仅拥有部分流量信息。根据《网络犯罪公约》第 17 条第 1 款 a 之规定，掌握流量信息的网络服务提供者都负有及时保护、快速披露义务。在如何实现多个网络服务提供者的数据保护义务问题上，《网络犯罪公约解释报告》主要提供了两种方案：一是向每位网络服务提供者签发独立的数据保护令。此种方式虽然具有较强的明确性，也有利于保护数据权利，但可能会耗费大量时间而不利于及时保全电子数据。二是将数据保护令效力扩展适用于其他网络服务提供者。具体来说，网络服务提供者在收到数据保护令后，既需要对自己存储的流量数据采取保护措施，也需要通知涉及特定数据传输的其他网络服务提供者采取保护措施。后一方案虽然有利于对流量数据的及时保全，但也很容易导致权利干预范围扩大，这就需要适当限定数据保护令效力的延伸范围，通常来说仅限于扩张至接收或者发生特定数据传输的网络服务提供者。

《日本刑事诉讼法》也规定了类似于数据保护令的制度，其主要适用于要求第三方主体对流量数据的保存。在信息网络犯罪中，流量数据对于追踪犯罪嫌疑人、收集内容数据具有必要性。流量数据通常会由网络服务提供者予以存储，为了节省存储空间、提高经济效益，通常不会存储较长时间，而是会定期或不定期删除流量数据。为了保全流量数据，侦查机关可以通过书面方式命令网络服务提供者在 30 日内不得删除流量信息，若有特别需要，可以延长 30 日，但要求不得删除的时间不能超过 60 日。流量数据主要是通信发送方、接受方、通信日期等信息，而并不包括通信内容信息。流量数据在本质上属于个人信息数据，《日本刑事诉讼法》主要是将数据保护令界定为任意性侦查措施，侦查人员命令网络服务提供者保存流量数据时，无须取得法院签发的令状，但考虑到流量数据保护会给网络服务提供者正常运营带来较大负担，故数据保护应当以书面方式作出。这主要是考虑到流量数据是通信主体在利用信息网络开展不同业务中自动生成、记录的，他们对于流量数据没有处分权，而对流量数据的记录、保存，通常不会侵害通信主体利益，数据保存通常是后续数据扣押的准备行为，因此，数据保护不需由法院签发令状。[1]

第二节　电子数据搜查、扣押

对于传统实物证据而言，搜查、扣押是重要的侦查取证措施，它也可以适用于电子数据这一新兴证据种类。《网络犯罪公约》第 19 条规定了电子数据搜查扣押。在很多国家的刑事诉讼法中，搜查、扣押仅能适用有形物，而不能适用于无形物。电子数据在本质上是具有虚拟形态的 "0-1" 二进位数码，其不具有实物形态，将电子数据直接作为搜查扣押适用对象可能存在制度障碍。《网络犯罪公约》第 19 条第 1 款规定了电子数据搜查的适用范围和对象，该款明确了两类对象，即 "数据" 与 "存储介质"。电子数据存储介质，通常具有实物形态，如计算机、手机、硬盘等，它们作为搜查、扣押对象并没有突破传统搜查扣押制度。但是，将数据直接作为搜查对象，通常是对传统搜查制度的重大突破，是回应信息网络时代打击治理网络犯罪的必然要求，也是实现搜查扣押制度现代化的重要体现。当然，电子数据搜查，仅适用于各缔约国境内计算机系统数据收集，而并不适用于跨境电子数据取证。虽然从技术层面来看，通过木马程序、黑客软件等方式对境外计算机系统内存储的电子数据进行远程搜查或者在线搜查，并不存在任何技术障碍，但此种跨境远程搜查或跨境在线搜查，通常

---

〔1〕 ［日］田口守一：《刑事诉讼法》，张凌、于秀峰译，法律出版社 2019 年版，第 148 页。

会侵犯他国主权，容易引发国际纠纷与争议。因此，《网络犯罪公约》没有规定跨境电子数据搜查。从电子数据搜查的适用对象来看，其主要适用于静态电子数据，[1]而不适用于动态电子数据。在签发搜查证时，需要明确搜查范围和对象，动态电子数据尚处于形成或者传输中，其范围和内容通常具有不确定性，故动态电子数据不宜直接作为搜查的适用对象。动态电子数据取证，通常需要采取技术侦查予以收集，如电子数据监控、电子数据截取。对电子数据搜查适用条件的规定，要求具有相当理由，即能够基于相当理由相信需要调查的数据就存储于将被搜查的计算机系统之中。若有相当理由相信数据被存储于其他计算机系统之中，也可以对其他计算机系统进行搜查。

由于电子数据具有虚拟性、分散性等特征，作为取证对象的电子数据可能存储于网络空间的多台计算机或服务器之中。对于分散存储于多台计算机或者服务器中的电子数据如何取证？就成为值得探讨的理论问题和实践难题。《网络犯罪公约》第 19 条第 2 款对该问题予以明确规定。若侦查机关有相当理由相信电子数据存储于与被搜查计算机相连的电子设备之中，则可以将搜查范围扩大至与该计算机相连的电子设备系统之中。该规定大幅扩张了电子数据搜查范围，将搜查范围不再局限于搜查令所记载的电子设备或者存储介质，其搜查范围扩张的限度是与搜查证所记载的电子设备之间具有网络连接的其他电子设备，且侦查人员有相当理由相信电子数据存储于该电子设备或存储介质之中。但是，对于如何将电子数据搜查范围扩大至其他电子设备或存储介质之中，《网络犯罪公约》则没有具体规定。《网络犯罪公约解释报告》提供了两种方案：一是在另行取得搜查令后才能对其他电子设备予以搜查；二是无须另行取得搜查令，而是由侦查人员自行决定将搜查范围扩大至其他电子设备之中。前者有利于对电子数据搜查的程序控制，有利于保障公民基本权利；后者有利于电子数据高效、快速取证。

---

〔1〕　皮勇：《刑事诉讼中的电子证据规则研究》，中国人民公安大学出版社 2005 年版，第114 页。

《网络犯罪公约》第 19 条第 3 款规定了电子数据扣押。与数据保护令相同，扣押也属于证据保全措施，而不是证据收集措施，其目的在于保障数据占有、控制，并保障电子数据的完整性。前者是由网络服务提供者等第三方主体采取措施来保障数据完整性，后者是侦查机关自己直接通过占有、控制等措施来保障数据完整性。电子数据保全，既可以采取扣押措施，也可以采取其他类似措施，如电子数据冻结、数据保护令。在扣押电子数据过程中，需要对电子数据予以备份或者制作电子数据副本，也需要采取相应技术措施来保障电子数据的完整性，保障其他人员无法访问计算机系统、无法删除计算机系统数据。电子数据具有虚拟性，它需要依附于相应电子设备或者存储介质而存在，因此，电子数据取证需要对其存储介质或系统予以扣押。《网络犯罪公约》第 19 条第 3 款 a 规定了电子数据存储介质或设备的扣押。由于电子数据存储于电脑、手机、硬盘等存储介质或电子设备之中，侦查人员在扣押存储介质或者电子设备时，就一并收集了其中存储的电子数据。这些存储介质或电子设备通常是电子数据最初生成的环境或空间，将电子数据连同其存储介质或电子设备一并扣押，有利于获取原始电子数据，契合最佳证据规则的基本要求。在"一体收集"模式中，由于保留了电子数据生成时的应用环境，这有利于后续电子数据提取、举证、质证等工作的有效开展。虽然，扣押原始存储介质契合最佳证据规则的基本要求，但并不是所有的静态电子数据都适合此种取证方式，如有些电子数据存储于云服务器中，此类服务器通常体型巨大，还存储了其他用户的信息数据。此时，若采取扣押原始存储介质方式予以收集，不仅在技术上不具有可行性，还可能会导致对与案件无关人员的权利侵犯。

电子数据作为信息网络技术的产物，对其取证通常具有较高技术要求，此时就可能涉及网络服务提供者等第三方主体协助问题，这在电子数据搜查扣押中经常会出现。在电子数据搜查扣押中，通常在两种情况下需要第三方主体协助：一是犯罪嫌疑人对电子数据采取了反侦察措施，如设置了账号密码，采取通常技术手段无法收集到电子数据，或者可能导致电子数据损毁；二是网站平台系统采取了独特的安全防护措施或者工作保护环境，侦查人员自行搜查扣押其中存储的电子数据，可能需要花费大量时间和精力了解系统工作原理。[1]《网络犯罪公约》第19条第4款规定了第三方主体的协助义务。这里的"第三方主体"通常是对计算机系统有操作或管理权限的人员或者组织。侦查机关在对电子数据进行搜查扣押时，可以命令第三方主体将其管理的计算机、服务器等电子设备中的相关信息数据提交给侦查人员。这实际上就是将提交令嵌入电子数据搜查中予以适用。在电子数据搜查扣押中，若需要网络服务提供者等第三方主体提供协助，是否需要另行单独签发提供令？还是搜查令本身就具有提供令效果，即侦查人员仅凭法院依法签发的搜查令就可以要求第三方主体提供协助？《网络犯罪公约》并没有予以明确规定。由网络服务提供者等第三方主体在搜查中提供协助，会增加企业运行成本，这实际上意味着将协助搜查过程中侦查机关的部分执法成本转移至由网络服务提供者承担。[2]以谷歌公司为例，谷歌公司每年会定期发布两期《谷歌透明报告》（*Google Trans-parency Report*），谷歌公司在2019年收到政府执法部门的信息数据提供请求数量高达81 785份。谷歌公司对这些申请并非全部都予以执行，它在执行前会根据法律要求和相应条件，对请求事项与信息数据之间的关联性予以审查，从而确定对请求是否予以执行及执行程序、范围等内容。这里的审查主要是形式审查、程序审查，因为对于搜查是否符合法定条件已经由令状签发者予以实质审查，若由第三方予以实质审查，既侵犯了令状签发人的权力，也因其自身与搜查事务的利害关系而丧失正当性。对于网络服务提供者等第三方主体而言，在电子数据搜查扣押中提供协助，存在有利于企业的积极因素，如若企业不提供协助，而是由侦查机关自行对电子设备予以搜查扣押，可能会因其欠缺专业知识无法及时取证而导致其电脑、服务器等设备长期处于扣押状态，这既不利于侦查机关及时、快速收集电子数据，也会严重妨碍企业的正常生产经营活动。

在第三方主体协助方式中，存在两种不同的协助方式或者依据，即

---

〔1〕 皮勇：《刑事诉讼中的电子证据规则研究》，中国人民公安大学出版社2005年版，第117页。

〔2〕 裴炜：《数字正当程序——网络时代的刑事诉讼》，中国法制出版社2021年版，第63页。

"概括性协助"与"具体性协助"。前者是第三方主体基于法律规定所承担的协助取证义务。比如，《美国爱国者法》中就明确规定，网络服务提供者无须等待搜查令，就必须将其发现对人身构成威胁的电子数据直接、主动提交给政府执法部门。[1]后者是在具体个案中，由网络服务提供者等第三方主体基于提供令、搜查令中的协助义务，在侦查人员要求下将其管理或者控制的信息数据提交给侦查人员。第三方主体的概括性协助义务，通常具有事前性、主动性、全面性等特征。在概括性协助义务中，第三方主体被赋予更高的社会责任和协助义务，它需要对相关信息数据进行日常性监督管理，若发现违法信息数据，则应当及时向侦查机关提供，此种概括性协助义务通常仅适用于极其严重犯罪的预防和侦查，如恐怖活动犯罪、危害国家安全犯罪等。第三方主体的具体性协助义务，则具有被动性、事后性、限定性等特征，它通常是在案件发生之后，在侦查过程中，由侦查人员向网络服务提供者等第三方主体提供相应令状之后，第三方主体才履行电子数据提供义务或者协助义务。

对于第三方主体占有、存储、控制的电子数据，除可以通过提供令（后文将详细阐述）的方式予以收集、获取之外，也可以通过第三人搜查来获取，即通过对第三人搜查来收集相关电子数据。在美国刑事司法中，美国联邦最高法院曾在 Zurcher v. Stanford Daily 案[2]中，明确认可侦查人员在依法取得搜查令后可以对第三方主体进行搜查。搜查通常发生于侦查程序的初始阶段，此时犯罪嫌疑人与第三人的区分比较模糊，若将搜查仅限定于犯罪嫌疑人，会阻碍事实查明和案件侦破。但是，第三人通常没有涉嫌犯罪，其人数远多于犯罪嫌疑人，若允许第三人搜查，可能对公民隐私权造成巨大冲击。[3]在对第三人搜查时，需要实现执法利益和隐私保护的有效平衡，在司法实践中，需优先对第三人适用数据提供令，但这并不禁止直接适用第三人搜查制度来获得电子数据。

---

〔1〕 〔美〕Eoghan Casey：《数字证据与计算机犯罪》，陈圣琳等译，电子工业出版社 2004 年版，第 3 页。

〔2〕 427 U. S. 463（1976）.

〔3〕 王兆鹏：《美国刑事诉讼法》，北京大学出版社 2005 年版，第 111-112 页。

《德国刑事诉讼法》第 103 条规定了第三人搜查制度。对第三人搜查，会侵犯其隐私权，故需要通过法律保留原则、令状原则、比例原则等予以控制。第三人不是案件的犯罪嫌疑人或被告人，其对国家侦查措施的容忍义务要低于被追诉人；第三人在刑事诉讼程序中享有的诉讼权利也远少于被追诉人，故对第三人搜查的程序要件设置就更为严格，这主要体现为第三人搜查的对象范围更窄和证明标准更高。从搜查对象来看，对于犯罪嫌疑人搜查，既可以是对其住宅、处所进行搜查，也可以是对其人身进行搜查。第三人搜查，仅是对第三人住宅、处所的搜查，而不包括对第三人的人身搜查。从证明标准来看，搜查犯罪嫌疑人要求有相当理由，它并不要求达到具有重大嫌疑的程度，也不要求精确查明犯罪的具体过程，但要求有相当理由相信已经发生犯罪，而不能是模糊根据。[1]但是，第三人搜查，仅要求有"具体事实依据"，它要求有事实能够认定该住宅或场所藏匿了犯罪嫌疑人、证据材料。在对住宅、场所进行搜查时，也可以对其所属之物进行搜查，其中就包括计算机、手机等电子设备。因此，第三方搜查也可以用于电子数据侦查取证。

《德国刑事诉讼法》第 94 条将扣押的适用对象界定为作为证据的各种物品。任何与证据有关的物品都可以被扣押，只要持有该物品的人不打算自愿将其提供给侦查人员。[2]作为证据保全措施，扣押某一物品并不会导致其所有权转移至国家，若无须扣押或者扣押被确认为违法后，需要将被扣押物予以返还。但是，传统扣押会对个人物品占有利益产生实质性干涉，电子数据扣押并不排除权利人对数据的占有、使用，在将数据拷贝至其他存储介质之后予以扣押，数据权人仍然可以对其进行占有、使用。[3]但是，从权利干预层面来看，电子数据扣押会干预权利人对数据的排他

〔1〕　林钰雄、王士帆、连孟琦：《德国刑事诉讼法注释书》，新学林出版股份有限公司 2023 年版，第 217 页。

〔2〕　［德］托马斯·魏根特：《德国刑事程序法原理》，江溯等译，中国法制出版社 2021 年版，第 166 页。

〔3〕　Orin S. Kerr, Digital Evidence and the New Criminal Procedure, Columbia Law Review, 105 (2005), pp. 291-292.

性、独占性，意味着侦查机关分享了数据占有利益；从证据保全层面来看，此种分享性占有能够实现对电子数据的有效保全，防止其被删除、灭失、毁坏等。《德国刑事诉讼法》第94条将扣押作为保全证据的方法，这就意味着对电子数据也可以适用扣押，对于电子数据的扣押，并不是要实现对电子数据的排他性占有，而是要实现对电子数据证据内容信息的保全，故可以通过将电子数据复制至其他存储介质之中予以扣押。电子数据既是物品（无形物），也是证据材料，故可以通过扣押来保全电子数据。在德国刑事司法实践中，电子数据扣押，既可以是扣押电子数据本身，也可以将电子数据连同其存储介质一并予以扣押。[1]但是，后者对公民基本权利的干预程度更高，对其适用需遵循比例原则，并需要有充分的授权基础。扣押主要适用于需要扣押的物品，它是证据保全型侦查措施。保全是扣押的上位概念，它包括扣押以及国家对证据建立权力支配关系的其他各种方法或手段。虽然扣押主要适用于占有人不自愿交出物品时，但自愿交付并不会阻止扣押，即自愿交付并不意味着扣押没有实现，它仅是实现扣押的方式之一，因为扣押的本质是将相关物品处于国家支配或保全之中。电子数据扣押，主要是将受干预人的数据信息传输至侦查机关存储介质之中。《德国刑事诉讼法》第94条规定的扣押，属于公开侦查措施，若涉及秘密措施，则不属于该条调整范围。在《德国刑事诉讼法》司法适用中，已经存在公开扣押电子邮件、个人信息等数据的案例。对于云端存储数据，也可以适用扣押来保全证据。但是，考虑到扣押这些数据的敏感性，适用扣押需要严格遵守比例原则。一般不允许概括性扣押个人账户中的全部信息数据，因为这很容易造成对个人权利的过度干预，通常需要根据发送人或者接收人来限定数据扣押范围。

在传统扣押制度中，扣押与占有之间存在紧密联系，扣押是国家专门机关占有相关物品，从而排除原持有对物品的占有，它暂时剥夺持有人对物品的占有，将物品纳入国家专门机关的占有。占有的排他性、唯一性，

---

〔1〕 林钰雄、王士帆、连孟琦：《德国刑事诉讼法注释书》，新学林出版股份有限公司 2023年版，第127-130页。

主要源于有形物在同一时间内仅能由某一个人或组织占有。扣押对于某一有形物而言，仅能以"全有/全无"的方式适用，一个物品原本由持有人占有，但在被扣押之后就只能由侦查机关占有，而不能由原持有人和侦查机关同时占有。[1]对于电子数据而言，由于数据具有可复制性，通过下载、复制方式来收集电子数据时，并不影响原持有人对数据的占有、使用。此时，将电子数据下载、复制至其他存储介质中，并对该存储介质予以"扣押"的行为，是否构成电子数据扣押？在 Gorshkov 案中，[2]美国华盛顿西区联邦法院认为，从被告人电脑上远程下载、复制数据的行为，不属于美国联邦宪法第四修正案规定的扣押，因为它没有干涉被告人或任何其他人对数据的占有利益（possessory interest），数据的完整性并没有因下载、复制而发生变化，被告人仍然可以访问、使用、处理这些数据，复制数据不会影响被告人的占有权利（possessory right）。因此，侦查人员下载、复制数据的行为不构成扣押。但是，该观点主要是以传统有形物占有来认定是否构成扣押，仅从形式上分析了下载、复制数据不构成扣押。将扣押纳入正当程序控制之中，主要是为了保障排他性占有利益。[3]占有利益的核心在于排他性，他人对数据的复制、下载，将会减损数据排他性利益，意味着数据主体需要和他人分析数据占有利益。从这个角度来看，需要将下载、复制承载个人隐私利益的数据纳入扣押范围，从法律保留主义、令状主义、比例原则等方面对数据独占利益予以程序保护。

在《日本刑事诉讼法》中，搜查扣押仅能适用于有形物，电子数据本身不能直接作为搜查扣押的适用对象，仅能将电子数据存储介质，如电脑、硬盘等，作为搜查扣押对象。但是，为了有效应对信息网络犯罪，将《联合国打击跨国有组织犯罪公约》《网络犯罪公约》等国际条约转化为国内法，2011 年修订的《日本刑事诉讼法》将电子数据纳入搜查扣押适用范围。在电子数据扣押方面，主要确立了三种方法：（1）直接扣押。这是直

---

〔1〕　李荣耕：《数位时代中的搜索扣押》，元照出版有限公司 2020 年版，第 358-359 页。

〔2〕　U. S. v. Gorshkov, 2001 WL 1024026.

〔3〕　Susan W. Brenner, Barbara A. Frederikse. Computer Searches and Seizures: Some Unresolved Issues. Michigan Telecommunications and Technology Law Review, 8, pp. 39-114.

接对存储电子数据的存储介质或电子设备予以扣押。此种扣押没有突破对扣押制度仅适用于有形物的限定，在扣押存储介质时，附带实现对其中存储电子数据的扣押。此种扣押方式，对被干预人权利侵害较大，既扣押了数据原始存储介质，也扣押了存储介质中与案件无关的其他数据。（2）替代扣押。将原始存储介质中的电子数据，复制、转存至其他存储介质中，然后对该存储介质予以扣押。此种扣押方式，通常并不会限制被干预人对数据的占有、使用，被干预人手中仍然存有数据，也仍然可以对该数据进行处理或使用。替代扣押，对被干预人权利的侵害程度比直接扣押要低，它限缩了扣押范围，将原始存储介质和与案件无关的其他数据排除在扣押范围之外。（3）提供令中的扣押。从扣押实现方式来看，可以将扣押分为两种类型，即自行执行的扣押和他人提供的扣押。前者是由侦查人员自己实施扣押措施，将电子数据置于其占有、控制之下；后者他人提供数据后，由侦查人员将电子数据置于其占有、控制之下。对于第三人提供电子数据，既可以是第三人自愿向侦查人员提供涉案数据，也可以是第三人基于提供令的要求向侦查人员提供电子数据，然后由侦查人员对电子数据予以替代扣押。由于此种替代扣押是嵌入提供令中予以适用，故也称为"附带记录命令的扣押"。这是《日本刑事诉讼法》适应电子数据侦查取证而创设的新型强制性侦查措施，提供令本身具有强制性，其适用需要法官签发令状。从对被干预人权利侵害程度来看，上述三种措施呈现逐层递减的趋势。依据比例原则的基本要求，电子数据侦查取证中应当优先适用第（3）种扣押措施，但实践中并不总是优先适用此种扣押措施，因为提供令需要建立在信任网络服务提供者等第三方会协助执行、提供电子数据基础之上。[1]但是，第三方主体并不总是具有此种信任基础，有些特定情况下，第三方主体甚至会毁灭、破坏涉案电子数据。在具体案件中适用何种扣押措施，可以由侦查人员根据第三方主体的可信任程度、协助意愿、技术能力等因素裁量选择适用。

---

〔1〕〔日〕田口守一：《刑事诉讼法》，张凌、于秀峰译，法律出版社 2019 年版，第 144-145 页。

第三节　电子数据远程搜查

现代信息网络犯罪，已经改变了传统物理空间中的"面对面"犯罪方式，其具有远程性、非接触性、分散性等特点。在网络空间取证中，电子数据远程取证就成为因应网络犯罪特点的新兴侦查取证措施。我国司法机关主要适用网络远程勘验、网络在线提取等方式收集电子数据。但是，境外很多国家、地区在刑事诉讼制度中创设了远程搜查（remote search）或者在线搜查（online search），将承载公民隐私权的电子数据纳入远程搜查适用范围，从而有效回应了信息网络犯罪中电子数据远程取证和公民数据隐私权保障的社会需求。

《德国刑事诉讼法》第 100b 条规定了在线搜查，这是 2017 年《德国刑事诉讼法》修订中增设的，主要是为了回应信息网络技术发展而创设的新型侦查措施。在此之前，德国刑事司法实务部门曾在侦查恐怖组织活动犯罪中采取了在线搜查，但 2007 年被德国联邦最高法院认定为违法手段，主要理由是当时《德国刑事诉讼法》没有规定此种侦查措施，欠缺基本权利干预的授权基础。德国联邦宪法法院在 2008 年和 2016 年的两个判例中认为，在遵循法官保留原则以及对私人生活核心领域采取预防措施的情况下，若存在相当理由的事实或者证据，且存在对重大法益的高度危害，则立法机关可以授权实施在线搜查。对于此种新兴侦查措施，由于会严重干预公民基本权利，德国联邦宪法法院要求《德国刑事诉讼法》应当有独立的干预授权。德国联邦宪法法院在上述案例的裁判中，实际上确立了一种信息基本权，即个人计算机网络系统完整权和私密权，这是从人格权（《德国基本法》第 2 条第 1 款）中衍生出来的，[1]主要用于保护个人计算机信息系统及其数据免受国家的不当侵入、获取。若必须收集这些信息数

---

[1] ［德］托马斯·魏根特：《德国刑事程序法原理》，江溯等译，中国法制出版社 2021 年版，第 155 页。

据，则需要由法律特别授权。侦查措施或侦查行为在本质上具有双重性，[1]它既是侦查机关查明事实、收集证据的调查措施，也是侵犯公民基本权利的干预措施（主要是强制性侦查），创设和适用对于公民基本权利具有严重干预性的在线搜查，就需要遵循法律保留主义、令状主义、比例原则。因此，德国立法者在 2017 年修订后的《德国刑事诉讼法》中增设第 100b 条规定了在线搜查。

在线搜查，主要是侦查机关利用科学技术方法秘密侵入犯罪嫌疑人或者其他人员的电子设备系统进行搜查并获取信息数据的行为。[2]《德国刑事诉讼法》第 100b 条允许侦查机关通过木马程序、黑客软件等科技方式侵入计算机、手机等信息系统来获取电子设备系统中存储的数据。在司法实践中，在线搜查通常有两种实施方式：一是在线浏览，这主要是侦查人员通过技术手段侵入电子设备系统后一次性检索、复制其存储的相关信息数据；二是在线监控，这主要是侦查人员通过技术手段侵入电子设备系统后，在一定时间内持续性获取该电子设备系统使用的相关信息数据，如网站浏览信息、转账支付信息等。[3]被调查人是否察觉或者知悉其信息系统受到侵入，并不影响在线搜查的合法性，因为在线搜查不同于传统搜查，前者是秘密性侦查措施，后者是公开性侦查措施。这里的信息系统涵盖了电脑、手机等电子设备信息系统。从搜查范围来看，其既包括植入木马程序前就已经存在于电子设备系统中的数据，也包括了植入木马程序后新出现的数据。由于在线搜查会对公民基本权利构成重大干预，其适用范围需要遵循"重罪原则"，即其仅能适用于特定的严重犯罪。通过将其适用范围限定于法律明确列举的严重犯罪，可以限缩在线搜查的适用范围，避免权利干预范围过大。《德国刑事诉讼法》第 100b 条第 2 款对在线搜查适用的罪名进行了明确列举，仅适用于特定重罪就成为在线搜查的法定条件之一。在线搜查遵循"重罪原则"，主要源于它对公民隐私权等基本权利的

---

[1]　施鹏鹏、褚侨：《德国刑事诉讼与证据制度专论》，法律出版社 2023 年版，第 5—16 页。

[2]　高国祐："线上搜索之合宪性分析——评德国刑事诉讼法相关规范"，载《军法专刊》2022 年第 2 期。

[3]　施鹏鹏、褚侨：《德国刑事诉讼与证据制度专论》，法律出版社 2023 年版，第 78 页。

干预程度更高，其对公民基本权利的侵害程度要远高于传统搜查。[1]因此，对在线搜查设置了更为严格的程序条件和适用范围。在线搜查的适用，具有补充性、置后性，仅能在通过其他方法无法收集证据、查明事实，或者无法通过其他方法查获犯罪嫌疑人时，才可以适用在线搜查。补充性要件，是比例原则贯彻于在线搜查的基本要求和重要体现，[2]由于在线搜查对基本权利的干预程度要强于其他常规侦查措施，若能够采取其他常规侦查措施收集电子数据时，就应优先适用其他常规侦查措施；仅在通过其他常规侦查措施无法收集相关电子数据时，才可以适用在线搜查。

在线搜查原则上主要适用于犯罪嫌疑人，仅在法定例外情形下，才可以对第三人适用。与传统第三人搜查具有类似之处，由于第三人不是刑事案件的犯罪嫌疑人，其对国家侦查措施的容忍义务要低于被追诉人。另外，第三人的数量和范围要远大于犯罪嫌疑人，第三人搜查对基本权利干预的范围就会更大。因此，对第三人适用在线搜查就需要设置更为严格的条件。《德国刑事诉讼法》第 100b 条第 3 款列举了第三人在线搜查的两种情形：（1）犯罪嫌疑人使用他人电子设备，此时，对该电子设备系统内的数据可以适用在线搜查；（2）若只在线搜查犯罪嫌疑人的电子设备，将无法查明犯罪事实或者查明被告人所在地，或者若适用在线搜查将不可避免地会干预他人，也可以对第三人适用在线搜查。侦查机关在决定是否对某人适用在线搜查时，关键是该人对电子设备的占有、使用关系，而不是所有权关系。在多人共同使用同一电子设备时，如网吧计算机、云服务器等，会因为犯罪嫌疑人使用该电子设备，即便仅是使用一次，也可能会让其成为在线搜查的适用对象。在线搜查甚至允许牵连适用于那些没有将电子设备提供给犯罪嫌疑人使用的第三人，只要该第三人与犯罪嫌疑人使用的电子设备之间存在网络联通互动，侦查机关就可以在线搜查那些没有犯罪

---

〔1〕李荣耕：《数位时代中的搜索扣押》，元照出版有限公司 2020 年版，第 364-367 页。

〔2〕林钰雄、王士帆、连孟琦：《德国刑事诉讼法注释书》，新学林出版股份有限公司 2023 年版，第 179 页。

嫌疑的第三方主体电子设备中的数据。[1]因此，从在线搜查的适用对象来看，其对基本权利的干预程度和范围，要远高于住宅监听。

从在线搜查的运行方式、持续时间等方面来看，其对公民基本权利的干预程度，也要远高于传统搜查，这主要体现在以下方面：（1）在线搜查方式的秘密性。在电子数据取证中，虽然也可以适用传统搜查，但是在传统搜查中，被搜查人通常在搜查现场，能够观察到侦查人员的搜查活动。对于被搜查人而言，搜查活动具有公开性。若认为搜查中出现违法，被搜查人可以随时提出异议，也可以通过申诉等方式寻求救济。但是，在线搜查具有远程性、非接触性等特征，被搜查人对搜查活动通常并不知悉，搜查活动对于被搜查人而言处于秘密状态，由此就可能会对被搜查人基本权利造成更为严重的侵害。远程搜查的秘密性，一方面可以提高电子侦查取证效率，防止传统搜查措施公开性所导致的电子数据灭失风险，[2]另一方面也会让被搜查人无法及时知悉搜查过程的违法行为，也无法及时对其遭受侵害的基本权利寻求救济。（2）远程搜查范围的扩大化。在传统搜查中，搜查范围相对较为有限，其仅限于犯罪嫌疑人的藏匿场所，或者赃款赃物、犯罪工具、证据材料的藏匿场所。在远程搜查中，以当下电脑的存储能力，它可以存储海量数据，包含各种代码程序、系统数据、音视频资料、文档材料等，这些数据可以涵盖人们日常生活中各方面内容，由此就导致远程搜查对公民隐私的侵犯更为严重。（3）远程搜查对象的穿透性。在传统搜查中，搜查对象仅限于特定场所、人身或物品，而不得超出搜查令记载的场所进行搜查。通过限定搜查对象可以防止对公民基本权利过度干预。但是，在远程搜查中，搜查对象并不限于特定计算机设备，还可能包括与该计算机联网的其他计算机或电子设备，这主要源于电子数据在网络空间中存储的分散性。（4）远程搜查时间的持续性。传统搜查通常是一次性侦查措施，[3]搜查活动从开始到结束通常不会持续特别长的时间。在

---

〔1〕 林钰雄、王士帆、连孟琦：《德国刑事诉讼法注释书》，新学林出版股份有限公司2023年版，第179—180页。

〔2〕 施鹏鹏、褚侨：《德国刑事诉讼与证据制度专论》，法律出版社2023年版，第78页。

〔3〕 李荣耕：《数位时代中的搜索扣押》，元照出版有限公司2020年版，第364—367页。

远程搜查中，由于是通过黑客软件、木马程序等技术方法来持续性收集电子数据，它通常会运行较长时间，这就意味着会在较长时间内持续性侵犯公民基本权利。

由于在线搜查的上述特征，《德国刑事诉讼法》在体系定位上没有将在线搜查界定为搜查的下位概念，没有简单地将其作为传统搜查的网络化、在线化产物，而是将其作为一种独立的新兴侦查措施。《德国刑事诉讼法》对在线搜查的程序控制更为严格。适用在线搜查，除需要具有合理根据、由法官签发令状授权之外，还需要遵循特定的程序要件，如重罪原则、比例原则。另外，侦查机关还需要履行技术担保义务和书面记录义务。德国联邦宪法法院并不认为在线搜查具有违宪性，但要求其应当具有科学技术义务或条件予以担保：对于电子设备系统，只能在以取得证据材料为目的时才可以进行变更；[1]在线搜查结束后，在技术上应当尽可能地将电子设备系统及其数据恢复到变更前的状态；采用的技术方法，如黑客程序、木马软件等，应当尽可能防止无权之人使用；对于复制的电子数据，应当尽可能保障其不被无关人员变更、删除或知悉。为了使技术担保义务得以有效实现，若侦查机关在科学技术层面欠缺上述担保措施的能力，就不得采取木马侵入方式进行在线搜查，否则就可能导致在线搜查违法。[2]技术担保义务主要是从技术层面防止侦查机关对作为取证目标的电子设备系统造成肆意侵害，防止过度干预个人基本权利。[3]除技术担保义务之外，侦查机关还承担着书面记录义务，对在线搜查应当进行书面记录，应当全面记录以下内容：（1）在线搜查采取技术方法的名称、使用时间；（2）作为在线搜查对象电子设备系统的识别信息，以及对识别信息所采取的非临时性变更；（3）在线搜查所收集、获取的电子数据；（4）执行

---

〔1〕　从网络信息技术角度来看，电子数据具有系统性特征，侦查人员适用在线搜查时通常需要采取侵入系统、检索数据、收集数据等不同技术操作步骤，这些操作会导致电子设备系统数据的变化，这些数据变化通常是系统自动产生，而不是人为故意操作的结果。

〔2〕　林钰雄、王士帆、连孟琦：《德国刑事诉讼法注释书》，新学林出版股份有限公司2023年版，第180页。

〔3〕　高国祐："线上搜索之合宪性分析——评德国刑事诉讼法相关规范"，载《军法专刊》2022年第2期。

在线搜查的单位名称。[1]书面记录可以为法院事后审查在线搜查合法性提供基础材料，其中就包括在线搜查是否遵守了技术担保义务，同时也可以为受干预人的权利救济奠定基础。

远程搜查在本质上是秘密侦查措施，受干预人在远程搜查适用或执行过程中并不在场，通常也不知悉远程搜查执行情况和其权利受侵害情况。根据《德国刑事诉讼法》第101条之规定，侦查机关需要在远程搜查结束后通知受干预人，这主要是为了保障权利人知悉其权利受干预事宜，为其行使救济性权利奠定基础，他可以申请法院审查远程搜查及其执行的合法性。设置通知义务，是保障和救济受干预人基本权利的重要途径，是远程搜查执行完毕后受干预人获取听审权的重要保障，使其有机会对抗秘密侦查措施对基本权利的干预。该条也规定了在特定情况下的通知义务免除和暂缓通知。免除通知义务，仅限于通知与受干预人利益相抵触时，即履行通知义务会对其他人利益造成重大损失。若通知可能会危及调查目的、个人生命、侵犯人身，或者重大财产权益时，可以暂缓通知，待这些危险消除之后予以通知。

《日本刑事诉讼法》也规定了电子数据搜查扣押制度。在搜查扣押特定计算机时，若需要搜查扣押的电子数据，通过互联网存储于与该计算机连接的其他计算机、服务器等电子设备之中，则涉及电子数据远程搜查扣押。《日本刑事诉讼法》将远程取证依附于特定电子设备搜查，在扣押电子设备时，若需要收集的电子数据存储于与该电子设备连接的其他存储介质或电子设备之中，则可以将电子数据复制至待扣押的电子设备之中，然后对该电子设备予以扣押。远程搜查扣押范围，限定于可以用该电子设备制作、修改、删除的电子数据。另外，通过远程搜查扣押来收集电子数据时，需要事先在搜查扣押令中注明。由于网络空间具有分散性，电子设备可以网络登录访问很多其他服务器、电子设备，此时就需要对远程搜查范围予以限定，在电子数据远程搜查扣押中，仅限于使用犯罪嫌疑人户名

---

[1] 林钰雄、王士帆、连孟琦：《德国刑事诉讼法注释书》，新学林出版股份有限公司2023年版，第180页。

（ID）可以链接的范围。对于远程服务器或电子设备位于境外，此时则涉及跨境远程电子数据收集。根据《网络犯罪公约》之要求，仅能对境外公开发布的数据进行远程取证，或者依法获得数据权人同意时，才可以对境外数据进行远程取证。[1]对于其他类型的境外电子数据，原则上需要通过国际刑事司法协助方式进行收集。

第四节　电子数据提供令

在信息网络时代，网络服务提供者等第三方主体的技术开发和经营活动，大幅降低了人们利用信息网络的技术成本和门槛，它们在为人们提供信息网络服务时，也占有、控制了人们在网络空间实施相关活动的海量"痕迹"数据——电子数据。向网络服务提供者等第三方主体收集、获取电子数据，就成为信息网络时代常见的侦查取证措施。正如科尔教授所言："绝大多数网络犯罪的侦查取证，都始于从网络服务提供者处调取其存储的数据。"[2]从第三主体处收集电子数据，既可以适用第三方搜查制度，也可以适用数据（证据）提供令制度。相对于电子数据搜查而言，数据提供令对公民基本权利的干预相对较轻，其适用条件和门槛也相对较低，有利于侦查机关及时收集、获取电子数据。提供令，是侦查机关命令数据占有人或者控制人将其占有、控制的数据提交给侦查机关。提交的数据通常是第三方主体已经占有且保存的数据，而不包括尚未形成的数据。提供令通常是针对第三方占有或控制的数据，如网络服务提供者占有的数据。此种侦查取证措施，类似于我国电子数据调取。证据调取在本质上属于双方行为，它是侦查机关在知悉有关组织或者个人占有、控制相关证据时，通知有关组织或者个人交出证据，有关组织或者个人在收到证据调取通知后，需要将其占有、控制的证据材料交给侦查机关。若缺乏有关组织

---

〔1〕　[日]田口守一：《刑事诉讼法》，张凌、于秀峰译，法律出版社2019年版，第145-146页。

〔2〕　Orin S. Kerr, Digital Evidence and the New Criminal Procedure, Columbia Law Review, 105 (2005), p. 309.

或者个人的配合，取证主体通常无法完成证据调取工作。因此，证据调取通常需要有关组织或者个人配合。[1]证据调取主要是着眼于电子数据取证方，而不是着眼于电子数据取证相对方，即第三方主体，数据调取需要第三方主体的数据提供行为予以配合。提供令主要着眼于电子数据取证相对方，数据提供仅是手段或方法，其目的是让侦查人员获取电子数据。数据提供令，仅适用存储于境内的电子数据，若电子数据存储于境外，即便网络服务提供者对数据具有远程操作、管理或处理的权限，侦查机关也不能适用数据提供令来收集、获取电子数据，否则会侵犯他国主权。此时，对于网络服务提供者存储于境外的数据，仅能依据《网络犯罪公约》第31条之规定，通过刑事司法协助方式获得。有观点将对境外存储数据无法通过提供令从网络服务提供者处收集、获得，视为该制度的立法漏洞，[2]该观点可能有待商榷。对于境外存储电子数据的调查取证，本身涉及他国主权，而数据提供令属于具有权利干预性的强制性侦查措施，即便网络服务提供者在技术上能够管理、控制境外存储的数据，侦查机关也不能通过数据提供令来要求网络服务提供者提交电子数据，否则就意味着将数据提供令法律效力延伸至域外，此时就很容易因侵犯他国主权而引发国际纠纷或者争议。

相对于电子数据搜查扣押而言，数据提供令具有以下优势：首先，可以减少电子数据取证中的技术性障碍，有利于侦查机关及时获取电子数据。电子数据作为信息网络技术的产物，其取证本身具有较高技术门槛，如需要采取密码破解技术、数据完整性保障技术等。提供令是由作为第三方主体的数据占有人将其占有或控制的数据提交给侦查机关，他们能够熟练操作存储电子数据的软硬件设备，拥有对相应系统或数据的访问、操作权限，这就消除了电子数据取证的技术门槛。其次，可以减少对第三方主体的权利干预和侵害，保障其生产经营活动正常开展。相对于搜查扣押，

---

〔1〕 谢登科："论侦查机关电子数据调取权及其程序控制——以《数据安全法（草案）》第32条为视角"，载《环球法律评论》2021年第1期。

〔2〕 李彦：《打击跨国网络犯罪国际法问题研究》，中国法制出版社2021年版，第150页。

电子数据提供令对第三方主体权益干预较低，可以避免电子数据取证中对他人权利的过度干预。数据提交是第三方主体自行协助侦查取证，将其占有或者控制的数据提交给侦查机关，而不是由侦查机关通过搜查、扣押等强制性侦查措施予以收集，这就可以大幅降低电子数据取证对第三方主体正常经营的侵扰。对于第三方主体而言，提供令是一种法定侦查取证措施，它可以阻却第三方主体对其客户承担的信息数据保密义务和责任，无须因将电子数据提供给侦查机关而向其客户承担相应的法律责任。[1]最后，提供令有利于高效、便捷地收集电子数据。提供令不仅会消除侦查人员自行取证的技术门槛和障碍，也可以大幅降低侦查人员的时间成本和精力投入。侦查人员只需将电子版提供令发送给网络服务提供者，由网络服务提供者将相关数据传输给侦查人员，这既不需要侦查人员具备电子数据取证的专业知识，也节省了侦查人员往来取证的时间与成本。因此，侦查人员在电子数据取证中就会倾向于优先适用数据提供令。通过提供令来收集电子数据，对网络服务提供者也较为有利，这主要体现在两个方面：一是可以避免因适用搜查扣押等强制性程度较高的侦查措施对企业正常生产经营活动造成严重影响；二是基于提供令所产生的数据提供，可以阻却或避免其因披露相关信息数据而对其客户产生违约责任。

在提供令执行过程中，第三方主体在法定期限内负有保密义务，即不得向其客户透露电子数据提供令及其执行情况。这主要是源于电子数据提供令通常适用刑事案件侦查的早期阶段，特别是在网络犯罪侦查的初始阶段，电子数据提供令主要是网络犯罪案件的初始侦查措施。[2]在提供令执行过程中或完毕后，如果允许第三方主体立即向其客户披露或者告知电子数据提供令及其执行情况，将不利于侦查机关后续调查取证工作顺利进行。《网络犯罪公约》在数据提供令中没有规定网络服务提供者的保密义务，这与数据实时收集和数据拦截存在较大差异，后两者都规定了网络服

---

〔1〕　皮勇：《刑事诉讼中的电子证据规则研究》，中国人民公安大学出版社2005年版，第105-106页。

〔2〕　郭旨龙、丁琪、高严：《网络犯罪公约的修正思路》，中国法制出版社2016年版，第142页。

务提供者在特定时间内的保密义务。[1]有观点认为网络服务提供者保密义务的主要目的是保障数据权利主体的隐私。[2]该观点可能误解了网络服务提供者保密的内容、对象和功能。"保密义务"内容主要是对电子数据取证工作的保密，即网络服务提供者不得将其配合侦查机关开展数据实时收集、内容数据拦截的工作告知他人。"保密义务"对象主要是网络服务提供者的客户，具体来说，是作为被取证对象的网络服务提供者客户，而不是其客户之外的其他人员。因为基于与其客户之间的协议，网络服务提供者本身就对其客户信息数据负有保密义务，此种义务无须通过《网络犯罪公约》予以规定。这里的"保密义务"是就取证工作而言，要求网络服务提供者对其客户保密，在特定时间内不得向其客户披露电子数据调查取证工作，这主要是为了防止因公开或披露而导致妨碍网络犯罪案件调查和证据收集。

数据提供令赋予网络服务者等第三方主体提供涉案数据的义务。作为强制性侦查措施，它具有法律效力，第三方主体若不履行数据提供义务，将会承担罚款、拘留等法律责任。有观点将电子数据提供令界定为"间接强制措施"，[3]它是相对于电子数据搜查扣押等"直接强制措施"而言。前者需要经过相对方（第三方主体）同意才可以实施，而不是由侦查人员直接通过强制性手段或方法来收集、获取电子数据。若相对方（第三方主体）不同意或不提供协助，则可以妨碍诉讼为由对其施加惩罚，如拘留、罚款等，在这些法律后果和惩罚措施中体现了提供令的强制性效力。比如，在德国证据提供令制度中，若相关个人或组织在收到提供令后拒绝提交作为证据的物品，检察官可以申请司法执行令（judicial enforcement order）对其处以罚款或者拘留。[4]但是，在履行数据提供令时，网络服务提供者等第三方主体无须对数据真实性承担保证义务，不能因数据欠缺真

---

[1] 详见《网络犯罪公约》第 20 条第 3 款、第 21 条第 3 款之规定。

[2] 李彦：《打击跨国网络犯罪国际法问题研究》，中国法制出版社 2021 年版，第 150 页。

[3] 张欣："电子数据搜查法律规制研究"，吉林大学 2022 年博士学位论文。

[4] ［德］托马斯·魏根特：《德国刑事程序法原理》，江溯等译，中国法制出版社 2021 年版，第 43 页。

实性而被追究法律责任，这主要源于其用户可能会使用虚假名称来进行注册登记并接受服务。在直接强制措施中，侦查机关可以直接采取强制性方法或措施予以执行，如住宅搜查中可以直接破门而入。相较于直接强制措施，间接强制措施对基本权利的干预或侵害要更加缓和。从比例原则和适用顺位来看，若可以采取提供令方式收集电子数据，则应当优先适用数据提供令从网络服务提供者处收集涉案数据。仅在无法通过提供令收集涉案数据时，才可以通过搜查扣押等强制程度较高的侦查措施来收集电子数据。

　　虽然电子数据提供令对个人基本权利干预程度较低，但并不意味着其不会侵害或干预公民基本权利。在数据提供令的实践运行中，网络服务提供者等第三方主体通常不愿在海量数据中检索、筛选与案件有关的数据，而是直接将海量数据打包处理后传输给侦查人员，因为检索、筛选数据会耗费大量时间和精力。〔1〕这就导致数据提供令在实践运行中会严重干预公民隐私权、个人信息权等基本权利。为了实现有效取证和权利保障的平衡，就需要对数据提供令予以相应程序控制。首先，提供令适用目的是查明事实、收集证据。这就意味着提供令仅能适用于刑事案件发生之后，而不能在刑事案件没有发生时适用。在案件办理中，提供令仅能适用于个案，通常是围绕被怀疑对象的信息数据展开。提供令需要明确犯罪嫌疑人名称、电话、地址等信息，由第三方围绕这些信息展开数据检索。不能签发概括性提供令，从而防止调查范围过大而不当侵害公民基本权利。其次，数据提供令需遵循比例原则，〔2〕因为数据提供令会干预公民基本权利，故对于轻微案件不宜适用数据提供令。再次，从适用数据类型来看，提供令仅适用于计算机系统数据和用户数据收集，而不得适用于具有较高隐私利益的数据，如电子邮件、短信、微信等电子数据，对于后者仅能适用搜查扣押方式予以收集。《网络犯罪公约》第18条第3款对"用户信

---

〔1〕　Orin S. Kerr, Digital Evidence and the New Criminal Procedure, Columbia Law Review, 105 (2005), p. 294.

〔2〕　郭旨龙、丁琪、高严：《网络犯罪公约的修正思路》，中国法制出版社2016年版，第142页。

息"予以解释，它们主要是用户个人信息，如姓名、地址、电话、位置信息等。这些信息数据不是内容信息，而是用户个人信息，内容信息通常会涉及个人隐私，需要将其纳入搜查扣押适用范围。用户信息数据虽然不是隐私信息，但这并不意味着其在侦查取证中可以被忽略或轻视。侦查机关通过调取用户信息可以确定犯罪嫌疑人接受的网络服务或者技术服务，进而可以锁定犯罪嫌疑人。又次，从适用对象来看，在适用提供令来收集电子数据时，需要合理界定第三方主体范围。作为电子数据侦查取证措施，需要考虑如何通过适用数据提供令来有效取证。对有些第三方主体适用数据提供令，可能不仅无助于收集电子数据，反而可能导致电子数据破坏或灭失，对这些主体就不宜适用数据提供令。具体来说，主要包括两类：（1）与犯罪嫌疑人或案件当事人有利害关系的第三方主体。这些主体或因案件侦破而可能遭到牵连，或与案件处理具有利害关系，可能会破坏、毁灭相关证据材料，故不宜作为数据提供令的适用对象。（2）没有数据取证技术能力的第三方主体。此类主体即便有协助取证、提供证据的主观意愿，但因其不具有电子数据取证技术能力，可能会在电子数据提供中因收集、保存、提交等环节中的技术操作错误而破坏或毁灭电子数据。电子数据提供令的适用对象，通常是与案件无利害关系、有相应取证技术能力的单位或个人。[1]数据提供令适用对象的限定主要是为了保障有效取证，防止适用提供令中产生的证据破坏、毁灭等风险。最后，从提供数据范围来看，其受到关联性规则的限制，仅限于提供与案件有关的电子数据，可以通过当事人姓名、案件发生时间等因素来限定数据提供的范围。

在《德国刑事诉讼法》中存在类似的调取令制度。根据《德国刑事诉讼法》第 161 条第 1 款之规定，检察官可以向公共机构要求提供信息，这些公共机构包括联邦、州、社区的公共机构。但是，若上述信息涉及邮政信息或者通信秘密，则只能根据《德国刑事诉讼法》第 99 条、第 100a 条之规定，由法官签发提供令之后才能调取此类信息。这些信息包括电子数

---

〔1〕 皮勇：《刑事诉讼中的电子证据规则研究》，中国人民公安大学出版社 2005 年版，第111-112 页。

据，如计算机硬盘、光盘等存储介质中的数据。通过履行提供令，可以避免自己存储有上述数据的电子设备或存储介质被侦查人员扣押，从而有利于降低侦查措施对自己的消极影响。若相关人员或者组织拒绝履行提供令，检察官可以申请司法强制令对其予以罚款或者拘留，也可以申请搜查令对藏有上述电子设备或存储介质的场所进行搜查后予以扣押。[1] 对于公共机构以外的其他人员，检察官可以根据《德国刑事诉讼法》第 95 条第 1 款之规定要求持有人提供证据，但该规定仅适用于犯罪嫌疑人以外的其他人员，而不得要求犯罪嫌疑人提供，因为犯罪嫌疑人享有禁止强迫自证其罪权，对犯罪嫌疑人适用提供令会违反禁止强迫自证其罪原则。[2] 随着现代科技发展，很多电子数据的存储介质或电子设备设置有账号、密码，若上述账号密码被犯罪嫌疑人以外的第三人占有或者保管，则该第三人也负有电子数据提供及交出义务。[3]

《德国刑事诉讼法》第 100g 条规定了通信记录数据的调取程序。有关观点认为，在信息网络时代，电信通信监控是费时费力、效率极低的侦查调查手段，因为人们会使用该手段进行大量无关紧要的信息交流；流量信息调取和分析，则是更具效率性的侦查取证措施，因为通过通信起止时间、频率等流量信息，可以分析出双方关系类型及其强度，由此可以推断出通信内容。[4] 此处的"通信记录数据"并不是通信内容数据，而是通信流量数据，它主要包括电信线路或者终端设备号码、识别码，如手机 IMEI 码、电脑 IP 地址、手机位置信息等。对于这些信息数据的收集，不会干预公民通信自由和通信秘密权，因为这些数据在通信过程中本身就已经被网络服务提供者控制或管理，但这些数据属于公民个人信息，对于此类数据

---

〔1〕［德］托马斯·魏根特：《德国刑事程序法原理》，江溯等译，中国法制出版社 2021 年版，第 43—44 页。

〔2〕［德］托马斯·魏根特：《德国刑事程序法原理》，江溯等译，中国法制出版社 2021 年版，第 166 页。

〔3〕林钰雄、王士帆、连孟琦：《德国刑事诉讼法注释书》，新学林出版股份有限公司 2023 年版，第 133 页。

〔4〕施鹏鹏、褚侨：《德国刑事诉讼与证据制度专论》，法律出版社 2023 年版，第 130 页。

的收集或调取，会干预公民个人信息权，侵犯公民个人信息自决权。[1]因此，此类数据的收集也需要遵循"法律保留主义"，需要由法律授权。《德国刑事诉讼法》第100g条规定了调取通信记录数据的适用范围、运行程序等内容。对于此种侦查措施，立法者将其界定为公开性侦查措施，要求其应当公开进行，但在司法实践中公开调取属于例外，因为调取时的公开，仅是对第三方公开，即仅是存储流量数据的网络服务提供者知悉调取事宜，通信人本身并不知悉流量数据调取，侦查人员在调取数据时没有义务告知通信人。侦查人员在调取流量数据时，应当符合以下要件：（1）流量数据的范围及其限定。流量数据是在提供通信服务过程中收集、处理或者使用的资料。流量数据主要包括电信线路或终端服务器的号码、识别码，如手机和电话号码、电脑 IP 地址、手机定位信息、通信时间等信息。（2）调取流量数据的证明标准。对于流量数据调取，在证明标准或者事实标准上，应当存在相当理由相信某人实施了《德国刑事诉讼法》第100g条第2款规定的严重犯罪，或者经由电信通信方式实施的犯罪。后者的案件范围较大，需要符合比例原则的基本要求，其适用具有补充性或者置后性，仅在通过其他方法不能查明事实或者查获犯罪嫌疑人时予以适用。（3）流量数据调取适用的置后性，此种调查取证方法仅能在通过其他方式无法查明事实或收集证据时，才可以适用调取流量数据。[2]由于调取流量数据会干预公民个人信息权，故原则上应取得法官签发的令状。流量数据调取，既包括当下通信产生的流量数据，也包括存储过去通信中产生的流量数据，对于后者仅在通过其他方法无法查明事实或者查获犯罪嫌疑人时，其在调取流量数据与案件重要性成比例时，才可以适用。[3]这主要源于既往存储流量数据，记录了公民较长时间内的通信流量数据，根据这些

〔1〕 林钰雄、王士帆、连孟琦：《德国刑事诉讼法注释书》，新学林出版股份有限公司 2023 年版，第 200 页。

〔2〕 林钰雄、王士帆、连孟琦：《德国刑事诉讼法注释书》，新学林出版股份有限公司 2023 年版，第 191-196 页。

〔3〕 ［德］托马斯·魏根特：《德国刑事程序法原理》，江溯等译，中国法制出版社 2021 年版，第 27-28 页。

信息可以形成个人"数据画像"，让个人成为"透明人"，从而对个人隐私产生严重干预，故对其适用条件需要予以严格限定。对于负有职业秘密保密义务的人，不得调取其通信记录；即使调取此类主体的通信记录，也不得在诉讼中作为证据使用，对这些通信记录应尽快删除。

在美国刑事司法制度中，对于网络服务提供者等第三方主体占有、控制的电子数据，也可以通过第三人搜查、证据提供令予以收集。前文已经介绍过美国第三人搜查制度，此处重点分析证据提供令制度。由于提供令受到的程序控制较低，对于隐私利益较弱的电子数据才可以通过提供令方式予以收集。比如，根据《美国通信存储法》（the Stored Communications Act）之规定，对于电信用户的姓名、住址、电话、通信时间、通信长度、所使用服务、识别码、网络地址（network address）等数据，侦查机关可以直接持有法律授权的行政提供令（administrative subpoena）向网络服务提供者调取。但是，若调取隐私利益相对较高的数据，如通信时基站位置信息，通信对象的电话号码、姓名、住址等信息，则需要取得法院签发的司法提供令。[1]将提供令区分为两种不同类型，主要源于调取数据的私密程度不同和比例原则的基本要求，需要从适用条件、运行程序等方面设置不同程序，从而实现有效取证与权利保障之间的平衡。对有些特定主体进行取证，仅适用提供令，而不得采取搜查的方式，如对律师占有相关涉案数据的收集。在 O'Connor v. Johnson 案中，警察基于相当理由认为书证在 David O'Connor 律师事务所，向法官申请取得搜查令后，对该律师事务所予以搜查，但律师事务所却拒绝了警察的搜查，故产生诉讼。美国明尼苏达州最高法院经审理后认为，即便取得搜查令，也不得对律师事务所进行搜查，这会破坏律师和当事人之间的信息关系、交流秘密，进而会侵犯被告人获得律师帮助的宪法性权利。律师事务所的很多材料或文件涉及律师拒证权的信息内容，对此种材料或文件不得予以扣押。警察在搜查其他文件时，可能会看到此种承载着拒证权的文件或者材料，被看到之后，此种信息就难以从警察脑海中删除，这会破坏律师与当事人之间的交流秘密特

---

〔1〕 李荣耕：《数位时代中的搜查扣押》，元照出版有限公司 2020 年版，第 24—25 页。

权。明尼苏达州最高法院认为，向律师事务所取证应当适用提供令，命令律师事务所自行交出。按照法律法规、职业准则，律师应当如实、及时提交证据，不得隐匿、损毁证据。若律师认为提供令不合法，可申请法官撤销提供令。[1]对于律师占有、持有的涉案电子数据，也不能通过搜查扣押方式予以收集，而应当通过提供令方式予以收集。

向网络服务提供者等第三方主体调取境外电子数据，对他国主权的干预或者侵犯程度相对较低，但并不意味着完全不会侵犯他国主权。很多国家在对待境外电子数据调取问题上，通常处于言行不一、相互矛盾的状态。一方面，各国对他国执法部门向网络服务提供者调取存储于本国的数据通常持保守态度；另一方面，对本国执法部门向网络服务提供者调取位于他国境内的数据通常持开放态度。[2]从数据调取制度的发展历程来看，数据提供令适用于本国境内存储电子数据，通常并无争议，但是否适用于境外存储数据的收集取证，则存在较大争议。比如，美国联邦最高法院审理的 Microsoft Corp. v. United States 案就产生了该问题。2013 年，美国纽约州执法人员在调查某毒品犯罪案件时，根据《美国通信存储法》之规定，[3]向联邦地区法院申请了搜查令，要求微软公司提供其一名用户的电子邮件相关数据。但是，微软公司仅提供了存储于美国境内的部分数据，对于其他内容数据，则以数据存储于爱尔兰、不属于搜查令效力范围之内为由拒绝提供。随后，微软公司向法院申请撤销搜查令，但治安法官、地方法院都驳回了微软公司的撤销申请，主要理由是虽然数据存储于爱尔兰，但该数据处于微软公司控制、管理之下，微软公司注册地在美国境内，搜查令

---

〔1〕 王兆鹏：《美国刑事诉讼法》，北京大学出版社 2005 年版，第 110-111 页。

〔2〕 Robert J. Currie, Cross-Border Evidence Gathering in Transnational Criminal Investigation：Is the Microsoft Ireland Case the Next Frontier, (2016) 54 Canadian Yearbook of International Law, pp. 78-79.

〔3〕 《美国通信存储法》是由美国国会 1986 年制定通过的，该法赋予电信服务商对其用户注册信息、通信流量信息、通信内容信息等数据的存储义务，并有义务向执法部门提供其所存储的上述信息。但是，《美国通信存储法》根据不同信息类型及其私密程度差异，要求执法部门履行不同程序。对于流量信息数据需要通过提供令方式予以收集，对于内容信息数据需要通过搜查令方式予以收集。但是，该法仅规定了美国境内存储通信数据的取证，没有规定境外存储数据的调取。随着云存储、云计算等信息网络技术的不断兴起，电信服务提供商、网络服务提供商将上述数据存储于境外成为常态。

对微软公司具有法律约束力，其应按照搜查令将涉案数据提交给执法人员。微软公司不服，提出上诉。美国联邦第二巡回法院经审理后认为，《美国通信存储法》没有将其法律效力延伸至境外存储的数据，治安法官签发的搜查令不具有域外效力，要想获得境外存储数据就需要通过刑事司法协助途径予以收集。该案裁判结果出现改判的重要因素之一，就是包括爱尔兰政府在内的诸多组织出具法庭之友意见书支持微软公司，爱尔兰政府强调不接受他国司法程序对本国主权的侵害或减损，对于相关电子数据的调取应当通过刑事司法协助方式完成。[1]美国政府对该判决结果不服，提出上诉。在美国联邦最高法院审理过程中，美国国会于2018年3月通过的《美国澄清合法使用境外数据法》，规定网络服务商有义务提供其境外存储的相关数据，这就解决了"微软案"的法律问题。在该法通过后，美国联邦最高法院认为该案审理已无实际意义，故终止了该案的审判程序。[2]

在境外存储数据的调取或提供问题上，《美国澄清合法使用境外数据法》并没有将其法律效力仅限于境内存储的数据，其效力已经延伸至境外存储的数据。根据该法的规定，网络服务提供者有义务存储、备份、披露其占有或者管理的用户注册身份信息、流量信息、通信内容信息等数据，无论这些数据是存储于美国境内，还是存储于美国境外。对于境内存储的数据，美国执法部门在处理刑事案件中当然可以通过提供令、搜查令来向网络服务提供者进行调取。对于境外存储的数据，若网络服务提供者位于美国境内，或者向美国境内组织、个人提供了通信服务，美国执法部门也可以通过提供令、搜查令向网络服务提供者调取相关数据。该法的颁布实施，扩张了提供令、搜查令的法律效力，实现了从"数据存储地"标准向"数据控制者"标准的变革，改变了对境外存储数据的调查取证模式。"数据控制者"标准，将数据控制者作为确立法律管辖权的重要依据，扩张了物理空间的主权管辖范围，突出了数据流动中产生的诸多管辖权关联点，

---

〔1〕　裴炜：《数字正当程序——网络时代的刑事诉讼》，中国法制出版社2021年版，第67-68页。

〔2〕　Miranda Rutherford，The CLOUD Act：Creating Executive Branch Monopoly over Cross-Border Data Access，Berkeley Technology Law Journal，34（4），（2019），pp. 1177-1180.

强化了数据的属人管辖因素。[1]该法的出台，主要是为了解决网络犯罪案件中通过刑事司法协助途径收集境外电子数据中的效率低下、程序繁琐问题。当然，该法并不能完全替代刑事司法协助取证，后者在境外电子数据收集中仍然可以适用，但是，它可以大幅降低境外电子数据取证中刑事司法协助请求的数量。《美国澄清合法使用境外数据法》不仅允许美国执法部门直接向位于美国境内的通信服务提供者调取涉案数据，也允许其他国家直接向位于美国境内的通信服务提供者调取涉案数据，前提是其他国家已经与美国政府签订执行协议，这就要求其他国家建立完善的隐私保护、公民自由和基本权利保护制度。仅从表面来看，该法似乎体现了国际法中的平等互惠原则，它既允许美国执法部门向通信服务提供者调取存储于他国境内的数据，也允许他国执法部门向通信服务提供者调取存储于美国境内的数据，但是这种"互惠"是相对的，[2]对他国执法部门获取美国境内数据设置了诸多不对等条件，由此体现了跨境电子数据取证中的美国利益优先。

按照"数据控制者"标准，若通信服务提供者受某国法律管辖，该国执法部门在调查取证中，不仅可以调取其存储于境内的数据，也可以调取其存储于境外的数据。但是，这可能会让网络服务提供者在不同国家之间的法律冲突中面临两难选择困境。比如按照《美国澄清合法使用境外数据法》的规定，苹果公司应当向美国执法部门提供其存储于欧盟境内的个人信息数据，但根据欧盟《通用数据保护条例》（*General Data Protection Regulation*，GDPR）第48条之规定，[3]此时仍然需要以达成的刑事司法协助条约为基础。若按照《美国澄清合法使用境外数据法》确立的"数据控制者"标准，通信服务提供者就有义务将其存储于欧盟境内的相关数据直接

---

〔1〕 夏燕、沈天月："美国 CLOUD 法案的实践及其启示"，载《中国社会科学院研究生院学报》2019 年第 5 期。

〔2〕 梁坤："美国《澄清合法使用境外数据法》背景阐释"，载《国家检察官学院学报》2018 年第 5 期。

〔3〕 京东法律研究院：《欧盟数据宪章：〈一般数据保护条例〉GDPR 评述及实务指引》，法律出版社 2018 年版，第 30 页。

提供给美国执法部门。但是，从数据存储地国来看，该数据提供行为属于典型的数据境外流动（将境内数据提供给境外组织或人员），这就涉及数据所在地国主权和数据权利保障问题。未经他国允许，直接将存储于该国境内的相关数据提供给美国执法部门，虽然便利了美国执法部门调查取证，但会侵犯他国主权，也不利于他国公民的数据权利保障，因为数据跨境流动会对自然人权益产生重大影响，会导致个人数据的监管场域、法律适用、维权成本等方面发生巨大变化，导致自然人对个人数据的控制弱化以及维权难度和成本上升等不利后果。[1] 在"微软案"中，美国联邦第二巡回法院改判支持微软公司的重要原因，就是爱尔兰政府主张直接调取数据会侵害或减损其国家主权。但是，按照《美国澄清合法使用境外数据法》的规定，美国境内网络服务提供者需要将其在境外存储的数据，按照提供令或搜查令要求向执法部门提交涉案数据。这虽然有利于美国执法部门高效、快速收集境外电子数据，但却容易引发国际纠纷与争议，也会让企业在数据跨境流动中面临合规困境。

从世界范围来看，为了有效打击治理网络犯罪，越来越多的国家允许通过提供令、搜查令制度来向通信服务提供者收集其境外存储的数据，如英国、比利时、葡萄牙、塞尔维亚、新加坡等国家。[2] 在 2007 年的 eBay v. Canada Ltd 案中，加拿大税务执法部门根据其税收法规，在取得法官签发的提供令后，要求 eBay 公司提交与税务评估相关的电子数据，这些数据并没有存储在加拿大，而是存储在美国加利福尼亚州的服务器中。eBay 公司向法院申请撤销提供令，主要理由是数据没有存储于加拿大，该提供令对境外存储数据不具有管辖权。但是，加拿大两级法院都没有采纳 eBay 公司的观点，认为提供令对拥有或者控制数据的人具有管辖权，而 eBay 公司在加拿大境内的员工是管理这些数据的主体，能够很迅速地获取境外存储数据。2015 年，比利时最高法院在 Yahoo v. Belgium 案中，作出了类似裁

---

〔1〕　谢登科："个人信息跨境提供中的企业合规"，载《法学论坛》2023 年第 1 期。

〔2〕　Robert J. Currie, Cross-Border Evidence Gathering in Transnational Criminal Investigation: Is the Microsoft Ireland Case the Next Frontier, (2016) 54 Canadian Yearbook of International Law, pp. 81-82.

判结果。比利时刑事执法部门在侦查某网络诈骗案件过程中，在取得法官签发的提供令后，要求 Yahoo 公司提供与某电子邮件账户相关的 IP 地址。但是，Yahoo 公司拒绝提供，主要理由是 Yahoo 公司在比利时没有开展业务，该公司在比利时没有网络基础设施，相关数据不是存储于比利时境内，若要收集相关数据，应通过刑事司法协助方式向数据存储地所在国提出请求。比利时最高法院经审理后没有采纳 Yahoo 公司的观点，主要理由是 Yahoo 公司为比利时公民提供了电子邮件服务，比利时执法部门可以根据属地原则享有管辖权，它应当向比利时执法部门提供其掌握的相关数据。[1]但是，也有很多国家仍然将数据调取限定于境内存储的数据。比如，根据《网络犯罪公约》第 31 条之规定，对网络服务提供者存储于境外的数据，仅能通过刑事司法协助方式获得。有学者将对境外存储数据无法通过提供令从网络服务提供者处收集，视为《网络犯罪公约》的立法漏洞，[2]该观点不无可商榷之处。对于境外存储电子数据的调查取证，本身就涉及他国主权，数据提供令属于干预程度较高的强制性侦查，即便网络服务提供者在技术层面能够管理、控制境外存储的数据，侦查机关也不能通过提供令来要求网络服务提供者提交其所占有、管理的各种不同类型数据，否则就意味着将数据提供令的法律效力延伸至境外，此时就很容易因侵犯他国主权而引发国际纠纷或者争议。

第五节　电子数据实时收集

《网络犯罪公约》第 20 条规定了电子数据实时收集，它比较类似于我国的电子数据技术性侦查中的监视监听，在本质上是对网络空间传输电子数据的实时监控。实时收集是通信过程中的数据收集，其目的是查明将来可能发生的案件事实。实时收集主要用于动态电子数据的复制，此种取证

---

　　〔1〕　Robert J. Currie, Cross-Border Evidence Gathering in Transnational Criminal Investigation: Is the Microsoft Ireland Case the Next Frontier, (2016) 54 Canadian Yearbook of International Law, pp. 85-87.

　　〔2〕　李彦：《打击跨国网络犯罪国际法问题研究》，中国法制出版社 2021 年版，第 150 页。

方式在技术层面不能干扰数据传输，传输数据仍然会按照预期到达接收方处。实时收集会严重干预公民基本权利，这主要体现在多个方面：（1）电子数据实时收集主要针对的是内容数据，它通常承载着公民隐私权、通信秘密权等基本权利。（2）电子数据实时收集通常会持续较长时间，这就意味着其对公民基本权利的干预也会持续较长时间。（3）电子数据实时收集具有秘密性，它是在被调查对象不知情的前提下实施的，这与电子数据搜查扣押的公开性形成鲜明对比。[1]此种秘密性无法让受干预人及时知悉电子数据取证中的违法行为，这既不利于受干预人对侦查机关实时收集行为予以监督制约，也不利于其自身遭受侵害或干预的数据权利救济。因此，对数据实时收集的程序控制就更为严格。

数据实时收集对象是位于境内的特定通信网络数据。这里的特定通信，既可以是一次通信，也可以是多次通信。但并不意味着可以对流量数据不加区分、概括性地收集，也不能为了侦破案件进行守株待兔式取证。境内数据，主要是网络服务提供者的基础设施位于境内，而不要求其主要经营场所或总部位于境内。将实时收集适用范围限定为境内存储数据，主要是因为该取证措施是强制性侦查，若将其适用于境外存储数据，则很容易因侵犯他国主权而引起国际纠纷与争议。对于境外存储数据，可以依据《网络犯罪公约》第31条之规定，通过刑事司法协助予以收集。数据实时收集过程中，可以采取技术手段或者要求网络服务提供者在其技术能力范围内协助收集。采取何种技术方法，《网络犯罪公约》的规定具有开放性，没有将其限定为特定技术方法。在实践中，执法部门可以采取黑客软件、木马程序等技术方法来开展电子数据实时收集。执法部门也可以要求网络服务提供者在其技术能力范围内提供协助，但不得要求其为了履行协助义务而增加人手、增购设备、更新技术等。网络服务提供者没有技术能力协助数据实施收集，执法部门就需要自己对动态数据予以实时收集。数据实

---

[1]　这里的"公开性"并不是向社会上不特定个人公开，而是向被调查对象公开，搜查扣押时通常要求被搜查人在场，他们可以对侦查人员的搜查扣押行为进行监督制约，在出现违法搜查扣押时，可以通过申诉、控告等方式获得救济。

时收集对公民基本权利干预更大，对其需要设置更为严格的程序控制。在适用范围上，实时收集应当遵循"重罪原则"，其仅能适用于特定严重犯罪。在适用程序上，适用实时收集应当取得令状，其适用需要经过严格审批。

《网络犯罪公约》第 21 条规定了内容数据、流量数据的拦截。数据拦截，既可以由侦查机关自己采取技术方法或者其他方法来收集数据，也可以要求网络服务提供者等第三方主体来提供协助拦截数据。数据拦截的技术方法具有开放性，执法部门可以根据案件情况、数据类型等采取相应的技术方法。数据拦截对象，既包括内容数据，也包括流量数据。内容数据可能承载个人隐私利益，故此种侦查措施对个人隐私权干预程度更大，对于其应设置严格程序控制。《德国刑事诉讼法》第 100a 条规定了通信内容数据拦截。对通信信息的监控、拦截，会严重干预宪法保护的隐私权，干预公民的通信秘密权。通信自由和通信秘密的核心，是保障公民免受通信过程脆弱性的危险状态。在通信过程中，通信双方需要借助于通信设备来进行信息交流，由于通信设备脱离于通信人的支配范围，通信内容的秘密性很容易遭受第三人或国家侵扰等特殊危险。因此，有必要对通信自由和秘密给予特殊保护。否则就很容易因"寒蝉效应"而让人们不再信赖使用通信，这将危害信息传递和意见交流。[1] 通信自由和秘密保护范围，仅限于信息传递过程之中，即从发送人发出后，至接收人接收前的阶段，因为仅在这段时间内信息处于脱离信息交流双方人的控制、支配而存在特殊危险状态。在发送前、接受后阶段，不存在此种特殊危险状态，信息已经处于交流双方人的支配、控制之下，就不存在特别保护的必要性了。为了保护通信秘密，邮政部门、电信服务部门及其工作人员，不得泄露有关通信及其内容的信息，国家机关在没有法律明确授权的情况下不得获得通信信息。基于刑事侦查之目的，需要收集相关通信信息，必须取得法律明确授权。

---

〔1〕 林钰雄、王士帆、连孟琦：《德国刑事诉讼法注释书》，新学林出版股份有限公司 2023 年版，第 164-165 页。

在信息网络时代，人们进行远程信息交流的主要方式已经不再是纸质信件而是电信通信，如电话、电子邮件、短信、微信等。但是，它们面临着共同的特殊危险，即在通信过程中容易遭受被第三人或国家侵扰的特殊危险。对于通信内容数据拦截或者监控，《德国刑事诉讼法》设置了严格的程序控制：（1）法律保留主义。适用电信通信监控必须由法律明确规定。《德国刑事诉讼法》第100a条对电信通信监控进行授权，2017年对该条予以修正，在传统电信监控的基础上，增设了来源端电信监控，从而将网络电话纳入电信监控的适用范围。（2）令状主义。适用电信通信监控，应当取得法官签发的监控令状授权。仅在紧急情况下，可以由检察官决定采取临时监控，但应当在三日内取得法官确认，否则自动失效。监控令期限最长为三个月，若确有必要，可再次签发令状。（3）重罪原则。适用电信通信监控需遵循"重罪原则"。《德国刑事诉讼法》第100a条第2款规定了通信数据监控适用的特定罪名，主要包括国家安全犯罪、公共秩序犯罪、杀人罪、职务犯罪等。从该规定的发展来看，其适用的罪名范围呈不断扩张态势。[1]重罪原则，既限缩了电信通信监控的适用范围，防止因其滥用而过度干预公民通信自由和秘密权。（4）证明标准。适用电信通信监控，必须基于"确定事实"（certain facts）认定被监控人实施了《德国刑事诉讼法》第100a条第2款所列举的犯罪，包括正犯、共犯、未遂犯、预备犯。（5）补充性。适用电信通信监控，必须是通过其他方法无法查明事实或者嫌疑人所在地点。补充性是比例原则在电信通信监控中的基本要求，它将电信通信监控作为侦查取证的最后手段。若能通过其他方式查明案件事实或者犯罪嫌疑人所在地点，则不得适用电信通信监控。（6）对象限定。电信通信监控仅能适用于犯罪嫌疑人，但若存在确定事实认定接收犯罪嫌疑人信息或发送信息给犯罪嫌疑人，或者是与犯罪嫌疑人共用通信线路、设备的人，则也可以适用电信通信监控。除了上述法定条件，还需要遵循技术担保条件和书面记录条件。另外，通信信息监控、拦截，在本

---

[1]　[德]托马斯·魏根特：《德国刑事程序法原理》，江溯等译，中国法制出版社2021年版，第25页。

质上属于秘密侦查措施，在监控终结之后应当通知被干预人。

第六节　电子数据的其他取证措施

在电子数据侦查取证中，除了基于搜查扣押、提供令、监控等传统侦查措施及其衍生制度而实施之外，在域外有些国家或者地区还创制了很多专门适用于电子数据的侦查取证措施，在此方面德国比较典型，如数据比对、设备数据收集等，这些电子数据的侦查取证措施也各自有其适用范围、条件和运行程序的独特之处。

一、数据自动化比对

对于网络上公开信息数据的收集，侦查人员仅需根据《德国刑事诉讼法》第 161 条第 1 款、第 3 款之规定的概括授权，就可以上网检索、收集，将这些数据用于案件侦查。对于非公开数据的调取和处理，《德国刑事诉讼法》第 98a 条规定了数据自动化比对。此种电子数据侦查取证措施，在法律性质上类似于我国刑事诉讼中的"电子数据调取+电子数据检查"。数据自动比对，是指侦查机关为查明案件事实，对符合特定犯罪行为人特征的相关人员，将其个人信息数据与其他数据进行自动化比对，从而排除无犯罪嫌疑之人，或者确认对侦查活动有重要意义的人。由于此类数据涉及公民个人信息权，侦查机关使用这些数据进行自动化比对，会干预或侵犯公民个人信息权，这就需要遵循"法律保留主义"，应当由法律明确授权。[1]数据自动化比对，需要遵循"重罪原则"和"补充适用原则"。前者要求数据自动化比对仅能适用于《德国刑事诉讼法》第 98a 条第 1 款规定的重大犯罪，如严重的毒品犯罪、危害国家安全犯罪、危害公共安全犯罪等。后者要求仅能在通过其他途径无法确定犯罪嫌疑人、采用其他方法查明案件事实非常困难或效果甚微时，才可以适用数据自动化比对。

---

〔1〕〔德〕托马斯·魏根特：《德国刑事诉讼程序》，岳礼玲、温小洁译，中国政法大学出版社 2004 年版，第 91-92 页。

在适用数据自动化比对时，首先确定作为比对基础材料的数据来源，这些信息材料通常需要由存储相关数据的组织或者个人协助提供，此时就需要适用数据提供令来向这些组织或个人调取数据。这里的组织，既包括公共组织，也包括私营组织，它们有义务从其数据库中调取相关数据，将其传输、提供给侦查机关。在提供数据时，第三人仅能提供与比对人员及其特征相关的数据，无须提供其他无关数据。若对数据进行分离，将耗费巨大成本，也可以将数据整体传送提供，但侦查机关不得使用其他无关数据。在特定情况下，检察官可以要求第三人就数据自动化比对给予技术协助，这意味着第三人不仅需要在数据提供上予以协助，也需要在数据自动化比对技术上给予协助。第三人有能力而拒不履行协助义务，可以妨碍诉讼为由对其予以处罚，如罚款、拘留。一般来说，第三人收集数据通常具有特定目的，公共机关收集、使用个人信息数据必须和受干预人取得数据的目的相同，但为了侦查犯罪属于例外。[1]这就意味着，在刑事案件侦查中，侦查人员调取数据的目的，无须与第三人收集数据具有相同目的，前者收集数据本身就具有正当目的，是为了侦破案件、查明事实、惩罚犯罪。

根据《德国刑事诉讼法》第98b条之规定，数据自动化比对遵循"法官保留主义"。适用数据自动化比对，应取得法官签发的令状。仅在迟延有危险时，才可以由检察官作出数据自动化比对决定，但仍然需要尽快取得法官确认，若在三日内没有取得法院确认，则该令状自动失效。这主要源于数据自动化比对在本质上是对个人信息数据的处理行为，如个人指纹信息数据、人脸识别信息数据等，此种侦查措施会干预公民个人信息自我决定权和一般人格权，[2]也会干预第三人正常经营或业务活动，故需要取得法官签发令状。在数据自动化比对结束后，需要将数据归还、删除。对侦查机关内部掌握或控制的数据的比对，《德国刑事诉讼法》第98c条规

---

〔1〕　〔德〕托马斯·魏根特：《德国刑事程序法原理》，江溯等译，中国法制出版社2021年版，第34页。

〔2〕　林钰雄、王士帆、连孟琦：《德国刑事诉讼法注释书》，新学林出版股份有限公司2023年版，第152页。

定了几种数据的比对程序，其仅能在查明案件事实、调查被通缉人所在地时予以适用，此类数据本身由侦查机关占有或者控制，对其比对使用，无须取得法官签发令状。第三人需要按照提供令，将相关数据传送给侦查人员。侦查人员在获得数据后，可以对数据进行比对，以便确立犯罪嫌疑人、排除无关人员。在侦查完毕后，需要将收集的数据删除或者返还。这些程序性保障措施，不适用于侦查机关内部为侦查案件而建立的数据库，如犯罪嫌疑人指纹数据库、道路交通数据库等。为了侦查案件或者抓获犯罪嫌疑人，对侦查机关内部建立的数据库，可以直接在其内部借用，因为建立这些数据库本身就是为了便利刑事案件侦查。

二、设备信息数据收集

《德国刑事诉讼法》第 100i 条规定了对移动通信设备信息数据和位置信息的收集程序。移动通信设备信息数据，较为常见的是国际移动用户识别码（International Mobile Subscriber Identification Number，IMSI）和移动设备国际身份识别码（International Mobile Equipment Identity，IMEI）。在刑事案件侦查中，侦查机关可以采取科学技术方法来收集上述信息数据，这些数据并不涉及通信内容数据，收集这些信息不会侵犯公民通信自由和通信秘密权，但会侵犯公民的个人信息权，因为通过 IMSI、IMEI 数据，可以识别特定个人。设备位置信息属于典型的个人信息，借助于位置信息数据，也可以直接或者间接识别特定个人。收集位置数据，虽然不会干预通信秘密权，但会干预公民信息自决权。收集此类数据，需要遵循法律保留原则，有法律明确授权。[1]移动通信设备信息数据和位置信息数据，可以为后续侦查活动奠定基础，如手机监听、抓捕嫌疑人等。根据《德国刑事诉讼法》第 100i 条之规定，对移动通信设备信息数据和位置信息的收集，需遵循以下程序：（1）该侦查措施的事实基础或者证明标准，仅要求有事实或者证据材料证明具有正犯、共犯、未遂犯或者预备犯的地位。（2）仅

---

〔1〕 林钰雄、王士帆、连孟琦：《德国刑事诉讼法注释书》，新学林出版股份有限公司 2023 年版，第 200 页。

能对犯罪嫌疑人实施，但是有事实认定接受人或者发送给犯罪嫌疑人相关信息的人，或者犯罪嫌疑人使用其通信设备的人，也可以对其适用此种侦查措施。（3）对于该侦查措施的适用，原则上应取得法官签发的令状，仅在迟延将存在危险时，才可以由检察官作出相应决定，但需在三个工作日内经法官事后认可。（4）对于通信设备信息数据和位置信息的收集，主要是侦查机关采取相应科学技术手段予以收集，如 IMSI-Catcher 技术，即IMSI 捕捉器技术，其中比较出名的是黄貂鱼（Stingray）捕捉器技术。

三、存储介质检阅

《德国刑事诉讼法》第 100 条规定了文件检阅，其中就包括对存储介质中电子数据的检阅。在德国早期刑事司法中，文件检阅权专属于法官，后来将该权力扩展至检察官，再后来又扩展至警察。文件检阅是决定扣押前执行搜查的活动之一，其目的是通过文件材料检查、审阅来决定是否将其作为证据予以扣押。对执行搜查中发现的文件，只有检察官或者其授权人员有权检阅。这里的"文件检阅"不限于具有实物形态的纸质文件，也包括存储介质、电子设备中存储的电子文件，如手机或电脑中存储的图片、视频、文档等数据。信息网络、云存储等技术的飞速发展，对电子数据检阅范围和对象产生重大影响。根据《德国刑事诉讼法》第 100 条第 3款之规定，电子数据检阅范围，不限于犯罪嫌疑人的存储介质。若不延伸检阅范围可能导致数据灭失风险，侦查机关可以将检阅范围延伸至"由此存储介质可以读取且与其在物理空间中分离的其他存储介质"。该规定是对《网络犯罪公约》第 19 条第 2 款之规定的贯彻和落实，若数据分散于多台电子设备，如通过手机、电脑等电子设备将数据存储于云服务器中，不及时进行数据检阅、扣押，可能会导致证据灭失，侦查人员可以通过该电子设备来搜查、检阅云服务器中存储的数据。

网络空间中的数据具有分散性、远程性，它既可能是境内存储的数据，也可能是境外存储的数据。对境内存储数据的检验，在符合前述两个要件的情况下，检察官在搜查过程中就可以查阅，即在前提要件上具有"若不检阅，作为证据使用的数据就会灭失风险"，在技术要件上是外部存储介质与被搜查存储介质能够连接。此种连接，既可以是有线连接，也可以是无线连接。若进入外部存储介质需要账号、密码，而有权读取的人拒绝交出或者提供，侦查机关可以采用技术方法破解密码。《德国刑事诉讼法》第 100 条第 3 款规定的数据检阅仅适用于公开搜查，它仅是公开搜查中的具体措施，不适用于在线搜查（秘密搜查）。若在延伸检阅中，发现可能作为证据的数据存储于外部存储介质，则应当采取证据保全措施，通常是由侦查机关将其予以复制、存储。在延伸检阅中，存储于外部存储介质中的数据，可能属于第三人，此时数据检阅会干预第三人权利。《德国刑事诉讼法》第 100 条第 3 款赋予第三人请求法院确认对外部存储介质中的数据采取保全行为合法性的权利。若数据没有被法院确认为合法保全数据，侦查机关应将其复制、收集的数据予以销毁，恢复至先前存储状态。[1]

对于境外存储数据，若系公开发布数据，可以根据《网络犯罪公约》第 32 条第 1 款之规定予以检阅，并对作为证据的数据予以保全。若不是公开发布的数据，但已取得数据权人同意，也可以对境外存储数据予以检阅。如果无法通过上述途径直接取得电子数据，原则上就应当通过刑事司法协助程序请求他国对数据予以保全。若存在数据灭失的紧迫危险，则可以根据《网络犯罪公约》第 29 条之规定请求迅速给予刑事司法协助。在司法实践中，对跨国云端服务器中存储的数据，通常难以确定其存储地或境外国家。数据外部存储介质，若可能位于境外，仅凭存储境外的可能性则不会产生国际刑事司法协助义务，因为难以判断需要向哪国请求司法协助取证，此时也可以直接检阅数据。

---

〔1〕 林钰雄、王士帆、连孟琦：《德国刑事诉讼法注释书》，新学林出版股份有限公司 2023 年版，第 243-249 页。

第四章
电子数据的取证主体

电子数据作为现代网络信息社会的新兴证据种类和"证据之王"，其本身具有很高的科学技术含量。电子数据的技术性对其举证、质证和认证提出了较高要求，也对电子数据取证主体的技术资质提出了较高要求。比如，计算机证据国际组织（IOCE）于 2000 年制定的电子证据取证国际准则中就将"主体适格"作为其六个原则之一，即要求接触原始数据的取证主体必须具备相应技术资质。在刑事诉讼中，侦查取证主体通常是警察、检察官，他们在电子数据取证中不仅要有相应专业技术资质，还需要有法定的侦查取证权限。若由不适格主体来收集电子数据，不仅会对其证据能力产生消极影响，阻碍对案件事实的正确认定，也可能会侵害电子数据所承载的基本权利。

第一节　电子数据取证主体的制度演变

我国《刑事诉讼法》虽然将电子数据列为法定证据种类之一，但对其举证、质证和认证等诉讼活动并未明确规定。对电子数据的取证主体也没有作出特殊规定，而是将其依附于物证、书证等传统实物证据。《刑事诉讼法解释》对电子数据的审查认定予以规定。其中第 112 条第 1 项要求对电子数据合法性进行审查时，需审查"收集、提取电子数据是否由二名以上调查人员、侦查人员进行，取证方法是否符合相关技术标准"，但对电子数据收集主体的技术资质则未作限定。电子数据收集程序和方式的合技术性，必然要求其收集主体具有相应技术知识，否则很难保障其收集程序的合技术性要求。因此，《刑事诉讼法解释》虽未明确对电子数据收集主体的技术资质作出要求，但对其收集程序合技术性的审查规定，就已暗含对取证主体取证权限、技术资质的要求。

2014 年 5 月出台的《网络犯罪刑事诉讼程序意见》第 13 条规定："收集、提取电子数据，应当由二名以上具备相关专业知识的侦查人员进行……"[1]该条对电子数据的收集主体作出强制性规定。第一，电子数据的收集、提取须由二名以上侦查人员进行。当然，这里对电子数据的理解应予以适当限定，即解释为作为控方证据的电子数据。证据可以分为控方证据和辩方证据。由于控方证据的收集多是由国家专门机关工作人员来完成，他们有权采取各种强制性调查方式来收集证据，为防止证据收集过程中的权力滥用，需要对于控方证据的收集程序和方式予以限定。而辩方证据的收集主体多是被追诉人及其辩护人、法定代理人、近亲属等私人主体，其并不享有采取强制性调查方式来收集证据的权力，对于辩护证据的收集程序和方式通常不作明确限定。故，本书在未作明确说明的情况下所称电子数据，都是作为控方证据的电子数据。第二，收集电子数据的侦查人员应具有相关专业知识。该规定实际上将电子数据收集主体的合技术性要求上升为合法性要求。如果电子数据收集主体不具备相应专业知识，就意味着违反该强制性规定，证据收集主体不合法，就可能对电子数据的证据能力产生消极影响。

2014年《网络犯罪刑事诉讼程序意见》的上述规定主要针对网络犯罪，如黑客入侵、网络攻击等。这些犯罪本身既将网络作为犯罪对象，也将其作为犯罪工具，具有很强的专业性和技术性。网络犯罪的特殊性决定了其是由公安机关内部的网络安全保卫部门负责侦查，[2]网络安全保卫部门的侦查人员通常具有电子数据取证的专业知识和实践经验。但是，随着网络信息技术和数字经济的飞速发展，很多传统犯罪也逐渐向网络迁移，如网络诈骗、网络赌博、网络贩毒、网络诽谤等，作为承担传统犯罪侦查的刑侦、经侦、禁毒等侦查部门的警察也需要面临大量电子数据侦查取证工作。在此种背景下，《电子数据规定》第7条规定："收集、提取电子数据，应当由二名以上侦查人员进行。取证方法应当符合相关技术标准。"

---

[1] 《网络犯罪刑事诉讼程序意见》已于2022年8月26日废止，其主要内容被2022年8月26日出台的《最高人民法院、最高人民检察院、公安部关于办理信息网络犯罪案件适用刑事诉讼程序若干问题的意见》（以下简称《信息网络犯罪刑事诉讼程序意见》）所继承和发展。

[2] 刘浩阳等：《公安机关办理刑事案件电子数据取证规则释义与实务指南》，中国人民公安大学出版社2020年版，第56页。

该条对电子数据收集主体的合技术性要求，采取了类似于《刑事诉讼法解释》的规定模式，即并不明确对其收集主体的技术资质进行限定。在《电子数据规定》起草中，起草者曾对电子数据取证主体采取了和 2014 年《网络犯罪刑事诉讼程序意见》第 13 条完全相同的规定，但后期考虑到"具备相关专业知识"的标准模糊、不易判断，且只要电子数据取证过程符合法定程序和相关技术规范，就能保证其真实性和完整性，故对侦查人员是否具备专业知识未作硬性要求。[1]但是，值得注意的是，取证主体具有相关专业知识是取证过程符合相关技术标准的前提条件，否则就无法保障取证过程符合技术标准，因此，《电子数据规定》要求其取证方法须符合相应技术标准，实际上仍然是将取证主体的技术性要求依附于取证程序或取证方法的技术性要求。之后出台的《电子数据取证规则》《信息网络犯罪刑事诉讼程序意见》等规范性文件，都基于采取了和《电子数据规定》相同的做法，并不直接在取证主体中对取证资质予以限定。

　　有学者认为电子数据取证主体呈现出多元化特征，即其取证主体不局限于某些特定人员，无论是侦查人员、司法人员、行政执法人员、当事人及其律师，还是网络运营商、相关技术专家等，都可在电子数据取证领域一试身手。[2]如果将上述观点作为对电子数据取证主体实践图景的描述，其无疑具有合理性。但是，这并不意味着法律对电子数据的取证主体可不予限定。电子数据取证涉及对被调查对象财产权、信息权、隐私权等基本权利的侵害，若对其收集主体不作限定，就可能导致电子数据收集中权利侵害的滥觞。另外，作为证明案件事实的证据材料，电子数据具有科学技术性较强的特征。若对其收集主体不作限定，就可能因缺乏相应专业知识导致对电子数据的破坏甚至毁灭。对电子数据取证主体不作限定，既不利于电子数据收集中的权利保障，也可能阻碍对案件事实的查明，故有必要在法律层面对电子数据的取证主体予以适当限定。电子数据收集主体的合

---

　　〔1〕　万春等："《关于办理刑事案件收集提取和审查判断电子数据若干问题的规定》理解与适用"，载《人民检察》2017 年第 1 期。

　　〔2〕　刘品新："电子取证的法律规制"，载《法学家》2010 年第 3 期。

法性通常包括两个要求：取证权限的合法性和技术资质的合法性。由于侦查权只能由公安机关、国家安全部门等国家专门机关的侦查人员行使，只有这些主体才享有搜查、扣押、查封、勘验等侦查权限，因此，电子数据的收集主体首先应是侦查人员。电子数据作为现代网络信息技术的产物，[1] 其收集过程和取证方式须遵循相应技术标准，确保电子数据免于因取证主体缺乏相应专业技术知识而使其遭到人为破坏。基于上述两个方面的要求，电子数据收集主体的理想状态就是收集电子数据的侦查人员具有相应专业知识，这种专业知识能有效满足电子数据收集的技术性要求。

在司法实践中，电子数据的收集主体经常会出现两种情况：第一，收集电子数据的侦查人员不具有相关专业技术；第二，具有相关专业技术的电子数据取证人员不是侦查人员。在前者，电子数据取证主体通常具有合法调查权限，但却不符合技术资质的合法性要求；在后者，电子数据取证主体通常具有相关专业技术，但却有悖于取证权限的合法性要求。无论是取证权限不合法，还是技术资质不合法，都会损害电子数据取证主体的合法性。不过，我国刑事诉讼法和相关司法解释均未明确电子数据收集主体不合法的法律后果，即收集主体不合法的电子数据是直接予以排除，还是允许补正后使用，由此导致司法实践中产生了不同的处理方法。

在我国刑事诉讼法和刑事证据理论中，取证主体合法性是否会影响到有关证据的证据能力，历来存在较大争议，主要有"绝对肯定说""相对肯定说"和"否定说"三种观点（后文将详细分析）。对于言词证据和传统实物证据而言，影响其取证主体合法性的主要因素是取证权限。电子数据作为新兴证据种类，其所具有的科技性和相对独立性，使得其取证主体合法性的问题更加复杂。电子数据的科技性特征决定了，不仅取证权限会影响取证主体合法性，技术资质也会对其产生影响。与传统实物证据不同，电子数据可独立于其原始载体而存在。电子数据的相对独立性决定了其存在"一体收集"和"单独提取"两种取证模式，不同取证模式对电子数据收集主体提出了不同要求。

---

〔1〕 何邦武："论网络交易犯罪惩治中电子数据的保全"，载《东方法学》2017 年第 4 期。

第二节　不同取证模式下的取证主体

对"电子数据收集"的界定将直接影响其收集主体的身份和范围，因此，有必要厘清电子数据收集的概念。学界关于"电子数据的收集"存在较大争议，主要有"广义说"和"狭义说"。前者认为，电子数据的收集是指对存在于计算机和相关电子设备中的电子数据进行搜查、提取、保存和归档的过程。[1]后者则认为，电子数据收集是指侦查机关向有关单位和个人提取能够证明案件事实的电子数据。[2]这两种界定既有电子数据收集方法的差异，也有电子数据收集主体的差异。总体来看，笔者更倾向于广义上的电子数据收集概念，但又略有差异：首先，从取证方式来看，电子数据收集并不限于电子数据提取，广义的电子数据收集包括其提取，它既包括单独从原始存储介质中提取电子数据，也包括对电子数据连同其原始存储介质的一并扣押。其次，从取证主体来看，电子数据取证主体既包括侦查机关办案人员，也包括相关技术人员。因此，本书所主张的电子数据收集是指，取证主体对存储于计算机、手机等电子设备中的电子数据单独进行或者连同其原始存储介质予以搜查、扣押、提取、保存和分析的过程。

电子数据与物证、书证、视听资料虽同属广义实物证据，[3]但是，其与物证的存在形态有较大区别。物证通常是以其外部特征、存在状态或物质属性来发挥证明作用，由此决定了其证明案件事实的信息蕴含于物证之

---

[1]　刘品新："电子取证的法律规制"，载《法学家》2010年第3期。

[2]　王敏远、祁建建："电子数据的收集、固定和运用的程序规范问题研究"，载《法律适用》2014年第3期。

[3]　对于电子数据是否属于实物证据，理论界存在不同观点。有观点认为，电子数据属于言词证据还是实物证据，应当具体问题具体分析（详见陈光中主编：《刑事诉讼法》，北京大学出版社2013年版，第217页。）笔者认为在收集言词证据过程中，通过手机、数码相机等方式记录的证人证言、被告人供述、被害人陈述等，电子数据本身仅仅是固定上述言词证据的方式，其在本质上仍然归属于言词证据。《电子数据规定》第1条第3款规定："以数字化形式记载的证人证言、被害人陈述以及犯罪嫌疑人、被告人供述和辩解等证据，不属于电子数据……"本书的研究重点并不在于通过电子数据来固定上述言词证据，故将电子数据纳入实物证据。

中，其证据信息与物证形态具有一体性，这种一体性特征决定了在收集物证的实物形态时会将其自身蕴含的证据信息一并收集，因此，物证收集通常是将其证据信息连同其所依附的物质载体一并收集。电子数据则具有相对独立性，它虽然也依附于存储介质而存在，但却可以实现与其所存储介质的相互分离。这种相对独立性决定了电子数据既可以存在于原始存储介质之中，也可以存在于原始存储介质之外的其他存储介质之中。电子数据的相对独立性决定了其存在两种收集模式，即"一体收集"模式和"单独提取"模式。

所谓"一体收集"模式，是指在收集电子数据时连同其原始存储介质一并扣押、封存、移送。在查封、扣押电子数据原始存储介质时，也实现了对其中存储电子数据的一并收集。"单独提取"模式则是指，仅从原始存储介质中提取电子数据，提取后将其存储在其他存储介质中，而并不对原始存储介质予以查封、扣押和移送。不同取证模式不仅对电子数据的收集方法和鉴真方式产生了不同影响，[1]也对其取证主体提出了不同的要求。

一、"一体收集"模式中的取证主体

案例：张某伪造货币案[2]

在张某伪造货币案中，辩护方提出电子证据收集主体不合法、不完整，不能作为定案证据使用的辩护意见。法院经审理后认为，根据《电子数据规定》之规定，对作为证据使用的电子数据，应当采取扣押、封存电子数据原始存储介质，计算电子数据完整性校验值，制作、封存电子数据备份等方法来保护电子数据的完整性。本案中，侦查人员依法扣押了张某使用的手机和电脑等涉案电子数据的原始存储介质，并交由徐州市公安局电子物证检验鉴定中心进行勘验检查，提取电子数据。该中心依照法定程

---

〔1〕 谢登科："电子数据的鉴真问题"，载《国家检察官学院学报》2017 年第 5 期。
〔2〕 详见江苏省徐州市中级人民法院（2017）苏 03 刑终 9 号刑事裁定书。

序，采用科学方法，对涉案电子设备进行了勘验检查，制作了电子证据检验笔录，并将提取的电子数据制成光盘备份，且备份光盘有完整性校验值，能够防止数据被篡改，保证了电子数据的完整性。故，本案中的电子数据证据提取程序合法，内容真实、完整，能够作为定案证据使用。

手机、计算机中存储的相关信息是实践中较为常见的电子数据。由于手机、计算机可以较为方便地查封和扣押，故收集电子数据证据时，应当将作为其原始存储介质的手机、计算机一并查封扣押。在上述案例中，侦查人员就是对电子数据连同作为其原始存储介质的手机、计算机一并查封扣押。由于电子数据具有较强的科技性且无法直接感知，参与案件处理的侦查人员可能只具有传统的实物证据收集技术，而并不掌握提取电子数据所要求的专业知识和实践经验，他们也无法仅凭视觉、嗅觉和触觉来知悉原始存储介质中电子数据的具体内容，更无法知晓哪些电子数据与犯罪事实相关。[1]因此，他们无法在案件现场直接从手机、计算机等原始存储介质中提取电子数据，而只能采取电子数据"一体收集"模式，将电子数据连同其原始存储介质一并收集。电子数据的"一体收集"模式，通常将电子数据分为两个步骤：第一，在案件现场搜查、扣押、封存电子数据的原始存储介质。在上述案例中，侦查人员就首先在案发现场依法扣押了张某使用的手机和电脑等涉案电子数据原始存储介质，而并未当场从手机和电脑等原始存储介质中直接提取电子数据。在此环节，对电子数据原始存储介质的查封扣押也同步实现了对电子数据的一体收集。此时，对电子数据原始存储介质的收集与传统实物证据并不存在本质区别，故对电子数据取证主体的技术资质也并无特别要求，侦查人员可将其在传统实物证据中的技术和经验应用于此环节。第二，在原始存储介质中提取电子数据。由于在司法实践中，多数侦查人员并不具备提取电子数据的专业知识和实践经验，他们欠缺直接从原始存储介质中提取电子数据的技术能力，需要将原始存储介质连同电子数据移送给专业技术人员，由专业技术人员从原始存

---

〔1〕　陈永生："电子数据搜查、扣押的法律规制"，载《现代法学》2014 年第 5 期。

储介质中提取电子数据。在上述案例中，侦查人员扣押手机和电脑等涉案物品之后，并未自行从中提取电子数据，而是将其封存交由电子物证检验鉴定中心来通过技术手段提取。在这一环节提取电子数据就对电子数据取证主体的技术资质提出了相应要求。因此，在电子数据"一体收集"模式下不同阶段，对电子数据收集主体的技术资质存在不同要求。在第一个环节，对电子数据取证主体的技术资质并没有特别要求，而在第二个环节，则要求电子数据取证主体应具有相应技术知识和实践经验。在上述案例中，辩护方提出侦查人员不具有相应技术知识、取证主体不合法，进而主张该电子数据不能作为定案依据。但是，在电子数据"一体收集"模式的第一个取证环节对电子数据取证主体资质并不存在特别要求，而在第二个环节则将原始存储介质交由相关的专业机构来提取电子数据。在电子数据"一体收集"模式下，对侦查人员技术资质的要求仅能适用于该模式的第二个环节，而对第一个环节中的电子数据收集主体则不宜适用。

二、"单独提取"模式中的取证主体

电子数据种类繁杂，并且会随着网络信息技术的不断发展而衍生出新的形态，并非所有类型的电子数据都可以采取"一体收集"模式。按照其生成所依赖技术环境的不同，可以将电子数据分为计算机类电子数据、网络类电子数据和手机类电子数据。[1]对于计算机类和手机类电子数据通常可以采取"一体收集"模式，而对于网络类电子数据则不宜采取"一体收集"模式，而应当单独提取电子数据。

案例：孙某非法吸收公众存款案[2]

孙某在互联网上创办网贷平台，吸收会员注册、充值投资。该网贷平台由其委托宝智公司建设，平台数据则存放在阿里云服务器中。案发后，

---

〔1〕 龙宗智等：《司法改革与中国刑事证据制度的完善》，中国民主法制出版社 2016 年版，第 306-308 页。

〔2〕 详见山东省莱芜市钢城区人民法院（2016）鲁 1203 刑初 4 号刑事判决书。

侦查人员找到宝智公司员工张某。张某应侦查人员要求，登录存放在阿里云服务器中的数据库，然后按公安机关要求整理汇总之后交给侦查人员。案件审理中，辩护方提出由宝智公司员工张某整理后台数据欠缺依据，电子数据提取不符合法律规定，无法确定其真伪，不能作为定案依据。法院经审理后认为，侦查机关在收集电子数据时，在两名侦查人员及相关见证人的见证下，由张某登录阿里云服务器将后台数据下载并存盘，交由侦查机关封存保管。侦查机关在提取电子数据过程中制作了笔录和清单，并经侦查人员、数据持有人、见证人签名，足以保证电子数据提取的真实性、合法性。之后侦查人员亦将电子数据交张某比对，张某亦证实其登录阿里云服务器账号后，侦查人员提供的电子数据与阿里云服务器中存储的数据完全相符，其在电子数据整理过程中没有任何删除和更改。此外，公诉机关当庭出示的 34 名被害人陈述及被害人个人账号充值、提现等网页截图、银行记录等证据，也证实其与整理汇总后的电子数据相一致，足以印证其真实性，故对该电子数据予以采信。

　　电子数据具有相对独立性，其可在保持内容一致的情况下与原始存储介质分离开来，即它并非与其原始存储介质是一体的，可以依附于其他存储介质独立存在。将电子数据从其原始存储介质复制到其他存储介质，在确保相应技术条件之下，复制出来的电子数据可以与原始存储介质中的电子数据完全一致。但是，物证、书证等实物证据无法同原始存储介质完全区分开来，也无法确保其复制件、复印件与原件原物完全一致。在电子数据收集过程中，在无法收集、提取原始存储介质时，就可以单独提取电子数据，将其存储在其他存储介质之中。从实践运行来看，无法获取原始存储介质的情形主要如下：（1）原始存储介质不便封存。从实践来看，有些情况下难以将原始存储介质封存或者全盘提取，如网络服务器一般采取集中存储方式，其硬盘动辄上千 T 的数据，其中很多与案件无关，不必收集。在这种情况下，一般只提取与案件相关的电子数据。此外，银行、网络营运商、服务商等电子数据持有人，在配合公安机关调取注册信息、登录日志、交易流水等证据材料时，一般也是不便对原始存储介质进行封存，而只提供复制出来的电子数据。（2）提取计算机内存储数据、网络传输数据等不是存储在存储介质上的电子数据。这些数据由于不是存储在存储介质里，自然无法封存原始存储介质。这些信息必须在开机状态下获取，一旦关机或者重新启动系统，电子数据就可能消失，难以再次获取。（3）原始存储介质位于境外。位于境外的服务器无法直接获取原始存储介质，一般只能通过远程勘验方式来提取电子数据。[1]

在上述案例中，涉案的 P2P 网贷平台数据库存储于阿里云服务器中，侦查机关无法直接查封、扣押涉案电子数据的原始存储介质——阿里云服务器。云平台的共享性使得涉案虚拟服务器所挂载的虚拟硬盘等电子数据处于离散状态，虚拟服务器释放的空间会被立即分配给其他虚拟服务使用者。[2]由于无法直接查封、扣押涉案电子数据的原始存储介质，故只能通过技术手段从阿里云服务器中下载涉案数据库。此时，电子数据与原始存储介质就相互分离，取证主体可以直接从原始存储介质中提取电子数据。在电子数据"单独提取"模式下，电子数据很容易出现修改、替换或者破坏，故对电子数据的收集提出了更高的规范性和技术性要求，其中就包括对电子数据取证主体的要求。在上述案例中，由于侦查人员并不具有直接从云服务器上提取电子数据的技术知识和实践经验，他们没有自行从云服务器上提取电子数据，而是委托宝智公司技术人员张某从云服务器中提取电子数据，这就保证了电子数据提取的合技术性要求。但是，技术人员张某并非侦查人员，其并不享有对电子数据的调查取证权。本案辩护方提出了电子数据取证主体不合法的质证意见，法院在裁判时并未对上述质证意见予以回应，没有对电子数据取证主体合法性展开审查而直接进入对其真实性的审查。正如前文所述，电子数据收集主体的理想状态是侦查人员具有相应的专业知识，这种专业知识能满足电子数据收集的技术性要求。但

---

〔1〕 胡云腾主编：《网络犯罪刑事诉讼程序意见暨相关司法解释理解与适用》，人民法院出版社 2014 年版，第 54-55 页。

〔2〕 杜晓、张希臣："大数据时代，电子取证怎样锁定'黑手'"，载《法制日报》2017 年 9 月 22 日，第 5 版。

是，实践中侦查人员往往不具有从原始存储介质上提取电子数据的技术知识和实践经验，他们会委托相关技术人员收集电子数据。这种情况下就可能产生电子数据取证主体合法性的悖论：一方面，若由欠缺专业知识的侦查人员自行从原始存储介质上提取电子数据，虽满足了取证权限的合法性要求，但却无法保障取证主体技术资质的合法性要求；另一方面，若侦查人员委托相关技术人员从原始存储介质上提取电子数据，虽满足了取证主体技术资质的合法性要求，却无法保障其取证权限的合法性要求。在这种悖论之下，无论是由侦查人员取证还是由相关技术人员取证，都会存在取证主体合法性缺失的问题。

第三节　取证主体与电子数据证据能力

2014 年《网络犯罪刑事诉讼程序意见》第 13 条明确规定收集、提取电子数据，应当有两名以上具备相关专业知识的侦查人员进行。这主要是考虑到电子数据与传统实物证据的取证过程和收集方式存在较大差别，取证人员应具有相关专业知识和技术水平，取证设备和过程也应符合相关技术规范和操作流程，故有必要对电子数据取证人员的资质予以规定。[1] 适用该条款应在电子数据"一体收集"与"单独提取"两种模式中有所区别。在"一体收集"模式之下，前期，案件现场搜查、扣押、封存电子数据的原始存储介质无须对取证人员的技术资质有特别要求，后期，从原始存储介质中提取电子数据则需对取证主体的技术资质予以限定。在"单独提取"模式之下，则应要求取证主体具有相应技术资质。不过，我国刑事诉讼法和相关司法解释均未明确电子数据收集主体不合法的法律后果，实践中也经常对该问题发生争议，因此，有必要分析取证主体对电子数据证据能力的影响。

---

　　[1]　胡云腾主编：《网络犯罪刑事诉讼程序意见暨相关司法解释理解与适用》，人民法院出版社 2014 年版，第 52 页。

一、取证主体合法性的学说梳理与评析

在我国刑事诉讼法学界和证据法学界，关于取证主体是否影响证据的证据能力历来存在争议，主要有"绝对肯定说""相对肯定说"和"否定说"三种观点。

"绝对肯定说"认为，取证主体合法性是影响证据能力的因素之一，取证人员应符合法定条件和资格，不适格人员所收集的证据都不具备证据能力。[1]按照此种观点，只要电子数据的取证主体不具有相应取证权限或者缺乏相应技术资质，其所收集的证据都不具有证据能力，不能作为定案依据。但是，该学说将取证主体不合法作为完全否定证据能力的事由，存在过于绝对之嫌。刑事诉讼法或者证据法对于证据的证据能力进行规范，主要是为了促进权利保障和查明事实。[2]对于取证主体制度的设定，有些是为了更好地促进权利保障，有些则是为了更好地促进对案件事实的正确认定。但是，违反取证主体制度并不必然意味着权利侵害，也并不意味着阻碍对案件事实的正确认定。比如在上述孙某非法吸收公众存款案中，侦查人员在取得搜查证的情况下，将电子数据的收集工作交由相关技术人员承担，不仅不存在侵害权利问题，反而更有利于保障电子数据的规范收集，从而有利于促进对案件事实的查明。因此，"绝对肯定说"并不符合我国刑事司法的运行现状和证据能力规则的制度目的。

"相对肯定说"则认为，不具备法定资格人员所收集的证据，并不能完全否定其证据能力，而需结合取证的行为性质、证据的具体种类、违法的主观方面等因素来综合评判其证据能力。[3]该学说是在批判"绝对肯定说"基础上而发展起来的，它并不完全否定不合法取证主体所收集证据的证据能力，不合法主体所收集的证据是否具有证据能力需结合多方面因素权衡后决定。总体来看，"相对肯定说"比较契合我国现有法律规定和司

---

〔1〕 陈瑞华：《刑事证据法学》，北京大学出版社 2012 年版，第 87-88 页。
〔2〕 孙远："刑事证据能力的法定与裁量"，载《中国法学》2005 年第 5 期。
〔3〕 龙宗智："取证主体合法性若干问题"，载《法学研究》2007 年第 3 期。

法运行状况：它一方面承认取证主体会影响证据的证据能力，另一方面则要求对主体违法的不同要素予以衡量，以便确定取证主体违法对证据能力的具体影响。"相对肯定说"的正当根基在于取证主体违法形态的多样性，不同违法形态对证据能力的影响也不相同，至于是否需要否定其证据能力，则应结合取证主体违法的具体形态予以分析。因此，"相对肯定说"亦可适用于电子数据取证主体，取证主体不合法是否损害电子数据的证据能力则需根据不同情况进行分析和权衡。

"否定说"则认为，取证主体并非证据合法性的构成要素，只要取证程序不违法，法定主体之外的人员所收集的证据仍然可能具有证据能力。[1]该说并不将取证主体合法性作为影响证据能力的要素，而仅将取证程序合法性作为影响证据能力的要素。该观点亦存在商榷之处：首先，它忽略了取证主体与取证程序之间的内在联系，不能完全超越主体及其权限来仅仅谈论程序的合法性。[2]这在电子数据的收集上体现得尤为明显。如果电子数据的取证主体缺乏相应技术资质，则很难保障其取证方式符合相应技术标准，也很难保障取证方式的合法性。其次，取证主体不合法可能影响证据能力制度目的的实现。刑事诉讼法或者证据法对证据的证明能力进行规范，主要是为了促进权利保障和查明事实。取证主体不合法有可能侵害当事人相应权利，如由男侦查人员检查女犯罪嫌疑人身体，就会侵害其人格尊严；也有可能阻碍对案件事实的侦查，如在电子数据收集过程中，由缺乏技术资质的人员来提取电子数据就可能破坏其真实性或完整性，影响对案件事实的查明。因此，取证主体合法性并非完全对证据能力没有影响。

二、取证主体对电子数据证据能力的影响

如前所述，电子数据收集主体合法性通常包括两个要求：取证权限的合法性和技术资质的合法性。其对应的违法形态也主要有两种：第一，收

---

〔1〕　万毅："取证主体合法性理论批判"，载《江苏行政学院学报》2010 年第 5 期。

〔2〕　谢登科："论行政执法证据在刑事诉讼中的使用——基于典型案例的实证分析"，载《华东政法大学学报》2016 年第 4 期。

集电子数据的侦查人员不具有相关专业技术知识；第二，具有相关专业技术知识的电子数据取证人员不是侦查人员。前一种情况下，电子数据取证主体不符合技术资质的合法性要求，后一种情况下，电子数据取证主体有悖于取证权限的合法性要求。无论是取证权限的不合法，还是技术资质的不合法，都会损害电子数据取证主体的合法性。有观点认为，合法性是证据的法律属性，它要求证据的取证主体、取证方法和取证程序都须符合法律规定。无论是主体不合法、形式不合法，还是程序不合法的证据，都存在一个利益衡量的问题。对于电子数据而言，凡是其生成、取得等环节存在违法，且其违法程度足以影响其真实性时，都将影响电子数据的可采性。[1]该观点将取证主体对电子数据真实性的影响作为确定其是否具有证据能力的因素，具有相对合理性，但亦存在商榷之处。刑事诉讼法或者证据法对于证据的证据能力进行规范，主要是为了促进权利保障和查明案件事实。取证权限合法性和技术资质合法性对两者产生的影响并不完全相同。一般而言，前者主要涉及被调查对象的权利保障，而后者则主要会影响电子数据的真实性和相关性。

在孙某非法吸收公众存款案中，侦查人员委托宝智公司技术人员张某从云服务器中提取电子数据，这保证了电子数据提取的合技术性要求。但是，技术人员张某并非我国法律所规定的侦查人员，其并不享有对电子数据的调查取证权。那么，侦查人员是否可以将其侦查权委托给技术人员张某行使。一般而言，侦查行为可以分为强制性侦查行为和任意性侦查行为。[2]对于任意性侦查权可以由侦查人员委托他人行使，而强制性侦查权则具有专属性，一般不能委托他人行使，而只能由侦查机关自行实施。关于这一点刑事诉讼法虽未明确规定，但亦可参照其他法律的基本精神。比如，《行政强制法》第17条第1款规定："行政强制措施由法律、法规规定的行政机关在法定职权范围内实施。行政强制措施权不得委托。"由于

---

〔1〕 戴长林主编：《网络犯罪司法实务研究及相关司法解释理解与适用》，人民法院出版社2014年版，第213页。

〔2〕 〔日〕田口守一：《刑事诉讼法》，张凌、于秀峰译，中国政法大学出版社2010年版，第103-118页。

行政强制措施具有即时性和强制性，它对公民、法人和其他组织权益的侵害性很大，故行政强制措施只能由法定的行政机关实施，而不得委托其他组织或者个人。[1]其中也包括对强制性取证的禁止委托。作为刑事侦查中的调查活动，其中的很多调查措施都具有强制性，在法律并未明确规定可以委托他人行使的情况下，则只能由侦查机关自行实施。因此，在该案中张某并不能基于侦查人员的委托或者指派而享有搜查权。侦查人员委托张某从阿里云服务器中提取电子数据只能让其满足取证主体的技术资质合法性，而并不能让其具有调查权限的合法性。但是，若侦查人员已经取得了搜查证，其就具有了从阿里云服务器中收集电子数据的合法权限。侦查人员所具有的电子数据取证合法权限，可以弥补张某调查权限欠缺的瑕疵，因为侦查人员即使不委托张某收集证据，也可以委托或者指派其他有专门知识的人收集电子数据。技术人员张某取证合法权限的欠缺并不能否定电子数据的证据能力。因此，取证权限的欠缺在绝大多数情况下并不会影响电子数据的证据能力，但这并不意味着取证权限对电子数据的证据能力没有任何影响。比如下述案例。

案例：丙侵犯商业秘密案[2]

警方接到甲公司报案，称该公司软件被盗版。经查，该案犯罪嫌疑人丙曾与该公司签订技术开发合同，后私自将甲公司软件代码复制，并成立乙公司后在国内公开销售。警察聘请相关计算机专家制订了详细的取证方案。在到达乙公司后，为防止丙毁灭证据而切断了乙公司的外部网线，同时控制了丙并让其打开电脑、按相关专家指令进行操作。在证据收集过程中，侦查人员制作了相应笔录、进行了全程录像。

在该案中，由于侦查人员自己并不具有收集电子数据的专业知识，故

---

〔1〕　全国人大常委会法制工作委员会行政法室编写：《〈中华人民共和国行政强制法〉释义与案例》，中国民主法制出版社 2012 年版，第 75—76 页。

〔2〕　戴长林主编：《网络犯罪司法实务研究及相关司法解释理解与适用》，人民法院出版社 2014 年版，第 218—221 页。

办案人员在收集电子数据过程中就强令犯罪嫌疑人自己操作电脑，直接在犯罪嫌疑人的计算机系统中进行操作、提取电子数据，就存在值得商榷之处，有可能影响其证据能力。从法律角度来看，犯罪嫌疑人不仅没有收集控方证据的权限和义务，他还受到禁止强迫自证其罪原则的保护。禁止强迫自证其罪原则，不仅要求侦查机关禁止采取刑讯逼供等方式收集口供，也禁止侦查机关通过强制手段让犯罪嫌疑人来收集证明自己有罪的证据。[1] 该案侦查人员强令犯罪嫌疑人从自己电脑中提取电子数据不仅取证主体违法，也违反了禁止强迫自证其罪原则，属于严重的程序违法。从电子数据真实性角度来看，让犯罪嫌疑人自行提取电子数据也无法保障其真实性。由于犯罪嫌疑人与案件处理结果具有直接利害关系，他可能在提取电子数据过程中故意隐瞒或者破坏，从而无法保障电子数据的真实性。因此，对于此种情况下电子数据收集主体的违法应否定其证据能力。综合前述两个案例可以看出，取证权限违法性多数情况下并不会损害被调查对象的合法权利，对电子数据的证据能力也就不存在影响。但是，若欠缺取证权限，严重侵害被调查对象的合法权利时，则会减损电子数据的证据能力。

在取证主体不具有相应技术资质的情况下，取证主体违法就可能造成电子数据的破坏、遗漏、毁灭等情形发生，从而会影响对案件事实的正确认定。此种情况下若不能保障电子数据的真实性，就会减损或者否定其证据能力，如下述案例。

案例：曾某开设赌场案[2]

在曾某开设赌场案中，辩护方提出公安机关不能自行提取电子数据，应当由专业的技术人员提取数据。故，公安机关在赌博机中收集的电子数据，不能作为赌博机的实际盈利数额，其制作的盈利表不真实、不客观，

---

〔1〕 董坤："不得强迫自证其罪原则在我国的确立与完善"，载《国家检察官学院学报》2012 年第 2 期。

〔2〕 详见湖南省娄底市娄星区人民法院（2016）湘 1302 刑初 93 号刑事判决书。

不能作为定案依据。法院经审理后认为，该盈利表是公安机关根据被查扣的赌博机上显示的数据制作而成，是公安机关自行提取并统计的，该表对赌博机的最初显示数据和最终显示数据进行了记载，通过二者相减得出了盈利数，但是《最高人民法院、最高人民检察院、公安部关于办理利用赌博机开设赌场案件适用法律若干问题的意见》中规定，赌资是包括当场查获的用于赌博的款物，还有代币、有价证券、赌博积分等实际代表的金额，以及在赌博机上投注或赢取的点数实际代表的金额。该盈利表统计的数据应当是赌博积分实际代表的金额，应当将该盈利表最终的数据278 935元认定为赌资，不能将其认定为二被告人的违法所得。而二被告人违法所得的数据应当结合本案其他证据予以综合认定。被告人记载的原始记账凭证就是笔记本，通过该笔记本上统计的数据显示，被告人颜某乙每天最后统计的数据是纯盈利数，该数据已经扣除了游戏厅所有的开支，被告人颜某乙对该事实于2015年10月20日在公安机关执法办案区的讯问中予以了供述，且根据其结合笔记本统计的数据为34 217元，该数据是二被告人开设赌场的纯盈利数额。

在该案中，收集电子数据的侦查人员具有合法调查权限，但不具有相应专业技术知识和实践经验，由此导致电子数据的真实性无法得到保障，法院最终否定了其证据能力，没有将其作为认定案件事实的根据。取证主体若不具有相应技术资质，其在取证过程中就可能造成电子数据的破坏、遗漏、毁灭，从而损害电子数据的真实性，进而导致其不具有证据能力而不能作为定案依据。《电子数据规定》第28条规定了电子数据不得作为定案依据的三种情形：电子数据系篡改、伪造或者无法确定真伪的；电子数据有增加、删除、修改等情形，影响电子数据真实性的；其他无法保证电子数据真实性的情形。这些情形主要都是因为电子数据的真实性无法得到保障而否定其证据能力。其中"其他无法保证电子数据真实性的情形"的规定属于兜底性条款，可以将取证主体不具备相应技术资质而无法保障电子数据真实性的情形纳入其中。

三、瑕疵电子数据的补正与修复

取证主体不具备相应技术资质，其在电子数据收集过程中就可能造成电子数据的破坏、遗漏、毁灭，从而损害电子数据的真实性，就会减损或者否定其证据能力。对于完全丧失证据能力的电子数据，则不能作为定案依据；对于部分丧失证据能力的电子数据，则应当给予其补正和修复的机会。在后一种情况下，则不应完全否定电子数据的证据能力，而应将其作为瑕疵证据予以补正或者修复，如下述案例。

案例：吴某猥亵儿童案[1]

在吴某猥亵儿童案中，辩护方提出本案电子数据收集程序严重违法，不应认定其证据效力。法院经审理后认为，南京市公安局玄武分局于2014年9月7日出具调取证据通知书，向证据持有人孙某调取本案案发现场的监控录像，在调取证据清单上仅有一名办案人员签名。一审审理中，因辩护人对监控录像调取程序提出异议，后南京市公安局玄武分局板仓派出所出具情况说明，说明由该局四名侦查、技术人员调取案发现场周边"小孙米行"录像的过程。同时提交公安机关对证人孙某的询问笔录，孙某陈述有三四个警察到其店里拷走吴某的录像。根据2012年《刑事诉讼法解释》第94条的规定，视听资料、电子数据具有下列情形之一的，不得作为定案的根据：（1）经审查无法确定真伪的；（2）制作、取得的时间、地点、方式等有疑问，不能提供必要证明或者作出合理解释的。本案中，公安机关的调取证据清单上虽仅有一人签名，确有瑕疵，但其后出具的情况说明对此可以作出合理解释，且证人孙某的证言能与公安机关的情况说明相印证，该电子数据可以作为定案根据。

在该案中，监控录像属于电子数据而不是视听资料。视听资料和电子数据的主要区分在于，前者是以模拟信号在介质上进行存储的声音、影像

---

[1] 详见江苏省南京市中级人民法院（2015）宁少刑终字第7号刑事裁定书。

及其组合等资料，而电子数据是以数字信号在存储介质上进行存储的数据。监控录像中虽然也含有声音、活动影像等资料，但其存储方式并不是以磁带、胶卷等模拟信号为载体的资料。因此，其属于电子数据而不是视听资料。辩护方提出电子数据收集笔录上仅有一人签字，其本质上是通过主张取证主体和程序违法而意在排除该电子数据。但是，控诉方却通过补正和说明情况方式恢复了该电子数据的证据能力，并最终让其被法官所采信。程序补正也被称为违法诉讼行为的治愈，是指对于情节较轻的程序违法行为，在对其被宣告无效之前，允许侦查人员、检察人员及下级法院重新实施特定诉讼行为，以纠正原有违法程序，重新作出相应诉讼决定。[1]我国现行法律和司法解释对瑕疵实物证据规定了两类补正方式：一是进行必要补正；二是作出合理解释或说明。这些传统实物证据的瑕疵补正方式亦适用于电子数据。在电子数据取证主体违法不导致其真实性丧失的情况下，应当给予其补正或者修复的机会。《电子数据规定》第27条第2项和第4项可以为取证主体轻微违法的瑕疵补正提供法律依据。[2]对于该瑕疵证据可以通过情况说明或者提交其他证据予以补正，补正之后的电子数据能够与其他证据相互印证的，则可以作为定案根据，[3]否则就应当予以排除，不能作为定案根据。

第四节　电子数据取证主体制度的未来发展

取证主体违法会损害或者降低电子数据的证据能力，取证主体不适格可能导致电子数据不被法官所采信，即使经过补正或修复后能够作为定案依据，也会增加电子数据认定和采信中的诉讼成本。因此，有必要根据具

---

〔1〕　陈瑞华：《刑事证据法学》，北京大学出版社2012年版，第315页。

〔2〕　《电子数据规定》第27条规定："电子数据的收集、提取程序有下列瑕疵，经补正或者作出合理解释的，可以采用；不能补正或者作出合理解释的，不得作为定案的根据：（一）未以封存状态移送的；（二）笔录或者清单上没有侦查人员、电子数据持有人（提供人）、见证人签名或者盖章的；（三）对电子数据的名称、类别、格式等注明不清的；（四）有其他瑕疵的。"

〔3〕　刘品新："印证与概率：电子证据的客观化采信"，载《环球法律评论》2017年第4期。

体案件类型、电子数据种类等因素建立科学的电子数据取证主体制度，以防范取证主体不适格对电子数据证据能力的损害。如果仅从取证主体角度来看，电子数据的取证存在"独立取证""联合取证"和"委托取证"三种模式，它们各自存在不同的适用范围和运行程序。

一、独立取证模式下的电子数据取证主体

侦查机关在刑事诉讼中享有法定的调查取证权，其内部享有办案权限的侦查人员在法律上是适格的取证主体，其中就包括对电子数据的取证权限。但是，这仅仅是从法定权限的角度保障了取证主体的合法性，却并不能从技术资质角度保障取证主体的合法性。正如前文所述，电子数据具有技术含量高的特征，侦查人员若缺乏相应专业知识作支撑，其很可能无法有效收集电子数据，甚至会损坏电子数据的真实性。因此，有必要在侦查机关内部建立具有电子数据取证能力的专门人才队伍。侦查人员具有电子数据取证资质和经验，既能保障取证主体权限的合法性，也能保障取证主体技术资质的合法性，这也是电子数据取证主体发展的最佳模式。从世界范围来看，很多发达国家为打击计算机犯罪、网络犯罪很早就成立了专门收集电子数据的专门组织，如美国成立的"计算机紧急反应小组"、英国成立的"高科技犯罪调查组"，德国、法国、日本等国亦有类似电子数据取证专门机构。[1]目前，我国公安、国家安全等侦查机关也在逐步建立自己的电子数据取证专业队伍，如公安机关内部所属网络安全保卫部门中的侦查人员，即网络警察。他们一方面对现有侦查人员队伍进行电子数据取证的相关培养和教育；另一方面则在高校、科研院所招聘相关专门人才，设立专门的电子数据取证实验室，专门负责对电子数据的收集。前一种路径相对快捷，但仅适用于比较简单的电子数据取证，如无须解码的电子数据收集取证，对于比较复杂的电子数据取证则并不具有可行性；后一种路径周期较长，但既可适用于简单的电子数据取证，也可适用于较为复杂的电子数据取证。

---

〔1〕 裴兆斌："论刑事诉讼中电子数据取证模式"，载《东方法学》2014 年第 5 期。

从实践来看，我国侦查机关电子数据取证队伍建设存在上下发展不平衡的问题。基层侦查机关承担了大量刑事案件的处理，但是，由于受制于经费、人员、技术等因素，基层侦查机关电子数据取证队伍建设无法有效满足实际办案需要，其自身并不具有专门的电子数据取证能力。电子数据取证实验室多数建立在市级或者省级侦查机关，基层侦查机关在现有取证力量不足的情况下，只能向省、市级侦查机关进行请示，但是由于侦查机关内部审批程序和手续较为繁琐，可能会因无法及时收集到有价值的电子数据而贻误案件侦查。另外，在基层侦查机关将电子数据连同其原始存储介质移送上级侦查机关进行提取、鉴定时，往返过程可能会导致电子数据提取和分析的延误，增加了电子数据保管链条鉴真中的安全风险。消除上述风险的有效途径就是强化基层侦查机关电子数据取证队伍建设。在侦查机关内部，加强侦查部门和技术部门的有效联动与配合，探索建立电子数据取证技术侦查一体化发展模式，从而真正兼顾电子数据取证主体取证权限的合法性和技术资质的合法性。

二、联合取证模式下的电子数据取证主体

在网络信息技术的飞速发展背景下，侦查机关自身技术取证力量建设相对电子数据技术发展而言，总会存在缓慢性和滞后性。侦查机关除需要发展自身电子数据取证专业队伍之外，也必然需要依赖其自身之外的专业技术取证力量。这种专业技术取证力量一方面存在于同为公权力主体的其他行政机关之中，另一方面则存在于具有相关专业技术力量的社会组织和个人之中。侦查机关在借助于其他行政机关的专业技术力量时有两种路径：一是与其他行政机关联合办案时，可以联合其专业技术人员来收集相关电子数据；二是自身独立办理相关刑事案件时，将其中的电子数据收集工作委托给相关行政机关的专业技术人员承担。行政机关和司法机关的职能分工，决定前者无权处理刑事犯罪行为而仅能对一般违法行为进行行政执法，而后者则只处理刑事犯罪行为。但是，由于行政机关对特定行业或领域负有日常性的行政监管职责和执法权限，这使得它能够在日常监管和

执法活动中先行发现、处理特定违法行为。[1]这也决定了行政机关对其监管领域的违法行为和犯罪行为进行调查取证，具有更大的便利性和专长性。侦查机关在联合执法中与行政机关的专业技术力量联合收集电子数据，一方面可以解决行政机关单独执法中取证权限缺失所导致的取证不合法问题，另一方面则可以解决侦查机关自身技术力量不足所导致的技术资质不合法问题。

从适用范围来看，并非所有刑事案件都是可以适用联合取证模式，其主要适用于行刑交叉案件，如环境污染犯罪、涉税犯罪、金融犯罪、知识产权犯罪等，而对于那些比较传统的犯罪，如杀人、盗窃、抢劫等犯罪则并不能适用，因为只有在行刑交叉案件中才有可能涉及联合管辖执法。在联合取证模式下需要解决由谁来主导或者指挥电子数据收集工作的问题，这个问题仍然涉及取证主体的取证权限和技术资质问题。从取证权限来看，行政机关在行政执法案件中享有调查取证权，而对于刑事案件则没有侦查权；侦查机关在行政案件中没有调查取证权，只对刑事案件享有侦查权。因此，对于涉及行政执法案件中的电子数据应由行政机关来主导收集。如果随着调查取证的深入，发现案件社会危害性较大，已经涉嫌刑事犯罪时，则应将案件移交由侦查机关来主导侦查，电子数据的收集亦应交由侦查机关来主导。由侦查机关来主导电子数据的收集工作，可能会存在电子数据收集中"外行指导内行"的困境。为避免上述困境，对于侦查机关主导的范围应予适当限定，其主要应承担电子数据收集的组织和指挥工作，在程序和法律上予以把关，而对于电子数据收集中的技术性工作则仍然需由行政机关的技术人员自行完成。由于联合执法中收集的电子数据后期会进入刑事诉讼程序，对电子数据合法性的审查是需按照刑事诉讼法规定的取证程序来进行的，故由侦查机关主导电子数据收集中的程序和法律问题更有利于保障电子数据的合法性。

---

[1] 谢登科："论行政执法证据在刑事诉讼中的使用——基于典型案例的实证分析"，载《华东政法大学学报》2016年第4期。

三、委托取证模式下的电子数据取证主体

将专业问题交由专业人员处理是任何证据收集过程中应遵循的基本准则。电子数据收集中涉及的相关专业问题亦应交由专业技术人员来处理。从法律关系上来看，侦查人员将其证据收集中的专业技术工作交由专业技术人员处理，二者之间是委托关系。《刑事诉讼法》第 128 条和第 146 条分别规定侦查人员可以指派、聘请有专门知识的人进行勘验、检查和鉴定。在电子数据收集过程中，也可以指派有专门知识的人进行相关勘验、检查和鉴定工作。有专门知识的人员接受侦查人员委托从事电子数据的勘验、检查和鉴定工作，他们在侦查人员主持下从事电子数据收集工作，这解决了侦查人员自身单独收集电子数据时技术资质欠缺的问题，所需要解决的仍然是取证权限能否委托的问题。由于《刑事诉讼法》第 128 条和第 146 条已经作出了明确的规定，故将电子数据收集中的勘验、检查和鉴定工作委托给有专门知识的人是具有合法性的。而对于通过勘验、检查和鉴定之外的其他侦查措施来收集电子数据是否允许委托，后文将在委托范围中详细探讨。

在委托有专门知识的人收集电子数据时，需要注意两个问题：第一，委托范围。除勘验、检查和鉴定之外，侦查人员是否可以委托有专门知识的人从事电子数据的其他侦查行为，如搜查、扣押。正如前文所述，电子数据收集是对电子数据的搜查、扣押、提取、保存和分析的过程，它不仅包括电子数据的勘验、检查和鉴定，还包括对电子数据的搜查、扣押、查封等侦查行为。由于现有法律并未规定搜查、扣押、查封等侦查行为可以委托有专门知识的人承担，但是电子数据搜查中可能涉及相关的专门性问题，此时是否允许委托有专门知识的人处理，就值得探讨。有学者认为，搜查、扣押、提取电子数据载体的获得性取证行为，应当由两名以上侦查人员进行；而对可能需要具备必要技术能力的取证行为，则实行侦查人员与专业技术人员相配合的取证方法。[1]该观点认为，搜查、扣押只能由侦

---

[1]　龙宗智："寻求有效取证与保证权利的平衡——评'两高一部'电子数据证据规定"，载《法学》2016 年第 11 期。

查人员进行，其内在理由在于搜查技术含量较低，无须委托有专门知识的人处理。该观点无疑具有相对合理性。相对于勘验、检查和鉴定而言，搜查技术含量确实较低，但是，技术含量高低不仅仅取决于侦查行为类型本身，也取决于侦查对象。电子数据自身具有技术性强的特征，由此在搜查、扣押、查封中可能存在某些专门性问题令侦查人员无法解决的问题，他们可以委托有专门知识的人在其指挥下参与相关搜查、扣押、查封工作。需要注意的是，强制性侦查措施一般不宜委托给他人行使，这里对其进行理解时需要适当区分。强制性侦查措施适用中通常包括两项权力，即强制措施的审查决定权和执行权。审查决定权是通过对申请事由和相关证据材料的审查来决定是否同意采取强制性侦查措施，它直接决定了强制性侦查措施的正当性与合法性。强制性侦查措施不宜委托给他人行使应理解为其审查决定权不宜委托给他人行使。而适用强制性侦查措施的决定一旦作出之后，侦查人员就享有对电子数据取证的合法权限。对于搜查、扣押或者查封决定的执行，本身就是为了搜集证据和查明事实。如果在取得合法权限之后，将其强制性侦查措施的执行委托给有专门知识的人承担能够更好地实现上述目的，则自然是应当允许的。故，对电子数据搜查、扣押、查封中的审查决定工作不能委托有专门知识的人承担，但对于其具体执行工作则可以委托。第二，委托对象。《刑事诉讼法》第128条和第146条将委托代为勘验、检查和鉴定的对象限定为"有专门知识的人"，其中也包括电子数据收集中委托"有专门知识的人"从事上述工作。从司法实践来看，有的司法机关是委托相关鉴定机构的鉴定人进行电子数据收集；有的则是委托相关软件开发单位或者运营单位的工作人员来收集电子数据（如前文孙某非法吸收公众存款案）。这些人员是否都属于"有专门知识的人"，值得探讨。现行法律和相关司法解释并没有对何为"有专门知识的人"给出明确标准。由于有专门知识的人参与刑事诉讼活动并不具有固定性、长期性和职业性，故没有必要将他们纳入司法行政管理体系，要求他们必须取得相关专业技术证书。[1]但是，这并不意味着对委托"有专门知识的人"收集电子数据没有任何限制。从规范电子数据的收集、审查和认定角度来看，对于"有专门知识的人"应予适当限定：（1）"专门知识"应限定于与电子数据收集相关的专业技术知识，包括计算机技术、网络信息技术、云存储与计算技术、软件开发技术等。（2）法官在采信电子数据收集之前，应对参与电子数据收集的"有专门知识的人"是否具有与电子数据收集相关的专业技术知识进行审查，可从学历、职称、专业背景和职业经历等因素对其予以考量。（3）电子数据的举证方应提供相关证据来证明参与电子数据收集的"有专门知识的人"具备相关领域的专业知识，法庭应给予控辩双方电子数据收集主体是否合适辩论和质证的机会。

---

[1]　陈邦达："论'有专门知识的人'参与刑事诉讼——兼论《刑事诉讼法》第192条"，载《大连理工大学学报（社会科学版）》2014年第3期。

第五章
初查中收集的
电子数据

在网络犯罪案件中，大量涉案线索需经初查才能确定其是否符合立案标准。比如在网络诈骗案件中，犯罪嫌疑人往往通过诈骗大量被害人、以聚少成多的方式骗取大量财产。但实践中经常出现某一被害人报案、其被骗金额可能尚未达到立案标准，如若不立案又无法通过查询犯罪嫌疑人账户等侦查措施来认定其诈骗金额的情形。为解决此种困境，2014 年《网络犯罪刑事诉讼程序意见》第 10 条明确规定侦查机关在网络犯罪案件中可以进行初查及允许使用的调查措施类型。[1]但是，该规定并未明确初查电子数据是否具有证据能力，即初查中收集的电子数据是否可以在刑事诉讼中作为证据使用。在实践运行中，该问题存在较大争议，如在宋某敲诈勒索案中，侦查机关在初查中对犯罪嫌疑人宋某的 QQ 号进行监控，对该案初查监控中所收集的电子数据是否具有证据能力的问题，有观点主张其属于非法证据，不得作为定案根据；[2]也有观点主张可以作为破案线索。[3]即便是承认其证据能力，但对于如何来审查认定初查电子数据也存在分歧，特别是对初查电子数据合法性审查。有些司法机关基本不对初查收集电子数据的合法性进行审查，有些司法机关则适用刑事诉讼法及其司法解释的相关规定来审查初查收集电子数据的合法性。而在理论研究层面，关于初查证据是否具有证据能力的问题，也存在较大争议。有观点认为初查中收集证据仅能在立案程序中使用，而不能在批捕、审判等程序中使用；有观点认为初查中收集的实物证据可以在刑事诉讼中使用，而言词证据则不能在刑事诉讼中使用。即便承认初查电子数据的证据能力，也强调通过任意性侦查措施所收集的电子数据具有证据能力。电子数据自身所具有的

〔1〕 胡云腾主编：《网络犯罪刑事诉讼程序意见暨相关司法解释理解与适用》，人民法院出版社 2014 年版，第 48-49 页。

〔2〕 韩哲："电子证据的审查与辩护"，载《中国检察官》2017 年第 16 期。

〔3〕 李睿懿、韩景慧："电子数据的证据资格和证明力的审查与判断"，载《中国检察官》2017 年第 16 期。

虚拟空间性或数字空间性等特征,〔1〕决定了其取证模式和取证行为与传统实物证据存在较大差异。电子数据收集中衍生了很多新型侦查取证行为,如远程勘验、网络在线提取、第三方调取,等等。上述新型侦查取证行为属于强制性侦查还是任意性侦查,本身就存在较大争议,这无疑增加了初查电子数据证据能力审查、认定的复杂性。因此,有必要对初查中收集电子数据的相关问题予以研究和探讨。

第一节　初查电子数据的证据能力

《电子数据规定》第 6 条规定:"初查过程中收集、提取的电子数据,以及通过网络在线提取的电子数据,可以作为证据使用。"该规定承认了初查中收集的电子数据的证据能力,这在我国刑事诉讼制度和刑事证据制度发展中无疑具有标杆性意义。因为这是我国首次在司法解释中明确承认初查电子数据的证据能力,由此推展开来也意味着在初查中收集的其他种类证据,如物证、书证、视听资料等,也可以在刑事诉讼中使用。初查是侦查机关在立案之前对案件进行的初步调查,以便决定是否将其作为刑事案件予以立案。而刑事诉讼法主要调整立案及其之后的诉讼阶段和诉讼行为,故未对初查予以明确规定。不过,鉴于初查在司法实践中的合理性和必要性,《人民检察院刑事诉讼规则》和《公安机关办理刑事案件程序规定》都明确规定侦查机关可以在立案之前对案件进行初查,但二者都没有明确初查中收集的证据的证据能力。《电子数据规定》第 6 条赋予初查电子数据相应的证据能力,这不仅意味着初查电子数据可以直接引入刑事诉讼之中,也简化了侦查机关相关调查取证工作,消除了侦查机关对初查电子数据重新取证中可能存在的障碍和隐患。但是,该条既未阐明初查电子数据在何种情况下具有证据能力,也未明确如何审查认定初查电子数据,因此,在司法实践中可能存在被误读和滥用的风险。比如,有些司法机关对初查电子数据的证据能力不作任何审查就直接将其作为认定案件事实的

〔1〕　刘品新:"电子证据的基础理论",载《国家检察官学院学报》2017 年第 1 期。

根据；有些司法机关将本应放在侦查中完成的电子数据取证工作直接放在初查中进行从而故意规避侦查中的诸多程序限制。因此，为了保障初查电子数据在刑事诉讼中的合理使用，有必要对初查电子数据的证据能力规则进行分析和检讨。

　　在理论层面，关于初查中收集的证据是否具有证据能力的问题，主要存在"肯定说""否定说"和"相对说"三种观点。"肯定说"主张初查中按照法定程序收集的实物证据和言词证据都具有证据能力，无须经过转化即可在刑事诉讼中直接使用。[1]"否定说"则认为初查中收集的证据材料不属于诉讼证据，其不能在刑事诉讼中使用，而只能作为立案审查所依据的材料。[2]上述两种观点相同之处在于都承认初查的必要性与正当性，但对于初查证据的功能定位和法律性质则存在不同认识，由此导致二者对其证据能力截然相反的观点。"否定说"观点忽视了初查证据和诉讼证据二者证明对象存在重叠，其并不符合我国刑事司法实践状况，该观点已基本被理论界和实务界抛弃。"肯定说"在不同程度上契合了我国刑事司法运行状况，但完全承认初查证据的证据能力且对其缺乏审查规则和机制，则很容易导致以初查替代侦查的程序滥用问题。由此，在权衡"否定说"和"肯定说"各自利弊基础上产生了"相对说"观点，其主张应结合取证行为性质、证据种类等因素来具体分析初查证据是否具有证据能力。不过，在"相对说"内部也存在"证据类型区分说"和"取证行为区分说"两种不同观点。

　　"证据类型区分说"主张依据证据类型来区分初查证据的证据能力，初查中收集的实物证据可以在刑事诉讼中使用，而言词证据则不能在刑事诉讼中直接使用，需在立案后的侦查程序中重新收集。比如，龙宗智教授就认为："初查中依法收集的实物证据可以在立案后的诉讼阶段使用，因为实物证据的证据内容、证据形式、取证方式不会受立案影响；初查中收

---

〔1〕　万毅、陈大鹏："初查若干法律问题研究"，载《中国刑事法杂志》2008 年第 4 期。

〔2〕　柳忠卫、滕孝海："论贪污贿赂犯罪初查证据的转化"，载《中国刑事法杂志》2009 年第 4 期。

集的言词证据，由于立案前后其证据形式、作证主体身份都具有不确定性，故在立案后的诉讼阶段不能使用，应重新收集。"[1]该观点注意到立案对不同证据类型产生的不同影响，强调初查中只能采取任意性侦查，这些无疑具有合理性。但是，该观点似乎忽视了立案对实物证据收集行为的影响，即忽视了立案前后侦查机关在实物证据收集权限上的差别，同时过于夸大立案程序对于言词证据取证的影响。言词证据的提供主体（证人、被害人、犯罪嫌疑人），在立案前后的主体地位、诉讼权利上确实有较大差异，但这并不能否认初查中采取某些特定言词证据取证行为不会干预或者侵害被调查人的基本权利，如任意性询问，从而使得初查中收集的言词证据具有证据能力。实物证据的证据内容和证据形式固然不会受到立案程序影响，但实物证据也可能承载着被调查人的基本权利，如财产权、住宅权、隐私权等权利，这些基本权利决定了被调查人在立案前后实物证据收集中的诉讼权利会存在差异。在立案之前所采取的特定实物证据调查行为，如在初查实物证据收集过程中借由任意性侦查之名而实施的强制性侦查，也可能减损实物证据的证据能力。

"取证行为区分说"则主张依据初查行为法律性质来判断初查中收集证据的证据能力。对于初查中采取任意性侦查措施所收集的证据，可以在刑事诉讼中使用；而对于初查中采取强制性侦查方式所收集的证据，则不能在刑事诉讼中使用。笔者认为，相对于"证据类型区分说"而言，"取证行为区分说"更具科学性和合理性。无论是初查阶段还是侦查阶段，收集案件证据都是二者的重要内容，其取证主体都是侦查人员，立案前后相同的侦查人员其取证能力并无差异，这就决定了在初查阶段和侦查阶段所收集证据材料的证据内容具有同一性，即其所收集证据材料中的证据内容并不会因为属于初查阶段或侦查阶段而存在差异，证据的客观性和关联性也通常不会发生变化。这种同一性既存在于言词证据之中，也存在于实物证据之中。但是，侦查人员在初查阶段和侦查阶段享有的取证权限存在差

---

[1] 龙宗智："初查所获证据的采信原则——以渎职侵权犯罪案件初查为中心"，载《人民检察》2009 年第 13 期。

异，这种取证权限的差异主要体现在强制性侦查之中，而在任意性侦查中则没有差异。因为侦查人员在初查阶段只能采取任意性侦查措施，而不能采取强制性侦查措施；而侦查阶段既可以采取任意性侦查措施，也可以采取强制性侦查措施。而无论是言词证据还是实物证据，都会涉及强制性侦查，如收集供述的讯问和收集物证的搜查。这种取证权限的差异不仅体现在言词证据上，也体现在实物证据上。因此，决定初查证据之证据能力的主要因素是取证行为类型，而不是证据类型。

按照"证据类型区分说"和"取证行为区分说"两种不同观点，初查中收集电子数据是否可以在刑事诉讼中使用则存在细微差别。由于电子数据在理论上通常被归为实物证据，故按照"证据类型区分说"的观点，只要是在初查中依法收集的电子数据都具有证据能力，都可在刑事诉讼中使用，而无须考虑电子数据取证行为的具体类型。而按照"取证行为区分说"的观点，只有在初查中采取任意性侦查措施所收集的电子数据才能在刑事诉讼中使用；而在初查中采取强制性侦查措施所收集的电子数据则不具有证据能力。由于"取证行为区分说"更具科学性和合理性，因此，本书主要采取"初查行为区分说"来分析初查中收集电子数据的证据能力。刑事证据能力规则可以为"技术性规则"和"政策性规则"。前者主要是通过相应证据能力规则设置来保障查明案件事实的真实性、可靠性；而后者则主要是通过相应证据能力规则设置来实现保障公民权利、规范政府行为等政策目标。[1]按照"取证行为区分说"的观点，初查电子数据的证据能力规则，似乎更多地应归属于证据能力的政策性规则。因为其主要是通过限制或者否定初查中采取强制性侦查措施所收集电子数据的证据能力，来防止侦查机关通过初查规避侦查程序和犯罪嫌疑人的诉讼权利，从而实现对侦查机关取证行为的有效规范。但是，由于电子数据自身具有特殊性，这也决定了初查电子数据证据能力规则具有技术性规则的因素。很多电子数据取证具有较强的时效性，特别是处于网络空间之中的动态电子数

---

[1]　孙远：《刑事证据能力导论》，人民法院出版社 2007 年版，第 69-113 页。

据，[1]若侦查人员不及时收集、提取，就很容易造成电子数据的变动或者灭失。在强调网络空间动态电子数据收集提取时效性的同时，也应遵循初查电子数据收集所要求的技术性规则和政策性规则。电子数据初查中的政策性规则就是，只能采取任意性侦查措施来收集相关电子数据，对于采取强制性侦查措施而收集的电子数据则应限制或者否定其证据能力。此种情况下限制或者否定初查电子数据的证据能力，主要不是基于此种情况下收集电子数据的不真实或者不可靠，而是源于对侦查机关故意规避侦查中程序制约措施和侵犯犯罪嫌疑人诉讼权利的严重违法行为给予程序性制裁，从而有效威慑和预防侦查机关在初查中的此类严重违法取证行为。电子数据初查中的技术性规则就是，即便对初查阶段采取任意性侦查措施所收集的电子数据，也应通过相应的技术性程序措施来保障其真实性、可靠性，如初查中通过勘验收集电子数据时，需要通过勘验笔录、录音录像等方式来固定保全其取证过程。初查阶段适用任意性侦查措施收集电子数据出现程序违法时，也会影响或者减损电子数据的证据能力。此种情况下，其证据能力的减损主要是源于相关技术性程序违法而影响电子数据的真实性和可靠性。

有学者基于电子数据的过程性特征和信息生命周期理论，而主张建立刑事初查阶段、刑事侦查阶段相衔接的电子数据取证规则。[2]此种观点因注意到电子数据自身特性，并主张建立与其特性相适应的取证程序、证据能力规则，这无疑具有合理性。但需要注意的是，其所强调的实现初查阶段和侦查阶段电子数据证据规则的衔接和统一，仅能在电子数据证据能力的技术性规则层面实现，而无法在其政策性规则层面实现。因为无论是在初查阶段收集电子数据，还是在侦查阶段收集电子数据，都需要设置相应技术性程序措施来保障其真实性和可靠性。初查中使用任意性侦查措施来收集电子数据，也应当遵循相应的技术性程序规范。但是，初查阶段和侦查阶段的主要任务、功能定位差别较大，由此决定了侦查机关取证权限、

---

〔1〕 赵长江：《刑事电子数据证据规则研究》，法律出版社 2018 年版，第 53–54 页。

〔2〕 裴炜："刑事立案前后电子取证规则衔接问题研究——以电子数据证据过程性为视角"，载《当代法学》2019 年第 2 期。

被调查人诉讼权利等差异巨大，电子数据证据能力的政策性规则也无法统一。作为强制性侦查措施的电子数据取证行为就不能在初查中使用，而只能在立案之后的侦查阶段使用。《电子数据规定》第 6 条仅规定初查过程中收集、提取的电子数据可以在刑事诉讼中使用，此处在承认初查电子数据证据能力的同时并未明确要求其合法性，即并未明确要求是初查过程中"依法"收集、提取的电子数据。但是，这并不意味着具有证据能力的初查电子数据不要求具有合法性。其合法性要求体现在两个层面：第一，政策性规则层面的合法性要求，即在初查中仅能使用不侵害被调查对象基本权利的任意性侦查措施，而不能使用强制性侦查措施；第二，技术性规则层面的合法性要求，即对于初查中采取的任意性侦查措施，应遵循刑事诉讼法和司法解释对任意性侦查措施的技术性程序规定。

第二节　初查中电子数据取证行为类型

按照"取证行为区分说"的观点，初查中收集电子数据是否具有证据能力，主要取决于初查行为类型，即初查中采取任意性侦查措施所收集的电子数据，可以在刑事诉讼中使用；而采取强制性侦查措施所收集的电子数据，则不能在刑事诉讼中使用。《电子数据规定》第 6 条在赋予初查中电子数据的证据能力时，并未明确初查中可以采取哪些调查行为来收集电子数据。根据《人民检察院刑事诉讼规则》第 169 条的规定："进行调查核实，可以采取询问、查询、勘验、检查、鉴定、调取证据材料等不限制初查对象人身、财产权利的措施。不得对初查对象采取强制措施，不得查封、扣押、冻结初查对象的财产，不得采取技术侦查措施。"《公安机关办理刑事案件程序规定》第 174 条第 2 款也有类似规定。此种区分和限定主要是考虑到，强制性侦查会干预或侵犯被调查对象人身权、财产权、隐私权等基本权利，而任意性侦查则不会侵犯或干预被调查对象的基本权利，故初查中仅能使用任意性侦查措施，而不得使用强制性侦查措施。对于《电子数据规定》第 6 条的理解和适用，须以遵循《人民检察院刑事诉讼规则》和《公安机关办理刑事案件程序规定》的上述规定为前提。

一、任意性侦查与强制性侦查的区分标准

初查电子数据的证据能力以任意性侦查为前提，这就需要区分电子数据的取证行为哪些属于任意性侦查，哪些属于强制性侦查。强制性侦查和任意性侦查的区分标准，经历了从早期的"有形强制力说"到现在的"重要利益侵害说"之转变。[1] 前者以侦查人员实施手段为区分标准，若使用了直接强制的有形力措施就属于强制性侦查，反之则属于任意性侦查。但是，随着现代科学技术的不断发展，非物理性、非接触性干预个人基本权利的取证行为形态大量出现。个人基本权利即便没有受到物理性、接触性侵犯，其所承载的个人信息或者隐私利益仍可能被外界干预和侵犯。[2] 现代刑事诉讼中很多侦查措施，并不采取直接物理接触，也不使用直接有形强制力，如电话监听、定位追踪等技术侦查措施，但这些侦查措施仍然被界定为强制性侦查。"有形强制力说"无法对这种情况进行有效解释，由此产生了"利益侵害标准说"。按照此种观点，强制性侦查与任意性侦查的区别标准，不在于是否行使了直接强制的有形力，而在于是否侵害了被调查者的基本权利。这里的基本权利并不是其享有的全部合法权益，否则就会让强制性侦查的范围过于宽泛，而仅仅是其重要权益，如人身、财产、隐私等基本权利。侵害被调查人基本权利的处分行为，才属于强制性侦查，否则就属于任意性侦查。强制性侦查并不必然对被调查人行使了直接强制的有形力，但其必然会干涉或者侵害被调查人基本权利；任意性侦查也可能使用直接强制的有形力，但其并不会干涉被调查人的基本权利。比如，在犯罪现场勘验中通常会使用现场封锁、警戒之类的强制措施，但这些措施并非为了强制取证，而是为了维持现场秩序、保护证据免于毁坏，故其在性质上仍然属于任意性侦查。

在电子数据收集中，很多取证行为可能并不采取直接物理接触，也不

---

〔1〕 [日]田口守一：《刑事诉讼法》，张凌、于秀峰译，法律出版社 2019 年版，第 53-58 页。

〔2〕 谢登科："论技术侦查中的隐私权保护"，载《法学论坛》2016 年第 3 期。

使用直接强制的有形力，但其取证行为确实会干涉被调查人的财产权、知识产权、隐私权、信息权等合法权益。电子数据所承载的这些权利有些可以纳入"重要利益"范畴，如财产权、知识产权；而有些则存在争议，如隐私权。龙宗智教授就认为隐私权不属于重要权益范畴，仅仅干涉隐私权的电子数据取证行为就不属于强制性侦查，因为其并不存在重要权益侵害。[1]上述观点将重要权益侵害作为任意性侦查与强制性侦查的区分标准，具有一定的合理性；但其认为隐私权不属于重要权益，并以此为基础认为干涉隐私权的电子数据取证行为不属于强制性侦查的观点，则有待商榷。随着社会不断发展和人们文化修养的提升，隐私利益对于个人来说必不可少。人们在现代生活中的痛苦、愉悦和受益仅有小部分是源于物质世界，侵害隐私利益而使人遭受的精神痛苦与精神困扰，较之于纯粹的身体伤害或财产伤害可能更为严重。由于隐私利益涉及人的基本尊严，隐私利益侵害会极大地侵扰人们保持独处、不受干扰的生活状态。正如美国布兰代斯大法官所说："侵害个人隐私，使人遭受精神上的痛苦与困扰，较之于纯粹身体或财产伤害，有过之而无不及。"[2]该观点也说明隐私权在现代信息社会中的重要性，其在整体权利系统中的重要程度并不亚于身体权、财产权等传统权利。实际上，美国联邦最高法院在 1967 年卡兹案（Katz v. United States）审判中就已将"合理隐私期待"（reasonable expectation of privacy）确立为考察搜查的主要标准，影响搜查合法性的核心已不是财产权而是隐私权。[3]因此，基于隐私权在现代整体权利系统中的重要程度，有必要将隐私权作为基本权利，将干涉或者侵害隐私权的电子数据取证行为界定为强制性侦查。当然，我国《宪法》所规定的基本权利并不限于隐私权，干涉或侵犯财产权、通信自由权等基本权利的电子数据取证行为也应当被纳入强制性侦查的范畴。

---

〔1〕　龙宗智："寻求有效取证与保证权利的平衡——评'两高一部'电子数据证据规定"，载《法学》2016 年第 11 期。

〔2〕　［美］路易斯·D. 布兰代斯等：《隐私权》，宦盛奎译，北京大学出版社 2014 年版，第3-7 页。

〔3〕　王兆鹏：《美国刑事诉讼法》，北京大学出版社 2005 年版，第 221-223 页。

二、允许在初查中使用的调查措施类型

《信息网络犯罪刑事诉讼程序意见》第 12 条明确了初查中只能采取任意性调查措施，而不得采取强制性侦查措施，并通过列举方式明确了初查过程中可以采取询问、查询、勘验、检查、鉴定、调取证据材料等不限制初查对象人身、财产权利的措施。《人民检察院刑事诉讼规则》和《公安机关办理刑事案件程序规定》也都有类似规定。其中，有些属于言词证据的取证行为，如询问，其并不适用于电子数据收集。而查询、勘验和调取则是实物证据收集的重要方式，它们也可适用于电子数据收集。由于电子数据自身具有虚拟性、可复制性等特征，其取证模式和取证行为与传统实物证据存在差异。电子数据收集中衍生了很多新型取证行为类型，如远程勘验、网络在线提取等。上述新型侦查取证行为属于强制性侦查或任意性侦查，本身就存在较大争议。即便是上述规定中所列举的查询、勘验和调取三种调查方式，其在电子数据取证中是否都属于任意性侦查而允许在初查中使用，也值得具体分析。

（一）电子数据勘验措施

传统实物证据所承载的证明信息与其实物形态通常融为一体，直接物理接触式的现场勘验就成为取得实物证据的重要途径之一。我国刑事诉讼法将现场勘验界定为任意性侦查，而主要从技术操作层面予以相应程序性规制，如勘验主体、持有证件、见证人制度、勘验笔录等。这里的"持有证件"仅要求现场勘验时持有侦查机关的证明文件，主要是对其身份和工作的证明。将现场勘验界定为任意性侦查的主要理由在于：犯罪事实发生之后，很多与犯罪有关的物品、痕迹会散落在案件现场，甚至犯罪现场本身就是案件证据，侦查人员借助于"五官"感知就能自然地查找、收集到相关证据，而无须额外使用强制措施。当然，现场勘验通常也会使用诸如现场封锁、警戒之类的强制措施，但这些强制措施的使用主要不是用于直接收集证据，而是为了维持现场秩序、保护证据免于毁坏。[1]因此，在传

---

[1] 傅美惠：《侦查法学》，中国检察出版社 2016 年版，第 255-258 页。

统实物证据收集中，主要将现场勘验界定为任意性侦查。

但是，电子数据大多数具有虚拟性、可复制性的特点，其可以独立于其原始存储介质而单独存在，由此决定了电子数据主要有"一体收集"与"单独提取"两种取证模式。[1]前者是将电子数据及其原始存储介质一并收集，此种情况下可以通过搜查扣押或者现场勘验来收集电子数据；而后者是将电子数据通过镜像复制等方式从其原始存储介质中提取出来，此种情况下主要借助于现场勘验或远程勘验来收集电子数据。从逻辑推理角度来看，现场勘验和远程勘验都是勘验的下位概念，作为上位概念的勘验属于任意性侦查，远程勘验则自然也属于任意性侦查。但是，这种简单的逻辑推理仅仅具有形式上的自洽性，其在实质上忽视了电子数据自身所承载权益的性质和类型。电子数据的网络远程勘验虽然并未直接接触其原始存储介质，也未对其原始存储介质施加强制的有形力，但其可能会因作为取证对象的电子数据承载了被调查对象的隐私权、信息权等基本权利，而将其归入强制性侦查。网络空间虽然是个开放的公共空间，但网络使用者对于其中的特定部分和内容也具有合理隐私期待，如 E-mail、手机短信微信、网络交易和支付记录等；而有些电子数据承载的隐私利益则较低，比如公开发布的微博、网页等信息。上述电子数据都可以成为网络远程勘验的对象，但远程勘验的法律性质可能会有所差别。

从世界范围来看，通行做法是按电子数据所承载信息的法律性质和类型来对电子数据进行分类。比如，国际网络犯罪公约委员会 2015 年调查报告就将网络犯罪侦查中所涉电子数据概括为三类：注册人信息、交互信息和内容信息。[2]此种分类主要着眼于电子数据所承载信息的法律性质，相对而言比较科学，值得我国在立法层面和司法层面予以借鉴。一般而言，注册人信息由当事人自愿提供，其承载的隐私期待利益相对较低；而交互信息则处于半公开状态，其承载的隐私期待利益相对较高；内容信息则直

---

〔1〕 谢登科："电子数据的鉴真问题"，载《国家检察官学院学报》2017 年第 5 期。

〔2〕 裴炜："犯罪侦查中网络服务提供商的信息披露义务——以比例原则为指导"，载《比较法研究》2016 年第 4 期。

接触及私人通信自由与通信秘密的核心部分，其承载的隐私利益则更高。对承载此三类信息的电子数据调查取证时，法律施加控制的严厉程度呈逐步递增趋势。总体来看，对注册信息、交互信息类电子数据的远程勘验多数属于任意性侦查，对于此类电子数据的远程勘验可以在初查中使用；而对内容信息类电子数据的远程勘验多属于强制性侦查，对于此类电子数据的远程勘验则不宜在初查中使用。

（二）电子数据调取措施

我国《刑事诉讼法》第 54 条第 1 款规定，法院、检察院和公安机关有权向有关单位和个人收集、调取证据。该条款属于概括性授权规定，即其在刑事诉讼法总则中赋予了三机关收集、调取证据的权力，而三机关收集、调取证据的具体程序和规范，则在刑事诉讼法关于侦查、审查起诉和审判中予以具体规定。[1] 这就意味着刑事诉讼法分则中规定的各种侦查措施、调查措施是对"收集、调取证据"的具体化，"调取证据"并不是与搜查、勘验、询问等相互并列、具有独立地位的侦查措施。有学者亦主张不应依据《刑事诉讼法》第 54 条第 1 款将调取证据视为一项独立的侦查措施，而应将其视为《刑事诉讼法》规定的扣押措施的一种特殊形态，对特定实物证据的调取和保全均应通过扣押措施实现。[2] 但是，在司法解释和司法实践中，调取证据却成为侦查机关一项独立的侦查措施，其适用仅需要经办案部门负责人批准，而无须取得县级以上公安机关负责人批准。这就意味着现有司法解释和司法实践主要将调取证据定位为任意性侦查。基于此种观点，《信息网络犯罪刑事诉讼程序意见》第 12 条也明确规定初查中可以调取证据，其中就包括电子数据调取。

从被调查对象的诉讼身份角度，可以将电子数据调取分为向诉讼参与人调取和向第三方调取。向诉讼参与人调取证据，通常包括向被害人调取和向犯罪嫌疑人调取。被害人作为遭受犯罪行为的被侵害人，其在面对侦

---

〔1〕 李寿伟主编：《中华人民共和国刑事诉讼法解读》，中国法制出版社 2018 年版，第130 页。

〔2〕 艾明："调取证据应该成为一项独立的侦查取证措施吗？——调取证据措施正当性批判"，载《证据科学》2016 年第 2 期。

查机关调取证据时，通常会自愿提供所掌握的证据材料。因此，对于向被害人调取电子数据多属于任意性侦查。比如，在前文所述宋某敲诈勒索案中，侦查机关就在初查中调取了被害人提供的手机 QQ 聊天记录。[1]而犯罪嫌疑人通常不会自愿向侦查机关提供使其归罪的证据材料，此时的证据调取行为就转化为搜查扣押而属于强制性侦查范畴。传统实物证据取证多数围绕犯罪嫌疑人展开，向案外第三人取证的概率相对较小，因为犯罪分子实施犯罪后通常不会将相关证据材料或犯罪所得交给他不熟悉的第三方。在网络信息时代，犯罪嫌疑人虽然也自行占有和保管部分电子数据，但大部分电子数据是由作为网络运营商、服务商、系统管理人的案外第三方所保管或持有。互联网用户、手机用户在绝大多数情况下都是将其相关信息存储于第三方所拥有的服务器或者存储设备中，这些作为网络运营商、服务商、系统管理商的案外第三方可以较为方便地读取私人信息、查看存储信息、查看相关登录信息，也能够很方便地接触和控制上述信息。因此，在互联网信息时代的背景下，侦查机关向案外第三人收集电子数据就成为常态。

在司法实践中，侦查机关常通过向作为案外人的第三方调取电子数据，比如在谢某走私普通货物案中，[2]侦查机关调取了犯罪嫌疑人账户的银行流水、从腾讯公司调取其邮箱内容及登录日志；又如在林某走私毒品案中，[3]侦查机关调取了林某的手机通话记录。侦查机关调查的上述电子数据已经干预或者侵害个人隐私权、通信权等基本权利。《电子数据规定》第 3 条规定："人民法院、人民检察院和公安机关有权依法向有关单位和个人收集、调取电子数据。有关单位和个人应当如实提供。"该条款中的"有关单位和个人"不仅包括刑事诉讼参与人，还包括作为案外人的网络运营商、服务商等第三方主体。该条款赋予国家专门机关向有关单位和个人收集、调取电子数据的权力，却并未对其予以相应的程序性规制。设置

---

〔1〕 李勇、翟荣伦："电子证据的证据能力及其审查方法"，载《中国检察官》2017 年第 16 期。

〔2〕 详见广东省高级人民法院（2019）粤刑终 21 号刑事裁定书。

〔3〕 详见广东省高级人民法院（2018）粤刑终 1646 号刑事裁定书。

相关主体电子数据披露义务，其本质是对刑事侦查手段的扩展和延伸，也是对公民自由权利的限缩和干预。作为案外第三人的网络运营商、服务商既负有向侦查机关如实提供电子数据的义务，也负有对其所掌握的电子数据所承载隐私信息的保密义务，由此就会产生案外第三人如实提供电子数据中的义务冲突问题。在义务冲突中，义务人需要按照其义务法律位阶和顺位来决定优先履行何种义务，若无法确定其各自法律位阶，则义务人可任意选择履行一方的义务。作为案外第三人的网络运营商、服务商所承担的上述两种义务并无明显位阶差异，故其可以根据自己利益权衡来决定是否向侦查机关提供相关电子数据。如果第三方自愿提供，则侦查机关调取电子数据行为就属于任意性侦查；若其第三方拒绝提供相关电子数据，侦查机关就不能强行调取，而只能在立案之后通过搜查方式来调取。第三方管理的某些电子数据可能隐私利益较低或者不承载相关人员隐私利益，如在网络中的注册信息。此时，侦查机关向其调取此类电子数据也属于任意性侦查，第三方应当如实提供。

（三）电子数据查询措施

在我国刑事诉讼法中，查询主要是作为侦查机关了解犯罪嫌疑人财产状况或财产信息的侦查措施。传统财务账目主要是以纸质形式记录，而电子账目、Excel 表格等是网络信息社会中记载财务账目的重要方式。因此，网络信息社会中，查询犯罪嫌疑人存款、汇款、债券、股票等财产信息，就从之前的收集书证演变为收集电子数据。考虑查询涉及公民隐私，直接影响当事人合法权益，我国《刑事诉讼法》要求侦查机关根据侦查犯罪的需要，可以"依照规定查询",[1]但并未明确查询的具体条件和运行程序。《公安机关办理刑事案件程序规定》中则要求查询时，须取得县级以上公安机关负责人批准。在我国侦查措施中，搜查是需要取得"县级以上公安机关负责人批准"的。上述规定就意味着查询的程序性控制和搜查完全相同，故其在法律性质上亦应相同，都应被界定为强制性侦查。这主要是因

---

〔1〕 郎胜主编：《中华人民共和国刑事诉讼法修改与适用》，新华出版社 2012 年版，第 267-268 页。

为查询承载犯罪嫌疑人存款、汇款等财产信息的电子数据，虽然并不会干涉其财产权，但会干预或者侵害其隐私权。隐私权属于公民基本权利，干涉隐私权的财产信息查询行为自然属于强制性侦查。电子数据查询会侵犯公民财产信息和财产状况方面的隐私权，为防止侦查机关借初查之名在刑事案件立案之前随意查询公民财产信息，电子数据查询不宜放在初查之中。

在司法实践运行中，查询的适用范围并没有局限于法律所规定的犯罪嫌疑人存款、汇款、债券、股票等财产信息，还包括车辆信息、身份登记信息、违法犯罪记录、出入境记录等信息。上述信息主要也是以电子数据形式存储于计算机之中，因此，上述信息查询也主要属于电子数据查询。我国刑事诉讼法对于财产信息以外其他信息的查询未作任何规定，《公安机关办理刑事案件程序规定》也并未要求查询上述信息时需取得县级以上公安机关负责人批准。侦查机关工作人员在查询上述信息时，仅需持有身份证明和工作证明等证明性文件，而无须取得侦查机关负责人的授权性文书。这就意味着对此类信息查询属于任意性侦查，在初查中侦查机关可以查询此类信息。此种定位一方面源于上述信息的隐私利益要远低于犯罪嫌疑人在金融机构的财产信息，另一方面则源于上述信息多由公安机关负责登记和管理，这些信息本身就允许公安机关掌握和了解，侦查机关可以根据其工作需要来查询上述信息。因此，侦查机关在初查中可以通过查询来收集承载上述信息的电子数据。

第三节　初查电子数据的审查认定

《电子数据规定》第 6 条赋予初查电子数据相应的证据能力，仅意味着其具备进入诉讼程序的资格，并不必然意味着其能够成为定案根据。"可以作为证据使用"意味着初查电子数据具有进入刑事诉讼程序的资格，无须再次履行证据收集程序。但这仅是初查电子数据转化为刑事证据的必要条件而非充分条件，其能否作为定案依据，还需要经过司法机关法定程序审查。任何作为裁判依据的证据，须由法庭经法定调查程序检验后，才可以作为定案依据，这是"以审判为中心"诉讼制度的基本要求。[1]这对于初查电子数据亦不例外，初查电子数据并不具有预定法律效力，司法机关在采信之前仍需审查其证据能力和证明力。对于初查中收集电子数据证明力的审查与侦查中收集证据的证明力审查并无本质区别，故本书对该问题不作探讨。但是，对于初查中收集电子数据证据能力的审查，则有其特殊性。

一、初查电子数据的合法性审查

由于《电子数据规定》第 6 条仅规定在初查过程中收集的电子数据可以在刑事诉讼中使用，而并未明确如何使用及其审查标准和方式，由此导致司法实践中对初查电子数据的证据能力通常不作审查，而直接将其作为定案依据。比如在董某寻衅滋事案中，[2]辩护方就主张侦查机关在立案之前所进行的侦查行为违法，其通过远程勘验方式所收集电子数据属于非法证据，应予以排除；而法院在裁判中则直接援引《公安机关办理刑事案件程序规定》第 174 条，认为侦查机关在初查中使用远程勘验并不违法，其所取得电子数据不属于非法证据，从而没有采纳辩护方主张。实际上，《公安机关办理刑事案件程序规定》第 174 条仅规定了侦查机关在初查中可以采取不侵害被调查对象基本权利的任意性调查措施，不得采取强制性调查措施，但并未明确对初查证据是否需要进行审查以及采取何种标准审查。

由于初查中只能采取任意性侦查而不能采取强制性侦查。按照部分学者观点，任意性侦查并不会干涉或侵害被调查对象的基本权利，法律也不对任意性侦查进行规制和调整，故对于任意性侦查中所收集的证据，主要审查其客观性和关联性，对其取证合法性和正当性则无须审查。[3]初查中只能采取任意性侦查，而任意性侦查中所收集的证据不存在合法性审查的

---

〔1〕 闵春雷："以审判为中心：内涵解读及实现路径"，载《法律科学（西北政法大学学报）》2015 年第 3 期。

〔2〕 详见山东省菏泽市中级人民法院（2016）鲁 17 刑终 300 号刑事判决书。

〔3〕 傅美惠：《侦查法学》，中国检察出版社 2016 年版，第 260-262 页。

问题，由此似乎很容易得出对初查电子数据亦无须进行合法性审查的结论。但是，此种纯粹的逻辑推理显然忽略了司法实践运行和现有法律规定之间的巨大差异。如果在电子数据取证实践运行之中，司法机关能恪守"初查中仅能适用任意性侦查"的基本要求，则自然可依前述观点无须审查初查电子数据的合法性进行，因为任意性侦查本身不会侵害被调查对象的基本权利，法律通常也不对任意性侦查予以严格的程序性规制。但是，实践运行中可能会出现在初查阶段借由相关强制性侦查措施来收集电子数据，即以所谓的"任意性侦查"来掩盖其强制性侦查的本质，进而通过侵害被调查对象基本权利的方式在初查阶段收集电子数据。在司法实践中，不乏侦查机关在初查阶段就适用具有强制性侦查性质的羁押、扣押、查封等措施，这实际上就架空了刑事诉讼法关于立案后才可进行侦查的规定，规避了刑事诉讼法及相关司法解释对强制性侦查的程序限定和被调查人的诉讼权利。[1]在这种情况下，侦查机关既获得了在初查阶段通过强制性侦查（借由"任意性侦查"之名）来收集电子数据的诸多便利，也成功规避掉了侦查阶段中的程序性限制措施和犯罪嫌疑人享有的诸项权利。若对初查电子数据合法性不作任何审查而全盘承认其证据能力，则无异于激励侦查机关在初查中使用强制性侦查来规避犯罪嫌疑人在侦查阶段中所应享有的程序性保护，这会导致对犯罪嫌疑人诉讼权利的肆意践踏和正当程序的巨大破坏。对初查电子数据合法性进行审查，实际上是要将侦查机关在初查阶段电子数据取证行为纳入司法审查范围，这种事后司法审查机制有助于防范侦查机关在初查阶段"借任意性侦查之名，行强制性侦查之实"。因此，虽然《电子数据规定》第6条赋予了初查电子数据相应的证据能力，也需要对其合法性进行审查。

对侦查阶段所收集证据的合法性，主要需审查其取证主体的合法性、证据形式的合法性、取证程序的合法性等内容。[2]而对初查电子数据合法

---

〔1〕　施鹏鹏、陈真楠："初查程序废除论——兼论刑事立案机制的调整"，载《社会科学》2014年第9期。

〔2〕　何家弘、刘品新：《证据法学》，法律出版社2019年版，第121–122页。

性的审查，则有其自身独特的标准和方式。对于初查电子数据合法性的审查，不仅需审查其取证主体、证据形式等内容，还需对初查中所使用的调查行为类型进行审查。无论是《人民检察院刑事诉讼规则》还是《公安机关办理刑事案件程序规定》，在承认初查合法性的同时，也明确划出了其行为底线，即初查中只能使用任意性侦查措施，而不能使用强制性侦查措施。这种区分和限定主要是考虑到，强制性侦查会侵犯被调查人财产权、人身权等基本权利，而任意性侦查则不会侵犯被调查人的基本权利。《电子数据规定》第6条在承认初查中收集电子数据的证据能力时，未作上述区分和限定，但这并不意味着初查阶段中使用强制性侦查措施收集的电子数据也具有证据能力。如果侦查机关故意在初查中使用强制性侦查措施来收集电子数据从而规避犯罪嫌疑人在侦查阶段享有的诉讼权利，则属于重大程序违法，应通过宣告该电子数据无效来实现对侦查机关违法取证的程序性制裁。在收集电子数据时，使用强制性侦查措施可能会干预或侵害被调查对象的两项基本权利：（1）电子数据承载信息所涉及的信息权或隐私权；（2）电子数据依附电子设备所涉及的财产权。上述权利都是公民基本权利，这就决定了在初查中采取强制性侦查会侵害被调查人的基本权利，从而减损初查中收集电子数据的证据能力。因此，《电子数据规定》第6条仅能理解为在初查中通过任意性侦查措施所收集的电子数据具有证据能力。司法机关在刑事诉讼中对初查电子数据合法性进行审查时，应首先审查该电子数据是否系通过任意性侦查措施而收集，若是通过强制性侦查措施收集，则不能将该电子数据作为定案依据。

当然，对于初查阶段经由任意性侦查措施而收集的电子数据，也并非无须审查其合法性。刑事证据能力规则可以为"技术性规则"和"政策性规则"。[1]任意性侦查虽不会干预或侵害被调查对象的基本权益，但也需要相应的技术性程序规定来保障其真实性、可靠性。比如，刑事诉讼法中对现场勘验笔录、见证人等制度的规定，主要是为了保障收集证据的可靠性。对于初查阶段通过任意性侦查措施所收集的电子数据，也需审查其合

---

〔1〕 孙远：《刑事证据能力导论》，人民法院出版社2007年版，第69-113页。

法性。由于电子数据具有易复制、易篡改的特点，通过设置相应程序性措施来保障其真实性就更有必要。比如，《电子数据规定》中对网络远程勘验规定了笔录、录音录像、见证人等多项固定保全制度。当然，这里需进一步探讨初查电子数据合法性的审查判断标准。由于现有法律和相关司法解释，对于初查行为没有进行具体规定，故对于初查阶段任意性侦查措施合法性的审查标准，应参照《刑事诉讼法》及其司法解释对相关侦查行为的规定。这就意味着刑事诉讼法适用范围的延伸，其已从立案及其之后的诉讼阶段延伸至立案之前的初查阶段。这种延伸主要基于初查阶段收集电子数据所使用的任意性侦查措施和立案之后所使用的任意性侦查措施具有同一性。由于任意性侦查中的程序规定属于保障证据可靠性的技术性规定，故对其违法收集电子数据应认定为瑕疵证据。司法机关在刑事诉讼中对初查电子数据合法性进行审查时，若该电子数据系通过任意性侦查措施所收集，则应按刑事诉讼法和相关司法解释来审查其合法性，对于依法收集的电子数据应确认其证据能力，并进一步审查其证明力；对于违法收集的电子数据，则应认定为瑕疵证据，若无法补正或作出合理解释应当予以排除。

二、取证行为类型的实质性审查

对于初查电子数据合法性审查，首先需审查其取证行为是属于强制性侦查还是任意性侦查。《人民检察院刑事诉讼规则》第 169 条和《公安机关办理刑事案件程序规定》第 174 条第 2 款规定了初查中可以采取查询、勘验、检查、鉴定、调取等侦查调查措施，但是司法机关对初查电子数据取证行为的审查认定不能仅进行形式审查，既不能仅仅因为某电子数据取证行为被冠以查询、勘验或者调取之名，就认定其属于任意性侦查；也不能因为初查中某些电子数据取证行为不属于前述所列调查措施范围，就认定其不属于任意性侦查，如初查中通过网络在线提取方式收集电子数据。在我国电子数据取证实践运行之中常常存在"借远程勘验之名，行刑事搜查之实"的现象。某些所谓的电子数据"远程勘验"行为，如侦查机关对个人 E-mail、电子交易记录、QQ 聊天信息等电子数据的远程勘验，已经干预或侵害个人基本权利，而应归为搜查范围。若仅仅因为初查阶段使用的、某些本质上属于强制性侦查的取证行为被冠以"远程勘验"之名，就认为借由该行为所收集的电子数据具有证据能力，则无异于鼓励在初查中"借任意性侦查之名，行强制性侦查之实"的权力滥用现象，对初查电子数据合法性的司法审查就可能会异化为此种权力滥用行为的司法背书。为了避免上述现象产生，则需对初查阶段电子数据取证行为类型进行实质性审查。

对初查阶段的电子数据取证行为进行实质性审查时，区分其属于任意性侦查还是强制性侦查应采取"重大权益干预"标准，而不应采取"直接强制有形力"标准。在电子数据收集中，很多调查取证行为可能并不涉及直接物理接触，也不会行使直接强制的有形力，但其在取证过程中可能确实会干涉或者侵害被调查人的财产权、隐私权、信息权等基本权利。这实际上就意味着对电子数据取证行为法律性质的界定，需要从对传统证据材料所处物理空间法律性质的关注，转向对电子数据自身所承载利益法律性质和重要程度的关注。对于初查电子数据取证行为法律性质的审查认定，需要结合电子数据自身类型。如前所示，世界通行做法是按电子数据自身所承载信息的法律性质和类型进行分类，通常将网络犯罪侦查中所涉电子数据分为三类：注册人信息、交互信息和内容信息。注册信息由当事人自愿提供，其承载的隐私期待利益相对较低；而交互信息处于半公开状态，其承载的隐私期待利益相对较高；内容信息则直接触及私人通信自由与通信秘密的核心部分。总体来看，对注册信息、交互信息类电子数据的取证行为多数属于任意性侦查，而对内容信息类电子数据的取证行为多属于强制性侦查。当然，电子数据所承载的隐私权、信息权等权利，也是可以放弃的。只要被调查人表示同意，此时就可以进行任意性侦查。[1]对于初查电子数据取证行为类型需要遵循"重大权益干预"标准进行实质性审查，这一方面可以有效遏制侦查机关在初查阶段中"借任意性侦查之名，行强制性侦查之实"的权力滥用现象，另一方面也可通过事后司法审查来倒逼我国电子数据侦查行为体系向规范化、法治化方向发展。

---

〔1〕 ［日］田口守一：《刑事诉讼法》，张凌、于秀峰译，法律出版社 2019 年版，第 58 页。

第六章
电子数据网络
远程勘验

传统实物证据和言词证据多依赖于面对面的证据收集过程，而作为网络信息时代"证据之王"的电子数据，其中有部分可以借助现场收集提取，如单机环境的电子数据；另有很大部分需借助网络在线提取或者远程勘验收集，如开放式网络环境的电子数据。由于网络空间具有远程性和互联性，远程勘验就成为开放式网络环境电子数据收集的重要途径。从取证技术角度来看，由于网络环境的电子设备通常 24 小时运行、一般不允许停止，这就决定了网络环境的电子数据收集一般无法使用镜像获取方式，而只能通过网络在线提取、远程勘验方式收集。[1]在传统刑事诉讼制度中，无论是口供、证人证言等言词证据，还是物证、书证等实物证据，其调查取证基本都属于亲历式、直接物理接触式取证模式。电子数据远程勘验具有非亲历性、非直接接触性的特点，这就给传统刑事诉讼制度中的取证规则带来了较大冲击和挑战。但是，由于我国刑事诉讼法和相关司法解释对远程勘验的立法规定较为粗疏，理论界和实务界对于远程勘验的法律性质存在较大争议，不同司法解释之间对远程勘验的法律定位和制度设计甚至存在冲突，由此给电子数据远程勘验规则司法适用带来较大的困境。因此，有必要以现有法律规定及司法解释为基础，剖析电子数据远程勘验法律性质，对电子数据远程勘验规则制度进行反思和完善。

第一节　电子数据网络远程勘验的规则评析

我国《刑事诉讼法》在立法层面将电子数据确立为法定证据种类之一，但却并未建立与其证据形态、取证模式相适应的电子数据侦查取证规则。在现行法律之下，电子数据收集多适用传统实物证据的侦查取证规则，电子数据远程勘验也主要适用既有的刑事勘验制度。《电子数据规定》《电子数据取证规则》对电子数据远程勘验规则进行了较为详细的规定。

---

〔1〕　刘浩阳、李锦、刘晓宇主编:《电子数据取证》，清华大学出版社 2015 年版，第 89-90 页。

这里就以上述法律规定和司法解释为基础，对我国电子数据网络远程勘验的现有规则进行梳理和评析。

第一，将电子数据网络远程勘验适用对象界定为"远程计算机信息系统"，同时要求其适用以具有"必要性"为前置条件。在传统刑事诉讼制度中，刑事勘验的适用对象主要包括场所、物品、人身、尸体。在传统刑事案件中，犯罪分子通常会在犯罪现场留下指纹、足迹、血痕、凶器等痕迹和物品，侦查机关可以通过现场勘验来收集上述证据。在网络信息犯罪中，犯罪分子在使用计算机、手机等智能终端时也会在网络空间或者相关电子设备中留下相关线索和证据材料，它们会以电子数据形式存在，可以现场勘验或者网络远程勘验方式进行收集。《电子数据规定》第9条和《电子数据取证规则》第27条都将网络远程勘验适用对象规定为远程计算机信息系统。实际上，并不是所有电子数据取证都需要借助于网络远程勘验。电子数据取证可以分为"一体收集"和"单独提取"两种模式，[1]远程勘验属于电子数据"单独提取"模式下的取证方式之一。若能直接近距离接触到电子数据原始存储介质，则没有必要通过网络远程勘验来取证。但在跨地区、跨国境网络犯罪中，远程勘验是收集相关电子数据的重要手段甚至唯一手段。远程勘验可以降低取证成本，减少因直接跨境取证所面临的制度障碍。在现代网络信息技术下，远程勘验对象不应限定于远程计算机操作系统，还应包括手机、iPad等智能通信终端的操作系统。从技术操作层面来看，远程勘验应当以使用网络为条件，网络的联通性可以将分散各地的机构、人员、设施连接起来。[2]网络的联通性为远程勘验奠定了基础，使用网络成为远程勘验的必备条件，只有通过使用网络才能实现跨空间、跨距离的远程勘验。

《电子数据规定》第9条同时要求适用网络远程勘验以具有"必要性"为前置条件。这就意味着远程勘验的适用具有置后性，其只有在通过其他

---

〔1〕 谢登科："电子数据的鉴真问题"，载《国家检察官学院学报》2017年第5期。
〔2〕 ［美］Sherri Davidoff、Jonathan Ham：《黑客大追踪：网络取证核心原理与实践》，崔孝晨等译，电子工业出版社2016年版，第21-23页。

— 184 —

常规手段无法达到取证目的时才可适用。若能通过其他常规手段收集电子数据，则不能适用远程勘验。电子数据远程勘验具有较高隐蔽性，其可以在被调查对象不察觉的情况下完成，这就意味着被调查对象无从知晓其相关权利遭受侵害，更无从对自己遭受干预的权利主张救济。另外，"必要性"要件的设置也可以更好地保障电子数据的可靠性，因为相比于网络远程勘验，通过将电子数据及其原始存储介质一体收集的方式和在现场勘验中提取电子数据，更有利于保障电子数据的真实性和完整性。因此，网络远程勘验以"必要性"为前置条件。《电子数据取证规则》第27条则列明了适用远程勘验的六种具体事由，这是对"必要性"要件的具体化。但是，部分事由显然已经超出远程勘验的范围，涉嫌技术侦查中的监控措施，如在远程计算机信息系统中安装新的应用程序。

第二，设置了电子数据网络远程勘验的运行程序，但这些程序性措施主要是为了保障电子数据的真实性和完整性，且和其他电子数据的侦查取证措施存在混同。我国《刑事诉讼法》并未明确规定网络远程勘验，但却规定了勘验制度。从逻辑关系上看，远程勘验作为勘验的下位概念，《刑事诉讼法》对勘验的规定自然适用于远程勘验。《电子数据规定》和《电子数据取证规则》则对网络远程勘验的运行程序作了详细规定，这些程序性措施主要是为了保障收集电子数据的真实性和完整性，而不是为了保护被调查对象的基本权利。具体来说，主要包括如下内容：（1）从勘验主体来看，勘验原则上应由侦查人员承担，必要时可指派或聘请有专门知识的人在侦查人员主持下勘验。电子数据种类和形态会随着信息技术飞速发展而同步发展，侦查人员技术知识总会落后于信息技术发展。因此，有专门知识的人员介入远程勘验将成为常态。《电子数据取证规则》要求远程勘验由县级公安机关负责，上级公安机关可以提供技术支持。这主要缘于其具有较强的侦查技术能力，能胜任远程勘验的技术性要求。（2）从勘验程序来看，侦查人员应持证勘验，即持有侦查机关的证明文件。持证勘验是为了保障侦查人员执行勘察任务的合法性，防止滥用勘验权。[1]远程勘验

---

[1]　李寿伟主编：《中华人民共和国刑事诉讼法解读》，中国法制出版社2018年版，第321页。

具有非接触性、非公开性等特征，侦查人员在其办公场所或者实验场所，就在被调查对象不知晓的情况下远程勘验调查目标，持证勘验的程序性限定在远程勘验中作用不大。（3）从证据保全来看，侦查人员需将勘验情况制成笔录。勘验笔录可实现对证据收集过程的固定和保全。远程勘验笔录需记录远程勘验工作用机和目标主机的设备环境、网络结构、运行状态；记载目标主机的当前运行程序、系统时间；网络设备应记录设备 IP 地址、DNS、网关、掩码等信息。[1]除笔录之外，见证人、录像也是保全证据的重要途径。《电子数据取证规则》详细规定了远程勘验笔录的制作要求，也要求见证人在场见证；同时还明确了见证人无法到场时，应通过录像来固定和保全证据。

对于需要采取技术侦查措施的远程勘验，应经过严格的审批程序。在我国《刑事诉讼法》中，勘验和技术侦查是我国两种法定的侦查措施，它们在法律地位上属于并列关系，二者的法律性质、适用条件、审批程序有较大差异。在司法实践中，两种侦查措施在同一案件中可能同步适用，如既进行犯罪现场勘验，也适用技术侦查措施。但是，该条规定是技术侦查嵌入远程勘验之中，将技术侦查作为实现远程勘验的手段或者方式，这就容易导致远程勘验与技术侦查的混同。

第三，境内电子数据网络远程勘验和境外电子数据网络远程勘验适用对象的差别化待遇。《电子数据规定》和《电子数据取证规则》均没有明确规定网络远程勘验的境外适用，但却将其内化为网络在线提取的实现措施，其中隐含了网络远程勘验境外适用的可能性。在我国传统刑事诉讼制度和侦查制度中，证据提取并不是法定的侦查行为或者侦查措施，其在法律性质上属于侦查技术，即实现相关侦查措施的手段或者技术；而勘验则是法定侦查行为或者侦查措施之一，相关证据提取仅是勘验内在构成要素，如在犯罪现场勘验中提取指纹、提取血痕、提取足印等。但是，《电子数据规定》和《电子数据取证规则》却并未按传统刑事诉讼制度和逻辑体系来处理网络在线提取和网络远程勘验之间的关系，在法律性质和体系定

---

〔1〕 刘浩阳、李锦、刘晓宇主编：《电子数据取证》，清华大学出版社 2015 年版，第 325 页。

位上更多将网络在线提取确立为电子数据的侦查行为或者侦查措施，而将网络远程勘验作为其内在构成要素和实现方式。此种法律性质及关系定位就决定了网络在线提取适用对象在远程勘验中适用的可能性。

《电子数据规定》第 9 条第 2 款规定："对于原始存储介质位于境外或者远程计算机信息系统上的电子数据，可以通过网络在线提取。"该款在界定境外电子数据网络在线提取时并未区分公开发布和不公开发布电子数据，这就意味着对于不公开、可能承载被调查对象合理隐私期待的电子数据，我国侦查机关也可以通过网络在线提取方式来收集。但是，侦查权属于国家主权基本范畴，将承载被调查对象的隐私权、信息权等基本权利的境外电子数据纳入网络在线提取范围，很容易引发国际争端和外交风险。《电子数据取证规则》显然已经意识到此种潜在风险，其第 23 条就对网络在线提取适用对象予以限缩，仅适用于公开发布的电子数据、境内远程计算机信息系统上的电子数据。其适用范围转变固然可以化解潜在国际争端和外交风险，但也意味着对境外和境内电子数据侦查取证的差别化待遇。

第二节　电子数据网络远程勘验的法律性质

在刑事诉讼中，侦查措施可分为强制性侦查和任意性侦查两类。[1]前者是指会干预或者侵害被调查对象重大权益的侦查；后者则是指不会干预或者侵害被调查对象重大权益的侦查。由于强制性侦查具有强制性与干预性，其就成为刑事诉讼法规制的重点。在分析考察电子数据网络远程勘验规则时有必要厘清其法律性质。网络远程勘验属于强制性侦查还是任意性侦查，理论界、实务界都存在较大争议，现有法律规定和司法解释对远程勘验法律性质的体现也有冲突之处。

---

〔1〕　龙宗智："强制侦查司法审查制度的完善"，载《中国法学》2011 年第 6 期。

一、网络远程勘验的法律定性

《人民检察院刑事诉讼规则》第 169 条规定，在初查过程中，可以采取询问、查询、勘验、检查、鉴定、调取证据材料等不限制初查对象人身、财产权利的措施。不得对初查对象采取强制措施，不得查封、扣押、冻结初查对象的财产，不得采取技术侦查措施。该条确立了初查中只能采取任意性侦查而不能采取强制性侦查的基本要求。[1]这种区分主要是考虑到：初查是立案之前的审查，其目的在于审查是否符合立案条件。强制性调查措施会侵害个人住宅、财产等权利，其只能在刑事诉讼程序开启后适用，而不能在刑事立案之前适用；任意性调查措施不会侵犯个人相关权利，故在立案前的初查阶段可使用任意性调查措施。[2]《信息网络犯罪刑事诉讼程序意见》第 13 条也作了类似规定。上述司法解释在阐述初查中可采取的调查措施时，都将勘验列入任意性侦查范围之内，认为勘验不会干预被调查对象住宅、财产等基本权利。按上述司法解释的内在逻辑，作为勘验下位概念的远程勘验，在法律性质上自然属于任意性侦查。

但是，《电子数据规定》第 9 条第 3 款对远程勘验法律性质的体现，似乎与前述司法解释并不相同：第一，不需要采取技术侦查措施的远程勘验，被界定为强制性侦查。从适用条件来看，该条款要求远程勘验以"必要性"为前置条件，即只有在"必要时"才能采取远程勘验。这就意味着远程勘验只有在通过其他常规侦查措施，如搜查、扣押等，无法达到收集电子数据之目的时才可适用。从权利保障和比例原则角度来看，在刑事证据收集过程中，侦查人员需优先适用对被调查对象权利干涉性较低的侦查措施。相对于搜查、扣押等强制性侦查而言，远程勘验在收集电子数据中适用顺位的置后性，就意味着司法解释制定者认为远程勘验的权利干涉性要高于搜查、扣押等侦查措施。按照此种逻辑，远程勘验在法律性质上自

---

[1] 裴炜："刑事立案前后电子取证规则衔接问题研究——以电子数据证据过程性为视角"，载《当代法学》2019 年第 2 期。

[2] 孙谦主编：《〈人民检察院刑事诉讼规则（试行）〉理解与适用》，中国检察出版社 2012 年版，第 138 页。

然属于强制性侦查。第二，需要采取技术侦查措施的远程勘验，则被界定为高强度的强制性侦查。按照《电子数据规定》第 9 条第 3 款之规定，对于采取技术侦查措施的远程勘验，应依法经过严格的批准手续。这就意味着采取技术侦查措施的远程勘验在法律性质上属于高强度的强制性侦查。有观点亦认为：通过网络远程勘验进入已采取防止进入措施、权属明确的信息系统提取电子数据，属于强制性侦查，有些甚至是高强度的强制性侦查，应纳入技术侦查范畴。〔1〕因此，《电子数据规定》对于远程勘验法律性质的界定与前述司法解释的观点并不相同，其倾向于认为远程勘验属于强制性侦查。

二、网络远程勘验的应然属性

不仅现有司法解释对远程勘验法律性质的界定存在矛盾，理论界对勘验的法律性质也存在"任意侦查说"和"强制侦查说"两种观点。

"任意侦查说"认为，勘验属于任意性侦查，其并不会侵害被调查对象的基本权利。犯罪发生之后，很多与犯罪有关的物品、痕迹会散落在犯罪现场，甚至犯罪现场本身就是案件的证据，侦查人员直接借助于"五官"感知就能自然地查找、收集到相关证据，而无须额外使用强制措施。当然，在现场勘验中通常也会使用诸如现场封锁、警戒之类的强制措施，但这些措施并不是为了强制取证，而是为了维持现场秩序、保护证据免于毁坏。〔2〕"任意侦查说"将勘验作为任意性侦查，其作为收集证据的手段并不会侵害被调查对象的基本权利。但是，"任意侦查说"在界定勘验对象范围时，将其限定为犯罪现场与被害人，而不能针对犯罪嫌疑人或者被害人以外的第三人，对他们进行的所谓"勘验"应归为强制性侦查措施的搜查。

"强制侦查说"认为勘验属于强制性侦查，其会侵害被调查对象的基本权利，对其应遵循法律保留主义、令状主义和比例原则等程序性限制。

〔1〕　龙宗智："寻求有效取证与保证权利的平衡——评'两高一部'电子数据证据规定"，载《法学》2016 年第 11 期。

〔2〕　傅美惠：《侦查法学》，中国检察出版社 2016 年版，第 255-258 页。

比如，我国台湾地区学者林钰雄就认为："勘验在法律性质上通常属于干预基本权利的强制处分，特别是身体检查，其会限制或者干预被调查人员自由权利。依照法律保留原则，必须由法律创制授权所致。勘验有人居住或者看守的住宅等场所，会干预其居住或者所有权人的财产权。"[1]此种观点也根据勘验对象予以适当区分，其认为犯罪现场勘验通常属于任意性侦查，而对犯罪嫌疑人、第三人的勘验则属于强制性侦查。

上述两种观点看似截然对立，却也有很多暗合之处，其中最主要的就是它们都关注到勘验对象对其自身法律性质的影响。它们都将犯罪现场勘验定性为任意性侦查，而对犯罪嫌疑人或第三人的勘验或者所谓的"勘验"都定性为强制性侦查，但各自调整和规制路径却截然不同。"强制侦查说"本身已将勘验界定为强制性侦查，其自然可将对犯罪嫌疑人或第三人的勘验纳入"勘验"范围之内，使其受到法律保留主义、令状主义和比例原则等方面的严格限定。而"任意侦查说"则不将勘验纳入强制性侦查范围，其只是将对犯罪嫌疑人、第三人等对象实施的所谓"勘验"纳入搜查范畴，让其受到搜查这种强制性侦查措施制度的调整和规制。因此，两种学说对勘验法律性质的界定看似对立，但都注意到勘验对象自身是否承载被调查对象基本权利而将其纳入强制性侦查或任意性侦查范围之内。两种观点的内在契合也应适用于电子数据远程勘验，即根据远程勘验对象是否承载被调查对象基本权利而将其归为强制性侦查或任意性侦查，从而受到法律的不同调整和规制。如果不考虑电子数据所承载权益的性质和类型，而将远程勘验笼统归结为任意性侦查或强制性侦查，则可能产生诸多消极后果：若将远程勘验都视为强制性侦查，则可能导致远程勘验某些并不承载隐私权、信息权等基本权利的电子数据，如微博、网页上公开发表的信息，因受到过多程序性限制减损其查明事实、打击犯罪的功能；反之，若将远程勘验都视为任意性侦查，则可能导致远程勘验某些承载个人隐私权、信息权等基本权利的电子数据，如对 E-mail、短信、微信等通信信息，因缺乏足够的程序性控制而损害个人基本权利。虽然同为远程勘

---

〔1〕 林钰雄：《刑事诉讼法（上册）》，中国人民大学出版社 2005 年版，第 403-408 页。

验，但由于电子数据自身承载权利类型的差异，可能会导致网络远程勘验具有不同法律属性。

对于电子数据远程勘验的分析，需要考虑不同类型电子数据所承载的权益，并以此为基础对电子数据给予不同的程序性保护。按照程序正义和比例原则的基本要求，电子数据所承载的权益越重要，法律所给予的程序性保护措施就应越严密。[1]这实际上就意味着对电子数据远程勘验的调整和规范，需要从对传统证据材料所处物理空间法律性质的关注，转向对电子数据自身所承载利益法律性质和重要程度的关注。这就需要以其所承载权益为基础对电子数据进行分类。

第三节　电子数据网络远程勘验的实践困境

我国《刑事诉讼法》和相关司法解释对电子数据远程勘验的法律定位不清，部分司法解释甚至相互冲突，由此导致现有规则实践运行存在不少困境。从电子数据远程勘验在刑事司法实践中的适用来看，其主要存在以下问题：

第一，部分侦查人员混淆远程勘验和刑事搜查，在电子数据取证中存在"借远程勘验之名，行刑事搜查之实"的问题。在我国现行法律之下，搜查被界定为强制性侦查，其存在较多程序性规制，如搜查原则上应取得搜查证；而勘验被界定为任意性侦查，其所受程序性规制相对较少。在司法实践中，侦查人员为快速查明事实、打击犯罪，对本应通过搜查来收集的证据却借助于所谓的"勘验"来完成。在电子数据收集中，很多本应经由搜查来收集的电子数据却借由"远程勘验"之名实施。比如在"快播案"的侦查过程中，侦查机关多次远程勘验快播公司的缓存调度服务器、QVOD 资源服务器、相关计算机等电子设备来收集相关电子数据。比如2014 年 5 月 30 日，B 市公安局网络安全保卫总队对董某负责运维的缓存调

---

[1]　裴炜："比例原则视域下电子侦查取证程序性规则构建"，载《环球法律评论》2017 年第 1 期。

度服务器进行远程勘验；2015 年 1 月 26 日 14 时 00 分至 15 时 13 分，B 市公安局网安总队四大队对引擎搜索"淫秽关键字+快播""淫秽关键字+暴风影音""淫秽关键字+迅雷看看"的搜索结果进行了远程勘验；公安机关于 2015 年 1 月 13 日 22 时 56 分对"QVOD 资源服务器"程序运行界面情况进行了远程勘验。[1]其中有些取证行为确实属于远程勘验，如对通过百度检索结果的远程勘验；有些取证行为则是借勘验之名、行搜查之实，从而能较为便利地获取相关犯罪证据。但是，被调查对象本应在搜查中享有的诉讼权利和程序性保障，却会在这种"乾坤大挪移"中被规避或者侵蚀，这显然不利于保护被调查对象的权利。

侦查机关"以远程勘验来替代刑事搜查"进行电子数据侦查取证，主要有以下原因：首先，远程勘验和搜查本身存在很多相似性。勘验是对与犯罪有关的场所、物品进行勘察检验，以发现、收集和固定与犯罪有关的痕迹和物品。搜查是对隐藏罪犯或者罪证的地方进行搜查、检查，以便收集证据或抓获犯罪。从功能上看，勘验、搜查都是收集实物证据的重要方法。勘验对象是现场、物品和尸体，搜查对象是身体、物品和场所，两者之间本身存在重叠性。其次，在传统刑事诉讼制度中，侦查人员复制、下载网络空间中的电子数据并不构成"扣押"，分析已复制的电子数据也不构成"搜查"。因为传统刑事诉讼制度将搜查、扣押界定为对他人财产的合法剥夺，这种界定与实物证据所处物理空间具有密切联系。当侦查人员对某人财产的占有利益进行合法干涉时就会发生搜查、扣押。这种标准将合法干涉限定于实物财产，但不能适用于电子数据。侦查人员可以在远程勘验中通过下载、复制方式收集电子数据，此时并不会剥夺相关人员的占有利益，这就让传统刑事诉讼规则在电子数据取证中无法发挥其应有作用。最后，从主观原因来看，由于我国《刑事诉讼法》将搜查定位为强制性侦查，对其进行了较为严格的程序性控制；而将勘验定位为任意性侦查，对其程序性控制相对宽松。在司法实践中，侦查人员往往会避重就轻而选择电子数据远程勘验来替代电子数据搜查。

---

〔1〕 详见北京市海淀区人民法院（2015）海刑初字第 512 号刑事判决书。

第二，部分侦查机关以电子数据网络在线提取来替代电子数据网络远程勘验，以网络在线提取笔录来替代网络远程勘验笔录作为认定案件的证据。在我国《刑事诉讼法》中，"提取"并不是法定的侦查行为类型，证据提取行为仅仅是实现勘验、检查的环节和步骤，如在犯罪现场勘验中可以提取指纹、提取血痕等。《公安机关办理刑事案件程序规定》第213条规定："侦查人员对于与犯罪有关的场所、物品、人身、尸体应当进行勘验或者检查，及时提取、采集与案件有关的痕迹、物证、生物样本……"该规定将相关证据提取作为实现勘验的步骤、方法。侦查人员可以在现场勘验中提取相关证据，在相关证据的提取和采集中来完成现场勘验。但是，在电子数据收集过程中，有不少侦查人员对远程计算机系统中的电子数据则直接通过网络在线提取来收集，而并不经由网络远程勘验收集；其对网络在线提取情况会制作相应网络在线提取笔录，而不是制作网络远程勘验笔录；在认定案件事实时也是将网络在线提取笔录作为认定案件的证据材料之一。当然，我国现行法律并未将网络在线提取规定为法定侦查行为类型，并不意味着其在电子数据取证中绝对不能使用，但在使用时只能将其作为任意性侦查手段，即只能在网络在线提取不会侵害被调查对象基本权利时才可使用。不过，侦查机关在司法实践中使用网络在线提取时已经超出了任意性侦查的适用范围，对某些承载个人信息权、隐私权的电子数据也使用网络在线提取。比如，在李某侵犯公民个人信息罪案件中，[1]侦查机关通过网络在线提取收集到被告人的电子交易记录、QQ聊天记录等电子数据，法院在认定案件事实时也将网络在线提取笔录作为定案依据之一。

上述情况主要源于，《电子数据规定》第6条明确承认了网络在线提取的电子数据，可以在刑事诉讼中作为证据使用。该规定主要源于网络在线提取并非法定侦查取证行为类型，有必要明确网络在线提取电子数据的证据能力。[2]这种规定显然具有合理性，但却忽略了网络在线提取所依附

---

[1]　具体内容详见江苏省淮安市清江浦区人民法院（2019）苏0812刑初39号刑事判决书。

[2]　喻海松："刑事电子数据的规制路径与重点问题"，载《环球法律评论》2019年第1期。

的具体侦查行为类型。《电子数据取证规则》第二章第四节为"网络在线提取电子数据",并在该节中规定电子数据网络远程勘验。这种逻辑结构是将网络远程勘验界定为网络在线提取的内在构成要素,认为网络在线提取包含了网络远程勘验。该规范对二者关系的界定仅具有技术操作上的合理性,却并不符合我国现行法律对于"勘验"和"提取"关系的界定,很容易让侦查机关在电子数据取证中以网络在线提取来替代网络远程勘验。现有司法解释和部门规章,一方面未对网络在线提取作任何程序性规制和限定,另一方面还明确承认网络在线提取电子数据的证据能力。基于趋简避繁的自然理性和降低证据被排除的潜在风险,侦查机关自然愿意以网络在线提取来替代网络远程勘验收集电子数据。

第三,境内远程勘验与境外远程勘验的差别化待遇,导致电子数据收集中权利保障不平等和制度运行失灵。在开放式网络环境中,电子设备所处地域空间得到极大延伸,此种延伸有时会具有无限性和未知性。[1]在借助远程勘验收集电子数据时,随着电子设备所处网络空间的延伸会出现跨地域、跨国境远程勘验。比如,在跨国网络诈骗、网络传销等刑事案件的侦查中,会大量出现境外电子数据远程勘验。在司法实践中,侦查人员通常直接在其办公室运行相应电子取证设备远程登录位于境外的电脑、服务器等存储介质,从中检索和提取与案件相关的电子数据。在无边界、开放网络空间所进行的电子数据远程勘验,目前已在刑事司法实务中广泛运用。[2]但是,鉴于针对跨国远程勘验的专门性国际立法和司法互助制度缺失,境外远程勘验很容易被界定为黑客攻击。在刑事司法实务中,有观点认为:在境外电子数据取证中,虽然电子数据及其原始存储介质位于境外,但远程勘验取证行为发生于境内,侦查人员只需要履行我国的相关法律手续,这些电子数据便可以采纳。[3]这种观点显然有待商榷。网络空间作为陆、海、空、太空之外的第五空间,网络空间主权是国家主权的组成

---

〔1〕 李双其、林伟:《侦查中电子数据取证》,知识产权出版社 2018 年版,第 88—93 页。

〔2〕 刘亚:"电子证据:跨越国界的互联网取证",载《方圆》2017 年第 19 期。

〔3〕 戴长林主编:《网络犯罪司法实务研究及相关司法解释理解与适用》,人民法院出版社 2014 年版,第 227 页。

部分。[1]而侦查权是国家主权的行使，任何国家的司法机关在另一国家行使侦查权就意味本国主权延伸至他国之内，因此，大多数国家根据本国主权并不承认外国在其国内进行侦查活动，而只能以刑事司法协助的方式会同对方国进行侦查。[2]我国单方面授权侦查机关进行跨境远程勘验，虽然有效回应了侦查机关高效取证的社会需求，但却与现有国际法规则存在冲突，存在潜在的国际风险和外交风险。为避免上述潜在外交风险和国际争端，《电子数据取证规则》则采取了差别化待遇：对境外电子数据在线提取、远程勘验，只能是针对公开发布的电子数据；而对境内远程计算机信息系统上的电子数据在线提取、远程勘验，则并无此种限制。

上述处理方式虽然可减缓、化解境外电子数据远程勘验可能引发的国际争端，但却存在对被调查对象差别处理而引发权利保护不平等问题。对于公开发布的电子数据，任何人都可以检索、查阅，其本身并不存在排除他人干涉的隐私利益期待。通过将境外远程勘验限定于公开发布的电子数据，可以从适用范围角度来更好地保护被调查对象权利。而对于境内远程计算机信息系统上电子数据的远程勘验，则并不区分其属于公开发布还是处于保密状态的电子数据。这就意味着境内远程勘验既适用于公开发布的电子数据，也适用于保密状态的电子数据，如对电子邮件、网络服务系统等远程勘验。由于我国《刑事诉讼法》和司法解释主要将远程勘验视为任意性侦查，对其程序性控制相对较弱。这就使得我国电子数据远程勘验在境内和境外的实践运行中形成了差别化待遇，显然有悖于平等保护原则。另外，将境外远程勘验限定为公开发布的电子数据，将可能导致某些跨国网络犯罪案件事实无法查清，从而无法有效打击此部分跨国网络犯罪。从我国电子数据境外远程勘验的实践运行来看，有些侦查机关在查处跨国网络犯罪时会根据其工作需要而突破上述规定，对某些不公开发布的域外电子数据也适用远程勘验，这就导致《电子数据取证规则》对境外远程勘验

---

〔1〕　胡丽、齐爱民：“论‘网络疆界’的形成与国家领网主权制度的建立”，载《法学论坛》2016 年第 2 期。

〔2〕　〔日〕田口守一：《刑事诉讼法》，张凌、于秀峰译，法律出版社 2019 年版，第 63-64 页。

程序性限制在实践运行中的制度失灵。

第四节　电子数据网络远程勘验的未来发展

《电子数据规定》《电子数据取证规则》的出台，虽然部分缓解了电子数据收集提取和审查认定无法可依的难题，初步建立了我国电子数据网络远程勘验规则，但这些规则并未建立在对远程勘验法律性质科学定位的基础之上，由此导致其在实践运行中的种种困境。因此，有必要在厘清远程勘验法律性质的基础上建立科学的电子数据网络远程勘验规则体系。

第一，电子数据网络远程勘验的法律性质应以"强制性侦查为原则，任意性侦查为例外"，并以此为基础来建立电子数据网络远程勘验规则体系。网络远程勘验不宜简单地完全归为强制性侦查或任意性侦查，而应结合电子数据具体类型作不同区分。有些国家在立法层面将勘验作为强制性侦查，并且明确了其作为任意性侦查的例外情形，如俄罗斯。[1]其基本思路是：勘验对象多数承载着被调查对象的合法权益，而只有少数并未承载个人基本权利，如在公共、开放场所的现场勘验。此种立法模式值得我国建立远程勘验规则体系时借鉴参考。由于电子数据多数承载了被调查对象的信息权、隐私权等基本权利，如《电子数据规定》第 1 条第 2 款中列举的四类电子数据，除第 1 项所列公开发布的网页、博客、微博客、朋友圈、贴吧等电子数据没有承载个人基本权利外，剩余款项所列网盘、手机短信、电子邮件、身份认证信息、电子交易记录、通信记录、登录日志等电子数据都包含个人合理隐私利益。这就决定了多数电子数据的远程勘验都应作为强制性侦查予以规制。对于作为强制性侦查的网络远程勘验，可以参照搜查制度予以程序性规定，实现对被调查对象权利的有效保障；而对于作为任意性侦查的网络远程勘验，由于其不具有权利干涉性和侵害性，其规则关注的重点是如何保障远程勘验中收集电子数据的关联性、真实性

---

〔1〕　〔俄〕К. Ф. 古岑科主编：《俄罗斯刑事诉讼教程》，黄道秀等译，中国人民公安大学出版社 2007 年版，第 221 页。

和完整性。

第二，设立网络远程勘验规则应遵循比例原则，以实现对不同类型电子数据所承载不同权益的差别保护。此处运用比例原则主要需着眼于两个因素：电子数据自身所承载的权利和远程勘验所采取的技术手段。电子数据外延广泛，其具体类型和形态多种多样，而且随着网络信息技术的不断发展，新型电子数据会不断涌现。这些电子数据所承载的权利也不尽相同，如公开发布的微博信息等电子数据，远程勘验通常不会干预相关权利或者权利干预性较弱；而电子邮件等通信类电子数据，涉及被调查对象隐私权和信息权，远程勘验则具有权利干预性。电子数据承载权益的不同，决定了远程勘验中采取的程序性保护措施也不相同。另外，远程勘验中采取的技术性方法或手段，也决定了对被调查对象权利干预、侵害程度不同，由此其受到的程序控制也不完全相同。如，《电子数据取证规则》第27 条列明网络远程勘验的六类适用对象，其中根据第 3 项"需要在远程计算机信息系统中安装新的应用程序的"之规定，侦查人员就可以在远程勘验被调查对象计算机系统中安装木马程序、间谍程序等应用程序，从而主动、实时地监控被调查对象，收集相应电子数据。此种远程勘验行为属于高度的强制性侦查，其会深刻干预被调查对象的隐私权和通信权，应纳入技术侦查措施范畴而受到更严格的程序性控制。因此，在构建网络远程勘验规则体系时，应考虑电子数据自身所承载的权利和远程勘验所采取的技术手段，而将其纳入任意性侦查、强制性侦查和高度强制性侦查范畴而受到不同程序性措施的调整。

第三，协调境外网络远程勘验与境内网络远程勘验的规则体系，以实现电子数据网络远程勘验中的平等保护。贯彻比例原则并不违反平等保护原则，因为这是根据电子数据自身所承载的权利和远程勘验所采取的技术手段的差异，来实现对网络远程勘验的不同程序性控制。但是，根据被调查对象所处地域空间的差异，而设置不同网络远程勘验规则就存在地域歧视之嫌，因为这种差别待遇的根据不是权益大小和侵害程度，而主要是缘于被调查对象所处地域。按照《电子数据取证规则》的规定，对于境外电子数据取证，网络远程勘验适用对象仅限于公开发布的电子数据；而对于境内电子数据取证，网络远程勘验既可适用于公开发布的电子数据，也可适用于没有公开发布的电子数据。此种境内外网络远程勘验的差别化规定，会导致对本国国民的程序性保护弱于境外被调查对象，而境外被调查对象在网络远程勘验中享有超国民待遇。这既有悖于程序正义所要求的平等保护原则，也可能导致境外网络远程勘验在实践运行中的制度失灵。因此，有必要协调境外远程勘验与境内远程勘验的规则体系，可以有限度地承认域外电子数据强制性侦查措施的适用。正如有学者所建议："我国可参考国外立法和国际法原则，在电子数据收集中保留适用跨境强制侦查措施，但须遵循国际法上的对等原则和对相关国家的及时告知义务。"[1]有限度地承认境外电子数据强制性侦查措施的适用，一方面意味着继续承认网络远程勘验可适用于境外公开发布的电子数据，另一方面则需将针对承载个人隐私权、信息权等基本权利的境外电子数据所开展的远程勘验纳入搜查或者技术侦查措施范畴之内。通过国际协商和合作，在遵循国家主权原则、网络空间主权原则和平等保护原则的基础上，谨慎地探索建立境外电子数据远程勘验规则体系。

第四，强化法院在证据合法性审查中对电子数据侦查取证行为类型的实质性审查。在我国现行法律制度下，对于强制性侦查的使用通常只需要取得县级以上侦查机关负责人审批，而不是由处于中立、超然地位的司法机关来审查批准。虽然很多学者建议将强制性侦查纳入司法审查范围，[2]但短期内我国并不会改变对强制性侦查的行政化审批程序。在缺乏事前的司法审查机制之下，即便对网络远程勘验规则进行修改和完善，也很难解决实践运行中所出现的"以远程勘验替代刑事搜查""以网络在线提取替代网络远程勘验"的现象。解决之道在于，通过强化电子数据取证合法性的事后司法审查来弥补事前司法审查的缺失。法院在证据合法性审查中，应当对电子数据侦查取证行为类型进行实质审查，而不能仅仅因为某种电子数据侦查取证行为被冠以"网络远程勘验"之名，就认定其属于网络远

---

〔1〕 梁坤："跨境远程电子数据取证制度之重塑"，载《环球法律评论》2019年第2期。

〔2〕 龙宗智："强制侦查司法审查制度的完善"，载《中国法学》2011年第6期。

程勘验。即便对属于网络远程勘验的电子数据侦查取证行为，也需要进一步实质审查其属于强制性侦查的远程勘验还是属于任意性侦查的远程勘验。实质性审查应当采取"重大权益干预"标准，[1]主要审查网络远程勘验是否侵犯公民隐私权、信息权等重大权益，而不是主要关注其是否采取强制的有形力。对于应当纳入远程搜查、技术性侦查范围的电子数据侦查取证行为，侦查机关却借由网络远程勘验之名来故意规避相应程序性措施和被调查对象的诉讼权利，或者将本应纳入强制性侦查的网络远程勘验作为任意性侦查来使用，这都属于重大程序性违法。对于此种情况下收集的电子数据，应当认定为非法证据而予以排除，以实现对侦查机关电子数据违法取证行为的程序性制裁。通过非法证据排除的程序性制裁，虽然不能解决强制性侦查中事前司法审查缺失的问题，但却可以通过事后司法审查来倒逼侦查机关选择合法的电子数据侦查取证措施，从而解决电子数据取证中的侦查行为混同问题。

---

[1]　[日]田口守一：《刑事诉讼法》，张凌、于秀峰译，法律出版社2019年版，第63-64页。

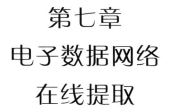

第七章

电子数据网络

在线提取

电子数据具有虚拟性、可复制性、技术性等特征，这决定了电子数据具有与传统实物证据并不完全相同的取证模式和取证方法，由此衍生出不少新型取证方式，如网络在线提取、网络远程勘验、电子数据冻结等。开放式网络环境中的电子数据通常处于虚拟空间，对处于虚拟空间或者不能实地接触的云端电子数据，网络在线提取成为远程目标系统中电子数据取证的重要方式。《电子数据规定》首次对电子数据网络在线提取的适用对象、证据能力等问题作出规定。《电子数据取证规则》对电子数据网络在线提取的适用范围、运行程序等内容予以细化。但是，由于上述司法解释和部门规章对网络在线提取的法律性质界定及体系定位存在误区，其在此基础上所构建的电子数据网络在线提取规则存在较多问题，由此导致司法实践中对电子数据网络在线提取规则存在误读和滥用。因此，本书拟对电子数据网络在线提取的现有规则进行梳理和分析，并在厘清其法律性质和考察其实践运行状况的基础上，对电子数据网络在线提取规则进行反思和重构。

第一节　电子数据网络在线提取的规则评析

我国《刑事诉讼法》虽然将电子数据列为法定证据种类之一，但并未规定与电子数据自身特征相适应的侦查取证行为类型，这就意味着电子数据主要适用传统实物证据侦查取证规则。由于电子数据在物质形态、存在方式、外在特征等方面与传统实物证据存在较大差别，如传统实物证据存储的案件信息往往与其自身物质载体融为一体，这就决定了收集传统实物证据需将其案件信息与物质载体一并收集，在侦查取证行为上则需采取直接物理接触式取证。而开放式网络空间中的电子数据具有虚拟性、可复制性等特点，这就决定了其侦查取证不受物理空间距离限制，如基于大数据、人工智能所带动的技术发展和市场需求，使得电子数据越来越多地从终端设备向不能实地接触的云存储空间迁移。[1]电子数据侦查取证无须都采取直接物理接触方式，其在实践运行中衍生了不少适应电子数据自身特征的取证模式，如网络在线提取、网络远程勘验、电子数据冻结等。为实现对网络在线提取、网络远程勘验等新型侦查取证行为的规范化，《电子数据规定》和《电子数据取证规则》对这些新型侦查取证行为予以规定。这里就以上述司法解释和部门规章为基础对电子数据网络在线提取规则进行梳理和评析。

第一，明确了电子数据网络在线提取的适用对象，但其与在境外电子数据网络在线提取适用对象上存在差别。《电子数据规定》第9条第2款规定："对于原始存储介质位于境外或者远程计算机信息系统上的电子数据，可以通过网络在线提取。"该条明确了电子数据网络在线提取适用于两类对象，即原始存储介质位于境外的电子数据和远程计算机信息系统上的电子数据。这里需要注意的是，上述两种情况下虽然"可以"通过网络在线提取，但是这两种情况并不完全都可以适用网络在线提取。对于前一种情况，只有该境外原始存储介质与互联网相连接，而且与其连接的是因特网而不是局域网，才可适用网络在线提取；而对于没有连接因特网的境外原始存储介质，在技术层面无法实现电子数据网络在线提取。对于境内远程计算机系统中的电子数据，也并非都须经由网络在线提取方式来收集。比如在快播案中，快播公司租借北京网联光通技术有限公司的四台服务器，并通过账号和密码远程登录进行维护。侦查机关对于该四台服务器中淫秽视频等电子数据的提取就并未采取网络在线提取方式来收集。[2]该款之规定仅从电子数据原始存储介质角度来界定网络在线提取的适用对象，而并未根据电子数据自身类型及其承载相应利益来限定其适用对象，这就为网络在线提取适用范围扩大化留下了制度空间。

该款在界定境外网络在线提取适用对象时并未区分公开发布和不公开

---

〔1〕 李双其、林伟：《侦查中电子数据取证》，知识产权出版社 2018 年版，第 91-93 页。

〔2〕 详见北京市海淀区人民法院（2015）海刑初字第 512 号刑事判决书和北京市第一中级人民法院（2016）京 01 刑终 592 号刑事裁定书。

发布的电子数据，这就意味着对于不公开、可能承载被调查对象合理隐私期待等基本权益的电子数据，我国侦查机关也可以通过网络在线提取方式收集。但是，侦查权是国家主权的基本范畴，将承载被调查对象隐私权、信息权等基本权利的境外电子数据纳入网络在线提取范围，很容易引发国际争端和外交风险。《电子数据取证规则》显然已经意识到此种潜在风险，其第23条就对网络在线提取适用对象予以限缩，仅适用于公开发布的电子数据、境内远程计算机信息系统上的电子数据。其适用范围的转变固然可以化解潜在的国际争端和外交风险，但也意味着对境外和境内电子数据侦查取证的差别化待遇。对于境外电子数据的网络在线提取，仅能适用于公开发布的电子数据；对境内远程计算机系统上的电子数据适用网络在线提取却并不受此限制，对其中不公开发布的电子数据也可适用，而这些电子数据往往承载着被调查对象的隐私权、信息权等基本权利。

　　第二，将网络在线提取确立为网络远程勘验的上位概念，而将网络远程勘验作为网络在线提取的实现方式之一。在我国传统刑事诉讼制度和侦查制度中，证据提取并不是法定侦查措施，其在法律性质上属于侦查技术，即实现相关侦查措施的手段或技术；而勘验则是法定侦查措施之一，证据提取仅仅是实现勘验方式，也是勘验的内在构成要素，如在犯罪现场勘验中提取指纹、提取血痕、提取足印等。但是，《电子数据规定》和《电子数据取证规则》却并未按传统刑事诉讼制度和逻辑体系来处理网络在线提取和网络远程勘验之间的关系，在法律性质和体系定位上更多将网络在线提取确立为电子数据的侦查措施，而将网络远程勘验作为其构成要素和实现方式。这主要体现在以下方面：（1）《电子数据规定》第9条第2款、第3款在规定电子数据远程取证时，明确要求首先通过网络在线提取方式来收集电子数据，只有在"必要时"才可以进行网络远程勘验。将"必要性"作为网络远程勘验的适用条件就意味着，若能通过其他常规网络在线提取方式收集电子数据，则不能使用远程勘验。"必要性"要件的设置本身就暗含着将远程勘验作为实现网络在线提取方式之意。（2）《电子数据取证规则》第二章规定"收集提取电子数据"时，将网络在线提取与扣押、查封原始存储介质、冻结电子数据并列为其下各节。而查封、扣押、冻结都是刑事诉讼法规定的侦查措施，将网络在线提取与之并列，似乎有将其作为电子数据法定侦查措施之意。在该章第四节"网络在线提取电子数据"中，细化了一般情况下的网络在线提取和作为远程勘验的网络在线提取两种情况，这种体系定位本身也意味着将网络远程勘验作为网络在线提取的构成要素和实现方式。

第三，明确了电子数据网络在线提取的运行程序，其内容多为保障电子数据真实性和可靠性的程序性规定。《电子数据取证规则》对于电子数据网络在线提取运行程序作了详细规定，这些程序性规定多数属于保障电子数据真实性、可靠性的证据固定保全性程序，而不是权利保障性程序，这主要体现在以下方面：（1）明确了网络在线提取电子数据的关联性和可靠性要求。《电子数据取证规则》除了要求网络在线提取适用于公开发布的电子数据、境内远程计算机信息系统上的电子数据，其第24条也要求网络在线提取应当计算电子数据的完整性校验值；提取有关电子签名认证证书、数字签名、注册信息等关联性信息。无论是电子数据完整性校验值，还是数字签名等关联信息提取，都主要是为了从技术性层面来保障网络在线提取电子数据的可靠性和真实性。（2）规定了网络在线提取电子数据的固定保全程序。《电子数据取证规则》第25条、第26条、第34条、第35条规定了网络在线提取笔录、同步录音录像制度，并详细规定了笔录中所要记载的信息，明确了同步录音录像、拍照、截屏等证据保全程序的适用条件。录像、笔录是固定实物证据收集保管链条的重要方式，是实物证据鉴真的重要方式。实物证据鉴真主要通过对出示证据与主张证据同一性的确认，实现对出示证据关联性的形式审查，通过该证据载体及其表现形式的初步筛查机制来保障实物证据形式上的真实性。[1]通过提取笔录、录音录像等方式来固定和保全电子数据网络在线提取过程，是为了更好地为后期证明电子数据的形式真实性提供辅助性证据。（3）适用电子数据网络在线提取无须通过相应审批获得授权。关于这一点，其与电子数据冻结形成

---

〔1〕 孙锐："实物证据庭审质证规则研究——以美国鉴真规则的借鉴为视角"，载《安徽大学学报（哲学社会科学版）》2016年第4期。

鲜明对比。《电子数据取证规则》第 37 条规定，冻结电子数据应经县级以上公安机关负责人批准。这实际就将电子数据冻结定位为强制性侦查，侦查人员只有经过县级以上公安机关负责人批准、取得电子数据冻结权限，才可使用此种侦查措施。通过对电子数据冻结的事前程序性审批，可以实现对被调查人程序性保护和防止侦查人员权力滥用。《电子数据取证规则》并没有规定电子数据网络在线提取需要取得县级以上公安机关负责人批准，这就意味着侦查人员可以根据其工作需要自行决定使用网络在线提取，在缺乏事前审批机制的情况下，电子数据网络在线提取在实践运行中很容易出现权力滥用。

第四，《电子数据规定》明确了通过网络在线提取的电子数据具有证据能力。《电子数据规定》第 6 条规定："……通过网络在线提取的电子数据，可以作为证据使用。"有学者在解读该条时主张，该条规定了初查中可以使用网络在线提取取证措施。[1]此种观点是对该条的误解。该条既规定了初查电子数据的证据能力，也规定了网络在线提取电子数据的证据能力。该条之所以专门对网络在线提取电子数据的证据能力进行规定，主要源于电子数据网络在线提取属于新型侦查取证行为，刑事诉讼法尚未规定此种侦查取证行为。我国刑事证据理论和司法实践中，证据合法性不仅要求其取证主体、证据形式具有合法性，也要求取证行为的合法性。侦查行为类型法定化是"侦查法定原则"的基本要求，对避免法外侦查取证行为无谓侵扰公民自由与安宁具有重要意义。[2]取证行为合法性则要求侦查机关所使用的侦查取证行为有明确的法律规定，而采取法定侦查措施以外的强制性方式收集证据则通常属于违法取证，其证据能力会受到不同程度的减损。刑事诉讼法虽然没有规定电子数据网络在线提取属于法定侦查取证行为类型，但其在司法实践中已成为重要的侦查取证方式。在《电子数据规定》制定过程中，侦查实务部门强烈建议明确网络在线提取电子数据的

---

〔1〕　汪振林、张从慧："刑事初查电子数据取证措施适性研究"，载《重庆邮电大学学报（社会科学版）》2019 年第 2 期。

〔2〕　林钰雄：《刑事诉讼法（下册）》，中国人民大学出版社 2005 年版，第 7-8 页。

证据效力。全国人大常委会法制工作委员会也认为，对于通过网络在线提取的电子数据，只要取证过程能够保证电子数据的真实性、完整性，就可以作为证据使用。[1]赋予网络在线提取电子数据相应的证据能力，不仅为法院审查和采信该类电子数据提供了明确依据，也会大大激励侦查机关在司法实践中采用网络在线提取来收集电子数据。

第二节　电子数据网络在线提取的法律性质

对于网络在线提取法律性质的分析，既有助于更好地分析其现有规则和实践运行，也有助于指导构建科学、合理的电子数据网络在线提取规则。基于对网络在线提取法律性质的不同定位，可能对其具体制度建构会存在不同方案，对于其实践运行也可能存在不同评判。关于电子数据网络在线提取法律性质的分析可从两个层面展开：首先需考察其是侦查措施还是侦查技术；如果是侦查措施，则需进一步考察其是强制性侦查还是任意性侦查。

一、侦查措施 vs 侦查技术

对于电子数据网络在线提取法律性质的分析，首先需要考察其是侦查措施还是侦查技术。侦查技术，是对于某些具有侦查意义的客体所采取的技术，即根据侦查需要而对有关客体采取的技术方法。侦查技术是技术类型之一，是技术在侦查领域中的具体实施与运用。而侦查措施是法律所规定的侦查机关在刑事案件侦查中可以采取的调查活动和强制措施。[2]侦查措施可以分为调查措施、追缉措施和强制措施三类。通常而言，侦查技术是侦查措施的内在构成因素，侦查措施可以借由相关的侦查技术来实现。[3]

---

　　[1]　万春等："《关于办理刑事案件收集提取和审查判断电子数据若干问题的规定》理解与适用"，载《人民检察》2017 年第 1 期。

　　[2]　张玉镶主编：《刑事侦查学》，北京大学出版社 2014 年版，第 1-2 页。

　　[3]　韩德明："穿行于规则和规范之间——侦查技术理论引论"，载《北京人民警察学院学报》2005 年第 5 期。

侦查技术虽然是科学技术在侦查活动中的具体实施和应用，是科学技术的具体类型之一，但其实施和运行需要纳入侦查措施的框架之内，从而实现查明事实和权利保障的有效平衡。刑事诉讼法只对侦查措施进行调整和规范，至于侦查机关在具体侦查措施中使用何种侦查技术原则上不作规定，只要是有利于收集证据、查明事实的技术手段和方法都可以在具体侦查措施之下来实施和应用。因此，侦查措施具有法定性和封闭性的特点，其具体类型和运行程序相对固定。这种法定性、封闭性对于防止侦查权滥用、保护公民权利具有重要作用。而侦查技术则具有开放性、非法定性的特点，这种特点决定了侦查机关在相关侦查措施的法律框架之下可以穷尽各种技术方法来查明案件事实，特别是对于在科学技术飞速发展的时代背景下采取新型技术手段查明案件事实具有重要意义。我国刑事诉讼法规定了讯问、询问、搜查、扣押、勘验检查等八类调查型侦查措施，而对于侦查技术则并未予以规定。侦查措施适用中通常也会使用相应侦查技术，如讯问犯罪嫌疑人中使用讯问心理技术、犯罪现场勘验中可能使用指纹提取技术。

在现有刑事诉讼法学理论和侦查学理论中，指纹、足迹、血迹、生物样本等实物证据的提取，通常是被作为侦查技术而成为相关侦查措施的内在构成因素之一。比如在勘验检查中提取生物样本，在搜查中提取相关指纹。我国理论界很多学者在研究电子数据取证规则时，也通常将电子数据提取作为电子数据搜查、勘验的内在构成要素，而并不将其作为独立的侦查措施。[1]但是，《电子数据规定》和《电子数据取证规则》更多的是将电子数据网络在线提取定性为独立的侦查措施，而不仅仅是电子数据取证的侦查技术。这主要体现在以下方面：（1）在体系结构上将电子数据网络在线提取与原始存储介质扣押、电子数据冻结并列。《电子数据取证规则》第二章第二节规定"扣押、封存原始存储介质"，第四节规定"网络在线提取电子数据"，第五节规定"冻结电子数据"。扣押和冻结都是刑事诉讼法规定的侦查措施，将网络在线提取与二者在该章各节中并列规定，意味

---

〔1〕　陈永生："电子数据搜查、扣押的法律规制"，载《现代法学》2014年第5期。

着规章制定者在法律性质上将其作为收集电子数据的侦查措施。（2）将网络远程勘验作为网络在线提取的实现方式和构成要素。《电子数据取证规则》在"网络在线提取电子数据"一节分别规定了一般网络在线提取和作为网络远程勘验的特殊网络在线提取。这显然是将网络远程勘验作为实现网络在线提取的途径，将网络远程勘验作为网络在线提取的构成要素。此种体系设置蕴含着提升网络在线提取法律地位、将其作为独立侦查措施之意。（3）明确网络在线提取电子数据的证据能力。我国刑事证据制度的相关司法解释，鲜见从侦查技术角度来规定各类证据的证据能力，而多数是依据不同种类证据所适用侦查措施的程序性规定来规范其证据能力，如《刑事诉讼法解释》第 82 条第 2 项就将物证、书证合法性审查与搜查、勘验检查程序相结合。《电子数据规定》第 6 条专门规定网络在线提取电子数据的证据能力，似乎就不是将网络在线提取定性为侦查技术，而是将其作为与搜查、勘验具有同等地位的独立侦查措施。

二、强制性侦查 vs 任意性侦查

在刑事诉讼理论中，侦查行为可以分为强制性侦查和任意性侦查。强制性侦查是使用强制方法进行调查取证、查获犯罪嫌疑人的侦查；而任意性侦查则是不使用强制方法，不干预或者侵犯被调查对象重大权益的侦查。由于强制性侦查需要使用强制方法，伴随着对公民重大权益的侵害，而任意性侦查则不使用强制方法，故刑事诉讼法规制和调整的重点是强制性侦查。刑事诉讼法虽然也会对任意性侦查作出相应程序性规定，但这种程序性规定主要是为了防止因侦查疏漏而导致事实认定错误，主要是通过相应程序设置来保障所收集证据的真实性。而强制性侦查会侵害公民基本权利，故其需要遵循法律保留原则、比例原则和令状原则。[1]强制性侦查须有法律明确规定才可适用，而不能由司法机关通过司法解释或者行政机关通过部门规章来创设、规定。强制性侦查措施的适用，还需要取得县级以上侦查机关负责人批准，侦查人员获得令状之后才取得在具体个案中使

---

〔1〕〔日〕田口守一：《刑事诉讼法》，张凌、于秀峰译，法律出版社 2019 年版，第 52—53 页。

用强制性侦查的权力。当然，强制性侦查也需借助于相应技术性程序来保障其收集证据的可靠性，如搜查也需借助于搜查笔录、录音录像等方式来固定和保全证据。

从现有司法解释和部门规章的规定来看，电子数据网络在线提取显然被定位为任意性侦查而不是强制性侦查，这主要体现在以下方面：（1）侦查人员适用网络在线提取无须取得县级以上公安机关负责人批准。《电子数据规定》和《电子数据取证规则》都没有要求侦查人员适用网络在线提取需取得县级以上公安机关负责人批准，这与电子数据冻结形成鲜明对比。程序上无须批准就意味着无须申请令状来获得相应权限，侦查人员可以根据其工作需要来自行决定是否采取网络在线提取。（2）网络在线提取仅是通过司法解释和部门规章予以创设，而并非经由立法对其法定化。强制性侦查需遵循"法律保留主义"，即只有法律才可创设和规定强制性侦查。经由司法解释和部门规章来规定网络在线提取，显然也意味着未将其作为强制性侦查。（3）初查中可以通过网络在线提取来收集电子数据。《人民检察院刑事诉讼规则》和《公安机关办理刑事案件程序规定》中都明确了侦查机关在立案之前的初查中，只能采取不限制被调查对象人身、财产权利的任意性侦查，而不得采取强制性侦查。[1]但是，按照《电子数据规定》制定参与者的观点，在初查过程中可以通过网络在线提取来收集电子数据，特别是对原始存储介质位于本地，但案件尚在初查之中，侦查人员不便进入现场、不及时提取电子数据可能造成证据灭失，且相关电子数据能通过网络在线提取，其被解读为"远程计算机信息系统上的电子数据"而属于网络在线提取适用对象。[2]网络在线提取可以在初查阶段适用，显然也意味着其被界定为任意性侦查。

将网络在线提取界定为任意性侦查，在很大程度上源于其适用范围和运行方式。《电子数据取证规则》第 23 条将网络在线提取适用范围限定为

---

[1] 裴炜："刑事立案前后电子取证规则衔接问题研究——以电子数据证据过程性为视角"，载《当代法学》2019 年第 2 期。

[2] 万春等："《关于办理刑事案件收集提取和审查判断电子数据若干问题的规定》理解与适用"，载《人民检察》2017 年第 1 期。

公开发布的电子数据、境内远程计算机信息系统上的电子数据。对于公开发布的电子数据，任何人都可上网获取，侦查机关自然也可不借助于强制力而通过网络在线提取来收集。对于境内远程计算机信息系统上的电子数据，使用网络在线提取方式收集，可以经由两种途径：第一是使用电子数据持有人、网络服务提供者提供的用户名、密码等远程计算机信息系统访问权限。在取得被调查人员自愿同意情况下所展开的侦查通常属于任意性侦查，因为被调查人员自愿同意就意味着其放弃基本权益，侦查人员也无需使用强制力就可调查取证。电子数据持有人、网络服务提供者向侦查机关提供了其远程计算机系统的用户名、密码，就意味自愿向侦查机关赋予其远程计算机系统访问权限，侦查机关此时的电子数据网络在线提取行为自然不需要使用强制力而属于任意性侦查。第二是侦查机关在没有取得电子数据持有人、网络服务提供者提供的用户名、密码等远程计算机信息系统访问权限情况下，其在技术操作层面可以通过密码破解方式来实现对加密远程计算机系统中电子数据的网络在线提取。但是，《电子数据取证规则》第33条第1款规定将电子数据网络在线提取仅限定于第一种情形，即电子数据持有人、网络服务提供者向侦查人员提供了远程计算机信息系统访问权限。

第三节　电子数据网络在线提取的实践困境

　　网络在线提取作为开放式网络空间中电子数据取证的重要方式，其本身也是一种新型取证途径。由于现有司法解释对此种新型取证方式的法律定性存在误区，其在司法实践中的适用已大大超越其法定适用范围，并部分背离了其法定运行方式，由此导致电子数据网络在线提取规则在实践运行中存在不少乱象，这主要体现在以下方面：

　　第一，网络在线提取在实践运行中不仅适用于公开发布的电子数据，也适用于网络空间中尚未公开发布的承载了个人隐私权、信息权等重要权益的电子数据，由此就产生与任意性侦查法律性质之间的冲突与悖论。对于公开发布的电子数据，任何公民都可联网登录查阅，甚至允许登录后下载、复制，侦查人员自然也可以通过网络在线提取来收集公开发布的电子数据。[1]我国现有司法解释和部门规章将网络在线提取界定为任意性侦查，主要源于公开发布的电子数据并不承载被调查对象合理隐私期待或者隐私期待利益很低。但是，从网络在线提取的实践运行来看，其在司法实践中并没有局限于公开发布的电子数据，很多承载着个人隐私权、信息权等重要权益的电子数据也被纳入网络在线提取适用范围。在司法实践中，网络在线提取主要适用于以下情况：（1）网络公开发布的电子数据。此类电子数据主要包括网页、博客、微博客、贴吧等。比如，在国某提供侵入、非法控制计算机信息系统的程序、工具案中，[2]侦查机关就通过网络在线提取来收集某涉案网站公开发布的网页信息、神盾 DDOS-压力测试系统软件等电子数据。（2）作为网络通信信息的电子数据。此类电子数据主要包括 E-mail、手机短信微信、QQ 聊天记录、通讯群组等网络应用服务的通信信息。比如，在李某侵犯公民个人信息罪案中，[3]侦查机关通过网络在线提取方式收集到被告人的 QQ 聊天记录、微信聊天记录等电子数据。（3）电子支付、电子交易类电子数据。此类电子数据主要包括微信支付记录、淘宝支付记录、网购交易记录等。比如，在马某开设赌场案中，[4]侦查机关通过网络在线提取收集了刘某手机微信支付记录、转账记录等电子数据。（4）平台系统类电子数据。此类电子数据在网络诈骗、网络赌博、网络传销等犯罪中较为常见，犯罪分子通常需要建立或借助相应网络平台系统作为其犯罪工具和手段。比如，在张某等人诈骗案中，[5]侦查机关通过登录服务器对荣某国际平台系统进行网络在线提取，提取平台服务器相关数据。（5）云盘中存储的电子数据。云盘作为互联网中的云存储空间，可以存储海量数据，也成为犯罪分子实施犯罪的工具，其中存储的电子数

〔1〕　郑曦："刑事侦查中远程在线提取电子数据的规制"，载《国家检察官学院学报》2019年第 5 期。

〔2〕　详见青海省西宁市城西区人民法院（2018）青 0104 刑初 41 号刑事判决书。

〔3〕　详见江苏省淮安市清江浦区人民法院（2019）苏 0812 刑初 39 号刑事判决书。

〔4〕　详见青海省大通回族土族自治县人民法院（2018）青 0121 刑初 302 号刑事判决书。

〔5〕　详见浙江省金华市金东区人民法院（2019）浙 0703 刑初 42 号刑事判决书。

据自然就成为网络在线提取的适用对象。比如，在吴某侵犯公民个人信息案中，[1]侦查机关通过网络在线提取方式，在被告人百度云盘中提取到居民身份证照片 101 085 张（经折算计公民个人信息 3.6 万余条）。

在上述五类电子数据中，除了第（1）和（4）类电子数据不涉及个人合理隐私期待或者隐私期待利益很低，其他三类电子数据基本都承载了个人隐私权、信息权等基本权益。这就会产生网络在线提取作为任意性侦查的法律定性与基本权益干预性之间的矛盾与冲突。强制性侦查和任意性侦查的区分标准，主要不是看其是否使用了有形的强制力，而主要取决于其是否干预或者侵害了被调查对象的重大利益。随着现代网络技术、信息技术的不断发展，许多非物理性、非接触性干预个人基本权利的侦查取证行为大量出现。这些侦查取证行为即便没有使用物理性、接触性的强制力，但仍然会干预或者侵害个人信息权、隐私权等基本权益。这在电子数据网络在线提取中就得以体现。网络在线提取在实践运行中所指向的电子数据很大部分都承载了个人基本权益，其虽然没有使用直接物理接触式的强制力，但会因侵害个人基本权利而归属于强制性侦查。现有司法解释和部门规章将其定性为任意性侦查，侦查机关在使用网络在线提取时可能会借由任意性侦查之名肆意侵害被调查对象的基本权益，而被调查人的基本权益在所谓的"任意性侦查"中却无法获得应有的程序性保护。

第二，侦查人员在网络空间电子数据侦查取证中，存在以网络在线提取来替代远程搜查、远程勘验的现象，从而规避搜查、勘验中的程序性限制措施。我国刑事诉讼法和相关司法解释对搜查、勘验作了较为完善的程序性规定，这些程序性规定对保障被调查对象权利、保障收集证据的可靠性具有重要意义。而电子数据网络在线提取作为一种新型侦查取证行为，现有法律对其规范化程度显然不及搜查和勘验。有学者甚至将网络在线提取称为电子数据"非正式取证方式"，[2]此种界定虽不无商榷之处，但确实体现出网络在线提取规范化不足的问题。在司法实践中，电子数据侦查

---

〔1〕 详见江苏省南通市通州区人民法院（2017）苏 0612 刑初 692 号刑事判决书。

〔2〕 冯俊伟："跨境电子取证制度的发展与反思"，载《法学杂志》2019 年第 6 期。

取证出现了"以网络在线提取替代网络远程搜查""以网络在线提取替代网络远程勘验"现象。比如前文所述，收集 E-mail、手机短信、微信、QQ 聊天记录、云盘信息等电子数据，这些电子数据承载了个人隐私权、信息权等基本权益，侦查机关对于上述电子数据的侦查取证通常应归为远程搜查范围，但侦查机关却主要通过网络在线提取来收集上述电子数据。平台系统类电子数据，系属于犯罪分子实施网络犯罪过程中留下的痕迹类电子数据，对此类电子数据的收集应当通过网络远程勘验完成，但侦查机关也常常借由网络在线提取来收集此类电子数据。刑事诉讼法对不同类型的侦查措施设置了不同程序，侦查机关在不同侦查措施中享有的权限也不尽相同，被调查对象享有的诉讼权利也不完全相同。侦查机关在侦查取证中以某种侦查措施来替代或者规避另一种侦查措施，就会导致某些侦查措施的程序制度运行失灵，被调查对象本应享有的某些诉讼权利也会因程序替代或者程序混同而无法享有。

电子数据网络在线提取实践运行中的程序替代、程序混同现象与现有司法解释对其法律定性不无关系。现有司法解释将网络在线提取确定为收集电子数据的侦查措施，且承认了通过此种侦查措施收集的电子数据具有证据能力，赋予网络在线提取及通过此种方式所收集电子数据的合法性，为侦查机关大量使用网络在线提取奠定了制度根基。与此同时，现有司法解释将电子数据网络在线提取界定为任意性侦查，相对于搜查、扣押、冻结等强制性侦查措施而言，其受到的程序性制约更少。比如适用搜查需要取得县级以上侦查机关负责人批准，而现有司法解释对网络在线提取没有规定任何审批程序；对于被调查对象的程序性保护也更少，这就意味着侦查机关可以较为便利地通过网络在线提取来收集电子数据。即便是与同为任意性侦查的勘验相比，网络在线提取的程序性制约措施也更少。比如，勘验在程序上通常要求有见证人在场见证，且基于见证中立性和监督有效性的要求，《刑事诉讼法解释》第 80 条第 1 款明确规定了见证人的资质和范围。而现有司法解释和部门规章对电子数据网络在线提取并未要求见证人在场。在司法实践中，电子数据取证都要求见证人在场既不可行也不现实，如电子数据涉及国家秘密、淫秽色情等信息，或者涉及海量信息导致取证耗时较长等，可能都无法有见证人在场。[1]这就决定了在网络空间的电子数据并非都适合通过网络远程勘验来收集。另外，较多的程序性限制无疑会增加网络远程勘验中电子数据取证程序违法的概率，增加电子数据被认定为瑕疵证据或者非法证据而被排除的风险。而对于通过网络在线提取方式收集的电子数据，司法机关在审查证据合法性时则并无须审查见证人及其资质等情况，其因取证程序而被认定为瑕疵证据或者非法证据的概率极低。基于"趋简避繁"的自然理性和提高电子数据被采信率的内在诉求，侦查机关自然会优先选择通过网络在线提取来收集电子数据。

第三，境内和境外电子数据网络在线提取的差别化待遇，导致电子数据收集中权利保障不平等和制度运行部分失灵。电子数据具有虚拟性和对存储介质依附性的特征，以数字方式存储的信息所具有的虚拟性决定了其可以在开放式网络空间中留存和传播；在开放式环境中电子设备所处地域使得电子数据所处空间得到极大延伸，此种延伸有时会具有无限性和未知性。[2]在借助于网络在线提取来收集电子数据时，随着电子设备所处网络空间的延伸就会出现"跨地域"甚至"跨国界"网络在线提取。在跨国网络犯罪的侦查取证中，比如在网络电信诈骗犯罪、网络赌博犯罪、网络淫秽电子信息犯罪、网络传销犯罪等案件中，会大量使用境外电子数据网络在线提取。在司法实践中，侦查机关工作人员可以直接在其办公室或者实验室运行电子取证设备，通过技术手段远程登录位于境外的电脑、服务器等电子设备，从中检索和提取与案件相关的电子数据。在这种无边界、开放网络空间所进行的电子数据网络在线提取，目前已在刑事司法实务中广泛运用。[3]但是，有些境外电子数据网络在线提取行为很容易被界定为黑客攻击。刑事司法实务中有观点认为，在境外电子数据取证中，虽然电子数据及其原始存储介质位于境外，但网络在线提取行为却发生于境内，侦

---

〔1〕 万春等："《关于办理刑事案件收集提取和审查判断电子数据若干问题的规定》理解与适用"，载《人民检察》2017年第1期。

〔2〕 李双其、林伟：《侦查中电子数据取证》，知识产权出版社2018年版，第88—93页。

〔3〕 刘亚："电子证据：跨越国界的互联网取证"，载《方圆》2017年第19期。

查人员只需履行我国相关法律手续，这些电子数据便具有可采性。[1]此种观点不无商榷之处，网络空间是陆、海、空、太空之外的第五空间，网络空间主权是国家主权的重要组成部分。[2]侦查权是国家主权的重要表现之一，任何国家的司法机关在另一国家行使侦查权就意味本国主权延伸至他国之内，多数国家根据本国主权并不承认外国在其国内进行侦查活动，而只能以刑事司法协助方式会同对方国进行侦查。我国在与他国存在刑事司法协助机制的情况下，单方面授权侦查机关进行跨境电子数据网络在线提取，虽然有利于侦查机关高效侦查取证和快速打击犯罪，但却与现有国际司法协助规则的基本精神相悖，可能引发潜在国际争端甚至外交风险。为避免上述风险，《电子数据取证规则》则采取了差别化待遇：对于境外电子数据网络在线提取，只能针对公开发布的电子数据；而对于境内远程计算机信息系统上的电子数据适用网络在线提取，则并不受"公开发布"之范围限制。

上述规定虽可减缓、化解境外电子数据网络在线提取所引发的外交风险和国际争端，但却存在境内和境外电子数据网络在线提取的差别化待遇问题。对于公开发布的电子数据，本身并不会干涉他人合理隐私利益，任何人都可以联网检索、查阅。通过将境外网络在线提取限定于公开发布的电子数据，可以限定侦查机关利用网络在线提取对境外电子数据的适用范围，从而更好地保护被调查对象的基本权利。对于境内远程计算机信息系统上电子数据的网络在线提取，则并不区分其属于公开发布还是没有公开发布。这就意味着境内网络在线提取既适用于公开发布的电子数据，也适用于保密状态的电子数据，如对电子邮件、微信短信、网络服务系统等电子数据的网络在线提取。由于我国现有司法解释和部门规章将网络在线提取界定为任意性侦查，对其程序性控制的力度和规范化程度相对较弱。这就使得我国电子数据网络在线提取在境内和境外的制度设计和实践运行上

---

　　[1]　戴长林主编：《网络犯罪司法实务研究及相关司法解释理解与适用》，人民法院出版社2014年版，第227页。

　　[2]　胡丽、齐爱民："论'网络疆界'的形成与国家领网主权制度的建立"，载《法学论坛》2016年第2期。

存在差别化待遇，显然有悖于平等保护原则。当然，将境外网络在线提取仅限定于公开发布的电子数据，可能导致侦查机关无法收集或者无法高效收集某些境外电子数据，从而无法有效打击此部分跨国网络犯罪。从我国电子数据境外网络在线提取的实践运行来看，有些侦查机关在侦办某些跨国网络犯罪时会根据其工作需要而突破上述规定，对某些不公开发布的境外电子数据也适用网络在线提取，这就导致《电子数据取证规则》对境外电子数据网络在线提取的程序性规则在实践运行中出现部分制度失灵。

第四节　电子数据网络在线提取的未来发展

电子数据网络在线提取规则在实践运行中的种种困境，主要源于其法律性质界定不科学，由此导致其相应制度设计问题和实践运行困境。因此，有必要在厘清电子数据网络在线提取法律性质的基础上对其规则予以重构。

第一，根据电子数据网络在线提取属于侦查措施抑或属于侦查技术的不同定位，进而确立不同的完善路径。电子数据网络在线提取在法律性质上，可以将其界定为独立的侦查措施，也可以将其界定为侦查技术，即成为现有某种或数种侦查措施的内在构成要素，这主要取决于立法者的立法理念和政策。若是前者，将电子数据网络在线提取作为一种新型、独立的侦查措施，在制度设计上就需要对其适用范围、启动程序、运行方式等内容给予明确规定。若是后者，此时网络在线提取仅是现有某种或者数种侦查措施的内在构成要素，如将其作为电子数据搜查（远程搜查）、电子数据勘验（远程勘验）的构成要素，在制度设计上就无须对电子数据网络在线提取单独进行规定，而只需结合电子数据的自身特征和取证模式对现有搜查、勘验制度进行完善。基于电子数据的虚拟性、可复制性等特点，其取证模式包括"一体收集"和"单独提取"两种模式。[1] 在"一体收集"模式下，收集电子数据时需将其所依附的原始存储介质一并搜查扣押，搜

---

〔1〕　谢登科："电子数据的鉴真问题"，载《国家检察官学院学报》2017 年第 5 期。

查扣押原始存储介质时就实现了对其中存储电子数据的一并收集。在搜查扣押原始存储介质之后，可以对其中存储的电子数据进行提取。此时，电子数据提取就成为搜查扣押的内在构成要素，对电子数据提取规则的优化和完善就演变成为对现有搜查扣押制度的完善问题。在"单独提取"模式之下，则仅从原始存储介质中提取电子数据，而并不收集电子数据所依附的原始存储介质。根据取证主体与原始存储介质的空间距离，可将其进一步区分为现场提取和远程提取，将其分别作为现场勘验和远程勘验的内在构成要素。此时，对电子数据现场提取、远程提取规则的完善就演变为对现有刑事勘验制度的完善。

我国现有电子数据取证的主流教材，通常是将网络在线提取作为实现电子数据远程搜查、远程勘验的构成要素。[1] 总体来看，笔者亦倾向于将电子数据网络在线提取定性为侦查技术而不是侦查措施，其仅仅是实现电子数据远程勘验、远程搜查的内在构成要素。这种定性主要基于电子数据自身性质和取证规则融贯性之考量。网络犯罪中的电子数据类似于传统犯罪中所留下的足迹、指纹、血迹等痕迹，对于痕迹类物证收集多借助于相应的痕迹提取技术，而电子数据则是犯罪分子在实施犯罪中使用计算机、手机等电子设备在虚拟网络空间留下的痕迹，对于电子数据的收集自然也需要借助于相应电子数据提取技术。在传统实物证据收集中，相关痕迹类证据的提取属于现场勘验的构成要素，而不是独立的侦查措施。因此，为保持刑事取证规则体系的协调性与融贯性，应当将网络在线提取作为电子数据远程勘验的构成要素。但是，《电子数据取证规则》和《电子数据规定》在体系定位中并未将网络在线提取内化为网络远程勘验、网络远程搜查等侦查措施的构成要素，而是将其与扣押、冻结等侦查措施并列，并明确网络在线提取电子数据的证据能力，其是将电子数据网络在线提取定性为独立的侦查措施。若按照此种法律性质之界定，则需要区分网络在线提取属于强制性侦查或属于任意性侦查而对其进行不同规则建构。

----

[1] 刘浩阳、李锦、刘晓宇主编：《电子数据取证》，清华大学出版社 2015 年版，第 309-325 页。

第二，以电子数据所承载的不同权益为标准将网络在线提取界定为强制性侦查或任意性侦查，而设置不同程序规则。《电子数据取证规则》和《电子数据规定》在将网络在线提取定位为独立的侦查措施时，亦在性质上将其界定为任意性侦查，其在适用时无须经过相应审批程序，其程序性规则甚至要弱于同为任意性侦查的网络远程勘验。侦查机关基于"趋简避繁"的自然理性和提高电子数据被采信率的内在诉求，自然会优先选择适用网络在线提取来收集电子数据。但是，网络在线提取在实践运行中的适用对象并未局限于网页、博客、微博、贴吧等网络空间公开发布的电子数据，侦查机关对 E-mail、手机短信微信、QQ 聊天记录、通讯群组、电子交易记录等非公开发布的电子数据也大量适用网络在线提取。这些非公开发布的网络通信和交易信息类电子数据承载着相应主体的隐私权、信息权、通信权等基本权利，将针对此类电子数据所进行的网络在线提取也界定为任意性侦查显然并不合理。强制性侦查和任意性侦查的区分标准，主要并非看其是否使用了有形强制力，而主要取决于其是否干预或者侵害了被调查对象的重大利益。通过网络在线提取来收集非公开发布的网络通信和交易信息类电子数据时，虽然没有采取直接物理接触的强制力，但其已经干预相关主体的基本权利，故此部分电子数据网络在线提取应属于强制性侦查。对于此部分作为强制性侦查的电子数据网络在线提取行为，其在制度设计上应当遵循法律保留主义、令状主义和比例原则的基本要求。

当然，网络空间的电子数据种类繁多、数量巨大，而且随着网络信息技术的不断发展还会涌现很多新型电子数据。这些电子数据有些可能承载着被调查对象的隐私权、信息权等基本权利，而有些则并未承载着被调查对象的隐私利益或者隐私利益很低。针对网络空间的电子数据所开展的网络在线提取，并不能都归属于强制性侦查，也不能都归属于任意性侦查。较为科学的处理方式是，按照电子数据是否承载相应权益及其承载权益的重要程度而将其区分为强制性侦查或任意性侦查，并设置不同的侦查取证规则。《电子数据规定》第 1 条第 2 款虽然尝试对常见电子数据进行分类，但此种分类主要着眼于电子数据的表现形式，而忽视了对电子数据自身所承载权益的关注。〔1〕从世界范围来看，通行做法是按电子数据自身所承载信息的法律性质来进行分类。比如，国际网络犯罪公约委员会在 2015 年的调查报告中就将网络犯罪侦查中所涉电子数据概括区分为三类，即注册信息、交互信息和内容信息。〔2〕此种分类主要基于电子数据自身所承载信息的法律性质，相对而言较为科学，值得我国在电子数据侦查取证规则制定中参考借鉴。一般而言，注册信息是由当事人自愿提供，其承载的隐私期待利益相对较低，针对此类电子数据所开展的网络在线提取应当归属任意性侦查；交互信息处于半公开状态，其承载的隐私期待利益略高，针对此类电子数据所开展的网络在线提取属于强制性侦查；内容信息则直接触及私人通信自由与通信秘密的核心，针对此类电子数据所开展的网络在线提取属于强制性侦查。对承载此三类信息的电子数据调查取证时，法律施加控制的严厉程度呈逐步递增趋势。当然，强制性侦查和任意性侦查在特定情况下存在转化关系。被调查人可以放弃其在电子数据中所承载的基本权利，在经由被调查人自愿放弃这些基本权利、接受调查时，侦查机关所开展的网络在线提取就属于任意性侦查。此时，侦查机关适用网络在线提取就可以不用取得批准。

第三，协调境内电子数据网络在线提取与境外电子数据网络在线提取的规则体系，实现电子数据网络在线提取境内与境外的平等保护。《电子数据取证规则》第 23 条在确定网络在线提取适用对象时，针对境内和境外电子数据采取了差别化规定。对境内远程计算机信息系统上的电子数据，并不区分是否属于公开发布，都可以适用网络在线提取；而对境外电子数据取证，网络在线提取仅能适用于公开发布的电子数据，对不公开发布的电子数据则不能适用。此种差别化待遇主要源于侦查权是国家主权，任何国家的司法机关在另一国家行使侦查权就意味本国主权延伸至他国之内，因此，多数国家根据本国主权并不承认外国在其国内进行侦查活动的

〔1〕　谢登科："论电子数据与刑事诉讼变革：以'快播案'为视角"，载《东方法学》2018年第 5 期。

〔2〕　裴炜："犯罪侦查中网络服务提供商的信息披露义务——以比例原则为指导"，载《比较法研究》2016 年第 4 期。

权力，而只能以刑事司法协助方式会同对方国侦查。网络空间主权是国家主权的重要组成部分，某国侦查机关未经他国许可而自行进入他国网络系统，并收集存储于他国境内的非公开电子数据，就会侵害他国网络空间主权，从而引发国际纠纷与争端。为避免境外取证引发国际纠纷与争端，《电子数据取证规则》第 23 条对网络在线提取适用对象作了差别化规定。但是，这种差别化待遇会导致域外电子数据网络在线提取规则的运行失灵以及境内、境外电子数据取证权利保护不平等。为了避免上述困境，应当协调境内与境外电子数据网络在线提取的规则体系，实现电子数据网络在线提取境内与境外的平等保护。在实现路径和改革方向上有两种选择：（1）境内规则向境外规则的调整，即境内电子数据网络在线提取适用对象也限定为公开发布的电子数据，此时其在性质上属于任意性侦查，并以此为基础设置相应的程序性规则。（2）境外规则向境内规则的调整，对于境外电子数据网络在线提取也允许对非公开发布的电子数据适用，但此时涉及他国网络空间主权，故需将其纳入现有国际条约、刑事司法协助等国际法规范内。

总体来看，第（2）种路径可能更符合协调境内外电子数据网络在线提取规则的发展方向，因为第（1）种路径会阻碍电子数据取证，无法实现对网络犯罪的有效查处和打击。比如，美国于 2018 年 3 月通过的《美国澄清合法使用境外数据法》就授权美国执法部门在特定案件中可以通过电子通信服务或者远程计算机服务系统服务商、运营商获取存储于境外的电子数据。[1]这里境外的电子数据就并不局限于境外公开发布的电子数据，但是《美国澄清合法使用境外数据法》也对境外电子数据取证从令状主义、比例原则、异议程序等方面规定了较为完善的程序。允许侦查机关直接通过网络在线提取来收集境外电子数据，就实现了传统"倒 U 形"境外取证模式到"一字形"境外直接取证模式的转变。[2]此种转变固然可有效

---

〔1〕 梁坤："美国《澄清合法使用境外数据法》背景阐释"，载《国家检察官学院学报》2018 年第 5 期。

〔2〕 冯俊伟："跨境电子取证制度的发展与反思"，载《法学杂志》2019 年第 6 期。

解决传统境外取证程序繁琐、效率低下及无法有效应对跨国网络犯罪等问题，但也很容易引发侵犯电子数据存储介质所在国家网络主权的质疑。未来可以探索将网络在线提取、网络远程勘验等"一字形"境外直接取证模式纳入现有国际条约、刑事司法协助等国际法规范基本框架之内，在尊重他国网络主权基础上实现对境外电子数据取证中惩罚犯罪和保障人权的有效平衡。

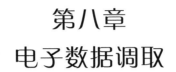

第八章
电子数据调取

在网络信息时代，犯罪嫌疑人虽然也自行占有和保管部分电子数据，但大部分电子数据是由网络运营商、服务商、系统管理人等案外第三方主体保管或占有。互联网用户、手机用户在多数情况下都将其相关信息存储于第三方主体的服务器或者存储设备中，这些主体可以较为方便地读取用户个人信息、查看存储信息、查看登录信息，也能够很方便地控制和处理上述信息。因此，在互联网信息时代的背景下，侦查机关向案外第三人收集电子数据就成为常态。《刑事诉讼法》第 54 条概括性规定了证据调取权，其中的"调取证据"自然应当包括电子数据调查。《电子数据规定》《电子数据取证规则》等司法解释和规范性文件中专门规定了电子数据调取。我国于 2021 年颁布实施的《数据安全法》第 35 条规定了侦查机关的数据调取权和有关组织、个人的配合义务。[1]从该法第 3 条对"数据"的界定来看，其包括任何以电子或其他方式对信息的记录，这里的"调取数据"就包括了电子数据调取。这是我国首次从立法层面专门规定侦查机关电子数据调取权，对于实现我国电子数据取证规范化、法治化具有重要意义。但是，电子数据调取法律性质本身存在较大争议，如对通信、通话记录的调取，有学者将通信、通话记录纳入通信秘密范畴，主张对其调取行为属于强制性调查（侦查）；[2]也有学者从通话记录隐私角度出发，主张对其调取行为属于任意性调查（侦查）。[3]而对电子数据调取法律性质的不同界定，将直接影响制度设计与建构。由于《数据安全法》第 35 条在规定电子数据提取规则时，采取了概括性授权和空白规定的立法模式，其有效实施就涉及与现有法律法规之间的有效衔接和融贯，否则就可能为国

---

[1] 《数据安全法》第 35 条规定："公安机关、国家安全机关因依法维护国家安全或者侦查犯罪的需要调取数据，应当按照国家有关规定，经过严格的批准手续，依法进行，有关组织、个人应当予以配合。"

[2] 王锴："调取查阅通话（讯）记录中的基本权利保护"，载《政治与法律》2020 年第 8 期。

[3] 杜强强："法院调取通话记录不属于宪法上的通信检查"，载《法学》2019 年第 12 期。

家专门机关不当限缩或者扩张适用留下空间。因此，有必要以《数据安全法》第 35 条为基础对侦查机关电子数据调取权进行专门探讨。

第一节　电子数据调取的规范分析

《数据安全法》以数据安全和数据权益保障为主要立法目的。基于此种立法目的，其在第 35 条中对电子数据调取的主体、目的、程序等内容予以明确和限定，这主要体现在以下方面：

第一，电子数据调取权主体的法定性。《数据安全法》第 35 条将电子数据调取权主体限定于公安机关和国家安全机关。公安机关是国家的治安保卫机关，其承担着维护国家安全和社会治安保卫任务，大部分刑事案件的侦查工作都是由公安机关承担。国家安全机关则是负责保卫国家安全的专门机关，其也承担着对危害国家安全刑事案件的侦查工作。为了侦破刑事案件、查明案件事实，自然应当赋予公安机关、国家安全机关电子数据调取权。但是，从司法实践来看，电子数据调取权的主体并未局限于上述两类国家专门机关。首先，我国刑事案件侦查权或调查权的主体并不限于上述两类主体，军队保卫部门、海警局、监狱也对某些特定类型的刑事案件享有侦查权，应当赋予上述国家专门机关电子数据调取权。在国家监察体制改革之后，监察委员会享有对国家公职人员职务犯罪的调查权，其在职务犯罪调查中也应当享有电子数据调取权。《监察法》第 18 条第 1 款就赋予了监察机关证据调取权。监察机关作为我国行使国家监察职能的专责机关，其不仅享有对职务犯罪案件的调查权，也享有对公职人员职务违法案件的调查权。这就意味着其既可以在职务犯罪中调取证据，也可以在职务违法案件中调取证据。其次，法院作为国家的审判机关，其在查明案件事实中也享有电子数据调取权。我国《刑事诉讼法》第 54 条第 1 款不仅赋予公安机关、检察院证据调取权，也赋予法院证据调取权。《最高人民法院关于互联网法院审理案件若干问题的规定》第 5 条第 2 款就赋予了电子商务平台经营者等主体向互联网法院提供涉案电子数据的义务。该规定虽未明确互联网法院的电子数据调取权，但却可以从电子商务平台经营者等主体的电子数据提供义务中推导出来。电子商务平台经营者等主体对涉案电子数据的提供义务，并非源于案件当事人的举证责任，而是源于其对法院调取电子数据时的配合义务。监察委员会、法院对电子数据的调取具有正当性，应当将这些主体纳入电子数据调取权主体范围之内。

第二，电子数据调取目的的正当性。《数据安全法》第 35 条要求国家安全机关、公安机关"因依法维护国家安全或者侦查犯罪的需要"，才可以调取电子数据。由于电子数据可能承载着公民通信自由权、财产权、隐私权等基本权利，而这些基本权利要求排除他人干涉或侵犯，除非基于正当目的和法定程序。"因依法维护国家安全或者侦查犯罪的需要"则构成电子数据所承载基本权利的边界，基本权利主体此时就对电子数据调取具有容忍义务。国家安全机关、公安机关可以基于上述目的来调取电子数据，因为它们是维护国家安全或者侦查犯罪中的重要证据；若不能调取，则可能会阻碍查明犯罪事实，从而损害国家安全和社会秩序。作为证据使用的电子数据，其不仅会出现在刑事案件侦查中，在其他案件事实的调查中也可能会涉及。比如，《监察法》第 18 条第 1 款就赋予了监察机关证据调取权。监察机关作为我国行使国家监察职能的专责机关，其不仅享有对职务犯罪案件的调查权，也享有对公职人员职务违法案件的调查权。这就意味着其既可以在职务犯罪案件中调取电子数据，也可以在职务违法案件中调取电子数据。法院在民事案件审理中也可能调取电子数据，如在债务纠纷中，法院向腾讯公司调取微信转账记录。在互联网法院管辖的案件中，法院可以向电子商务平台经营者、网络服务提供商等第三方主体调取涉案电子数据。此时，法院依职权调取电子数据是为了弥补当事人取证能力不足或者为了保护国家利益、社会公共利益。此种目的也具有正当性，应将其纳入电子数据调取制度范围之内。

第三，调取电子数据审批程序的严格性。《数据安全法》第 35 条要求调取电子数据"应当按照国家有关规定，经过严格的批准手续"。其采取了空白规定的方式，即该条款本身虽然要求调取电子数据需要经过"审批手续"，但该条本身并未规定审批标准、审批主体、审批程序等内容，其审批手续则需要参照其他法律、法规的规定。我国《刑事诉讼法》第 54

条第 1 款赋予法院、检察院、公安机关证据调取权，但并未规定证据调取的批准程序，即并未要求调取证据应当经过批准。《人民检察院刑事诉讼规则》第 169 条在规定初查阶段调查措施时，明确了在初查阶段可以调取证据材料。此种规定显然是将"证据调取"定位为任意性侦查，这就意味着"证据调取"无须经过审批程序，仅由办案人自己就可以决定是否采取"证据调取"。《电子数据取证规则》第 41 条虽然规定公安机关调取电子数据需要经过审批，但从该条所规定的批准主体来看，其仅要求"办案部门负责人批准"，如派出所所长、刑警队队长、经侦队队长等办案部门负责人审批，而无须取得县级以上公安机关负责人批准。从实践运行来看，电子数据调取通常是由办案部门的承办侦查人员制作《呈请调取证据报告书》，经呈请其所在部门负责人批准，制作《调取证据通知书》后就可以执行。[1]这与搜查、冻结等强制性侦查措施的批准主体就形成鲜明对比，因为适用这些强制性侦查措施都需要取得县级以上公安机关负责人批准。仅从批准主体角度来看，《电子数据取证规则》第 41 条所规定的批准程序，并没有体现出《数据安全法》第 35 条中批准手续"严格性"的要求。若从用语表述来看，我国《刑事诉讼法》仅在技术侦查中要求"经过严格的批准手续"，其通常对审批主体的行政级别会有更高要求。而对于电子数据调取是否要求和技术侦查同样的审批程序，则直接涉及对其法律性质的定位，关于这一点后文将详细分析。

第四，有关组织、个人负有配合电子数据调取的义务。证据调取与证据搜查不同，搜查通常由侦查机关自行搜索、查找被调查对象所占有或控制的证据，而被搜查对象通常没有主动交出其占有或者控制证据材料的义务。需要注意的是，这里的"有关组织、个人"不应当包括犯罪嫌疑人或嫌疑单位，因为调取电子数据应当确保被采取调取措施的单位或个人不会故意损毁电子数据；[2]若向犯罪嫌疑人调取电子数据，既存在很大的证据

---

〔1〕 刘浩阳等：《公安机关办理刑事案件电子数据取证规则释义与实务指南》，中国人民公安大学出版社 2020 年版，第 173-179 页。

〔2〕 皮勇：《刑事诉讼中的电子证据规则研究》，中国人民公安大学出版社 2005 年版，第 106 页。

毁坏风险，也会违反禁止强制自证其罪规则。证据调取在本质上属于双方行为，即侦查机关在知悉有关组织或者个人占有、控制相关证据材料时，通知有关组织或者个人交出该证据材料，有关组织或者个人在收到调取证据通知后，需要将其占有、控制的证据材料交给侦查机关。若缺乏有关组织或者个人的配合，则取证主体通常无法完成证据的调取工作。因此，在证据调取中，通常需要被调取的组织或者个人予以配合。比如，我国《刑事诉讼法》第 54 条第 1 款在授予公检法机关证据调取权时，也赋予有关单位和个人如实提供证据的义务。《数据安全法》第 35 条也注意到电子数据调取的自身特征，在赋予侦查机关电子数据调取权时，赋予了有关组织和个人的配合义务。此种配合义务在本质上是一种附条件的信息披露义务。[1]由于电子数据往往承载着公民通信自由权、财产权、隐私权等基本权利，而作为网络运营商、网络服务商的第三方主体，需要按照其与网络服务使用者之前订立的合同来履行保密义务和基本权利保护义务。在电子数据调取中，第三方主体配合义务的履行，则可能意味着其对网络服务使用者保密义务和隐私保护义务的违反。这就需要在第三方主体的信息保密义务和披露义务之间建立一种有效平衡机制，主要体现为对其适用条件和运行程序的设置。对于第三方信息披露义务，若缺乏法定程序和正当事由的控制，则很容易侵害网络服务使用者通信自由权、财产权、隐私权等基本权利。因此，在电子数据调取中，第三方主体的配合义务应当以其调取主体合法、正当目的和审批程序为前提。这就要求国家专门机关在调取电子数据前，需要向网络运营商、网络服务商等第三方主体出示身份证件、调取通知书等手续。第三方主体在履行上述配合义务前，则需要对上述手续予以审查。

第二节　电子数据调取的法律性质

对于电子数据调取法律性质的分析，既有助于深入分析其现有规则和

---

[1]　王学光：《电子证据法律问题研究》，法律出版社 2018 年版，第 142-144 页。

实践运行，也有助于指导构建科学的电子数据调取制度。基于对电子数据调取法律性质的不同定位，对具体制度的建构可能存在截然不同的方案，对于其实践运行也可能存在截然不同的评判。因此，有必要先厘清电子数据调取的法律性质。

一、强制性侦查 vs 任意性侦查

《数据安全法》第 35 条要求调取电子数据"经过严格的批准手续"。此种"严格的批准手续"的要求，我国《刑事诉讼法》仅在技术侦查措施的规定中存在类似的表述。《刑事诉讼法》第 150 条第 1 款规定，公安机关只有"经过严格的批准手续"，才可以采取技术侦查措施。从适用对象来看，技术侦查仅适用于重大刑事案件；从审批主体来看，技术侦查对审批主体行政级别要求更高。由于我国尚未建立强制性侦查的司法审查程序，不是由处于中立、超然地位的法官通过签发令状来赋予强制性侦查权，而主要是由侦查机关内部通过行政化审查方式来赋予强制性侦查权。提高审批机关的行政级别就成为实现"严格批准"程序的重要方式。[1]对于搜查、冻结等强制性侦查措施的适用，仅需要县级以上公安机关负责人审批。而根据《公安机关办理刑事案件程序规定》第 264 条第 1 款之规定，适用技术性侦查措施，需要报设区的市一级以上公安机关负责人批准，即地级市以上公安机关负责人才有权批准。我国有学者将技术侦查称之为"超强制性侦查措施"。若仅从《数据安全法》第 35 条规定中对调取电子数据所要求的"严格的批准手续"来看，其法律性质应当与技术侦查相同，即都属于超强制性侦查措施，其审批层级要求应当更高，适用对象应当更为严格。在适用电子数据调取时，也应当取得地级市以上公安机关负责人批准。从这个角度来看，《数据安全法》是将电子数据调取定位为与技术侦查具有相同法律性质的侦查措施。

但是，我国现有司法解释和部门规章主要是将电子数据调取定性为任

---

〔1〕 胡铭："技术侦查：模糊授权抑或严格规制——以《人民检察院刑事诉讼规则》第 263 条为中心"，载《清华法学》2013 年第 6 期。

意性侦查。《电子数据取证规则》第 41 条规定，调取电子数据仅需要"经办案部门负责人批准"，这显然降低了审批主体的行政层级，其并不像搜查等强制性侦查措施需经"县级以上侦查机关负责人"审批。上述规定主要吸收了《公安机关办理刑事案件程序规定》第 62 条之规定的内容，其仅要求公安机关在调取证据时，应"经办案部门负责人批准"。这意味着《电子数据取证规则》和《公安机关办理刑事案件程序规定》主要是将电子数据调取界定为任意性侦查，其审批程序要比搜查等强制性侦查措施的审批程序更为宽松。《人民检察院刑事诉讼规则》第 169 条在列举初查中可以采取的调查措施时，明确将"调取证据材料"列入其中。由于初查时，刑事诉讼程序尚未启动，其仅能采取不侵犯被调查对象人身、财产权利的任意性侦查措施，而禁止适用侵害公民人身、财产权利的强制性侦查措施。《人民检察院刑事诉讼规则》第 169 条允许在初查中"调取证据材料"，显然认为其不会侵犯公民人身权、财产权等基本权利，在法律性质上将其界定为任意性侦查。而"调取电子数据"作为"调取证据材料"的下位概念，其在法律性质上也自然属于任意性侦查。任意性侦查通常并不会侵犯公民基本权利，故法律对其程序控制就相对宽松。

　　通过对《数据安全法》第 35 条和我国现有司法解释、部门规章中电子数据调取规范的分析发现，它们对调取电子数据法律性质的界定相互矛盾和冲突。这就导致其各自对电子数据调取行为的程序控制措施存在重大差异。因此，在设计电子数据调取制度前有必要先厘清其法律性质。强制性侦查与任意性侦查的主要区别，并不在于其是否直接使用有形的强制力，而在于其是否会侵犯被调查人基本权利。[1]若某项侦查行为会侵犯被调查对象的基本权利，则属于强制性侦查，反之则属于任意性侦查。在强制性侦查中，若被调查对象自愿同意侦查机关采取的侦查措施，就意味着其自愿放弃基本权利保护，此时强制性措施就会转化为任意性措施。在确定"调取电子数据"法律性质时，应当考察电子数据是否承载着公民的基

---

　　〔1〕　〔日〕田口守一：《刑事诉讼法》，张凌、于秀峰译，法律出版社 2019 年版，第 53—58 页。

本权利和第三人意愿。电子数据种类繁多，且其范围有逐渐扩大的趋势。有些电子数据可能承载着公民的基本权利，如电子邮件、手机短信、网盘信息、电子交易记录、计算机程序、数据库等，它们承载着公民的通信自由和通信秘密权、隐私权、财产权等基本权利；有些电子数据可能并未承载着公民的基本权利，如网页、微博上公开发布的信息等。从司法实践来看，侦查机关在刑事案件中调取的电子数据绝大多数都是通信类电子数据和交易类电子数据，这些电子数据都承载着通信自由和通信秘密权、隐私权、财产权等基本权利。而对于网上公开发布的电子数据通常无须借助于向第三方调取，侦查机关可以自行通过下载、提取等方式来收集。从这个角度来看，电子数据调取在法律性质上，有些属于强制性侦查，有些属于任意性侦查。

在强制性侦查和任意性侦查理论中，若被调查人自愿同意侦查机关采取强制性侦查，此时该强制性侦查就会转为任意性侦查。比如在搜查中，房屋所有权人自愿同意侦查机关搜查，则侦查机关可以采取无证搜查，因为被搜查人的同意就表示其自愿放弃基本权利中的排他效力，侦查机关的搜查并不会侵害被调查人的基本权利。但是，在电子数据调取中，电子数据的控制主体与基本权利主体是相互分离的。比如调取电子邮件，电子邮件存储于网络服务商的服务器中，网络服务商占有控制服务器及其中存储的电子数据，但是电子邮件所承载的通信自由和通信秘密权的主体是电子邮箱用户。作为第三方主体的网络服务商、网络运营商不能替代其客户来决定是否放弃电子数据上所承载的基本权利，即便其作出了同意侦查机关调取电子数据的意思表示，也不能让具有强制性侦查性质的电子数据调取行为转化为任意侦查。由于电子数据往往承载着公民的通信自由权、财产权、隐私权等基本权利，而作为网络运营商、网络服务商的第三方主体，需要按照其与网络服务使用者之间订立的合同来履行保密义务和基本权利保护义务。这种义务决定了网络服务商、网络运营商等第三方主体不能随意处分及披露其用户电子邮件、交易记录等信息。因此，第三方主体虽然有配合调取电子数据的义务，但却无权放弃电子数据所承载的基本权利。

二、概括性授权 vs 特别性授权

我国《刑事诉讼法》第 54 条第 1 款赋予法院、检察院和公安机关证据调取权，第 115 条赋予公安机关立案后的证据材料调取权。有学者将上述规定界定为"概括性条款"，[1]其仅是一般性赋予侦查机关调取证据的权力，至于采取何种措施来调取证据，则需要根据《刑事诉讼法》在"侦查"一章中对具体侦查措施所作出的规定。侦查概括条款仅能为权利干预性较低的侦查措施提供法律依据，而不得作为具有基本权利干预性侦查措施的授权依据。参与《刑事诉讼法》修订的专家也持相同观点，其认为该条仅概括性赋予了三机关收集、调取证据的权力，而公检法机关收集、调取证据的具体程序和规范，则在《刑事诉讼法》关于侦查、起诉和审判的章节中予以具体规定。[2]但是，他们在概括授权条款与特别授权条款的相互关系上，可能存在不同理解。前者主要是在狭义层面来界定概括授权条款，将概括授权条款与特别授权条款理解为相互对立的关系，即特别授权条款仅适用于强制性侦查，故需要法律的明确授权，而概括授权条款仅适用于任意性侦查，故其法律规定可以相对概括。而后者是在广义层面来界定概括授权条款，其将特别授权条款作为对概括授权条款的细化和具体化，无论是对任意性侦查的授权，还是对强制性侦查的授权，都是对概括授权条款的具体化。将"调取证据"作为概括性授权规定，就意味着其可以涵盖不同类型和形态的证据调取行为。从司法解释和实践运行来看，调取证据有时也被作为一项独立的、具体的侦查措施，这主要是在狭义层面来界定"调取证据"。比如，《人民检察院刑事诉讼规则》第 169 条将"调取"与勘验、询问等侦查措施并列为可以在初查阶段开展的调查活动。《公安机关办理刑事案件程序规定》第 62 条则规定了调取证据的审批程序。将"调取证据"作为侦查概括条款，主要源于侦查行为具有多样性和

---

〔1〕　艾明："刑事诉讼法中的侦查概括条款"，载《法学研究》2017 年第 4 期。

〔2〕　李寿伟主编：《中华人民共和国刑事诉讼法解读》，中国法制出版社 2018 年版，第 130 页。

动态性的特点，《刑事诉讼法》不可能详尽而明确地规定所有侦查措施，其只能对具有较强权利干预性的侦查措施予以特别规定，而对于权利干预性较轻的侦查措施则只能由概括性条款作为其法律授权依据，以满足法律保留主义的底线要求。[1] 因此，将"调取证据"作为侦查概括条款，可以兼顾法律保留主义和侦查程序自由形成原则的需要。

但是，《数据安全法》第 35 条中对调取电子数据的规定并未采取广义层面的概括性条款，而是将其作为具体授权的特别性规定；同时也没有采取狭义概括性授权条款，而是将其作为一项独立强制性侦查措施的具体授权条款。该条明确规定了电子数据调取的主体、目的、程序等要件，虽然对于审批程序的具体规定需要援引其他法律规定，但其明确要求电子数据调取需要"经过严格的批准手续"。该条款对调取电子数据采取具体授权的特别性规定，主要源于其将"调取电子数据"界定为强制性侦查，调取电子数据需要采取强制性措施，会干预或侵害公民基本权利。强制性侦查措施只能在法律限定的领域适用，其实施需要取得法律授权和令状授权。将电子数据调取作为一种具体授权的特别性规定，有利于该规则的稳定性与明确性，也更有利于保障电子数据所承载的通信秘密权、财产权、隐私权等基本权利，但是可能无法有效适应侦查活动所具有的流动性、灵活性等特点。另外，由于电子数据种类繁多、生成机理差异较大，并且信息技术的不断发展会带来更多新型电子数据，如云存储电子数据、区块链电子数据等，由此可能会衍生出很多新型电子数据调取技术和措施，电子数据存在形态、生成机理、占有主体等因素的差异决定了对其"调取"的法律性质也不尽相同。以视频数据的调取为例，在信息技术与视频技术高度融合的时代，绝大多数视听资料已经变成了视频数据，视频数据在本质上属于电子数据中的一种。视频监控广泛存在于道路交通、街面安防、智能卡口、营业场所等领域。在侦查实践中，对视频数据的调取，可能是在现场勘验检查中发现的某一具体计算机及其视频数据，可能是在搜查中发现的某一具体移动硬盘及其视频数据，也可能是在案件现场附近出现的具体网

---

〔1〕 艾明："刑事诉讼法中的侦查概括条款"，载《法学研究》2017 年第 4 期。

盘及其视频数据，还有可能是在扣押中遇到的具体移动终端及其视频数据。[1]《数据安全法》第35条对调取电子数据作具体授权的特别性规定，可能无法有效涵盖上述电子数据调取的不同行为形态。

第三节　电子数据调取的实践困境

传统刑事诉讼制度和刑事证据制度，主要是以物质世界中实物证据和言词证据为基础来进行设置，这些取证规则和证据审查规则能够有效适应物质世界中惩罚犯罪和权利保障的需求。但是，电子数据作为网络信息空间的"证据之王"，其存在形态、取证模式与传统实物证据存在较大差异，这就决定了电子数据调取与现有刑事诉讼制度可能存在各种悖论。

一、电子数据海量性与调取范围确定性

侦查机关在调取证据时，需要在《调取证据通知书》中详细列明调取证据的名称、内容等信息，否则第三方无法清楚知悉调取证据的范围而无法有效配合执行。通过详细列明调取证据的范围，既保障了调取证据的关联性，防止与案件不具有关联性的材料进入诉讼程序中，也可以防止在向第三方调取证据中扩大或者限缩证据范围，从而损害被调查人权利或者阻碍案件事实认定。物证、书证等传统实物证据具有的物质形态，其可以被人们所直接感知，通常可以在《调取证据通知书》中较为清晰、明确地予以描述。但是，电子数据具有无形性与海量性的特征，其在本质上是存储于虚拟空间的各种"0""1"数字组合，这就决定了其用肉眼无法直接观察和感知，只有借助于特定软硬件设备和相关技术才能生成和展示，并能被肉眼所见。这就决定了对于很多电子数据的调取范围可能在《调取证据通知书》中无法清晰描述和界定，这就可能导致电子数据调取范围不当扩大或限缩。《电子数据规定》第13条规定，需要注明调取电子数据的相关

---

〔1〕　李双其、林伟：《侦查中电子数据取证》，知识产权出版社2018年版，第202-211页。

信息，这里的"相关信息"既包括直接反映案件事实的信息，也包括反映涉案数据存储状态及其背景的信息。[1]从司法实践来看，为了防止遗漏相关电子数据和再次调取所导致的重复性工作，第三方在执行中会倾向于扩大电子数据的调取范围。

案例：顺亨汽贸公司走私普通货物案[2]

在顺亨汽贸公司走私普通货物案中，被告人及其辩护人认为侦查机关违法调取的电子数据不能作为定案依据。法院经审理后认为：本案非法交易没有采用传统的电话、传真等传输手段，而是选择网络传输途径。从签订合同、单证往来，到付汇、收款等，均用电子邮件、MSN、QQ 等进行。向中立第三方调取电子数据，是计算机取证体系的重要组成部分。在我国，向第三方调取电子数据具有明确的法律依据。本案侦查机关向网络服务商调取 30 个涉案电子邮箱中的 20 万封电子邮件，经筛选后将其中部分作为电子数据提交法庭。侦查机关在调取电子数据时，向网络服务商出示了《调取证据通知书》《介绍信》等材料。上述电子数据调取程序符合法律、法规规定，故可以作为定案依据。

在该案中，侦查机关就通过网络服务商调取了 30 个涉案邮箱中的 20 万封电子邮件。但这些邮件并不是都和案件具有关联性，网络服务商显然不当扩大电子邮件的调取范围。电子邮件承载的公民通信自由和通信秘密权属于宪法性权利，不当扩大电子邮件的调取范围就意味着违法干预或侵犯了公民基本权利。电子邮件调取范围的不当扩大，与电子数据的海量性和虚拟性不无关系。电子邮件的虚拟性决定了存储 20 万封电子邮件不会占据大量物理空间，而仅用一个体积很小的 U 盘便可将其拷贝存储。电子邮件的海量性，决定了第三方主体没有时间和精力来查阅这 20 万封电子邮件。另外，搜查电子数据和调取电子数据的执行机制不同。搜查通常需要

---

〔1〕 李双其、林伟：《侦查中电子数据取证》，知识产权出版社 2018 年版，第 100-101 页。
〔2〕 详见《刑事审判参考》2013 年第 4 集（总第 93 集）第 873 号案例。

由侦查人员自己来搜寻、查找电子数据，办案人和搜查的执行人员内部通常具有同一性。此种同一性可以保障侦查人员熟知案情，在搜查中可以依照搜查证中记载的范围来收集与案件有关的证据。在证据调取中，办案人员和调取执行人不具有同一性，调取的执行主体通常是占有和控制证据材料的第三方主体，其可能对电子数据的所在位置、存储状态等信息较为熟悉，但对与案件事实的有关情况可能并不知悉，这也可能会导致第三方主体在调取数据中扩大范围，从而损害电子数据所承载的公民基本权利。

二、电子数据多样性和调取性质二元性

《数据安全法》第 35 条在法律性质上将"电子数据调取"界定为强制性侦查，故其适用需要经过"严格的批准手续"。但是，强制性侦查和任意性侦查区分的主要标准是调查行为或者侦查行为是否会侵犯被调查人的基本权利。在网络社会中，电子数据涵盖范围广泛、种类繁多，有些电子数据可能承载着公民的基本权利，有些电子数据可能并未承载着公民的基本权利。在构建电子数据调取制度时，若不考虑电子数据性质及其承载权利情况，一概将其界定为强制性侦查或者任意性侦查，可能都不利于有效侦查和权利保障的实现。比如在前文顺亨汽贸公司走私普通货物案中，对于承载了公民通信自由和通信秘密权的电子邮件调取，侦查机关仅凭着《调取证据通知书》《介绍信》等材料，而并没有经过个案中审批程序取得令状的特别授权就轻易调取了海量电子邮件，这虽然有利于高效查明案件事实，但却让电子邮件所承载的公民通信自由和通信秘密权在调取程序中无法得到有效保护。另外，若严格遵循《数据安全法》第 35 条的要求，那么对于并未承载公民基本权利的电子数据，其调取也要求经过"严格的批准手续"。这不仅无法实现审批程序特别授权中保护公民基本权利的价值功能，也不利于提高侦查效率和实现侦查程序自由形成原则，比如下述案例。

案例：黎某、张某非法获取计算机信息系统数据案[1]

在黎某、张某非法获取计算机信息系统数据案中，侦查机关在乐酷达网络公司调取了 2016 年 11 月 25 日至 2016 年 11 月 28 日的比特币交易价格。黎某的辩护律师提出：公安机关向有关单位调取电子数据，应当经办案部门负责人批准，开具《调取证据通知书》，注明需要调取电子数据的相关信息，通知电子数据持有人、网络服务提供者或者有关部门执行。检方出示的卷宗材料中，公安机关调取的电子数据，未附完整性校验值等保护电子数据完整性方法的说明，也未采用录音或录像固定证据内容及取证过程。所调取电子数据不符合法律规定的形式，不可以作为定案依据。法院对该辩护观点未予回应。

在该案中，作为比特币交易价格信息的电子数据，通常是对社会公众公开发布，其本身并不承载公民财产权、隐私权等基本权利。任何普通公民都可以登录网站下载复制，侦查机关自然也可以提取复制该电子数据。若按照《数据安全法》第 35 条的要求，对于此类电子数据的调取也需要"严格的批准手续"，显然无法实现审批程序的权利保障功能，因为此类电子数据本身并不承载公民财产权、隐私权等基本权利。电子数据的多样性决定了并非所有电子数据都承载着公民的基本权利，一概将其界定为任意性侦查或强制性侦查可能都不合适。在该案中，辩护方虽然对电子数据调取程序的合法性提出异议，但其主要并不是从调取程序侵犯公民基本权利角度来主张电子数据排除，而是认为调取电子数据违反相应的固定和保全程序、无法保障其真实性与完整性来主张证据排除。这表明由于强制性侦查会干预公民基本权利，其程序设置不仅需要考虑如何保障电子数据的真实性和完整性，更需要考虑在取证过程中如何保障公民基本权利；而任意性侦查不会干预公民基本权利，其制度设计的重点在于如何通过相应程序来保障电子数据的真实性与完整性。

---

[1] 详见辽宁省阜新蒙古族自治县人民法院（2019）辽 0921 刑初 120 号刑事判决书。

三、电子数据依附性与调取模式双重性

电子数据的虚拟性决定了其需要依附于相应存储介质而存在，这种存储介质既可以是其原始存储介质，也可以是原始存储介质以外的其他存储介质。这就决定了电子数据取证存在"一体收集"模式和"单独提取"模式。[1]在不同模式中，电子数据取证对权利干预形态、证据鉴真程序等方面并不完全相同。比如，电子数据的"一体收集"模式，通常需要两步搜索，即先对其原始存储介质予以搜查、扣押，然后再对其中存储的电子数据进行搜查。在美国刑事司法中，此两步搜索通常需要两次分别向法官申请签发搜查令。[2]具体到电子数据的调取，其也有两种模式，即"一体调取"模式和"单独调取"模式。前者是侦查机关将电子数据连同其原始存储介质一并向第三方主体调取；后者是侦查机关仅向第三方主体调取涉案电子数据，第三方主体将所调取电子数据存储在其他存储介质之中，而并不调取电子数据的原始存储介质。两种不同模式中，对权利干预形态、证据鉴真程序等方面并不完全相同。从权利保障角度来看，电子数据"一体调取"模式，不仅会干预或侵犯电子数据自身所承载的财产权、隐私权、通信秘密权等基本权利，也会侵犯电子数据所依附原始存储介质的财产权。从权利主体来看，电子数据所承载的基本权利通常归属于犯罪嫌疑人、被告人，而原始存储介质的财产权则通常归属于网络服务商、运营商等第三方主体。而"单独调取"模式并不调取、扣押电子数据的原始存储介质，其仅干预或侵犯电子数据自身所承载的公民基本权利。电子数据调取的两种模式对权利干预的不同决定了其审批程序可能存在差异。

从《数据安全法》第35条的表述来看，其仅考虑了电子数据调取中的"单独调取"模式，要求调取电子数据需要经过严格的批准程序，而并未考虑"一体调取"模式。从实践运行来看，侦查机关调取电子数据绝大

---

〔1〕　谢登科："电子数据的鉴真问题"，载《国家检察官学院学报》2017年第5期。

〔2〕　陈永生："论电子通讯数据搜查、扣押的制度建构"，载《环球法律评论》2019年第1期。

多数都是采取"单独调取"模式。因为"单独调取"模式相对而言具有更小的权利干预性，其仅干预或侵犯电子数据自身所承载的公民基本权利，而并不会侵犯原始存储介质的财产权利。对于网络服务商、运营商等第三方主体而言，单独调取电子数据并不会对其正常经营行为产生较大影响，其通常也会自愿配合侦查机关的电子数据调取工作。但是，这并不意味着电子数据的"一体调取"模式在司法实践中并不存在。电子数据调取的执行和调取其他种类证据相同，由侦查人员通知电子数据持有人、网络服务提供商或者有关部门执行。对于电子数据调取而言，最佳方案是连同其电子设备、存储介质等原物一并调取；若原始存储介质不便、不能调取，则可以仅提取电子数据本身。但是，需要在电子数据调取笔录中注明调取过程、原始存储介质所在地点。

第四节　电子数据调取权的未来发展

在网络信息时代，个人电子邮件、微信聊天记录、支付记录等电子数据，不仅存储于个人手机、电脑等电子设备之中，也会海量存储于网络服务商、营运商等第三方主体的服务器等电子设备之中，由此决定了电子数据调取成为网络信息时代较为常见的侦查取证行为。对于电子数据调取制度的设计与建构，既应当符合电子数据调取行为的法律性质，也应当契合电子数据虚拟性、可复制性、海量性等特征。具体来说，可以考虑从以下方面来建构我国电子数据调取规则。

第一，对于电子数据调取规定应当界定为广义层面的概括性授权条款，以便涵盖不同类型的电子数据调取行为。作为实践中较为常见的取证手段，调取是司法机关依法收集留存于有关单位和个人手中的物证、书证、电子数据等证据材料。这里的"有关单位和个人"通常是犯罪嫌疑人、被告人以外的第三方主体。在网络信息时代，电子数据除了存储于个人电脑、手机等电子设备之中，也海量存储于网络服务商、网络运营商等第三方主体的服务器等电子设备中，他们占有和管理网站网页、微博客、电子邮件、交易记录等大量电子数据。对于电子数据调取的法律规定应采取概括性授权条款，可以根据电子数据的不同形态或其所承载的不同类型基本权利，而将其区分为不同类型的侦查行为或侦查措施。

对于从网络服务商处调取电子邮件，其虽然也被称为"调取"，但其对应的具体侦查措施是"邮件检查"和"邮件扣押"。《刑事诉讼法》第143条要求扣押邮件，须经公安机关或者检察院批准，然后通知邮电部门检交扣押。在网络信息时代，电子邮件已经替代纸质信件而成为人们沟通交流的重要途径，在刑事侦查中传统的"纸质信件扣押"就大量演变为"电子邮件扣押"。《刑事诉讼法》第143条并未明确将电子邮件纳入其中。不过，《公安机关办理刑事案件程序规定》第232条将电子邮件和邮件、电报纳入"邮件扣押"范围之内，其要求经县级以上公安机关负责人批准，制作扣押电子邮件通知书，通知网络服务单位检交扣押。在司法实践中，侦查机关往往通过向网络服务商调取电子邮件的方式来收集涉案电子数据，而不是通过扣押方式来收集，如前文顺亨汽贸公司走私普通货物案。这既源于纸质邮件和电子邮件表现形态的差异性，也源于调取证据和扣押措施的复杂关系。在纸质邮件中，信件中记载的交流信息与其所依附纸质载体具有不可分离性，侦查机关收集纸质邮件证据须对其实际占有、控制；而电子数据所承载的信息与其原始存储介质之间具有可分离性，其可以进行具有高度准确性的复制，[1]这就意味着电子邮件收集可以不用实际占有、控制其原始电子数据及原始存储介质。但是，调取邮件主要并不是干预或侵害公民的财产权，其主要是侵犯公民通信自由和通信秘密权，这种基本权利主要承载于邮件信息之中，而并不取决于侦查机关是否占有控制电子邮件原件及其原始存储介质。在采取邮件扣押措施过程中，需要邮政部门、网络服务商等第三方主体的配合，这就具有了调取证据的基本形态。有学者将调取证据作为扣押措施的执行和实现方式。[2]此种观点注意到调取证据和扣押措施之间的竞合关系，但其将调取证据作为扣押措施的

[1] 王立梅、刘浩阳主编：《电子数据取证基础研究》，中国政法大学出版社2016年版，第10页。

[2] 艾明："调取证据应该成为一项独立的侦查取证措施吗？——调取证据措施正当性批判"，载《证据科学》2016年第2期。

实现措施，则可能降低调取证据的法律地位。

对于交易记录类电子数据的调取，如微信、支付宝转账记录等电子数据调取，则在本质上属于对财产状况及其变动信息的查询。财产信息的"查询"仅仅是手段行为，其最终是要获取财产状况及其变动信息的证据材料，其通常存在财产信息的"调取"之中。在传统社会中，个人财产信息主要是以纸质账目方式保存；而在网络信息时代，个人财产信息和交易信息则主要是以电子数据方式予以保存。《刑事诉讼法》第 144 条要求"依照规定"查询存款、汇款等财产信息。这主要是考虑到查询措施涉及公民个人隐私，涉及企业正常经营，只有具有侦查权的检察院或者公安机关才可依法进行查询。《公安机关办理刑事案件程序规定》第 238 条规定查询财产信息须经县级以上公安机关负责人批准，这实际上是将"查询财产"作为与"搜查"性质相同的强制性侦查。查询是为了知悉犯罪嫌疑人的财产及其变动情况，它本身并不会限制或者剥夺犯罪嫌疑人的财产，但是公民财产状况及其变动情况属于个人隐私，查询财产信息会干预或者侵犯公民隐私权。公民向金融机构提供自己的财产及其信息是为了方便金融机构进行管理或者提供服务，但并不意味着其愿意对外公开财产信息，这些财产信息仍然承载着个人隐私利益。[1]个人财产信息即便被金融机构、网络服务商等主体收集控制，也并不意味着其丧失私密性。对于其他不会干预公民基本权利或者权利干预性较低的电子数据调取，如前文所述比特币交易价格的调取，则属于任意性侦查的电子数据调取，可以纳入狭义层面的概括性授权条款。

第二，需要根据电子数据的不同法律性质和所承载基本权利的状况建立数据分类制度，并以此为基础将电子数据调取界定为强制性侦查或任意性侦查而施加不同程序控制。不同类型的电子数据所承载的信息具有不同的法律性质，其是否承载以及承载何种基本权利也存在差异，由此决定了电子数据取证对公民基本权利的侵犯程度存在差异。这就需要结合电子数据具体类型及其法律性质来分析电子数据取证行为的法律性质。在确定电

---

[1] 王利明："论个人信息权的法律保护"，载《现代法学》2013 年第 4 期。

子数据调取的法律性质时亦不例外，需要考察具体类型的电子数据是否承载着基本权利以及承载着何种基本权利。不过，对电子数据的现有分类主要是考虑电子数据的生成机理和技术特点，侧重于从信息技术角度来对电子数据进行分类，如将其区分为静态电子数据和动态电子数据，电子生成数据、电子存储数据与电子交互信息，封闭电子数据与网络电子数据，数字电文数据、附属信息数据和系统环境数据等。上述分类对于从取证技术角度保障电子数据的真实性、可靠性无疑具有积极意义，但却存在对电子数据取证中权利保障不足的缺陷。

在为数不多的以法律性质和基本权利为基础对电子数据分类的研究成果中，主要有两种不同的区分方法。《电子数据规定》第 1 条在界定电子数据概念和范围时列举了实践中较为常见的四类电子数据，有学者认为第一类电子数据属于公共信息而不涉及公民基本权利，对其取证主要属于任意性侦查；而后三类均涉及公民基本权利，对其取证则主要可以归为强制性侦查。[1]亦有学者将第三方主体所占有和控制的电子数据界定为"部分涉及基本权利"的电子数据，其中第三方主体所掌握的电子通信及云存储"非内容数据"，并未承载公民通信权、隐私权等基本权利，对其取证属于任意性侦查；第三方主体所掌握的电子通信、登录凭证保护云存储"内容数据"承载着公民的基本权利，对其取证属于强制性侦查。[2]上述两种分类看似不同，但二者对强制性侦查与任意性侦查的区分标准并无差异，其分类的理论基点也并无本质差异，都将电子数据是否承载公民基本权利作为其区分电子数据取证行为法律性质的理论基点。上述两种观点分歧的焦点在于，某些具体类型的电子数据是否承载公民基本权利，其中就包括第三方主体所占有和控制的电子数据。上述分歧会直接影响电子数据调取的法律性质界定和具体制度建构。

在建立数据分类保护制度时，是否承载着公民基本权利以及承载着何

---

〔1〕 龙宗智："寻求有效取证与保证权利的平衡——评'两高一部'电子数据证据规定"，载《法学》2016 年第 11 期。

〔2〕 梁坤："论初查中收集电子数据的法律规制——兼与龙宗智、谢登科商榷"，载《中国刑事法杂志》2020 年第 1 期。

种基本权利，应当是电子数据分类的重要标准和依据。涉及公民基本权利的电子数据，通常包括言论表达类电子数据、财产信息类电子数据、通信信息类电子数据、隐私信息类电子数据等。在网络信息时代之前，人们主要通过报刊、书籍、集会等方式来行使言论自由权，而网络信息时代的言论表达则大量借助于网页、博客、朋友圈等网络信息平台来行使。公开的言论表达本身就是为了让公众知悉其表达的思想和内容，对于此类电子数据的调取行为本身并不会阻碍言论自由权的行使，因此，对言论表达类电子数据的调取通常属于任意性侦查。在网络信息时代，人们的很多财产会以电子数据形式存在，如数字货币、操作系统、软件程序等，这些电子数据自身就具有财产价值。实物财产的交易价值或使用价值往往会依附于其物质载体，对实物财产的调取会影响其占有使用。[1]但是，电子数据具有虚拟性、可复制性等特征，若电子数据调取行为本身并不影响财产类电子数据的交易、使用价值，则此种调取行为并不会损害其财产权，但可能损害其财产信息所承载的隐私权。若电子数据调取行为本身会影响其交易价值或使用价值，则会侵犯或者干预其所承载的财产权。因此，对财产类电子数据的调取通常属于强制性侦查。在网络信息时代之前，人们主要借助于纸质信件来行使通信自由和通信秘密权，而网络信息时代的通信自由则主要借助于电子邮件、短信、微信等方式。对于此类电子数据的调取会侵害通信自由和通信秘密权。因此，对于通信类电子数据的调取通常属于强制性侦查。在网络信息时代之前，个人隐私信息通常依附于住宅、汽车等实物，实物所有权和隐私权绝大多数属于相同主体。而网络信息时代的隐私信息，不仅依附于上述实物，也海量承载于云盘数据、微信聊天记录、网络登录日志等电子数据之中。这些电子数据可能会被网络运营商、服务商等第三方主体所占有，侦查机关在向此类主体调取电子数据时，可能会侵犯公民的个人隐私权。因此，对隐私信息类电子数据的调取也应归为强制性侦查。

第三，在电子数据调取制度中除应当遵循传统权利保障措施外，还应

---

〔1〕 谢登科："论电子数据收集中的权利保障"，载《兰州学刊》2020 年第 12 期。

当设置适应电子数据自身特征的程序性保障措施。传统刑事诉讼制度和刑事证据制度，主要是以物质世界中实物证据和言词证据为基础而建构，这些取证规则和证据审查规则能够有效适应物质世界中惩罚犯罪和权利保障的需求。但是，电子数据作为网络信息时代的"证据之王"，其存在形态、取证模式与传统实物证据存在较大差异。这就决定了在构建和设计电子数据调取制度时，不仅需要考虑其与传统刑事诉讼制度和刑事证据制度之间的协调性、融贯性，还应当设置适应电子数据自身特征的程序性保障措施。《数据安全法》在构建侦查机关数据调取权制度时，应当采取与《刑事诉讼法》第54条第1款相同的立法表述，采用广义层面概括性授权条款来规定侦查机关的数据调取权，其行使的具体条件和程序则采取空白规范，可以适用《刑事诉讼法》《监察法》等法律中关于证据调取的条件和程序。为了保障《数据安全法》能够得到有效贯彻和落实，应当对《刑事诉讼法》中侦查机关电子数据调取权的条件和程序予以细化，详见图8-1。对作为强制性侦查的电子数据调取，应当遵循法律保留主义、比例原则和令状主义的限制。其在适用目的上仅能为了查明犯罪事实、收集证据材料而使用，在适用程序上应当取得县级以上侦查机关负责人审批。对作为强制性侦查的电子数据调取，其程序控制的具体路径主要有两种：（1）将其纳入现有特定类型的强制性侦查措施之中。比如，将电子邮件等通信类电子数据的调取纳入现有"邮件检查"程序之中；将微信转账记录等财产信息类电子数据的调取纳入"财产查询"程序之中。此种方式的优势在于仅需对现有法律进行立法解释或者司法解释，而无须对现有法律进行修改或者变动，可以保持现有立法的连续性和稳定性。但其弊端在于可能无法将作为强制性侦查的某些新型电子数据调取纳入其中。（2）对作为强制性侦查的电子数据调取予以专门规定。现有《数据安全法》第35条之表述显然就采取了此种路径，此时很容易混淆广义概括性授权条款与狭义概括性授权条款的关系，存在将作为任意性侦查的电子数据调取纳入其中的弊端。在构建电子数据调取制度时，可以考虑在对电子数据类型化区分的基础上综合使用上述两种路径，将第（2）种路径的适用范围限定于现有强制性侦查措施所无法涵盖的新型电子数据调取。对作为任意性侦查的电子数据调取，其适用需要遵循狭义概括性授权条款的调整，而无须遵循令状主义的特别授权。当然，出于侦查机关内部管理的需要，对作为任意性侦查的电子数据调取，也需要取得办案人所在部门负责人审批。从保障电子数据完整性和真实性角度来看，还需要在调取程序中设置笔录制度、见证人制度、同步录像制度等电子数据鉴真制度。

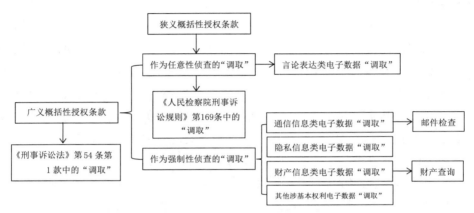

图 8-1 侦查机关电子数据调取权的条件和程序

除遵循传统刑事诉讼制度外，还应当设置适应电子数据自身特征的程序措施，具体来说，需要从以下方面对侦查机关电子数据调取权予以程序控制：（1）明确第三方主体数据调取配合义务的法定条件。在立法上赋予网络服务商等第三方主体数据披露义务，其本质上是对侦查机关侦查权的延伸与扩展，这就需要在权利保障与查明事实之间寻求平衡点。[1]这种平衡既要求对侦查机关电子数据调取权的条件设置契合侦查比例原则，也要符合电子数据自身形态和特征所衍生的权利保障要求。比如，电子数据调取原则上应优先适用"单独调取"模式，尽量避免对其原始存储介质所有权和第三方主体正常经营活动的侵害，仅在确有必要的情况下，才可以采取"一体调取"模式。（2）建立侦查机关对调取电子数据的筛查机制。电

---

〔1〕 裴炜："犯罪侦查中网络服务提供商的信息披露义务——以比例原则为指导"，载《比较法研究》2016 年第 4 期。

子数据具有无形性与虚拟性的特征，很小的 U 盘或者硬盘就可以存储海量电子数据。信息技术的摩尔定律，每年也引发数据运算能力和数据存储能力的翻倍增长，这就可能导致"摩尔不法定律"，即数据性权利侵犯或者干预的程度翻倍。[1] 在电子数据调取中，网络营运商等第三方主体对案件事实及相关情况可能并不知悉，这也可能会导致第三方主体在调取数据中扩大范围，从而损害电子数据所承载的公民基本权利。为防止此种情况发生，就需要建立调取电子数据的筛查机制，侦查人员经筛查后发现与案件无关的电子数据，应当及时退还或者删除。（3）设置侦查机关在电子数据调取中的告知义务。电子数据具有虚拟性和可复制性的特征，其实际占有控制主体与数据权利主体可能出现分离，此种分离现象在电子数据调取中普遍存在。由于网络营运商等第三方主体可能会对侦查机关违法调取电子数据的行为视而不见，也不会积极通过申诉、控告等方式寻求权利救济；电子数据所承载基本权利的权利主体，由于不知悉侦查机关违法调取电子数据的情况，其也不可能寻求权利救济。为了避免此种情况，应当设置侦查机关在电子数据调取中的告知义务，从而保障基本权利主体有机会知悉电子数据调取情况，为其监督调取行为、寻求权利救济奠定制度基础。

---

〔1〕［加］唐·塔普斯科特、亚力克斯·塔普斯科特：《区块链革命：比特币底层技术如何改变货币、商业和世界》，凯尔、孙铭、周沁园译，中信出版社 2016 年版，第 4 页。

第九章
电子数据冻结

电子数据具有虚拟性、海量性、科技性等特征，决定了其与传统实物证据在证据形态、取证模式上有较大区别，由此在司法实践和制度创设中也衍生出很多专门适用于电子数据的侦查取证措施，其中就包括电子数据冻结。在我国《刑事诉讼法》中，冻结措施仅适用于存款、汇款、债券等财产保全，其并不用于证据材料保全。电子数据冻结作为一种新兴侦查措施，实现了由"财产型冻结"向"证据型冻结"的扩展，这不仅意味着冻结措施适用对象的变化，也带来其价值功能、法律性质、运行程序等方面的巨大转型。虽然此种冻结措施在电子数据取证中已经得到适用，且伴随着云存储、区块链等网络信息技术的飞速发展有扩大适用的发展态势，《电子数据规定》《电子数据取证规则》《人民检察院办理网络犯罪案件规定》等司法解释和规范性文件对电子数据冻结的适用对象、审批程序等予以规定，但理论界却并未给予足够重视，对其缺乏研究，由此导致制度创设和实践运行中的各种问题。因此，有必要对电子数据冻结这种新兴侦查措施予以探讨和研究。

第一节　电子数据冻结的现状分析

一、电子数据冻结的制度分析

在《刑事诉讼法》规定的侦查措施中，扣押、查封、冻结被并列为侦查保全措施。而冻结适用对象较为特殊，其主要适用于存款、汇款、债券、股票、基金份额等财产，它是由侦查机关通知银行、邮局或者其他有关单位对犯罪嫌疑人的上述财产暂时不准提取。作为物品控制型侦查措施，财产冻结主要是为了防止犯罪嫌疑人处分、转移其存款或汇款等财产。作为冻结适用对象的存款、汇款、债券、股票、基金份额等财产，通常并不由犯罪嫌疑人直接占有、控制，而是由作为第三方主体的银行、邮政部门、证券公司、基金公司等直接占有控制，因此，冻结措施需要由第三方主体予以配合。这些第三方主体在冻结执行中有配合义务，需要为冻结工作提供便利和协助，履行冻结手续，不得以保密为由拒绝履行。

在云计算、大数据等网络信息技术不断兴起的背景下，海量电子数据可能难以进行扣押、封存、提取，但是它们在侦查机关完成取证前存在被增减、修改、破坏等风险，这就需要采取相关措施对其予以保全，因此，电子数据冻结就应运而生。从这个角度来看，电子数据冻结是扣押和封存的替代性措施，其主要功能并不是收集、取得电子数据，而要实现对电子数据的固定和保全。电子数据冻结并不完全等同于传统的财产冻结，它是侦查机关因电子数据不便提取等原因而通知电子数据占有或控制单位对电子数据暂时禁止访问、处分、操作的措施。电子数据冻结并不能让侦查机关直接取得、占有涉案电子数据，其主要目的是实现在法律层面对电子数据的控制和保全，防止犯罪嫌疑人访问、操作相关电子数据。我国《电子数据规定》《电子数据取证规则》等司法解释和规范性文件在创设电子数据冻结时，主要参照了财产冻结制度，但其也存在自身特殊性。具体来说，电子数据冻结制度主要具有以下内容：

第一，电子数据冻结事由的法定性。财产型冻结的法定事由是因"侦查犯罪需要"，其范围仅限于犯罪嫌疑人的存款、汇款、债券、股票、基金份额等财产，其要求这些财产与案件有关，不得冻结与案件无关的财产。《电子数据取证规则》第36条规定了电子数据冻结的四种情形：（1）数据量大，无法或者不便提取；（2）提取时间长，可能造成电子数据被篡改或者灭失；（3）通过网络应用可以更为直观地展示电子数据；（4）其他需要冻结的情形。这四种情形主要着眼于电子数据冻结自身特征和主要功能。电子数据冻结主要是证据型保全措施，证据型保全措施还包括扣押、封存。由于冻结会对直接占有控制电子数据的第三方主体的正常经营活动产生消极影响，在能够适用扣押、封存方式来保全电子数据时，则应当优先适用扣押、封存方式。仅在无法通过扣押、封存方式保全电子数据时，才可以采取冻结措施来保全电子数据。这就需要结合电子数据自身特点来设定电子数据冻结的适用范围。冻结作为一种电子数据的保全型侦查措施，其通常是在无法或不便直接提取电子数据的情况下，才可以适用。比如在某传播淫秽物品牟利案中，涉案 70 个网络云盘、淫秽视频 150 余万部，共 1000T，此时因数据量大、提取时间长就需要适用电子数据冻结。

第二，电子数据冻结需要经过法定审批程序。在审批程序的设定上，电子数据冻结和财产冻结基本采取了相同程序，它们都需要经过县级以上公安机关负责人批准。但是，它们两者设定审批程序的内在理由并不相同。前者是因为财产冻结会直接影响当事人的权益，需要设置审批程序予以规范；[1]后者是电子数据与计算机信息系统密切相关，冻结电子数据会直接影响计算机信息系统的正常运行，会间接影响第三方主体的正常生产经营活动，因此，对电子数据冻结需要设定审批程序。[2]另外，审查的具体事由也存在区别，前者主要审查冻结对象是不是与案件有关的犯罪嫌疑人存款、汇款、债券、股票、基金份额等财产；后者主要审查是否属于不便直接提取的电子数据等情形。通过审查批准，授予侦查人员冻结财产或电子数据的具体权限，同时也可以审查和限定冻结财产或电子数据的具体范围，防止侦查人员肆意决定适用冻结措施和范围。

第三，电子数据冻结的执行程序。由于作为冻结适用对象的财产或电子数据，并不是由侦查机关自行占有和控制，因此，两种类型的冻结措施在执行过程中都需要由第三方主体予以配合。在财产冻结中，承担配合义务的第三方主体主要是银行、邮政部门、证券公司、基金公司等金融机构；在电子数据冻结中，承担配合义务的第三方主体则主要是网络营运商、服务商等。电子数据冻结并不是由侦查机关自己直接执行，而是由侦查人员通知电子数据持有人、网络服务提供商或者有关部门来执行，这些主体有协助执行电子数据冻结的义务。电子数据冻结具有较强的技术性，它要求侦查机关、电子数据持有人、网络服务提供者或者有关部门采取技术措施来防止电子数据被访问、操作或处分，确保处于冻结状态下的电子

---

〔1〕　李寿伟主编：《中华人民共和国刑事诉讼法解读》，中国法制出版社 2018 年版，第 341 页。

〔2〕　刘浩阳等：《公安机关办理刑事案件电子数据取证规则释义与实务指南》，中国人民公安大学出版社 2020 年版，第 164-172 页。

数据不被增减、修改。这些技术措施主要包括计算电子数据完整性校验值、锁定网络应用账号、采取写保护措施等。完整性校验值是电子数据的"数字指纹"，若电子数据存在任何增减或修改，都会导致完整性校验值不一致，在电子数据冻结中计算其完整性校验值，将有利于保障电子数据的完整性和同一性。锁定网络账号，可以让用户无法登录、使用和操作，可以保障被冻结电子数据免于登录、访问、使用和操作。采取写保护措施，可以让被冻结的电子数据只能读取，而不能写入或更改。采取这些技术性方法来冻结电子数据，将有利于保障冻结措施的有效性和电子数据的完整性。

第四，电子数据冻结的依法解除。冻结作为保全措施，其适用具有临时性特征，在保全功能已经得以有效实现的情况下，应当及时解除冻结措施。财产冻结的解除通常有两个原因：（1）冻结财产与案件无关，如犯罪嫌疑人个人或其家人的合法金融资产。（2）冻结财产超过法定期限，如涉案财产被冻结超过六个月，且侦查机关没有办理续冻手续。电子数据解冻的主要理由包括：（1）所冻结电子数据与案件无关；（2）所冻结电子数据已经被收集提取完毕，或经法庭审查完毕；（3）电子数据的冻结超过法定期限。电子数据冻结期限参照了财产冻结期限，被设置为六个月，且可以申请续冻。解除冻结的具体执行，也需要由网络服务商等第三方主体予以配合。对于不需要继续冻结的电子数据，经县级以上公安机关负责人批准，由侦查机关制作《解除冻结电子数据通知书》，交由网络服务商等第三方主体执行。

第五，电子数据冻结的法律效力。对财产冻结的法律效力，我国《刑事诉讼法》并未明确规定。但是，《最高人民法院关于刑事裁判涉财产部分执行的若干规定》第5条规定，对于侦查机关冻结的财产，法院具有在执行程序中直接裁定处置的权力。[1]这意味着财产冻结决定使得国家在公法层面取得了对该财产的处分权，而其限制了犯罪嫌疑人、第三方主体对冻结财产的处分权。这里的"限制处分"主要是限制犯罪嫌疑人对涉案财

---

[1] 刘贵祥、闫燕："《关于刑事裁判涉财产部分执行的若干规定》的理解与适用"，载《人民司法》2015年第1期。

产的有害处分，但并不禁止对涉案财产的有益处分。因此，财产冻结的"禁止处分"效力具有相对性，即仅禁止有害处分，而不禁止有益处分。《电子数据规定》《电子数据取证规则》虽然创设了电子数据冻结这种新型的证据保全措施，但也没有明确规定电子数据冻结的法律效力。电子数据冻结也具有让国家专门机关临时获得对数据的操作处置权限，同时具有限制犯罪嫌疑人、第三方主体对冻结数据操作处置的法律效果。电子数据冻结作为证据保全措施，其保全的仅是电子数据中蕴含的案件事实信息，国家专门机关并不能因证据冻结就获得对电子数据所承载财产价值的处分权。对于犯罪嫌疑人、第三方主体而言，他们不对被冻结的电子数据进行任何操作，因为无论是财产增值性操作，还有财产减损性操作，其中都可能蕴含着损害电子数据中案件信息的风险。但是，若被冻结的电子数据具有双重性，即其既是涉案财产，也是案件的证据材料，则可能会出现冻结法律效力的竞合和冲突。

二、电子数据冻结的常见类型

《电子数据取证规则》在规定电子数据冻结适用条件时，其采取了"可以"的表述，这就意味着侦查机关对于是否适用电子数据冻结具有较大的自由裁量权。在实践运行中，对于电子数据收集是否需要采取冻结措施，就可能会引发较大争议。

（一）虚拟数字货币冻结

案例：黎某等非法获取计算机信息系统数据案[1]

黎某等利用黑客手段非法获取计算机信息系统数据，入侵某网站盗取1478.22个比特币，共计价值 7 537 783 元，黎某变卖部分比特币后购买三辆豪车等用于挥霍。公安机关在侦查取证中将涉案的 350.11 个比特币、19 791.7个莱特币全部变现后予以扣押。黎某的辩护律师提出：侦查机关以莱特币、比特币无法固定保存等理由作变现处理违反《电子数据取证规

---

〔1〕　详见辽宁省阜新蒙古族自治县人民法院（2019）辽 0921 刑初 120 号刑事判决书。

则》，系程序违法；对案涉比特币、莱特币变现为人民币的行为违反法律规定，侦查机关变现理由是防止电子数据丢失，但在电子数据可能灭失的情况下，公安机关应该采取电子数据冻结措施，而不应当采取变现处理。同时，电子数据应在法庭审判中进行展示，故主张该电子数据取证违反法律规定，属于非法证据，不可以作为证据使用。但是，法院对该辩护意见未予以回应。

在该案中，公安机关采取扣押方式来收集、保全涉案比特币等数字货币类电子数据，在扣押决定书中明确将比特币、莱特币作为扣押对象。但是，由于电子数据具有虚拟性、无形性等特征，其并不能被人们直接占有、控制，这就决定了电子数据不宜直接作为扣押的适用对象。从本案扣押程序运行来看，虽然侦查机关作出的扣押决定书将比特币、莱特币等数字货币作为扣押对象，但由于电子数据无法直接扣押，故侦查人员也并不是直接对比特币、莱特币予以扣押，而是先扣押了白色电脑主机箱一台、黑色及白色手机各一部，这实际上是对电子数据原始存储介质的扣押，在扣押电脑机箱、手机过程中同步实现了对其中存储涉案电子数据的扣押，然后通过电子物证检查从电脑机箱、手机中提取收集了涉案电子数据。因此，本案中侦查机关直接将比特币、莱特币等电子数据作为扣押对象，并不符合《电子数据取证规则》对于扣押适用对象的规定。

由于该案中比特币、莱特币等数字货币类电子数据具有双重属性，其既属于涉案财产，也属于证据材料。从价值功能来看，对于涉案财产扣押是为了保全财产，防止对财产转移或价值减损，这要求在扣押中实际占有涉案财产，并排除他人占有控制；而证据材料扣押是为了保全证据，防止证据毁损、破坏，这也要求扣押中实际控制占有证据材料并排除他人占有控制。在本案中，侦查机关借助扣押电脑机箱、手机来占有其中存储的数字货币类电子数据，但此种方式无法实现对涉案财产或证据材料的有效保全。财产保全主要是对财产交易价值的排他性占有控制。仅扣押手机、电脑等数字货币的操作设备，并不会让犯罪嫌疑人丧失对数字货币的支配权。只要犯罪嫌疑人掌握其数字钱包的公钥和私钥密码，其仍然可以在其他手机、电脑等设备上安装数字钱包程序，通过密钥获得对其数字货币的支配权。在该案中，侦查人员基于讯问获得数字钱包账号、密码后，将其中存储的涉案比特币、莱特币等数字货币提现后予以扣押。这实际上是将作为具有虚拟形态的数字货币通过先行处置将其转化为具有实物形态的传统货币后予以扣押，此时传统实物货币虽然具有实物形态而可以成为扣押措施的适用对象。但是，涉案财产先行处置需符合法定条件：[1]（1）范围特定，仅限于具有先行处置紧迫性或必要性的涉案物品或财产，如不宜长期保存的物品、市场价格波动大的财产、有效期即将届满的票据等。（2）同意规则，对于涉案物品或财产的先行处置应取得权利人同意或申请。（3）审批程序，先行处置应取得县级以上公安司法机关主要负责人的批准。在符合上述法定条件的情况下，才可对数字货币予以先行处置、转化为实物形态财产后予以扣押。在不符合上述法定条件的情况下，侦查机关对涉案数字货币予以先行处置、提现扣押，就会出现违法。在该案中，辩护方就基于违法先行处置、提现扣押而主张证据排除。

　　但是，该案中若适用电子数据冻结措施也将会面临较大的技术障碍。虚拟数字货币的去中心化特征决定了侦查机关无法通过冻结措施来对涉案数字货币有效取证。对于传统货币存款，侦查机关可以通过冻结方式让犯罪嫌疑人丧失对其财产的支配权，如对涉案银行卡账号的冻结。冻结能够固定涉案账号财产，使其账号内资金不再交易或者流转，因为传统银行卡号采取了中心化的组织结构，查封信息通过某个网点上传至中央服务器后，其就可以阻止涉案账号资金在其下各个交易网点的存取或交易。但是，比特币、以太坊、莱特币等加密数字货币是以区块链作为其底层技术，具有去中心化的特点，其采取 P2P（点对点）的网络结构，并不存在独立第三方对网络进行集中监管。[2]比特币、以太坊、莱特币等加密数字货币去中心化的特点，决定了仅通过对某个节点采取冻结措施，将无法阻止数字货币的流通或交易。

---

　　〔1〕《中共中央办公厅、国务院办公厅关于进一步规范刑事诉讼涉案财物处置工作的意见》第 7 条之规定。

　　〔2〕 高航、俞学劢、王毛路：《区块链与人工智能：数字经济新时代》，电子工业出版社 2018 年版，第 23—28 页。

（二）境外电子数据冻结

案例：崔某等人开设赌场案[1]

崔某为境外赌博网站制作软件程序、提供技术服务，并为境外赌博网站客户出租 124 台位于某地区的服务器用于赌博网站架设。公安机关依法冻结崔某在某地区某电信机房内租赁的 124 个 IP 及对应 IP 地址服务器数据。后经对上述服务器内存储的电子数据予以远程勘验、分析鉴定，认定崔某提供技术服务并实际控制这些服务器，服务器内运行大量赌博网站。

在该案中，公安机关适用了电子数据冻结，通过冻结措施对电子数据先行保全，然后再通过远程勘验等方式收集提取涉案电子数据。侦查机关采取电子数据冻结主要基于以下原因：

首先，涉案服务器位于境外，我国公安机关无权直接在该地区开展刑事侦查取证活动，不能直接对涉案服务器予以扣押，仅能通过区际刑事司法协助方式来搜查扣押涉案服务器，但区际刑事司法程序繁琐、周期漫长，这就可能需要采取直接扣押以外的其他侦查取证措施来收集涉案电子数据。

其次，涉案电子数据量大，无法在短时间内通过网络远程勘验、在线提取等方式完成电子数据取证工作，这就需要对涉案电子数据先行采取非接触式的证据保全措施，即电子数据冻结。在该案中，公安机关在电子数据冻结后分别于 2018 年 4 月 11 日、2018 年 6 月 2 日至 6 月 7 日、2018 年 7 月 15 日至 10 月 10 日、2018 年 11 月 15 日、2019 年 1 月 18 日等时间，对服务器中存储的电子数据进行网络远程勘验。这主要就源于涉案电子数据量大，无法在短时间内通过远程勘验来将全部数据收集提取完毕。在涉案电子数据全部收集提取完毕之前，若不采取相应措施对其予以保全、固定，其很可能发生增减、篡改等情况。

最后，第三方对涉案数据服务器的占有管理为公安机关适用电子数据

––––––––––––––

[1] 详见山东省龙口市人民法院（2019）鲁 0681 刑初 132 号刑事判决书。

冻结提供了技术支撑。在冻结运行程序之中，需要由第三方主体为侦查机关提供协助，这主要源于该第三方主体实际管理着涉案财产或证据，可以为冻结涉案财产或证据提供便利，他们需要协助公安机关对涉案财产或者证据冻结的执行工作。在该案中，涉案 124 台服务器属于 L 网络服务公司所有，崔某租赁后又对外转租。公安机关向 L 网络服务公司送达了《协助冻结电子数据通知书》，L 网络服务公司从技术层面协助公安机关对 124 个 IP 地址及其对应服务器中电子数据的冻结。

在该案中，公安机关除冻结涉案电子数据之外，还冻结了 1478 个银行账户中的涉案资金两千余万元，这属于财产保全型冻结。对于冻结涉案财产，法院在作出对被告人定罪量刑裁判时同步作出处置决定，若属于违法所得、需要缴纳罚金等，则予以没收上缴国库，若属于个人合法财产，则需判决后解除冻结予以返还。但是，对于冻结电子数据仅在证据审查认定中给予采纳意见，并不对冻结电子数据应当如何处置给予裁判。这表明财产冻结和电子数据冻结最终处置结果存在差异。这主要是源于作为证据材料的电子数据，其在诉讼程序中的主要功能是作为司法机关审查认定案件事实的依据和基础，在侦查机关有效收集、提取涉案证据材料之后，冻结功能即告终结，并区分不同情况对冻结电子数据予以处理。

（三）云空间电子数据冻结

案例：A 公司非法吸收公众存款案[1]

在公安机关侦查 A 公司非法吸收公众存款案中发现，A 公司自 2017 年 6 月起租赁了 C 云网络公司 20 台云主机、5 个云数据库、5TB 云存储，搭建了公司网络运营平台。由于涉案数据量巨大，无法扣押原始存储介质，故经履行法定审批程序后，侦查机关于 2019 年 7 月 13 日作出冻结 A 公司租赁云主机、云数据库、云存储中电子数据的决定。经 C 云网络公司协助，侦查机关冻结了 A 公司云管理账号中的全部电子数据。后公安机关通

---

〔1〕　刘浩阳等：《公安机关办理刑事案件电子数据取证规则释义与实务指南》，中国人民公安大学出版社 2020 年版，第 164-172 页。

过远程勘验从中提取了涉案电子数据。完成取证工作之后，公安机关于2019 年 11 月 21 日作出解除冻结电子数据的决定。

在该案中，涉案电子数据存储于云主机、云数据库之中，它与传统具有物理形态的主机服务器、存储介质并不相同。云主机是一种类似 VPS 主机的虚拟化技术，VPS 是采用虚拟软件 VZ 或 VM 在一台主机上虚拟出多个类似独立主机部分，能够实现单机多用户，每个部分都可以做单独的操作系统，管理方法同主机一样。云主机是在一组集群主机上虚拟出多个类似独立主机部分，集群中每个主机上都有云主机的一个镜像。存储于云主机、云数据库中的电子数据，不宜采取扣押原始存储介质的方式来收集提取，因为会影响集群主机中其他客户对云主机的正常使用。对于云空间中存储较为少量的涉案电子数据，侦查机关可以采取网络在线提取、远程勘验等方式直接予以收集，对于海量电子数据则无法短时间内通过在线提取、远程勘验等方式予以收集，就需要先对电子数据采取保全措施，否则就面临被篡改、删除、增减等风险。作为保全措施，财产冻结主要是暂时限制、剥夺了犯罪嫌疑人对其涉案金融财产的控制权，电子数据冻结则是暂时限制、剥夺犯罪嫌疑人对特定虚拟空间中电子数据的访问操作权限，此种限制、剥夺需要借助于相应信息技术手段，如采取读写保护措施等。互联网技术的发展为信息存储提供了新的选择，电子数据存储方式呈现多元化特征。电子数据"去载体化"或"去存储介质化"存储是将电子数据存储在云端的数据存储方法，相较于传统电子数据载体依赖的存储方式，硬件设备是数据所有者或者数据控制者进入云端访问数据的手段，而不是存储工具。仅仅扣押犯罪嫌疑人直接操作使用的手机、电脑等电子设备，无法实现对云空间中存储涉案电子数据的保全，此时就需要采取电子数据冻结措施。

在该案中，A 公司总经理得知公安机关对 A 公司展开侦查后，就曾要求运营平台管理人员对云主机中存储的会员信息、数据库等数据予以删除，并删除笔记本电脑中保存的备份文件数据，但由于公安机关已经先行采取了电子数据冻结措施，限制了相关人员对涉案数据的访问、操作权限，故该企图未能得逞。[1]冻结作为电子数据的保全措施，对于保障电子数据真实性和完整性具有重要意义。由于冻结措施限制了对电子数据的访问、操作等权限，这就为后期顺利收集提取涉案电子数据奠定了良好基础。在采取冻结措施中，侦查机关虽然基于冻结措施执行而取得对涉案电子数据的暂时控制权，但并不直接占有控制涉案电子数据，该电子数据仍然处于网络服务商、运营商等第三方主体的直接占有控制之下，故电子数据冻结措施需要这些实际占有控制电子数据的第三方主体予以配合。

从网络服务商、运营商等第三方主体与犯罪嫌疑人之间的关系来看，第三方主体通常是基于合同等法律关系而对犯罪嫌疑人提供服务，其对于占有控制的犯罪嫌疑人相关数据具有保密义务，此时就会产生保密义务与配合义务的冲突对立。在电子数据调取中，第三方主体配合义务的履行，可能意味着其对网络服务使用者保密义务和隐私保护义务的违反。这就需要在第三方主体的数据保密义务和配合义务之间建立有效平衡机制，主要体现在电子数据冻结的适用条件和运行程序的设置上。对于第三方信息配合义务，若缺乏法定程序和正当事由的控制，则很容易侵害网络服务使用者财产权、隐私权等基本权利。在电子数据冻结中，第三方主体的配合义务，应当以其冻结主体合法、目的正当和审批程序为前提。这就要求国家专门机关在冻结电子数据前，需要向网络运营商、网络服务商等第三方主体出示身份证件、冻结决定书、协助冻结通知书等文件。第三方主体在履行配合义务前，需要对上述手续予以审查。在该案中，侦查人员在经过法定审批程序之后，经由 C 云网络公司协助配合，才完成了对电子数据的冻结。

第二节　电子数据冻结的法律性质

制定科学合理的电子数据冻结制度，首先需要厘清其法律性质。但是，我国现有司法解释和规范性文件在规定电子数据冻结时并未厘清其法

---

〔1〕　刘浩阳等：《公安机关办理刑事案件电子数据取证规则释义与实务指南》，中国人民公安大学出版社 2020 年版，第 164-172 页。

律性质，仅将其作为收集、提取电子数据的方法或措施，与其他调查取证型侦查措施相互混淆。比如，《人民检察院办理网络犯罪案件规定》第28条之规定，将冻结与现场提取、在线提取、调取并列为收集提取电子数据的方式。该条之规定中的现场提取、在线提取、调取都属于取证型侦查措施，侦查机关通过采取这些侦查措施可以收集、获得电子数据，但是电子数据冻结在法律性质上应属于保全型侦查措施，因为冻结本身并不能让侦查人员取得、占有电子数据，其功能仅在于固定和保全电子数据，防止电子数据发生人为变动或增减。将冻结与取证型侦查措施并列为电子数据收集提取方式，可能主要就源于规则制定者并未准确把握电子数据冻结的法律性质。因此，有必要厘清电子数据冻结的法律性质。

一、侦查措施 vs 技术措施

关于电子数据冻结的法律性质，有实务界观点将其作为"技术措施"，即电子数据冻结是侦查机关根据案件需要，在必要时依法冻结保存在云存储或在线系统中电子数据的侦查措施，这里的"冻结"是保持当前状态电子数据真实性、完整性的技术措施。[1]"技术措施说"注意到冻结对保持电子数据现状、保障其真实性和完整性的价值功能，这无疑具有积极意义，但仅将冻结作为保障特定类型电子数据真实性和完整性的技术措施，则存在较多弊端：

首先，"技术措施说"可能会降低冻结措施的法律地位。侦查技术是技术类型之一，是技术在侦查领域中的具体实施与运用。而侦查措施是法律所规定的侦查机关在刑事案件侦查中可以采取的调查活动和强制措施。[2]侦查技术虽然是科学技术在侦查活动中的具体实施和应用，是科学技术的具体类型之一，但其实施和运行需要纳入侦查措施的框架之内，从而实现查明事实和权利保障的有效平衡。刑事诉讼法只对侦查措施进行调

---

〔1〕 刘浩阳等：《公安机关办理刑事案件电子数据取证规则释义与实务指南》，中国人民公安大学出版社 2020 年版，第 53 页。

〔2〕 张玉镶主编：《刑事侦查学》，北京大学出版社 2014 年版，第 1-2 页。

整和规范，至于对侦查机关在具体侦查措施中使用何种侦查技术原则上不作规定，只要是有利于收集证据、查明事实的技术手段和方法都可以在具体侦查措施之下来实施和应用。因此，侦查措施具有法定性和封闭性的特点，其具体类型和运行程序相对固定。这种法定性、封闭性对于防止侦查权滥用、保护公民权利具有重要作用。而侦查技术则具有开放性、非法定性的特点，这种特点决定了侦查机关在相关侦查措施的法律框架之下可以穷尽各种技术方法来查明案件事实，特别是对于在科学技术飞速发展的时代背景下采取新型技术手段查明案件事实具有重要意义。将电子数据冻结仅仅界定为保障其真实性、完整性的技术措施，则容易不受法律调整和规制，丧失其应有法律地位。

其次，"技术措施说"很容易导致冻结措施与电子数据取证中其他技术措施混同。在电子数据取证中，应当采取相应技术或方法来保障电子数据的完整性。"技术措施说"则将完整性校验、数据备份、取证录像、冻结电子数据等并列为保障电子数据完整性的技术或方法。[1]在这些列举的技术方法中，完整性校验、数据备份确实属于保障电子数据完整性的技术方法，但冻结并不属于保障电子数据完整性的技术方法，其属于保全电子数据的侦查措施。电子数据冻结是对账户操作权限的转移，其在法律层面暂时限制或剥夺了特定账户使用者对被冻结数据的读写能力。在冻结期间，不仅要限制或关闭对被冻结电子数据的访问、操作权限，保障电子数据不被增减、删除、篡改，而且还需向特定侦查人员提供只读不写的访问权限。对于此种权限的暂时转移或限制需要相应的技术手段或方法，采取相关技术措施限制或剥夺账户使用者的写能力，能更好地保障被冻结电子数据免于被篡改、被增删。比如，《电子数据取证规则》第40条之规定，就明确了冻结电子数据可以通过完整性校验、锁定网络应用账号、采取写保护措施等技术方法来实现。若将电子数据冻结界定为技术措施，则存在以技术方法实现所谓"技术方法"的概念循环之嫌，很容易导致技术方法

---

〔1〕　刘浩阳等：《公安机关办理刑事案件电子数据取证规则释义与实务指南》，中国人民公安大学出版社2020年版，第53页。

与侦查措施之间关系的混乱。

电子数据本质上属于证据保全性质的侦查措施，此种法律性质决定了其应当受到法律的调整和规范。侦查措施在适用和运行过程中，可以借助于相应的技术方法，技术方法则可以嵌入侦查措施中使用，作为实现侦查措施的手段或途径。比如在犯罪现场勘验中，可以采取粉末显现、熏染、激光照射、照相提取、胶带粘取等技术方法。在电子数据冻结中，也可以采取完整性校验、锁定网络应用账号、采取写保护措施等技术方法。电子数据冻结本身并不是取证技术，其是具有独立法律地位的侦查措施或侦查行为，其应当受到法律调整和规制，此种规制目的在于查明事实和权利保障。

二、强制性侦查 vs 任意性侦查

"财产型冻结"在法律性质上属于强制性侦查措施，理论界和实务界对此并无争议。在我国相关司法解释和规范性文件对冻结的规定中，亦体现了其此种法律性质。比如《人民检察院扣押、冻结涉案款物工作规定》第5条之规定，就严禁在立案前适用冻结措施。这主要就源于冻结财产会侵犯或干预公民基本权利，其属于强制性侦查措施，仅能由侦查机关在立案之后的侦查阶段适用，而不得在立案前的初查阶段适用。但是，对于电子数据冻结能否适用于初查阶段，理论界和实务界就基于对其法律性质的不同认识而存在较大争议，主要有"任意性侦查说""强制性侦查说"和"区分说"三种观点。

"任意性侦查说"将电子数据冻结界定为任意性侦查措施，主张其可以由侦查机关在立案之前的初查阶段适用，其主要理由就是我国法律尚未认定虚拟财产属于财产，尚未将电子数据纳入财产范畴，电子数据冻结并不涉及财产权、人身权的限制和干预，因此在案件初查阶段可以采取电子数据冻结措施。[1]"强制性侦查说"认为电子数据冻结属于强制性侦查措

---

[1] 刘浩阳等：《公安机关办理刑事案件电子数据取证规则释义与实务指南》，中国人民公安大学出版社2020年版，第158-159页。

施，其会侵犯公民财产权等基本权利，不应适用于立案之前的初查阶段。[1]"区分说"则认为电子数据冻结不同于财产冻结，电子数据冻结会妨碍数据主体对数据的占有和使用；若电子数据冻结会妨碍数据主体对数据的使用，则属于强制性侦查措施，在初查阶段就不能适用；若不妨碍数据主体对数据的使用，则属于任意性侦查措施，在初查阶段就可以适用。

这些观点在"强制性侦查"与"任意性侦查"的区分标准上并不存在本质差别，即都是以"基本权利干预"作为区分标准。争议的核心在于电子数据是否承载公民基本权利，这恰是"财产型冻结"与"证据型冻结"的重大区别。由于传统冻结措施的适用对象是犯罪嫌疑人的存款、汇款、债券、股票、基金份额等财产，其必然会干预或侵犯公民财产权。而"证据型冻结"的适用对象是作为证据材料的电子数据。由于电子数据种类繁多、类型多样，其是否承载着公民基本权利不宜一概而论，需要结合电子数据的种类、用途等因素来具体判断。因此，总体来看"区分说"的观点似乎更为符合电子数据多样化的特点。电子数据冻结是否属于强制性侦查措施，需要结合电子数据是否承载着财产权、隐私权等基本权利来予以个案认定。

从《电子数据取证规则》对电子数据冻结的相关规定来看，其主要将电子数据冻结作为与搜查相当的强制性侦查措施。这主要体现在其冻结审批程序及权限设定之中，如《电子数据取证规则》第 37 条要求适用电子数据冻结应当取得县级以上公安机关负责人批准。由于我国尚未建立强制性侦查措施的司法审查制度，适用强制性侦查措施是由公安机关内部按照行政化、书面化程序予以审查批准。但是，公安机关内部对于审批权限的不同行政层级设置之间可以体现侦查措施的法律性质。比如，搜查作为一项强制性侦查措施，其适用就应当取得县级以上公安机关负责人批准。而冻结电子数据也要求县级以上公安机关负责人批准，这就意味着冻结和搜查的强制性程度大致相当，其受到的程序控制也大致相当。故，现有法律

---

[1]　孙明泽："刑事诉讼电子数据冻结的程序规制研究"，载《中国人民公安大学学报（社会科学版）》2020 年第 1 期。

制度主要将电子数据冻结作为强制性侦查措施。

虽然有实务界观点认为，对电子数据冻结设定审批程序的主要原因在于电子数据与计算机信息系统密切相关，冻结电子数据会直接影响计算机信息系统的正常运行，会间接影响第三方主体的正常生产经营活动。[1]基于该观点虽然也能推导出电子数据冻结作为强制性侦查措施的法律性质，但却忽略了作为冻结对象的电子数据可能承载着基本权利。比如，在对数字货币类电子数据予以冻结时，会干预此类电子数据所承载的财产权；对系统程序、数据库类电子数据予以冻结，则会干预此类电子数据所承载的财产权和隐私权。从网络运营商等第三方主体与其客户之间的关系来看，第三方主体通常是网络服务提供者，其在电子数据冻结中所遭受的干预要远低于作为其服务对象或客户的当事人，因此，将电子数据冻结界定为强制性侦查措施主要源于其会干预电子数据所承载的基本权利，而主要不是基于其网络运营商等第三方主体正常经营活动的干预。

三、保全型措施 vs 取证型措施

侦查措施可以分为"取证型侦查措施"和"保全型侦查措施"，前者是在刑事诉讼中用于收集证据的侦查措施；后者是保障诉讼程序顺利进行的侦查措施，其包括限制或剥夺人身自由的侦查措施，如拘留、取保候审、逮捕等强制措施，也包括对涉案财物的侦查措施，如查封、扣押、冻结。冻结就属于典型的保全型侦查措施，但是电子数据冻结作为一种新型的侦查措施，实现了从"财产型保全"到"证据型保全"的功能扩展。在财产型保全中，权利主体可以在法定范围内对保全财产具有一定处分权，这里的"处分"仅是有益处分而不包括有害处分，即以不减损保全财产价值为限度的处分，作为被保全对象财产的保值增值通常也符合权利主体的利益。但是，证据型保全措施，则排除了权利主体对证据材料的处分，因为证据材料是刑事诉讼中定罪量刑事实的依据，它们会对犯罪嫌疑人产生

---

〔1〕 刘浩阳等：《公安机关办理刑事案件电子数据取证规则释义与实务指南》，中国人民公安大学出版社2020年版，第164-172页。

严重不利后果，若犯罪嫌疑人接触、处分被保全的证据材料，则存在较大风险。

在刑事诉讼中物品、文件等保全主要有三种措施，即扣押、查封、冻结，它们的适用范围和对象并不相同。但是，扣押和查封既可以作为证据型保全措施，也可以作为财产型保全措施。扣押需要以实际占有、控制特定物品为前提，并由侦查机关自己实际保管该特定物，故其通常适用于动产证据或财物的保全。查封并不需要侦查机关实际占有特定物品，其主要是通过加贴封条、完成登记等方式来向社会公众展示司法机关对标的物的控制。故，查封通常适用于不动产证据或财物的保全。刑事诉讼中的冻结主要是作为财产型保全措施，其适用对象主要是犯罪嫌疑人的存款、汇款、债券、股票、基金份额等财产。

在电子数据保全中，《电子数据规定》《电子数据取证规则》主要规定了两种保全措施，即扣押、冻结，它们两者适用的条件和对象并不相同。扣押的适用对象是有形物，由于电子数据具有无形性、虚拟性等特征，故其不宜直接作为扣押的适用对象，而仅能扣押电子数据的原始存储介质，其通常可以在电子数据"一体收集"模式中适用。"一体收集"模式是将电子数据连同其原始存储介质一并予以扣押、封存、移送。[1]在扣押原始存储介质中，可以间接实现对其中存储电子数据的一并扣押。《电子数据规定》第8条、《电子数据取证规则》第10条规定了原始存储介质扣押。由于电子数据存储于原始存储介质中，侦查机关扣押原始存储介质就可以实现对其中存储的电子数据的保全，此种情况下对电子数据的保全具有间接性、依附性，它是依附于原始存储介质扣押而得以实现。我国司法解释、部门规章中关于电子数据能否作为扣押对象，相关规定并不完全一致。比如，《公安机关办理刑事案件程序规定》第232条就将电子邮件纳入了扣押对象。但是，由于电子邮件具有虚拟性特征，侦查人员无法通过扣押方式直接占有控制电子数据，且通过复制、下载等方式将电子邮件存

---

[1]　谢登科："电子数据的取证主体：合法性与合技术性之间"，载《环球法律评论》2018年第1期。

储于其他存储介质后，也不能实现传统扣押所具有的排除其他人占有控制的保全效果，故在实践中对电子邮件取证通常并不采取直接扣押电子邮件来保全证据，而主要是通过扣押其原始存储介质，如扣押手机、电脑等方式来保全电子邮件。此种方式对电子邮件的保全具有间接性和不完全性，它是通过对电子邮件原始存储介质的扣押得以实现，而不是直接通过扣押电子数据本身得以实现。另外，对原始存储介质的扣押，并不能排除相关人员通过其他手机、电脑等电子设备登录邮箱服务器来查阅、使用该电子邮件。侦查机关从网络服务商处收集涉案电子邮件则主要采用调取方式，即从网络服务商处调取涉案电子邮件，而不采取扣押服务器的方式收集电子邮件。

对电子数据的另一种保全措施就是冻结，此种保全措施直接指向电子数据本身，其并不需要借助于电子数据的原始存储介质就能得以实现。由于电子数据具有虚拟性、无形性等特征，其并不能被直接占有。冻结主要是指向电子数据的使用权、控制权，通过冻结来限制相关主体对电子数据的使用权利来实现保全。冻结和查封都属于非接触式、非直接占有式保全措施。《电子数据规定》《电子数据取证规则》等司法解释与规范性文件，选择将冻结而不是查封作为电子数据的保全措施。在《电子数据规定》制定过程中，关于使用"冻结"还是"查封"曾发生较大争议，后经请示全国人大常委会法工委，明确查封和冻结属于性质、效果相同的侦查措施，二者仅是适用对象不同，查封多用于财物、文件，冻结多用于存款等财产。对于电子数据而言，全国人大常委会法工委的意见是两者皆可。后经权衡确定使用"冻结"概念。[1]虽然，查封和冻结属于性质、效果相同的侦查措施，但这两个制度在适用于电子数据保全时可能各有利弊。冻结并不适用于有形实物的保全，而主要适用于抽象事物或行为，如人事冻结、职权冻结等。从此点来看，将冻结措施适用于电子数据保全，能够有效地适应电子数据虚拟性、无形性等特点。但是，选择"冻结"所面临的障碍

---

〔1〕 刘浩阳等：《公安机关办理刑事案件电子数据取证规则释义与实务指南》，中国人民公安大学出版社 2020 年版，第 158 页。

在于现有《刑事诉讼法》明确将冻结适用对象限定为犯罪嫌疑人的存款、汇款、债券、股票、基金份额等财产。而作为证据保全对象的电子数据并不都是上述财产，将电子数据作为冻结适用对象，就突破了《刑事诉讼法》的上述限定而导致其适用对象的法外扩充。若将查封作为电子数据保全措施，则可能不会导致与现有《刑事诉讼法》冲突。因为《刑事诉讼法》在规定查封对象时，主要是将其与扣押并列在一起予以规定，其适用于财物、文件、邮件、电报等财物。这里的"财物"有比较大的解释空间。司法解释和规范性文件在细化查封的适用对象时，通常将其界定为土地、房屋等不动产，船舶、航空器以及其他不宜移动的大型机器、设备等特定动产。但是，若将查封作为电子数据保全措施，比较大的障碍是查封仅适用于有形物，无论土地、房屋等不动产，还是船舶、航空器、大型机器设备等特定动产，都是具有可见性、可触性的有形物。将查封适用于电子数据保全，则面临将适用对象由有形物扩展至无形物的问题。

第三节　两种冻结措施的比较分析

电子数据冻结作为证据保全措施、强制性侦查措施，其在运行过程中可能会涉及侦查机关、犯罪嫌疑人、网络服务提供商等多方主体，科学合理的电子数据冻结程序可以更好地平衡各方主体的不同利益诉求。从有效取证角度来看，电子数据冻结作为证据保全措施，其程序设置注意保障电子数据的真实性和完整性。从权利保障角度来看，电子数据冻结作为强制性侦查措施，其会侵犯公民基本权利，故需从法律保留、比例原则、令状原则等方面来设定其运行程序。电子数据冻结实现了从"财产型冻结"向"证据型冻结"的扩展。虽然，两种冻结都会因干预基本权利而遵守很多相同程序，如两者的适用都需要由县级以上公安机关负责人审批。但是，它们两者在很多方面也存在区别。

（1）适用范围。财产型冻结的适用对象主要是涉案财产，主要包括违法所得及其收益、供犯罪使用的财产；在认定某财产是否系涉案财产时，应遵循"疑罪从无"的原则精神，作出有利于被追诉方的处理，[1]这就意味着存疑时以不扣押、不冻结为处理原则。证据型冻结的适用对象为涉案电子数据，其要求电子数据与案件事实之间具有关联性，即作为冻结对象的电子数据能够用于证明案件事实。作为冻结对象的电子数据与案件事实是否具有关联性存疑时，则不宜采取从无推定的处理原则，这主要源于证据具有稀缺性和不可替代性。若冻结财产，需要为犯罪嫌疑人、被告人及其所扶养的亲属保留必需的生活费用，以保障相关人员的正常生活。[2]但是，电子数据冻结并不涉及份额保留的问题，否则可能会影响证据真实性从而阻碍查明案件事实。

（2）先行处置。财产型冻结是为了保障将来对涉案财产处置的顺利进行，在涉案财产处置中应当遵循财产价值最大化和权利保障原则，[3]财产冻结亦应如此。对于冻结的债券、股票、基金份额等财产，为防止价格波动导致权利人财产权益损失，经权利人同意或申请，经司法机关批准后可以出售、变现，并将所得价款存入司法机关指定账户。财产冻结中的先行处置，并不会影响后期对涉案财产的处理，且有利于实现财产价值最大化和权利保障。但是，对于冻结电子数据，在冻结期间原则上不允许先行处置以防止证据信息变动、丢失、破坏等风险。若被冻结的电子数据承载着相关人员财产利益，且受市场波动影响较大，则侦查机关应尽快通过技术手段提取、复制电子数据。在提取、复制完毕后才可以对冻结的电子数据予以先行处置。

（3）办管分离。在涉案财产处置中，遵循案件办理和财产管理相互分离原则，[4]这有利于防止司法机关工作人员在涉案财产处置中的权力滥

---

〔1〕 陈卫东："涉案财产处置程序的完善——以审前程序为视角的分析"，载《法学杂志》2020年第3期。

〔2〕 《中共中央办公厅、国务院办公厅关于进一步规范刑事诉讼涉案财物处置工作的意见》第2条之规定。

〔3〕 陈醇："非法集资刑事案件涉案财产处置程序的商法之维"，载《法学研究》2015年第5期。

〔4〕 《中共中央办公厅、国务院办公厅关于进一步规范刑事诉讼涉案财物处置工作的意见》第3条之规定。

用。不过，由于财产冻结中，办案机关并不实际占有控制该涉案财产，故"办管分离"机制体现得并不明显，但是在财产扣押中体现得较为明显。在证据保全中，有些证据采取"办管分离"机制，如作案凶器、指纹、血迹等物证，但有些证据则采取"办管合一"机制，如合同、账目等书证，通常需要放入案件卷宗之中，而案件卷宗在结案之前通常是由办案人员自行保管。电子数据冻结过程中，办案人员并不实际占有、控制涉案电子数据。但对于冻结之后已经提取复制的电子数据，则需要将电子数据的光盘、U盘等归入卷宗之中随案移送。

（4）冻结期限。《电子数据取证规则》第39条将电子数据冻结期限设置为六个月并允许依法续冻，这主要是参考和借鉴了财产冻结的相关规定。但是，由于电子数据冻结的主要功能是保全证据，这就要求侦查机关在冻结完毕之后及时收集、提取涉案电子数据，收集完毕之后就没有必要继续冻结电子数据，此时侦查机关就需要及时解除冻结。从实践运行来看，电子数据收集提取完毕通常是解除冻结的主要事由。[1]侦查取证通常需要遵循及时性原则，电子数据的生命周期也要求对电子数据收集提取等取证活动应当尽早完成。这就意味着电子数据的冻结期限通常无须六个月。财产冻结则不同，其作为对涉案财产的保全措施，在法院未对涉案财产作出处理结果之前，该财产通常都需要处于冻结状态，这就决定了对涉案财产的冻结往往时间较长。若在冻结后六个月内尚未对涉案财产作出正式处理结果，则需要对其依法续冻。

（5）技术方法。电子数据作为广义实物证据，在诉讼程序中需要遵循实物鉴真规则。在电子数据真实性发生争议时，需要由提供电子数据的当事人或者检察官提供证据材料来证明其真实性。电子数据鉴真既可以采取"保管链证明"和"独特性确认"的传统方法，也可以采取完整性校验、可信时间戳、数字签名、区块链存证等技术方法。[2]《电子数据取证规则》

----

〔1〕　刘浩阳等：《公安机关办理刑事案件电子数据取证规则释义与实务指南》，中国人民公安大学出版社2020年版，第158页。

〔2〕　谢登科："电子数据的技术性鉴真"，载《法学研究》2022年第2期。

就要求在电子数据冻结中计算其完整性校验值。完整性校验是电子数据重要的技术性鉴真方法之一。需要注意的是，《电子数据取证规则》第 40 条规定了电子数据冻结中应当采取的几种技术方法，主要包括：①计算电子数据的完整性校验值；②锁定网络应用账号；③采取写保护措施。但是，这几种技术方法在电子数据冻结中的功能并不完全相同。完整性校验值主要是实现对冻结电子数据的鉴真功能，即在冻结电子数据真实性发生争议时，可以通过完整性校验值比对来审查认定其真实性。但是，完整性校验并不是直接用以冻结电子数据的保全方式，因仅依靠完整性校验并不能限制他人对电子数据进行访问、修改、增减、复制等操作。锁定网络应用账号、采取写保护措施则是直接冻结电子数据的技术方法。财产冻结的本质是通过限制权利主体对涉案财产的处置权来实现财产保全，电子数据冻结的本质是通过限制数据主体对数据的访问、使用、操作等权限来实现涉案证据保全。由于电子数据具有虚拟性、无形性等特征，其不能通过被侦查机关直接占有方式来限制数据主体的访问、使用、操作等权限，仅能通过采取锁定网络应用账号、采取写保护措施等技术方法来限定数据主体的权限。其中，锁定网络应用账号主要是通过网盘、云存储、云主机等网络应用账号划定的数据边界，借助于网络信息技术予以设置，在锁定网络应用账号后可以限制被冻结电子数据的访问权限。写保护措施主要适用于能够接触到云主机、云数据库等物理设备的电子数据，可以采取主机挂起、主机快照等方法来锁定电子数据的访问权限。[1]因此，在电子数据冻结中，需要采取相应技术性鉴真方法来保障电子数据的真实性。

财产冻结并不是为了保全、收集证据，其主要是为了保全涉案财产，因此，在财产冻结中通常并不涉及证据鉴真问题。虽然《中共中央办公厅、国务院办公厅关于进一步规范刑事诉讼涉案财物处置工作的意见》要求冻结财物应当制作清单。[2]但是，这里的财物清单主要是为了防止冻结

〔1〕 刘浩阳等：《公安机关办理刑事案件电子数据取证规则释义与实务指南》，中国人民公安大学出版社 2020 年版，第 161 页。
〔2〕《中共中央办公厅、国务院办公厅关于进一步规范刑事诉讼涉案财物处置工作的意见》第 4 条之规定。

财产被个别人员私自截留或者挪作他用，制作财产清单可以为权利人事后主张权利和寻求救济提供有效途径。在财产冻结中，侦查机关并不需要借助于完整性校验等技术方式来保障财产数据的完整性，其可以采取先行处置方式来保障财产价值。而从证据完整性和真实性角度而言，对于冻结的涉案财产类电子数据先行处置不仅无法保障数据的完整性和真实性，还会在财产数据处置中引发证据信息变动。

第四节　电子数据冻结的未来发展

虽然《电子数据取证规则》《电子数据规定》已经建立了较为完善的电子数据冻结制度，但从其法律性质、实践运行等方面来看，电子数据冻结这种新兴侦查措施仍然有较大的完善制度空间，这主要体现在以下方面：

第一，作为强制性侦查措施的电子数据冻结应当由法律予以规定，而不宜由司法解释、部门规章等予以创设和规定。但是，电子数据冻结已经在《电子数据规定》《电子数据取证规则》《人民检察院办理网络犯罪案件规定》等司法解释、规范性文件中予以规定，这为公安司法机关适用电子数据冻结提供了制度依据，也有利于此种新型侦查措施或侦查行为的规范化、制度化。在我国司法改革和法治发展中，先由相关规范性文件为司法实践中的探索与创新提供制度依据，在运行成熟之后再上升为立法，也是较为常见的法律现象。但是，在电子数据冻结的探索和发展中，通过司法解释或部门规章予以调整规范仅是权宜之策。电子数据冻结作为一种新型侦查措施，其在法律性质上属于强制性侦查措施，其适用和运行会侵犯公民基本权利。强制性侦查措施不宜由司法解释或部门规章来创设，其创设和适用应当遵循"法律保留主义"，应当将其纳入《刑事诉讼法》的调整和规制范围。《刑事诉讼法》可以在现有冻结制度中，增设"电子数据冻结"措施，将其作为一种新型冻结措施，对其适用条件、期限、解除等予以规定。

第二，电子数据冻结适用范围应当受到比例原则的限定，以契合其作为强制性侦查措施和证据保全措施的法律性质。电子数据冻结要点在于合理界定冻结范围从而为案件处理提供充足的证据材料，同时将对公民基本权利和第三方主体经营活动的干预降至最低。将存储介质或特定账号中的全部电子数据都予以冻结，可以最大限度保全电子数据，但是，冻结电子数据超出必要限度则会影响网络运营商、网络服务商等第三方主体的正常经营业务，[1]也会侵犯数据主体的基本权利。因此，电子数据冻结适用需限定在合理、必要范围之内。《电子数据取证规则》第 36 条在设定电子数据冻结适用范围时，仅采取列举方式规定了可以适用冻结措施的电子数据具体类型，且通过兜底条款方式使得其适用范围具有较大的开放性，此种开放性和灵活性可以有效适应网络新业态的不断更新所产生的新情形下的电子数据冻结。[2]该条款对电子数据冻结适用范围的设置，更多是出于侦查机关有效收集、保全电子数据之需，而缺乏对电子数据取证中基本权利保障需求的应有关注，可能无法与其作为强制性侦查措施和证据保全措施的法律性质有效适应。作为强制性侦查措施，电子数据冻结适用范围的设置应遵循比例原则。作为证据保全措施，电子数据冻结应当遵循必要性原则。

第三，需要适当限缩电子数据冻结期限，明确电子数据冻结解除的法定事由。电子数据冻结的功能并不在于收集、提取证据，其核心功能是保障电子数据的完整性，防止电子数据发生修改、删减。保全措施的法律性质决定了电子数据冻结具有阶段性，其并非对电子数据的最终处分行为，其仅暂时限制或剥夺数据主体对电子数据的控制、操作、使用、处分等权限。作为证据保全措施，其主要是为电子数据有效收集和取证提供保障。冻结需要与其他侦查取证措施有机结合才能实现对电子数据的有效取证。在电子数据冻结之后，侦查机关应当及时采取勘验、检查、检验、鉴定等措施来收集提取涉案电子数据。在涉案电子数据收集提取完毕之后，侦查

---

〔1〕 潘申明等：《电子数据审查判断与司法应用》，中国检察出版社 2017 年版，第 163 页。

〔2〕 刘浩阳等：《公安机关办理刑事案件电子数据取证规则释义与实务指南》，中国人民公安大学出版社 2020 年版，第 161 页。

机关应当及时解除电子数据冻结。电子数据本身具有信息生命周期，有些电子数据生命周期很短，如网络空间中的某些动态电子数据；有些电子数据会因为软硬件变化而损坏、灭失。电子数据自身的技术性特征，决定了需要对电子数据及时取证。电子数据冻结参照财产冻结设置六个月期限，这甚至比侦查期限都长，显然不利于督促侦查机关冻结后对电子数据及时取证，这可能既不利于对电子数据的有效取证，也不利于对数据基本权利的保障，建议将电子数据冻结时间限定为二个月。

第四，建立电子数据冻结的事后审查制度，通过程序性制裁措施实现对违法冻结的权利救济。《电子数据取证规则》确立了电子数据冻结的批准制度，此种审批主要是公安机关内部的行政化、书面化审查。此种行政化审批机制可能无法实现对超范围冻结、超期限冻结等违法行为的有效规制，因为此种内部化、行政化审查批准程序可能因追求相同利益组织中的同体监督而导致审查流于形式。较为科学、合理的解决方案是，确立强制性侦查措施的"司法审查"制度，即由外部处于相对中立地位的检察院或法院来审查批准搜查、冻结、技术侦查等强制性侦查措施的适用。在我国尚未建立强制性侦查措施司法审批制度的背景下，可以将电子数据冻结纳入事后司法审查机制之中，即由检察院、法院在批捕、起诉、审判等环节对电子数据冻结情况予以事后审查。此种事后司法审查，可以由检察院、法院依职权主动开展，如检察院在审查批捕、审查起诉等诉讼活动中可以对电子数据冻结的合法性予以审查。《人民检察院办理网络犯罪案件规定》第31条第4项、第32条第2项之规定就要求在电子数据完整性审查中，审查冻结后的电子数据是否生成新的操作日志，在电子数据合法性审查中审查电子数据冻结的法律手续是否齐全。电子数据冻结的事后司法审查，也可以是基于当事人、辩护人、利害关系人的申诉或控告而启动。对于未经法定审批程序而予以冻结的电子数据、超出法定范围予以冻结的电子数据、超出法定期限予以冻结的电子数据，应当认定为非法证据；在控诉方无法作出合理解释且没有作出有效补正的情况下，对于这些非法电子数据应当予以排除，不能作为认定案件事实的依据。

第十章
电子数据搜查扣押

对物证、书证等传统实物证据而言，搜查扣押是其重要的侦查取证方式之一。但是，由于电子数据具有虚拟性、无形性等特征，它并不是现实物理空间中能够独立存在的物体，其能否成为搜查扣押适用对象就存在较大争议。我国《刑事诉讼法》在规定搜查对象时主要将其限定为"可能隐藏罪犯或者犯罪证据的人的身体、物品、住处和其他有关的地方"，这里的"地方"是否包括可能隐藏涉案电子数据的虚拟网络空间？《刑事诉讼法》并未予以明确。《刑事诉讼法》规定扣押、查封适用对象时，明确将其限定于物证、书证，这是否意味着作为证据保全措施的扣押、查封不能适用于电子数据？《电子数据规定》《电子数据取证规则》等司法解释和规范性文件在规定电子数据侦查取证措施时，也仅规定了原始存储介质扣押、现场提取、网络在线提取、远程勘验、电子数据冻结、电子数据检查和鉴定等侦查措施，并未将搜查作为电子数据的侦查取证措施，这是否意味着电子数据不属于搜查对象而无须受到现有搜查制度的调整和规范？从理论层面来看，电子数据是否应当纳入搜查扣押的适用对象？搜查与提取、勘验、检查等是何关系？搜查的本质标准是什么？这都是电子数据侦查取证中值得研究的问题。

从实践层面来看，我国现有法律法规并未将电子数据纳入搜查适用范围，但侦查机关在实践中开展了以原始存储介质为适用对象的电子数据"间接搜查"模式，这与传统实物证据"直接搜查"模式的运行程序具有较大区别。在电子数据侦查取证中，为何会出现"间接搜查"模式？其运行可能出现何种风险？电子数据能否作为搜查扣押的独立适用对象而适用"直接搜查"？如何建构适应电子数据自身特点的搜查制度体系？这些问题都是电子数据搜查扣押中值得探讨的问题。

第一节 "间接搜查" 模式的主要特征

电子数据已经成为网络信息时代的"证据之王",很多刑事案件中都涉及电子数据的收集提取和审查认定。我国现有法律法规并未将电子数据纳入搜查适用范围,但侦查机关在实践运行中则开展了以原始存储介质为适用对象的电子数据"间接搜查"模式。所谓电子数据的"间接搜查"模式,是指侦查机关在搜查扣押原始存储介质时间接实现对其中存储的电子数据的搜查扣押,电子数据依附于其原始存储介质被侦查机关搜查扣押的程序运行模式。比如,我国实务界有观点认为:电子数据搜查主要目的是发现与案件有关的证据和设备,但存储介质是搜查的最终目标。[1]虽然该观点将存储介质作为电子数据搜查的最终目标可能失之偏颇,但却体现了电子数据"间接搜查"模式的主要内容,即发现获取电子数据的存储介质,电子数据在原始存储介质搜查扣押中被间接性、依附性地予以搜查扣押。这与传统实物证据的"直接搜查"模式不同,在传统实物证据取证中,侦查机关通常无须借助于其他物品就可以直接搜查扣押某特定实物证据。下面将以几个案例来分析电子数据"间接搜查"模式的主要特征。

案例:杨某假冒注册商标案[2]

杨某利用从市场收购的旧手机及配件翻新手机后销售牟利,侦查机关通过搜查其住处、工厂等场所查获翻新手机 182 部。辩护人认为对上述涉案手机的搜查不符合法定程序,严重影响了对案件事实的正确认定,故应作为非法证据予以排除。法院经审理后认为:本案搜查的地方是生产翻新手机的窝点,当时涉案人员黄某正欲携包外出,符合紧急搜查、先行拘留情形,故侦查机关先行拘留、紧急搜查、案发次日向其宣布搜查证等行为

---

[1] 参见刘浩阳等:《公安机关办理刑事案件电子数据取证规则释义与实务指南》,中国人民公安大学出版社 2020 年版,第 27-29 页。
[2] 详见深圳市中级人民法院(2018)粤 03 刑终 2054 号刑事判决书。

符合法律规定，对辩护人关于无证搜查违法的主张不予采纳，上述182部翻新手机可以作为定案依据。

案例：宋某开设赌场案[1]

2018年10月18日，J县公安局H派出所接到匿名举报，有人通过微信群组织网络赌博，宋某系该微信群群主。同日，H派出所搜查宋某住所，发现其一台笔记本电脑、三部手机、23张银行卡、7台POS机、一台平板电脑以及宋某的身份证件、医保卡、驾驶证、金项链、白金戒指、钻石戒指等财物，在见证人杜某见证下，民警对上述财物予以扣押。J县公安局于2018年10月19日决定立案侦查。侦查机关从扣押手机中提取了相关微信聊天记录、QQ好友、赌博App账号名称、账户余额、注册日期、登录日期、返点比率、账务报表等电子数据。法院经审理后将上述电子数据作为定案依据。

案例：唐某等人开设赌场案[2]

唐某、陈某等人担任境外赌博网站代理，在境内组织网络赌博，公安机关对唐某等人住宅进行搜查，发现银行卡、电脑、手机等财物，并对上述财物予以扣押。侦查机关对该境外赌博网站进行远程勘验，获取唐某代理账号中赌博交易数据资料，获得后台数据页面截图。公安机关从扣押的电脑、手机中提取了涉案通话记录、短信、联系人及微信等社交软件的聊天记录、图片、文件等电子数据，并制作了电子数据分析报告和电子数据光盘。法院经审理后将上述电子数据作为定案依据。

案例：刘某开设赌场案[3]

刘某通过微信组建赌博群并接受投注。侦查机关对证人李某暂时居住房间进行搜查，搜查到用于网络开设赌场的手机一部，对该手机予以扣

---

〔1〕 详见吉林省靖宇县人民法院（2020）吉0622刑初28号刑事判决书。
〔2〕 详见湖南省永州市中级人民法院（2020）湘11刑终457号刑事裁定书。
〔3〕 详见吉林省长春市宽城区人民法院（2019）吉0103刑初38号刑事判决书。

押。公安机关网络安全保卫部门对该手机进行检验，检出微信电子数据若干。法院经审理后将上述证据作为定案依据。

在上述案例中，侦查机关虽然都是通过搜查住宅等场所来收集、获取涉案手机等电子设备，但手机等电子设备在各个案件事实证明中的功能和作用并不相同。在杨某假冒注册商标案中，翻新手机本身就是案件的物证，它们是当事人实施假冒注册商标、翻新牟利行为所作用的犯罪对象，它们本身就承载着案件事实的相关信息，可以用来证明案件事实。由于该手机本身就是案件中的物证，侦查机关在搜查中获取、占有该涉案手机后就直接完成了对相关证据的收集。在宋某开设赌场案中，手机等电子设备主要是涉案人员之间的沟通交流工具，也是用于犯罪的工具，但是案件事实信息主要承载于微信聊天记录、转账记录、App 程序代码等电子数据之中，而并不体现于手机等电子设备的外部特征、物证属性等之中。此时，侦查机关搜查手机主要是为了收集、获取其中存储的电子数据，侦查机关对涉案手机的搜查扣押并没有直接收集、获取到涉案电子数据。从证据收集角度来看，侦查机关在上述案例中对证据的搜查就属于"直接搜查"和"间接搜查"两种模式。相较于对传统实物证据的直接搜查模式，电子数据的间接搜查模式主要具有以下特点：

第一，"间接搜查"具有依附性，即此种模式需要借助于对存储介质的搜查扣押来实现对其中存储电子数据的收集获取。在电子数据间接搜查模式中，侦查机关对人身或住宅、房屋等场所的搜查，并不能直接查找、获取涉案电子数据，而是要查获手机、电脑等电子设备或存储介质，这些电子设备或存储介质是后续进一步收集、获取电子数据的中间媒介。这里的中间媒介主要就是涉案电子数据的存储介质，它既可以是手机、电脑、iPad 等电子设备，也可以是 U 盘、硬盘等专门的存储介质。因为电子数据具有虚拟性，它本身并不能独立地存在于现实物理空间之中，而需要借助于存储介质而存在。侦查机关通过搜查获取涉案电子数据的存储介质，就可以间接实现对其中存储涉案电子数据的收集获取。在宋某开设赌场案中，侦查机关主要通过搜查扣押手机、电脑等电子设备间接实现对其中存储的电子数据的收集。侦查机关在搜查扣押过程中，需要制作搜查取证笔录，需要有见证人在场见证。在间接搜查模式中，侦查机关在取证笔录中主要记载电子数据存储介质的相关信息，如存储介质名称、品牌、型号、数量等信息，而主要不是电子数据本身的信息。见证人在场看到的也主要是存储介质取证的相关信息，而不是电子数据取证本身的相关信息。

电子数据间接搜查模式的依附性，与附带搜查的附带性不同。前者是基于电子数据对其存储介质的依附性，此种依附性可以让侦查人员在搜查扣押原始存储介质时同步获得对其中存储电子数据的间接控制和获取，但此时并未实现对其中存储电子数据的直接收集和控制。因此，电子数据间接搜查模式的依附性，主要是证据获取的依附性或非直接性。后者是侦查机关在执行逮捕、拘留过程中，若遇到紧急情况，可以附带对犯罪嫌疑人的人身、住宅等予以搜查。比如，在杨某假冒注册商标案中，侦查机关在拘留犯罪嫌疑人时，对其人身、住处予以附带搜查。这里的"依附性"主要体现在搜查审批授权对逮捕、拘留附带进行上，即侦查机关在实施拘捕时可以附带地实施搜查而无须另行取得搜查证。此种"依附性"决定了非法拘捕必然会导致同步附带实施的搜查扣押不合法，但合法拘捕并不意味着同步附带完成的搜查扣押行为必然合法。[1]因此，电子数据间接搜查模式的依附性主要源于电子数据虚拟性特征，但并不意味着后期对电子数据收集提取就不需要取得搜查证。

第二，"间接搜查"模式具有不完整性或阶段性，即此种模式在搜查扣押中并没有实现对涉案电子数据的最终获取，而是需要借助于后续侦查行为或侦查措施来实现对电子数据的收集获取。搜查的最终目的是"收集证据、查获犯罪嫌疑人"，电子数据搜查的最终目的是收集作为证据使用的电子数据。从证据收集角度来看，电子数据间接搜查仅仅实现了对电子数据的"不完整搜查"，因为此种模式并没有让侦查人员实现对涉案电子数据的直接收集、获取，而仅实现了对存储介质的收集获取，但存储介质

---

〔1〕　顾敏康：《逮捕、搜查与扣押的宪法问题：美国的经验教训》，法律出版社 2009 年版，第 80 页。

本身通常并不能用于证明案件事实。在间接搜查模式中，侦查机关通过搜查获得了电子数据存储介质，但获取存储介质并不是侦查机关搜查的最终目的，其最终目的是获取其中存储的涉案电子数据。这就意味着"间接搜查"模式仅完成了电子数据搜查取证的阶段性任务，侦查机关还需要借助于后续侦查行为或侦查措施来最终完成对涉案电子数据的收集。在上述案件中，侦查机关分别采取了"介质搜查+数据提取""介质搜查+数据检验""介质搜查+数据截屏"等行为的组合实现对其涉案电子数据的获取。

有学者将电子数据搜查界定为"两步式"搜查，即电子数据搜查需要经过两步：第一步是传统搜查，由侦查人员进入某场所进行物理搜查，获取涉案手机、电脑等电子设备或存储介质；第二步是电子搜查，主要是由技术专家通过验证、分析计算机等电子设备，从中提取涉案数据并加以扣押。[1]上述观点无疑具有合理性，因为"两步式"搜查体现了电子数据间接搜查模式的不完全性和阶段性特征，电子数据间接搜查仅仅是"两步式"搜查中的第一步，其还需要借助于后续搜查、勘验等侦查措施实现对存储介质中电子数据的有效取证。但是，若因此就认为所有类型的电子数据搜查都需要采取"两步式"搜查，则不无商榷之处。这主要体现在以下方面：（1）有些电子数据可以通过"去存储介质化"方式来收集，此时电子数据搜查完全无须借助于存储介质搜查而直接实现电子数据的搜查，如电子数据现场搜查、远程搜查，可以越过第一步对存储介质的传统搜查，而直接采取第二步电子搜查。（2）通过搜查获得存储介质后，对于其中存储的涉案电子数据并不都是需要搜查方式取得，即第一步采取对存储介质的传统搜查，而第二步采取电子搜查以外的其他侦查措施或侦查行为来收集其中存储的电子数据。

第三，"间接搜查"模式的适用范围具有限定性，即此种模式仅适用于存储介质具有可搜查扣押性的电子数据。"间接搜查"模式需要借助于对存储介质搜查扣押来实现对其中存储电子数据的搜查扣押，但并非所有存储介质都适合作为搜查扣押对象，由此决定了"间接搜查"模式适用范

---

〔1〕 刘品新：《电子证据法》，中国人民大学出版社2021年版，第188-190页。

围具有限定性。比如，在唐某等人开设赌场案中，侦查机关除收集涉案手机中存储的电子数据外，还通过远程勘验方式收集了境外赌博网站中的代理账号、交易数据、系统后台数据等电子数据。对于境外服务器网站中存储的电子数据就不适合采取间接搜查模式，因为侦查机关无法直接接触到境外服务器，其无法直接搜查扣押境外服务器，故侦查机关主要采取了远程勘验方式来在线收集涉案电子数据。除了境外服务器、云空间等存储的电子数据，侦查机关通常无法采取搜查扣押其存储介质的方式予以收集获取外，对于动态电子数据通常也无法采取搜查扣押存储介质的方式予以收集。因为动态电子数据是正处于生成、传输、存储中的数据，其无法通过搜查扣押原始存储介质的方法予以收集，通常需要采取网络拦截、网络嗅探、网络监控等技术侦查措施方式予以收集。[1]因此，由于并非所有类型的电子数据都可以搜查扣押其原始存储介质，这就使得电子数据间接搜查模式适用范围具有了限定性。

第二节　"间接搜查"模式的生成原因

在电子数据侦查取证中，间接搜查模式的诞生和兴起既源于电子数据的自身特征，也源于我国现有搜查扣押制度和刑事证据规则。

第一，我国现有搜查扣押制度主要是以有形物所承载基本权利为基础所建构，而忽视了对数据所承载基本权利的关注。

我国《宪法》在公民基本权利中仅将身体、住宅作为搜查对象，明确规定了禁止非法搜查公民身体和住宅。《刑事诉讼法》将搜查对象细化为"可能隐藏罪犯或者犯罪证据的人的身体、物品、住处和其他有关的地方"。身体、物品、住处和其他有关地方，通常具有实物形态，对于虚拟形态的电子数据和网络空间则并不包括在内。《刑事诉讼法》在扣押、查封制度中，明确将适用对象限定为具有实物形态的物证、书证，将其限定为可以证明案件事实的各种财物和文件。按照上述法律规定的内在逻辑，

---

〔1〕　赵长江：《刑事电子数据证据规则研究》，法律出版社 2018 年版，第 53 页。

电子数据在本质上是"0-1"二进位数据，其因具有虚拟性和无形性特征，而不能成为扣押查封适用对象。《电子数据规定》《电子数据取证规则》等司法解释和规范性文件，在规定电子数据侦查取证措施时，延续了《刑事诉讼法》将搜查扣押限定于有形实体物的基本精神，将电子数据扣押依附于对其存储介质扣押，而并没有将电子数据独立纳入搜查扣押的适用对象，电子数据仅能依附于其存储介质被搜查扣押。

我国现有制度没有将电子数据纳入搜查扣押适用对象，仅是"间接搜查"模式得以产生的表面原因，其内在深层原因则是我国在宪法、刑事诉讼法等领域没有及时同步跟上网络信息技术和数字经济快速发展的步伐，应当加强对数据承载基本权利的重视和保障。我国《民法典》已经明确了数据财产权、数据隐私权、个人信息权等，[1]这就为私法领域保障数据权利、促进数字经济及时提供了制度基础。但是，在刑事诉讼法领域对数据基本权利的程序保障则相对滞后。比如，有实务界人士在探讨电子数据冻结法律性质时主张将其界定为任意性侦查措施，主要理由是我国法律尚未认定虚拟财产属于财产，尚未将电子数据纳入财产范畴，电子数据冻结并不涉及财产权、人身权限制和干预。[2]在理论界亦有观点认为，电子数据取证虽会干涉隐私权，但并不能认为侵犯重要权益，不属于侵犯财产权。[3]上述观点显然就不重视或承认数据所承载的基本权利，这就导致在制度层面不愿将电子数据纳入搜查扣押直接的适用对象，仅将电子数据依附于其存储介质而受到实物性财产权的程序保护。

电子数据数量庞杂、种类繁多，并不是所有类型的电子数据都承载着财产权、隐私权等基本权利，但也不能因此就否定很多类型的电子数据承载着公民基本权利的客观事实，如数字货币承载着公民财产权，人们在日常生活中拍摄的数字视频、数字图片承载着公民隐私权，微信聊天记录、

---

[1] 《民法典》第 127 条、第 1032 条、第 1033 条、第 1034 条等条款。

[2] 刘浩阳等：《公安机关办理刑事案件电子数据取证规则释义与实务指南》，中国人民公安大学出版社 2020 年版，第 158-159 页。

[3] 龙宗智："寻求有效取证与保证权利的平衡——评'两高一部'电子数据证据规定"，载《法学》2016 年第 11 期。

电子邮件承载着公民通信自由权。若不承认电子数据本身所独立承载的财产权、隐私权等基本权利，就无法将其作为搜查扣押制度的直接适用对象。从域外国家或地区的刑事司法制度来看，数据独立权利受到搜查制度中正当程序保障也并非一蹴而就。在美国搜查扣押制度的司法实践中，早期也并不承认电子数据具有独立保护价值，警察在附带搜查中可以打开犯罪嫌疑人口袋里的手机进行查看，其早期认为手机属于封闭容器，电子数据则是手机这个封闭容器中的附属品，手机中存储的电子数据并不具有独立的保护价值，在合法搜查取得载体设备后，可以对其中存储的电子数据进行检视。[1]"封闭容器理论"在本质上是将电子数据作为其存储介质的附属品，并不承认手机中所存储的数据本身承载着独立权利，也不将其纳入搜查制度予以程序保护。

第二，"间接搜查"模式比较契合电子数据的双重关联性理论，能够保障"载体关联性"在电子数据取证中得以有效实现。

在侦查取证活动中，侦查人员仅能搜查扣押与案件有关的各种物品、文件等材料，而不得搜查扣押与案件无关的物品。关联性证据规则既为侦查人员实施的各种侦查取证活动指明方向，也限定了侦查人员搜查扣押的边界和范围。在电子数据取证中，侦查人员也应当遵循关联性证据规则，仅能收集与案件有关的材料，如《电子数据取证规则》第4条就要求对于获取的与案件无关的材料，公安机关应及时退还或销毁。这实际上就从关联性层面限定了电子数据的取证范围，即其仅限于与案件有关的材料。从实践运行来看，侦查机关可以搜查扣押的对象主要包括：（1）相关人员在犯罪活动中所获赃款赃物。法律禁止任何人从违法犯罪活动中获得收益，对于通过犯罪获取的赃款赃物，侦查人员可以按照法定程序予以搜查扣押。在网络信息时代，犯罪分子可以因犯罪获得数字化财产收益，如黑客通过技术手段盗窃的比特币。（2）犯罪分子在犯罪活动中获取、持有、使用的违禁品。违禁品本身意味着禁止个人非法持有、获取和使用，如枪

---

〔1〕　蒋勇："大数据背景下我国电子数据的附带搜查问题研究——以美国法上的判例为参照"，载《兰州学刊》2019年第5期。

支、管制刀具、毒品等，若违禁品在犯罪活动中被持有、使用，侦查机关可以按照法定程序对其予以搜查扣押。在网络信息时代也诞生了很多数字化违禁品，如数字化淫秽视频、病毒程序等。（3）犯罪分子实施犯罪的各种工具。犯罪工具有些可能是违禁品，有些可能是犯罪分子的合法财产，如水果刀，后者因其被用于犯罪活动而具有非法性，故其可以作为搜查扣押的对象。在网络信息时代，电脑、手机、程序代码等软硬件设备也都可以成为实施犯罪的工具。（4）用于证明案件事实的各种材料，如在受贿案件中记录了犯罪所得赃款的日记本。有些材料可能在案件中具有多种功能和性质，而在上述种类中存在竞合，有些性质则比较单一，如案件事实恰好被与案件无关的第三人用手机拍摄下来，这里手机中存储的电子数据就属于纯粹的证据材料。上述四类材料通常都和案件事实具有关联性，可以作为搜查扣押的对象。

　　传统实物证据所蕴含的案件事实信息与其实物形态、特征、属性等密不可分，在传统实物证据取证中可以仅考虑其承载的信息或内容的关联性。电子数据的虚拟性决定了其自身不能单独存在于物理空间中，必须依附于特定的存储介质而存在。这里的存储介质可以是其生成时所依附的原始存储介质，也可以是原始存储介质以外的其他存储介质。此种可分离性决定了电子数据的关联性并不同于传统实物证据的"单关联性"，其应当满足"双关联性"要求，即内容关联性和载体关联性。因为电子数据所处的空间是人所不能直接亲临的虚拟空间，这些虚拟空间同案件事实所处的物理空间并非总是能够有效对应，这就需要通过载体关联性来建立电子数据与物理世界中案件事实之间的联系。人们通常是直接操作载体来间接实现对电子数据的处理，载体关联性通常是用于电子数据载体与当事人或者其他参与人之间的关联性。[1]电子数据"双关联性"要求已经体现在我国相关规范性文件之中，如最高人民检察院于2021年1月颁布的《人民检察院办理网络犯罪案件规定》第17条就要求审查犯罪嫌疑人与原始存储介质、电子数据的关联性，审查犯罪嫌疑人网络身份与现实身份的同一性。

───────────────

〔1〕　刘品新：《电子证据法》，中国人民大学出版社2021年版，第34-35页。

此种载体关联性审查主要就依据扣押的原始存储介质是否为犯罪嫌疑人所有、持有或使用。基于电子数据双重关联性的要求，在电子数据侦查取证中就不能仅搜查扣押电子数据本身，而需要搜查扣押其原始存储介质。在有些案件中，仅仅搜查提取涉案电子数据本身并将其存储至其他存储介质之中，将无法保障载体关联性。因此，从保障电子数据双关联性得以有效实现来看，需要搜查扣押电子数据原始存储介质。

第三，间接搜查模式比较契合电子数据原件规则的基本要求，有利于保障电子数据的完整性和真实性。

原件证据规则也被称为最佳证据规则，它要求在以物证、书证等实物证据来证明案件事实时，原则上应当向法院提交该实物证据的原件或原物，以防止物证、书证在传播复制过程中出现信息失真现象。电子数据作为广义实物证据，其自然也应当遵循原件证据规则。但是，电子数据具有虚拟性、可分离性等特征，由此决定了电子数据原件的认定并不同于物证、书证等传统实物证据。在实物证据中，案件信息与其物质形式密不可分，案件信息本身就承载于实物证据的外部特征、物质属性或表现形式之中。因此，在传统实物证据中原件与复印件相对比较容易区分。但是，电子数据与其原始存储介质可以相互分离，如电子数据可以通过剪切后复制或粘贴在其他存储介质之中，此时将该剪切后的电子数据粘贴于其他存储介质之中，该粘贴之后的电子数据能否被称为原件，可能就存在较大争议。对于电子数据原件的认定标准，理论界主要有"原始存储介质说""功能等同说""拟制原件说"等不同观点。[1]我国现有司法解释、规范性文件采取"原始存储介质说"为主、"拟制原件说"为辅的电子数据原件规则。在该规则之下，对于电子数据原件通常采取"电子数据+原始存储介质"的认定标准，实际上电子数据原件认定依附于其原始存储介质。这里的"原始存储介质"是电子数据首先生成并固定所在的计算机硬盘、光盘、U盘、手机等存储介质。只有在保证完整性、真实性的情况下，电子数据复制件才具有和其原件相同的证据效力，才可以将其视为电子数据

---

[1] 刘品新：《电子证据法》，中国人民大学出版社 2021 年版，第 76-85 页。

原件，即电子数据拟制原件。

证据规则不仅是裁判者审查认定证据的依据，它也会倒逼侦查机关规范自己的侦查取证行为。由于电子数据采取了"原始存储介质说"为主、"拟制原件说"为辅的原件认定规则，这就要求侦查机关在电子数据搜查中搜查扣押其存储介质，将电子数据连同其原始存储介质一并予以收集获取，这样可以减少因硬盘破坏、数据覆盖等因素而产生电子数据失真或者破坏的风险，也符合原件证据规则的基本要求。《电子数据规定》第 8 条规定，收集电子数据，在能够扣押原始存储介质时，应当扣押原始存储介质。《电子数据取证规则》第 10 条第 1 款也存在类似规定。因此，"间接搜查"模式比较契合电子数据原件规则的基本要求。

第四，电子数据"间接搜查"模式的取证技术门槛相对不高，比较契合侦查机关人员队伍专业技术水平现状。

刑事诉讼中的取证主体主要是警察、检察官等人员。在现阶段，他们习惯于从事物理犯罪取证而非数字取证。电子数据是基于现代信息技术所衍生的新型科学证据，其具有较强的技术性特征。对电子数据文件类型、操作系统、文档加密、软件运用、网络连接、存储位置等进行取证都具有很强的专业技术性，这对取证主体技术资质提出了较高要求。[1]我国公安机关内部有刑事侦查部门和网络安全保卫部门，前者负责普通刑事案件侦查，后者负责网络犯罪案件侦查。虽然我国公安机关近年来加大了侦查队伍电子数据取证能力建设，但侦查队伍电子数据取证能力仍然无法适应网络信息时代打击犯罪工作的需要。以 2017 年为例，全国刑事案件电子数据提取率仅为 1.43%，这严重影响了公安机关对刑事犯罪案件的治理效能。[2]在缺乏电子取证专业技术知识和实践经验的情况下，侦查人员若直接收集提取电子数据，可能不仅无法有效完成电子数据取证工作，还很容易在电子数据取证中破坏其真实性、完整性。

---

〔1〕 龙宗智等：《司法改革与中国刑事证据制度的完善》，中国民主法制出版社 2016 年版，第 325-326 页。

〔2〕 刘浩阳等：《公安机关办理刑事案件电子数据取证规则释义与实务指南》，中国人民公安大学出版社 2020 年版，第 158-159 页。

　　我国现有侦查人员队伍自身的知识储备和实践经验，主要限于传统物理空间内犯罪的取证。电子数据"直接搜查"和"间接搜查"模式的技术门槛存在较大差异，对取证主体专业知识的要求存在较大区别。在间接搜查模式下，侦查人员仅搜查扣押电子数据的原始存储介质，侦查人员通过搜查扣押存储介质实现对其中存储电子数据的收集获取。此种搜查模式的技术门槛相对不高，侦查人员可以将其传统的物理取证知识和经验应用于电子数据取证。只有后期从原始存储介质中提取电子数据时，才会对取证主体专业技术资质提出较高的要求。在电子数据"直接搜查"模式中，侦查人员需要从原始存储介质中直接检索、提取、验证相关电子数据，这就要求取证主体具有相应的技术资质，对其网络信息技术、计算机技术等技术知识要求相对较高。在我国侦查人员队伍电子数据取证能力整体不高的情况下，侦查人员会倾向于选择适用电子数据的"间接搜查"模式。

第三节　"间接搜查"模式的多重困境

　　虽然电子数据间接搜查模式的诞生和发展具有其内在原因，但在实践运行中也存在较多问题，特别是在电子数据自身所承载的基本权利保障方面。

一、数据权利的保护受限

　　"间接搜查"模式较为侧重于对存储介质所有权的保护，而忽视了电子数据自身所承载基本权利的程序保障，这就使得很多单独提取电子数据的侦查取证行为无法受到搜查制度调整和规范。"间接搜查"模式将电子数据搜查依附于其存储介质搜查之中，但并非所有类型的电子数据取证都可以将其原始存储介质作为搜查扣押对象，如对于云服务器中存储的电子数据、境外服务器中存储的电子数据等，就需要仅通过技术方法单独对电子数据予以收集提取。此时，我国侦查机关主要采取现场提取、网络在线提取、网络远程勘验等方式来收集电子数据，而并不采取现场搜查或远程搜查方式来收集电子数据。对于不承载财产权、隐私权等基本权利的电子数据，采取上述方法予以收集并无不妥。但是，有些电子数据可能承载着财产权、隐私权等基本权利。"间接搜查"模式适用范围的限定性则意味着，通过现场提取、网络在线提取、网络远程勘验等直接收集提取方式来获取承载公民基本权利的电子数据，将无法被纳入搜查制度进行调整和规范。在我国《刑事诉讼法》和司法解释中，网络在线提取、网络远程勘验通常被归为任意性侦查措施，相较于搜查扣押，它们在适用时无须经过审批，适用条件相对宽松，其适用和运行受到的程序制约相对较少，这意味着电子数据所承载的基本权利在取证中无法得到充分保护。电子数据所承载的财产权、隐私权等基本权利在"间接搜查"模式中受到的保护程度，将弱于人身、住宅、车辆等有形物所承载的基本权利。

对于搜查扣押是否仅限于有形物，在美国刑事司法中也曾有较大争议。美国宪法第四修正案规定，个人享有人身、住宅、文件和财产免受不合理搜查扣押的权利。对于搜查的认定标准，美国联邦最高法院在博伊德案（Boyd v. United States）中确立了以财产权为基点的分析方法后，[1]司法实践中主要以对有形物侵入或干预作为认定搜查扣押的标准。对搜查的认定主要是以"财产权/侵害"为标准，将是否存在对财产权的物理性侵入作为搜查的认定标准。若不存在对宪法保护有形物的物理性侵入，则不适用美国宪法第四修正案。比如，1928 年的奥姆斯泰德案（Olmstead v. United States）就是美国联邦最高法院以"财产权/侵害"分析方法适用美国宪法第四修正案的典型判例。[2]在该案中，警察未取得搜查令对奥姆斯泰德住宅电话、办公电话搭线监听。法院认为该监听行为不受美国宪法第四修正案调整，主要理由是谈话是无形的，不属于人身、住宅、文件和财产范围，不受宪法保护；住宅和办公室虽受美国宪法第四修正案保护，但宪法只保护其不受到物理性侵害，眼睛和耳朵不能实施"搜查"，同样也不会造成侵害；搭线监听虽能造成损害，但安装搭线装置的电话线并不属于奥姆斯泰德的财产。这是将搜查认定标准依附于有形物财产权的典型案例。

---

〔1〕 吴宏耀等：《美国宪法第四修正案：搜查与扣押》，中国人民公安大学出版社 2010 年版，第 3-35 页。

〔2〕 ［美］约书亚·德雷斯勒、艾伦·C. 迈克尔斯：《美国刑事诉讼法精解（第一卷·刑事侦查）》，吴宏耀译，北京大学出版社 2009 年版，第 69-78 页。

以对财产权的有形物理侵入为标准的分析方法存在较大局限性，它主要适用于对有形物承载基本权利的程序保护，而不能适用于无形物及非接触式干预的程序保护与控制。

1967 年，美国联邦最高法院在卡兹案（Katz v. United States）中确立了以"合理隐私期待"为基点的分析方法。卡兹在公用电话亭通过付费电话赌博，警察已在该电话亭安装电子监听器，记录下其谈话内容，但对卡兹的监听并未取得搜查令。在审判中，控方出示该电话录音作为证据。卡兹辩称未取得搜查令在公用电话亭安装监听装置属于非法搜查，申请排除该证据。控方认为证据取得合法，因为侦查人员未进入电话亭，不存在搜查；电话亭是玻璃制作的，从外面即可看清其举动，该电话亭不属于宪法保护领域。初审法院经审理后采信了该证据，作出有罪判决。卡兹不服，向美国联邦上诉巡回法庭提出上诉，巡回法庭维持了原判。卡兹仍不服，向美国联邦最高法院提出申诉。美国联邦最高法院在调卷复审时认为，卡兹在公用电话亭存在合理隐私期待，该监听行为属于搜查，无证监听违法，故裁决撤销原判。[1] 此后，法院认定搜查的标准已不是"财产权/侵害"而是"隐私权/侵害"。正如代表美国联邦最高法院撰写该案判决的波特·斯图尔特大法官在判决中所指出的："美国宪法第四修正案保护的是人们的正当隐私权，主要目的在于保护人而不是场所。一个人即使在家，但他有意将自己的行为或文件暴露给公众，那么这些财产和信息也不是美国宪法第四修正案保护的对象。相反，一个人即使身处公共场所，但他不想将自己的物品或信息暴露给公众，那么，他的这种隐私权仍然可能受到美国宪法第四修正案保护。"[2] 按照"合理隐私期待"标准来分析，则搜查并不限于住宅、办公室、建筑物或其他封闭的有形空间，它可能发生于任何有隐私合理期待的地方或空间。如果存在合理隐私期待，即使是在公共场所或者不存在直接的物理性接触，警察无证搜查行为仍然可能违法，

---

[1] 孟军：《艰难的正义：影响美国的 15 个刑事司法大案评析》，中国法制出版社 2015 年版，第 189-204 页。

[2] 孟军：《艰难的正义：影响美国的 15 个刑事司法大案评析》，中国法制出版社 2015 年版，第 191-192 页。

他所收集的证据就可能不被法庭采纳。以"合理隐私期待"为基点的分析方法，则意味着搜查认定从有形财产的物理侵入转向了合理隐私利益的干预，这就为非接触式干预数据、信息等无形物纳入搜查适用范围奠定了基础。

对于手机、电脑中存储电子数据的收集提取行为是否应当被认定为搜查扣押？2014年，美国联邦最高法院在莱利案（Riley v. California）的裁判中给出了答案。莱利因违章驾驶被拦截，警察发现其车内藏有武器而对其拘捕，随后警察在对莱利搜身时查看了其手机中存储的短信、通话记录、录像、照片等信息，发现其涉嫌某枪击案。加州政府遂指控莱利涉嫌实施了枪击案。莱利则主张警察对其手机无证搜查违反了美国宪法第四修正案。初审法院经审理判决莱利有罪。莱利不服提起上诉，加州上诉法院维持了原判决。后莱利上诉至美国联邦最高法院，美国联邦最高法院经审理后以9：0的合议结果认定警察在抓捕犯罪嫌疑人时无权搜查其手机中的数据信息，警察要想搜查手机中的数据信息，必须单独获得搜查令。莱利案将手机中存储的电子数据直接作为了搜查对象，其应当纳入美国宪法第四修正案保护和调整范围，这实际承认了需要对电子数据所承载的基本权利给予独立保护。

二、基本权利的概括干预

从搜查对象和范围来看，侦查人员能够搜查可能藏匿犯罪嫌疑人、证据材料的空间，这要求在搜查证上明确记载搜查的场所，该搜查场所的记载应当明确、具体，而不能仅仅宽泛地、概括地记载搜查场所。在搜查的执行阶段，侦查人员应当按照搜查证明确记载的场所实施搜查。在签发搜查证时，不得签发空白搜查证或概括搜查证，否则就会导致侦查人员在搜查中自由裁量权过大，侦查人员可能会借"收集证据，查明事实"之名随意扩大搜查范围，从而导致在搜查中对公民财产权、隐私权等基本权利的侵犯。对于传统实物证据而言，其所处空间位置和大小通常与其存在形态和尺寸大小具有密切联系，这就决定了对于某些物品的搜查扣押必然会与其所处物理空间存在合理联系的范围，如不能在火柴盒里搜查手枪，因为火柴盒通常无法装下手枪。实物证据与其所处物理空间存在密切联系，这就决定了可以通过在搜查证中写明具体搜查范围从而对被搜查空间予以合理限定。[1]通过合理限定搜查范围，可以防止侦查机关在搜查中对公民基本权利的过度干预。在电子数据取证中，也应当限定电子数据搜查扣押的合理范围，否则就会导致搜查范围过大而侵犯公民基本权利。

在间接搜查模式中，侦查机关在搜查扣押原始存储介质时，可以间接实现对其存储电子数据的收集获取。此种搜查模式虽然能有效防范电子数据取证中遗漏相关证据的风险，但却可能构成"概括性搜查"而过度侵犯公民基本权利。电子数据自身所具有的虚拟性和技术性改变了被搜查空间的大小与存储在其中信息数量之间的关系。科学技术的迅猛发展带来了硬盘存储能力的飞速提升。硬盘存储能力的发展速度遵循摩尔定律，每18个月新式硬盘的存储能力就提升一倍。在2022年一个智能手机的存储能力也可达到256G，这就相当于1.2亿页文件。手机中的海量数据绝大多数可能和案件事实并无关联，并不属于案件的证据材料，但在电子数据间接搜查模式中也都被侦查机关予以搜查扣押。若将其与传统实物证据的搜查扣押相类比，电子数据间接搜查就相当于在住宅搜查中对住宅内所有物品连同该住宅本身都予以搜查扣押。有学者将电子数据搜查扣押中的概括式取证，区分为对电子数据概括性搜查和对电子数据储存介质概括性扣押两种类型。[2]这里的储存介质概括性扣押主要就涉及电子数据间接搜查中的概括性取证问题。电子数据的间接搜查模式就可能构成超过必要限度的概括性搜查，这不仅过度侵犯了存储介质本身承载的财产权，也过度侵犯了存储介质中与案件无关数据所承载的隐私权、财产权等基本权利。

三、账号密码的强制获取

"间接搜查"模式无法直接实现对存储介质中涉案电子数据的控制获取，侦查机关还需要从存储介质中检索、分析、提取与案件相关的电子数

---

[1]　谢登科："论电子数据与刑事诉讼变革：以'快播案'为视角"，载《东方法学》2018年第5期。

[2]　吴桐："电子数据搜查、扣押的行为相关性研究"，载《中国人民公安大学学报（社会科学版）》2021年第5期。

据。但是，手机、电脑等电子设备通常会设有登录账号、密码，它们具有锁定设备、防止盗用的功能。为了从搜查扣押的存储介质中提取涉案电子数据，侦查机关通常需要从犯罪嫌疑人等主体处获得相关账号密码，以获得对存储介质或系统程序的登录访问、下载复制等权限。比如，前文刘某开设赌场案中，宋某在讯问程序中输入账号、密码后登录涉案赌博 App，然后由侦查机关提取了该 App 中投注、玩法、充值方式、返点利率、投注收益、团队总投注金额、绑定银行卡等数据信息。在对手机、电脑等电子设备中存储的数据取证时，亦存在类似问题，侦查机关除了可以采取密码破译技术进行解锁之外，实践多数情况下是通过讯问犯罪嫌疑人获得电子设备的账号、密码。若在充分保障自愿性的前提下，由犯罪嫌疑人在讯问程序中自愿供述账号、密码等信息，然后由侦查机关从扣押存储介质中提取收集涉案电子数据，这通常可以不纳入搜查扣押制度中予以调整和规范。但若侦查机关强制犯罪嫌疑人交出涉案扣押电子设备的账号、密码，则可能会违反禁止强迫自证其罪制度，也可能会在实质上构成搜查行为。

对于强迫犯罪嫌疑人提交证明自己有罪物品的行为如何定性？美国联邦最高法院曾在博伊德案（Boyd v. United States）中涉及类似问题，美国联邦最高法院认为：强制一个人提交其私人文件，并用作为对其刑事指控、审判的证据，构成美国宪法第四修正案中的搜查扣押，因为此种强制是一种实质性因素，其达到了和搜查扣押相同的目的。此种强制性不在于破门而入，也不在于翻箱倒柜，而在于侵犯了公民人身安全、人身自由、私有财产等基本权利。翻箱倒柜、破门而入是加重情节，强迫性地从个人处获取物品，并用作证明其有罪的证据，才是该修正案所规范和调整的关键内容。[1]在博伊德案中，美国联邦最高法院主要采取了"行为目的+权利干预"方式来认定是否构成搜查。从行为目的来看，强迫犯罪嫌疑人提交物品是为了收集证据，其本质上属于侦查取证活动，该证据被用于对犯罪嫌疑人定罪量刑事实认定。从权利干预来看，侦查机关虽未采取翻箱倒

---

〔1〕 吴宏耀等：《美国宪法第四修正案：搜查与扣押》，中国人民公安大学出版社 2010 年版，第 3-35 页。

柜、破门而入等强制有形力方式来收集实物证据，但该案犯罪嫌疑人不提交涉案物品就会产生不利推定的法律后果，此种不利的法律后果无异于对其意思自治产生了潜在强制，从而干预了其人身自由权。故，强迫犯罪嫌疑人提交证明自己有罪物品的行为被认为需要受到宪法第四修正案的调整和规范。

若按照上述标准，侦查机关采取暴力、威胁等方法强制犯罪嫌疑人交出涉案电子设备的账号密码，此种行为会侵犯公民人身自由、财产权等基本权利，就涉嫌违法搜查和违反禁止强迫自证其罪规则，此种情况下收集的电子数据也可能被认定为非法证据。但是，我国现有法律法规并没有将上述强制获取电子设备或系统程序账号、密码的行为纳入搜查制度的调整范围，由此可能导致对公民人身自由权保障不足，也会导致侦查机关对存储介质中电子数据承载权利的漠视。

四、二次取证的程序滥用

"间接搜查"模式具有阶段性，侦查机关通过搜查仅能获得原始存储介质，尚未取得其中存储的电子数据，此种模式需要借助于侦查机关的后续侦查行为或侦查措施来实现对存储介质中电子数据的收集获取。从实践运行来看，我国侦查机关主要采取"介质搜查+数据提取""介质搜查+数据勘验""介质搜查+数据截屏"等方式实现对存储介质中涉案电子数据的有效获取。但是，在我国刑事诉讼法和相关司法解释中，调取、提取、勘验等侦查措施主要被界定为任意性侦查措施，这些侦查措施的适用条件较为宽松，法律通常不对其作严格的程序限制。以勘验为例，侦查机关勘验电子数据无须经过审批程序，仅需要持有相关证件即可以实施。在电子数据二次取证中，侦查机关取证权限就如同脱缰野马般几乎不受任何控制。承载着公民隐私权、财产权、通信秘密权等基本权利的电子数据，在二次取证中没有任何程序保障措施。

从域外电子数据取证程序来看，对于承载公民基本权利电子数据的二次取证，通常会被纳入搜查范围。比如，在莱利案裁判中，美国联邦最高法院就确立了对手机中存储电子数据的"双重搜查"机制：首先，通过搜查获得电子数据原始存储介质。在该案中，警察获取手机是通过对莱利搜身完成的，这属于拘捕中的附带搜查。这里的附带搜查主要是为了防止犯罪嫌疑人使用随身携带的武器进行反抗、破坏相关证据等危险行为，其具有较强的紧迫性，故无须取得搜查证即可以开展。在该案中，美国联邦最高法院认可了拘捕中附带搜查的合法性，警察在附带搜查中对手机的扣押具有合法性。其次，通过搜查原始存储介质获得与案件有关的电子数据。在该案中，警察通过搜查获得莱利手机后，查看了其中存储的短信、通话记录、录像、照片等信息。美国联邦最高法院认为警察查看手机中存储的短信、录像、照片等信息的行为，属于美国宪法第四修正案规定的搜查行为，因为手机以数字形式存储了大量个人敏感信息。手机中存储的这些敏感信息不属于附带搜查范围，警察需要另行、单独取得令状，才可以对手机中存储的信息进行搜查。莱利案是公权力利用个人手机进行侦查的里程碑式案例，[1]它确立了对手机的二次搜查制度，也将手机中存储的电子数据作为独立的搜查对象而纳入美国宪法第四修正案的保护范围。这与我国侦查机关对存储介质中的电子数据二次取证存在较大差异。虽然手机中存储有大量敏感信息数据，但我国侦查机关则主要是借助于调取、提取、勘验等任意性侦查措施来完成二次取证，这就可能构成滥用侦查程序而侵害电子数据所承载的基本权利。

在传统实物证据取证中，实物证据可能会被藏匿于人身、住宅、车辆等有形物之中，这为实物证据提供了与外界区隔的物理空间。由于公民对于其人身、住宅、车辆等有形物享有人身权、财产权、隐私权等基本权利，侦查人员就不能随意进入这些物理空间来搜查实物证据，依法签发的搜查证则赋予侦查人员打破隔绝、搜查这些物理空间中相关实物证据的权力。但是，有些电子数据则可能存在双重空间隔绝，即存储介质所处物理空间的隔绝和电子数据所处虚拟空间的隔绝，不同空间可能承载着不同基本权利来阻碍侦查机关搜查取证活动。比如搜查住宅中手机存储的电子数

---

〔1〕 朱嘉珺："数字时代刑事侦查与隐私权保护的界限——以美国卡平特案大讨论为切入口"，载《环球法律评论》2020 年第 3 期。

据时，公民对住宅空间内的隐私权可以阻碍侦查人员对手机的非法搜查，此时就需要对依法签发的搜查证作第一次授权。侦查机关在搜查中扣押了涉案手机后，并不意味着其有权直接查看、提取、复制手机中的相关数据，因为公民对手机虚拟空间内的隐私权可以阻碍侦查人员对其中存储数据的非法搜查，此时就需要依法再次签发搜查证作第二次授权。

第四节　"直接搜查"模式的理性确立

电子数据种类繁多、范围广泛，其中有很多电子数据承载了公民财产权、隐私权等基本权利，如电子邮件、短信微信、电子交易记录、App 程序等电子数据。这些电子数据需要依附于特定存储介质而存在，但并不意味着这些数据所承载的基本权利只能依附于其存储介质而得到保护。电子数据间接搜查模式在运行中可能产生的数据权利保护受限、基本权利概括干预、二次取证程序滥用等困境，主要就源于忽视了对电子数据自身所承载基本权利的独立程序保障。因此，有必要确立电子数据的"直接搜查"模式。

第一，需要厘清电子数据"直接搜查"和"间接搜查"两种模式的相互关系和适用范围，以此为基础建立科学的电子数据搜查规则体系。"直接搜查"和"间接搜查"两种模式主要是从电子数据是否依附于其存储介质予以搜查扣押角度所作的分类，这并不意味着这两种模式在电子数据取证实践运行中是对立排斥、非此即彼的关系。在电子数据间接搜查模式中，可以嵌入适用电子数据直接搜查模式。比如，在美国刑事司法中存在对手机中存储电子数据的"两步式"搜查，第一步主要采取电子数据间接搜查模式，将电子数据所依附的存储介质即手机作为搜查对象，但间接搜查模式具有不完整性或阶段性特征，其还需要借助于第二步搜查，这里的第二步搜查就是电子数据直接搜查模式，侦查机关要从已经先行搜查扣押的手机中通过进一步搜查来获取涉案电子数据。此种"两步式"搜查就采取了"间接搜查+直接搜查"的组合方式，通过直接搜查和间接搜查共同完成电子数据有效取证。因此，在电子数据取证中"直接搜查"和"间接搜查"并非相互对立、排斥关系,它们两者可以在某些电子数据取证中共同适用。

电子数据"直接搜查"模式也可以独立适用,这是一种"去存储介质化"的搜查方法,即侦查机关并不搜查扣押原始存储介质,而是直接从原始存储介质中搜查提取涉案电子数据。比如,对于网站服务器中存储的某些电子数据,侦查机关可以通过网络信息技术手段远程登录访问目标网络主机,通过远程搜查方式来收集涉案电子数据。此时就是直接将电子数据作为搜查对象,而并不搜查扣押原始存储介质。在电子数据"直接搜查"模式下,侦查人员可以直接收集获取涉案电子数据,它是电子数据"一步式"搜查,即通过一步搜查就可以完成对涉案电子数据的收集提取,无须先行借助于对原始存储介质的搜查扣押。有学者主张对电子数据确立"两步式"搜查。[1]此观点将电子数据直接作为搜查的适用对象,无疑具有合理性。但是,电子数据"两步式"搜查通常仅适用采取"间接搜查+直接搜查"的组合模式,但并非所有类型的电子数据都应采取"两步式"搜查,有些完全可以通过"一步式"搜查就完成电子数据取证,即采取电子数据直接搜查模式,直接从电子数据原始存储介质中通过搜查来获取涉案电子数据。

我国侦查机关已经在司法实践中确立了电子数据的间接搜查模式,但间接搜查模式中的第二步取证并没有被纳入搜查范围,通常是借助于勘验、检查、鉴定、提取等方式从存储介质中来收集获取涉案电子数据,这就让电子数据所承载的财产权、隐私权等基本权利无法独立受到正当程序保障。对于网络空间中应当采取"直接搜查"模式来一步收集获取的涉案电子数据,侦查机关也并未将其纳入搜查程序之中,而是通过现场提取、网络在线提取、网络远程勘验等方式来收集提取涉案电子数据。这实际上就让电子数据"直接搜查"被现场提取、网络在线提取、网络远程勘验等任意性侦查措施所替代,让承载财产权、隐私权等基本权利的电子数据在取证中无法获得搜查制度中的程序保障。在数字经济已经成为我国重要支

---

〔1〕 刘品新:《电子证据法》,中国人民大学出版社 2021 年版,第 188-190 页。

柱的背景下，数字货币、个人信息、数字音视频、程序代码等已经成为公民财产权等基本权利的重要组成部分，若不将此部分电子数据侦查取证活动纳入搜查的范围，不仅会阻碍我国数字经济发展，也会带来对数据权利的歧视性待遇。因此，有必要将电子数据纳入搜查制度的适用对象，并建立以"直接搜查"模式为核心的电子数据搜查体系（具体详见图10-1）。

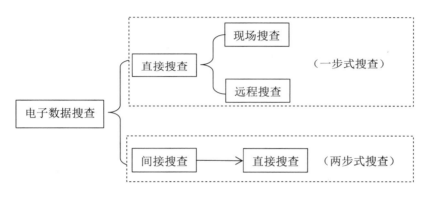

图 10-1　电子数据搜查体系

　　电子数据搜查体系应同时采取"一步式搜查"和"两步式搜查"两种方式。在"一步式搜查"中，侦查机关可以采取直接搜查模式来收集获取电子数据。根据在物理空间中是否能够直接接触到电子数据存储介质，可以将电子数据直接搜查区分为现场搜查和远程搜查。对于在犯罪现场勘验中发现的涉案手机，侦查人员就可以通过直接接触、操作从中搜查涉案电子数据。现场搜查关注的是参与电子数据搜查的侦查人员能否直接接触其存储介质或电子数据，它是物理空间和虚拟空间的结合点，也是相关犯罪活动的实施场域。因此，电子数据现场搜查并不必然要求在物理空间的犯罪现场，也可以是侦查机关电子数据取证技术实验室，但要求侦查人员在物理空间能够直接接触、操作电子数据的存储介质或电子设备。在"两步式搜查"中，第一步搜查采取的是间接搜查模式，第二步搜查则需要采取"直接搜查"模式，这比较典型地体现在对住宅中手机等电子设备内存储电子数据的搜查。在"两步式搜查"中，间接搜查是前提和基础，它将为后续的电子数据直接搜查提供对象和奠定基础；电子数据直接搜查是核心内容和最终目的，侦查机关通常在直接搜查中获得涉案电子数据。

第二，通过技术手段合理限定电子数据直接搜查的范围，将数据基本权利干预降至最低程度。搜查范围应当限定于与案件有关的物品、文件等，而不得超过与案件相关的物品范围进行漫无边界的地毯式搜查，否则就可能形成对公民人身、财产等基本权利的漠视与践踏。在传统实物证据搜查中，侦查人员可以借助于其办案经验和对物品的直接感知，初步判断某物品与案件是否具有关联性，并在此基础上决定对搜查中发现的物品是否予以扣押。在传统物理空间中，存储的物品、文件等材料也相对较为有限，在搜查中发现、获取与案件有关的物品并不会花费太多时间和精力。但是，电子数据具有虚拟性特征，无法被侦查人员所直接感知。有些电子数据借助手机、电脑等设备可以将案件信息展示出来，侦查人员可以利用网络信息技术手段直接予以提取收集，但有些电子数据可能隐藏在电子设备之中，侦查人员无法直接获知或感知。比如在洪某、胡某等人贩卖、运输、制造毒品案中，办案检察官为了证明涉案人员均有毒品犯罪的主观故意，对扣押涉案手机中 300 多 G 的聊天信息进行逐条筛查，最终找到相关电子数据来印证犯罪嫌疑人的主观明知。[1]此种通过对聊天信息逐条查阅的方法进行搜查，不仅极其耗费时间和精力，还会使公民生活细节等信息、隐私在办案检察官面前暴露无遗，这里的隐私不仅包括犯罪嫌疑人的个人隐私，还可能包括其他与之进行微信交流公民的个人隐私。因此，在电子数据直接搜查中如何合理确定搜查对象就成为较为棘手的问题。这个问题不仅是我国刑事司法实践中面临的难题，其他国家在电子数据侦查取证实践中也面临类似问题。

在美国刑事司法实践中，对于电子数据搜查的范围存在两种不同观点，即"载体相关性"和"数据相关性"。前者认为搜查扣押的范围是与犯罪有关的全部计算机、手机等电子设备或存储介质，其主要理由是犯罪

---

[1] 范跃红、王倩霞："从海量信息中突破零口供"，载《检察日报》2022 年 4 月 19 日，第 6 版。

分子在计算机、手机等电子设备存储空间中隐匿证据的方法多种多样，只要是与案件有关的计算机、手机、存储设备等均可被搜查扣押。后者则认为电子数据搜查范围不能被宽泛地界定为与案件有关的电子设备，这会导致警察故意拒绝明确搜查范围，而对计算机等电子设备中存储的全部文件、资料等电子数据进行搜查。[1]上述两种观点各有利弊，依据"载体相关性"确定电子数据搜查范围比较契合电子数据间接搜查模式，其在搜查扣押存储介质时能够同步实现对其中存储电子数据的搜查扣押，遗漏涉案电子数据的风险很低，但很容易造成搜查对象泛化而损害公民基本权利；后者则比较契合电子数据直接搜查模式，其并不扣押存储介质，也并不复制、拷贝存储介质中的全部数据，而仅通过技术手段来收集提取与案件有关的电子数据，从而将电子数据搜查范围严格限定于与案件有关的数据，将电子数据搜查中对公民基本权利的干预和侵害降至最小，但可能会遗漏与案件有关的电子数据。

直接搜查模式基于数据相关性来确立电子数据搜查范围，其并不要求搜查扣押电子数据的存储介质，而仅要求收集提取与案件有关的电子数据。在涉案电子数据较少的案件中，如手机中存储的涉案图片、视频类电子数据，侦查人员可以通过初步浏览、简单分析、复制提取等方式来收集获取涉案电子数据。但是，对于海量电子数据，仅凭侦查人员浏览、分析、检索来搜查涉案电子数据并不具有可行性，此时就需借助于专业电子数据取证设备和分析技术对涉案电子数据进行检索。电子数据取证的关键在于需要在众多具有不确定相关关系的海量数据中判断关联性，最大限度地挖掘出数据的证明价值，电子数据搜查的重点就在于在众多的不确定性中寻找、固定具有关联性的信息。[2]为了防止在直接搜查中遗漏涉案电子数据，可以借助多种方式进行检索，如文件类型检索、路径检索、时间段检索、关键词检索等。这些检索方式的选取应当与案件具有相关性，可以

---

〔1〕　刘品新：《电子证据法》，中国人民大学出版社 2021 年版，第 193-194 页。
〔2〕　朱赟先："电子数据搜查：规定情境与新经验主义"，载《江西社会科学》2021 年第3 期。

综合使用多种检索方式，但不得选择与案件无关的检索方式，如对于涉案视频类电子数据，原则上不得以文档文件检索方式来搜查。

有学者主张在电子数据搜查中应遵循"最佳搜查"方式，即侦查人员在搜查计算机中的电子数据时，应当先将计算机等存储介质作镜像复制和校验，然后再从镜像复制后的数据中搜查涉案电子数据。[1]该方式有利于实现电子数据取证中的"无损原件"原则，可以防止直接在计算机等电子设备中搜查电子数据导致原始数据被破坏或变动，但却可能导致搜查范围扩大，因为这里的镜像复制本身可能构成电子数据搜查，会让侦查机关在获得涉案电子数据的同时获取大量与案件不具有关联性的数据。在电子数据直接搜查中实现"无损原件"原则的技术方法有多种，如对数据存储介质采取写保护措施，若能够通过其他方式在电子数据搜查中实现"无损原件"原则，则尽量不宜采取镜像复制方式来收集存储介质中的全部数据。

第三，明确专业技术人员在电子数据直接搜查模式中的法律地位和角色定位。我国刑事诉讼法要求搜查主体是二名以上侦查人员，这就意味着侦查人员以外的其他人员不得实施搜查。对于搜查主体的法定要求，主要是考虑刑事搜查会侵犯公民人身权、财产权、隐私权等基本权利，因此对于此种强制性侦查措施的适用，法律仅能授权侦查人员按照法定程序、有限度地予以实施；若将此种授权扩大至侦查人员以外的人员，会导致搜查主体范围产生不确定性，让干预公民基本权利的主体范围扩大，可能提升公民基本权利被非法侵害的风险。[2]电子数据直接搜查模式，要求侦查人员直接从手机、电脑、远程服务器、云存储等存储介质中收集提取涉案电子数据，这不仅要求侦查人员具有相关法律知识，也要求其具有计算机、网络信息等专业知识和实践经验。从实践来看，我国侦查机关电子数据取证队伍建设存在发展不平衡的问题。基层侦查机关承担了大量刑事案件的处理，但受制于经费、人员、技术等因素，其电子数据取证队伍建设无法

---

〔1〕 方玉珍：《电子证据认知新思路——基于实验的直观体现方式》，中国法制出版社 2019年版，第 113 页。

〔2〕 顾敏康：《逮捕、搜查与扣押的宪法问题：美国的经验教训》，法律出版社 2009年版，第 80 页。

有效满足实际办案需要，自身也并不具有专业的电子数据取证能力。这可能导致电子数据直接搜查模式面临侦查人员队伍取证专业技术知识不足的问题。对于该问题的解决，一方面需要对侦查人员队伍进行电子数据专业知识培训，在人员招录上则需要适当招录有计算机、网络信息等专业知识的技术人才，另一方面则可以由侦查人员指派、聘请有专门知识的人承担电子数据搜查中的专业工作。

我国《刑事诉讼法》规定了侦查人员可以指派、聘请有专门知识的人进行勘验、检查。但是，对于搜查并未规定是否指派、聘请有专门知识的人。电子数据直接搜查模式要求取证人员具有专业知识和实践经验，侦查机关在电子数据直接搜查中是否可以指派、聘请有专门知识的人参与则值得探讨。有学者认为，搜查、扣押、提取电子数据载体的获得性取证行为，应当要求两名以上侦查人员实施；而对可能需要具备必要技术能力的取证行为，则实行侦查人员与专业技术人员相配合的取证方法。[1]该观点认为，搜查扣押只能由侦查人员进行，其内在理由在于搜查技术含量较低，无须委托有专门知识的人处理。该观点具有相对合理性。相对于勘验、检查和鉴定而言，搜查技术含量确实较低，但是，技术含量高低不仅取决于侦查行为类型本身，也取决于侦查对象。电子数据自身具有技术性强的特征，在搜查中可能遇到侦查人员无法解决的某些专门性问题，而必须委托有专门知识的人来处理。因此，对于电子数据的搜查、扣押、查封中的专门性问题，侦查人员自身无法解决时，可以委托有专门知识的人在其指挥下参与相关搜查、扣押、查封工作。需要注意的是，强制性侦查措施一般不宜委托给他人行使，这里对其进行理解时需要适当区分。强制性侦查措施在适用中通常包括两项权力，即强制性侦查措施的审查决定权和执行权。审查决定权是指通过对申请事由和相关证据材料的审查来决定是否同意采取强制性侦查措施，它直接决定了强制性侦查措施的正当性与合法性。强制性侦查措施不宜委托给他人行使应理解为其审查决定权不宜委

---

〔1〕　龙宗智："寻求有效取证与保证权利的平衡——评'两高一部'电子数据证据规定"，载《法学》2016 年第 11 期。

托给他人行使。而适用强制性侦查措施的决定一旦作出之后，侦查人员就享有对电子数据取证的合法权限。对于搜查或者扣押决定的执行，本身就是为了搜集证据和查明事实。如果在取得合法权限之后，将其强制性侦查措施的执行委托给有专门知识的人承担能够更好地实现上述目的，则自然是应当允许的。故，对电子数据搜查、扣押、查封中的审查决定工作不能委托有专门知识的人承担，但其具体执行工作则可以委托。

第十一章
电子数据违法取证的程序制裁

在刑事诉讼中，程序性制裁是实现惩罚国家机关违法行为和个人权利救济的重要方式，它主要是借助于宣告程序违法者收集的证据、实施的行为、作出的裁判丧失法律效力来实现救济。[1]非法证据排除规则是程序性制裁的重要方式之一。电子数据已经成为网络数字时代的"证据之王"，[2]它不仅是刑事诉讼中认定案件事实的重要证据，也可能承载着公民的财产权、隐私权等基本权利。我国《刑事诉讼法》第 56 条确立的非法证据排除规则，[3]将非法证据区分为"非法言词证据"和"非法实物证据"，在非法实物证据中仅列明物证、书证，而并未将电子数据纳入其中。2017 年 6 月 27 日"两高三部"发布的《关于办理刑事案件严格排除非法证据若干问题的规定》（以下简称《严格"排非"规定》），也没有将电子数据纳入非法证据排除规则适用范围。《电子数据规定》第 24 条确立了电子数据合法性审查规则，第 17 条、第 28 条分别确立了电子数据"裁量排除"规则和"绝对排除"规则。2021 年 1 月，最高人民法院出台的《刑事诉讼法解释》吸收了《电子数据规定》中电子数据合法性审查规则和排除规则的主要内容。电子数据是否适用非法证据排除规则？现有司法解释中的电子数据合法性审查规则和排除规则是否就属于非法电子数据排除规则？这些问题在理论界和实务界均存在较大争议，不仅引发电子数据审查认定的困境与混乱，也不利于数字权利的保障和救济。非法证据排除规则不仅调整法官对证据的审查认定行为，也会间接调整侦查人员的侦查取证行为，在探讨电子数据取证行为时有必要分析非法证据排除规则。

---

〔1〕 参见陈瑞华：《程序性制裁理论》，中国法制出版社 2010 年版，第 104-108 页。

〔2〕 参见刘品新：《电子证据法》，中国人民大学出版社 2021 年版，第 3 页。

〔3〕 《刑事诉讼法》第 56 条规定："采用刑讯逼供等非法方法收集的犯罪嫌疑人、被告人供述和采用暴力、威胁等非法方法收集的证人证言、被害人陈述，应当予以排除。收集物证、书证不符合法定程序，可能严重影响司法公正的，应当予以补正或者作出合理解释；不能补正或者作出合理解释的，对该证据应当予以排除。在侦查、审查起诉、审判时发现有应当排除的证据的，应当依法予以排除，不得作为起诉意见、起诉决定和判决的依据。"

第一节　非法电子数据的处理方式

由于我国《刑事诉讼法》及相关司法解释、规范性文件等并没有将电子数据纳入非法证据排除规则的适用范围，但是规则缺失无法掩盖非法电子数据客观存在的现实。在司法实践中，司法机关对非法电子数据主要采取"拒绝排除"和"依附排除"两种处理方式。前者是以欠缺法律规定为由直接拒绝将电子数据纳入非法证据排除规则适用范围而不予排除；后者则是将电子数据依附于存储介质而纳入物证范围来适用非法证据排除规则。

一、非法电子数据的"拒绝排除"

我国具有成文法系的传统，历来较为强调制定法的权威性而不承认法官的造法功能。由于我国现有非法证据排除规则并未将电子数据纳入其适用范围，因此，在司法实践中，突破现有法律规定对电子数据直接适用非法证据排除规则的案例较为罕见，司法机关在案件处理中对辩护方提出的非法电子数据排除申请通常直接予以驳回。

案例：宋某诈骗案[1]

在宋某诈骗案中，被告人及辩护人主张从手机中提取的电子数据不符合法定程序，应当作为非法证据予以排除。法院经审理后认为：电子数据和审计报告不属于书证、物证，不属于《刑事诉讼法》第56条规定的可作为非法证据予以排除的证据种类，故法院在庭审中决定对被告人及辩护人提出的非法证据排除申请予以驳回。

案例：朱某信用卡诈骗案[2]

在朱某信用卡诈骗案中，辩护方认为公诉机关所出示的聊天记录、上

---

[1]　详见广东省深圳市福田区人民法院（2018）粤 0304 刑初 1404 号刑事判决书。
[2]　详见四川省成都市成华区人民法院（2016）川 0108 刑初 38 号刑事判决书。

网痕迹以及通过 IP 地址查找到网站，并通过登录记录查找到朱某均系通过技术侦查措施获取的证据，因无批准法律文书，属于非法证据应予排除。法院经审理后认为：电子数据不属于非法证据排除范围，故对该辩护意见不予采纳。

在上述两案中，辩护方提出了非法电子数据排除申请，法院就直接以电子数据不属于物证、书证为由，认为其不属于可以适用非法证据排除规则的证据种类，而直接驳回了辩护方电子数据排除申请。在宋某诈骗案中，辩护方不仅提出了非法电子数据的排除申请，也提出了非法书证的排除申请，但是两种申请因证据种类不同而分别面临截然不同的程序待遇。在该案中，辩护方以"未在现场见证""扣押单无签字确认"等为由对土地使用权证、土地使用权出让合同、资金明细等书证申请非法证据排除，法院对这些书证取证程序的合法性展开审查，最终以"有见证人在场见证并签名予以确认"为由没有排除上述书证。对于电子数据而言，法院以其不属于非法证据排除规则适用的证据种类为理由直接驳回了辩护方"排非"申请。虽然涉案书证和电子数据都没有被排除，但它们两者面临的程序待遇截然不同。对于电子数据"排非"申请，法院既没有启动合法性审查，没有审查侦查机关电子数据取证程序是否合法，也不存在经审查后确认取证程序违法的可能性。由于电子数据不属于非法证据排除规则的适用范围，辩护方就电子数据提出的"排非"申请，法院认为其不具有启动排非程序的法律效果。辩护方就书证提出的"排非"申请，则产生了启动排非程序的法律效果，但法院经过审查后认为这些书证的取证程序具有合法性，故对这些书证没有排除。在非法证据排除的问题上，电子数据的"拒绝排除"是由于排非程序不启动而产生的法律效果，此种法律效果主要源于电子数据没有被纳入非法证据排除规则适用范围。

电子数据和物证、书证都属于实物证据，它们都可以通过搜查扣押、技术侦查等强制性侦查措施予以收集，也都存在因违法取证而侵犯公民基本权利的可能性。但是，它们却因证据种类不同在非法证据排除问题上产生了截然不同的法律效果，由此就产生了"证据歧视""证据偏见"的问题，即因证据种类差异所导致的程序救济差别化待遇。电子数据在非法证据排除规则上遭受的歧视性待遇背后是对公民数据权利的歧视和不平等保护。非法证据排除规则的主要功能在于，否定以侵犯公民基本权利的违法方式所收集证据的证据能力，以实现基本权利救济和惩罚违法侦查。虽然都属于实物证据，但物证、书证已经被纳入非法证据排除规则适用范围，在物证、书证因侦查机关违法收集而侵犯公民基本权利时，可以通过非法证据排除方式寻求救济，而电子数据所承载的基本权利则享受不到此种程序性救济，这就会导致电子数据所承载基本权利的程序救济弱于物证、书证所承载的基本权利，由此就会因证据类型差异引发基本权利保障的不平等。非法证据排除规则体现了人权保障和实体真实两种法律价值的冲突与平衡。在电子数据因不被纳入非法证据排除规则的适用范围而存在权利保障的歧视待遇的同时，从证据采信层面来看，可能会产生在证据效力上的逆向性歧视。由于电子数据没有被纳入非法证据排除规则，故具有真实性、关联性的电子数据通常不会因违法取证侵犯基本权利而被排除，这就意味着电子数据具有更强的证据效力。而物证、书证被纳入非法证据排除规则适用范围，某些具有真实性和关联性的物证、书证会因违法取证侵犯公民基本权利而被否定证据能力，这意味着其在证据效力上要弱于电子数据。因此，对于电子数据，若仅仅因为其证据种类而拒绝适用非法证据排除规则，就会产生权利保障和证据效力的双重歧视问题，这就有悖于平等对待原则。

二、非法电子数据的"依附排除"

虽然我国非法证据排除规则并未将电子数据纳入其适用范围，但物证可以作为其适用对象。由于电子数据具有虚拟性、无形性等特征，其需要借助于特定存储介质，由此就产生电子数据的"一体收集"模式，即在收集电子数据时连同其原始存储介质一并扣押、封存、移送，在查封、扣押原始存储介质时实现对其所存储电子数据的一并收集。《电子数据规定》《电子数据取证规则》等司法解释和规范性文件确立了"一体收集"模式的优先适用原则，即"以收集原始存储介质为原则，以直接提取电子数据为例外"的电子数据取证规则体系。在非法电子数据排除的实践运行中，辩护方就可能并不直接申请非法电子数据排除，而将其存储介质作为非法物证来申请排除，由此就产生了电子数据的依附性排除。

案例：陈某故意杀人案[1]

在陈某故意杀人案中，公安机关侦查人员于 2009 年 2 月 24 日在没有取得搜查证的情况下，对陈某租住房屋进行搜查，发现两部手机和小挂包（内有学生证、银行卡、吊坠等物品），公安机关扣押了上述物品。辩护方认为，上述物证系由无证搜查的违法侦查行为所收集的证据，公安机关出具的两份情况说明亦无法对其予以有效补正，故上述物证应作为非法证据予以排除。二审法院经审理认为：侦查人员于 2009 年 2 月 24 日对陈某租住房屋进行的搜查行为属于无证搜查，该搜查行为不合法。侦查人员在没有出现法定例外情况下，对陈某住处进行无证搜查，属于严重违反法定程序。侦查机关在事后补办了搜查证，将该搜查证日期倒签至搜查当天，试图隐瞒真实取证过程，导致无法判明上述搜查行为收集物证的真实来源，这些物证对于定案具有关键作用，侦查人员上述行为已经严重影响法院对案件事实的正确认定，因此，该违法取证行为已经造成了严重后果。参与搜查的二名侦查人员在庭审中均无法对无证搜查及补办搜查证行为作出合理解释。故，法院决定对上述物证予以排除。

在该案中，二审法院依法将手机、学生证、银行卡、吊坠等作为非法证据予以排除。但是，该涉案手机并没有被作为物证来证明案件事实，而主要是将手机中存储的短信、微信、通话记录等电子数据作为证据，法院在将手机作为非法证据予以排除时，就将其中存在的电子数据也一并予以排除了。由于电子数据具有虚拟性、无形性等特征，其需要依附于特定存储介质而存在。在该案中，侦查机关在电子数据取证中主要采取了"一体收集"模式，将电子数据连同其原始存储介质予以搜查扣押。由于侦查机

---

[1] 详见广东省高级人民法院（2014）粤高法刑一终字第 351 号刑事附带民事判决书。

关在搜查时并没有取得搜查证，且不符合无证搜查的法定情形，其严重影响司法公正，无法补正且没有合理解释，故手机被法院认定为非法证据予以排除。在该案中，法院对手机予以排除实质上并不是要排除作为物证的手机，而是要排除手机中存储的短信、微信、通话记录等电子数据。从该案例来看，我国司法机关在实践中创设的非法电子数据依附性排除，具有以下特点：

第一，间接性。电子数据排除依附实质上是对其存储介质的排除，司法机关在认定非法证据时仅将存储介质认定为非法证据，而回避了对其中存储电子数据是否为非法证据的问题，但是由于电子数据存储于该作为非法证据的存储介质之中，故在排除该存储介质时也间接实现了对其中存储电子数据的排除，非法电子数据得以依附于其存储介质被排除。此种"间接排除"模式较为契合我国对非法实物证据排除规则适用范围的限定，让电子数据承载的基本权利依附于其存储介质承载的基本权利而同步得到保护和救济，但也会让电子数据中承载基本权利的救济和保护丧失独立性。在司法实践中，可能存在存储介质系合法取得，而其中存储电子数据系非法取得的情况。比如，在美国莱利案（Riley v. California）中，警察在抓捕莱利时附带对其展开了人身搜查，从其衣服口袋中搜到涉案手机，又从其手机中搜到涉案通话记录、照片等电子数据。美国联邦最高法院经审理后认为，警察附带搜查取得的手机，不属于非法证据，因为在抓捕犯罪嫌疑人时可以进行附带的无证搜查；但从手机中搜到的通话记录、照片等电子数据则属于非法证据，因为其不属于附带搜查的范围，警察仅在有适当理由且取得搜查证的情况下，才可以对手机进行搜查。[1]对于此种情况，若按照依附性排除的裁判思路，存储介质没有被认定为非法证据，则其中存储的电子数据也不会被认定为非法证据而予以排除，电子数据所承载的基本权利就无法得到独立的程序性救济。

第二，限定性。非法电子数据的依附性排除仅适用于通过"一体收

---

〔1〕 蒋勇："大数据背景下我国电子数据的附带搜查问题研究——以美国法上的判例为参照"，载《兰州学刊》2019 年第 5 期。

集”模式所收集获取的电子数据。电子数据取证有“一体收集”“单独提取”和“转化收集”三种模式。“一体收集”模式是将电子数据连同其原始存储介质一并予以收集、封存、移送；“单独提取”模式是仅收集提取电子数据而不扣押收集其原始存储介质；[1]“转化收集”模式并不收集电子数据本身而是将其所蕴含的证据信息通过打印、拍照或录像予以固定收集。[2]在电子数据的上述三种取证模式中，只有“一体收集”模式需要采取“存储介质扣押+电子数据提取”方式，其他两种取证模式并不收集电子数据的原始存储介质，这就决定了此两种取证模式下不存在对存储介质的排除，自然也就不存在电子数据依附于存储介质而被排除。故，非法电子数据依附性排除仅能适用于电子数据的一体收集模式，而对电子数据的“单独提取”和“转化收集”两种取证模式则不能适用。但是，从电子数据侦查取证的实践运行来看，仅有约10%的案例采取“一体收集”模式来扣押电子数据的原始存储介质，约90%的案例采取“单独提取”“转化收集”两种模式来收集涉案电子数据。[3]这就意味着，即便存在违法取证行为侵犯了公民基本权利，绝大多数涉案电子数据也无法依附于其原始存储介质而排除，因为这些案件中并不收集电子数据的原始存储介质。

第三，单阶性。在电子数据原始存储介质的搜查扣押中，仅仅通过搜查扣押原始存储介质无法完成对电子数据的有效取证，其通常需要在完成原始存储介质扣押后从中提取出涉案电子数据。因此，在电子数据一体取证中通常采用“存储介质扣押+电子数据提取”方式。而侦查机关在搜查扣押原始存储介质之后，并不意味着其就取得了对其中存储电子数据的占有和处置权限，其在扣押存储介质后第二步取证中仍然有可能违法侵犯或干预电子数据所承载的基本权利。但是，在非法电子数据“间接排除”模式中，其仅仅实现了对违法搜查扣押原始存储介质行为的程序性制裁，而

---

〔1〕　谢登科：“电子数据的取证主体：合法性与合技术性之间”，载《环球法律评论》2018年第1期。

〔2〕　详见《电子数据取证规则》第8条之规定。

〔3〕　胡铭：“电子数据在刑事证据体系中的定位与审查判断规则——基于网络假货犯罪案件裁判文书的分析”，载《法学研究》2019年第2期。

并未关注到在扣押存储介质后第二步的取证中仍然有可能违法侵犯或干预电子数据所承载的基本权利。因此，非法电子数据"依附性排除"所实现的程序性制裁和救济具有单阶性特征。

第二节　非法电子数据排除规则的必要性

我国非法证据排除规则虽然并未将电子数据纳入适用范围，但是非法证据排除规则承担着基本权利保护和救济的价值功能，同时，作为网络信息时代"证据之王"的电子数据，也承载着公民的财产权、隐私权、通信自由和通信秘密权等基本权利，因此，从应然层面来看，应当将电子数据纳入非法证据排除规则的适用范围。

一、非法证据的本质：违法取证干预基本权利

在我国传统证据属性理论中，合法性是证据的重要属性之一，其要求取证主体、取证程序、证据形式等方面具有合法性，否则就可能会影响证据的证据能力。[1]但是，证据不合法并不等于非法证据，并不是取证主体、取证程序、证据形式等方面出现任何违法都会导致证据被认定为非法证据。从非法证据排除规则的诞生和发展来看，非法证据有其特定内涵、范围和认定标准。非法证据的"非法性"主要体现在侦查人员的取证行为严重侵犯了公民基本权利。由于证据具有稀缺性，证据排除后可能阻碍案件事实正确认定，进而会阻碍惩罚犯罪和实体正义实现。这需要对非法证据范围予以严格限定，只有侵犯公民基本权利的严重违法取证行为才需要通过非法证据排除方式予以程序性制裁和救济。因此，对于以违法方法侵犯公民宪法性权利所收集的证据，需要将其界定为"非法证据"予以排除，以此实现对公民宪法权利的程序救济。

非法证据排除规则诞生于美国联邦最高法院于1914年在审理威克斯案（Weeks v. United States）中作出的判决，其为美国宪法第四修正案的重要

---

〔1〕　陈瑞华：《刑事证据法学》，北京大学出版社 2012 年版，第 135–139 页。

组成部分。[1]美国联邦宪法第四修正案旨在禁止无理搜查扣押，并要求搜查扣押有令状和相当理由。但是，该宪法修正案在制定后的很长时间内仅具有"宣言"性质，因为它没有规定违反该权利法案的法律后果，也没有规定违法侵犯公民基本权利收集的证据应当予以排除。在宪法第四修正案颁布后的很长时间里，宪法性权利受到侵犯的人仅能通过提起民事诉讼的方式，请求法院判令警察承担赔偿责任或返还责任。在这一时期，普通法主要关注证据的相关性，并不重视取证程序是否合法，正如英国 19 世纪一位法官所言："无论证据如何取得，即便它是偷来的，都与证据的可采性无关。"[2]在此种情况下，司法机关在案件裁判中就不可能确立非法证据排除规则。但是，威克斯案的裁判结果改变了此种状况。在该案中，警察非法搜查扣押了威克斯家中藏有的非法彩票，该彩票成为指控威克斯的重要证据。美国联邦最高法院在该案中认为："排除规则必不可少，若信件和私人文件可以任意被违法扣押并作为指控公民犯罪的证据，则宪法第四修正案赋予公民免受非法搜查扣押的权利将被束之高阁。"美国联邦最高法院由该案确立了非法证据排除规则，即通过非法搜查扣押方式收集的证据不得作为对被告人定罪的证据。非法证据排除规则是宪法第四修正案的重要组成部分，若缺乏排除规则的法律效果，公民将无法充分获得宪法第四修正案保护，宪法赋予公民的基本权利将成为一纸空文。

美国联邦最高法院在沃尔夫案中认为，非法证据排除规则主要目的在于震慑警察的违法取证行为。在此种威慑理论下，非法证据排除就成为威慑警察违法取证行为的重要手段。威慑理论将非法证据排除着眼于警察违法取证行为，若缺乏此种威慑性保障，则宪法第四修正案所规定的基本权利就无法实现。在证据排除的威慑之下，警察会按照法定程序收集证据，依法保障犯罪嫌疑人的基本权利。排除非法证据是惩罚执法人员滥用权力的最好措施，它对执法人员的威慑力最为直接、有效，它会倒逼侦查人员

---

〔1〕 吴宏耀等：《美国联邦宪法第四修正案：非法证据排除规则》，中国人民公安大学出版社 2010 年版，第 3—15 页。

〔2〕 韩阳、高咏、孙连钟：《中美刑事诉讼制度比较研究》，中国法制出版社 2013 年版，第80 页。

在侦查取证中依法收集证据，否则就会产生劳而无获的不利后果。对于侦查人员的违法取证，若仅在实体层面惩罚违法取证人员，而不在程序层面排除非法证据，则侦查人员就会心存侥幸，对于法定正当程序和基本权利不予重视。另外，侦查人员在侦查取证中采取违法行为的动机通常是为了查明犯罪事实、收集犯罪证据，这符合侦查机关的共同利益，即便对违法人员给予内部惩罚，通常也不免会出现处罚走过场的情况。[1]因此，有必要通过排除非法证据来威慑侦查人员违法取证行为。

以基本权利救济和威慑违法取证为基点的非法证据排除规则，将着眼点置于警察非法取证侵害的对象。该理论在实体层面将违法取证侵害基本权利作为非法证据的前提条件，若违法取证并未侵犯基本权利，则不能排除证据。在程序层面要求遵循"当事人适格"理论，即被告人仅能主张排除因侵犯自己的宪法性权利而取得的证据，若非法取证行为仅侵犯了其他人的权利而并未侵犯被告人基本权利，则被告人无权主张排除非法证据。[2]权利救济理论强调对非法证据刚性化的强制排除，其在适用中缺乏对法律价值平衡的考虑，可能会导致在重大案件中放纵犯罪的风险。

我国非法证据排除规则的诞生和发展背景与美国有较大区别。通过遏制刑讯逼供等违法取证行为来防止可能诱发的冤假错案，是我国非法证据排除规则诞生的重要原因。通过刑讯逼供、无证搜查等违法取证方法所收集的供述、物证、书证等证据材料，特别是言词证据，其虚假的可能性较大。若将这些通过违法方法收集的证据作为定案依据，则可能产生冤假错案，此时排除非法证据就成为防范冤假错案的重要方法。但是，随着我国依法治国全面推进、司法改革不断深入，程序公正、人权保障也成为我国非法证据排除规则的重要考量因素。[3]这就意味着我国非法证据排除的理

---

〔1〕 顾敏康：《逮捕、搜查与扣押的宪法问题：美国的经验教训》，法律出版社2009年版，第240页。

〔2〕 韩阳、高咏、孙连钟：《中美刑事诉讼制度比较研究》，中国法制出版社2013年版，第228页。

〔3〕 戴长林、罗国良、刘静坤：《中国非法证据排除制度：原理·案例·适用》，法律出版社2016年版，第56-65页。

论基点从早期防范错案逐步转向了权利保障，即通过宣告侦查机关违法侵犯公民基本权利所收集证据无效，来实现对公民基本权利的程序救济和对侦查机关违法行为的程序制裁。

二、电子数据可能承载着数字财产权和数字隐私权

若将公民基本权利保障和救济作为非法证据排除规则的理论基点，则应当将电子数据纳入非法证据排除规则适用范围。因为非法证据排除规则主要着眼于侦查取证行为是否侵犯公民基本权利，其主要并不是关注证据类型或者证据种类，而是着眼于该证据是否承载公民基本权利。无论是作为传统实物证据的物证、书证，还是作为新兴证据的电子数据，都可能会承载着公民财产权、隐私权、通信自由和通信秘密权等基本权利。

在网络信息时代，除了车辆、土地、房产等传统实物财产，很多财产也会以数据形式存在，如数字图书、数字货币、算法程序、操作系统等。数字财产属于无形物，由此决定了其在稳定性、确定性和可预测性方面和传统财产具有较大差别，[1]但它们仍然因为具有使用价值和交换价值而需要被纳入财产范围。数字经济已经成为我国经济发展的重要引擎，随着数字经济和信息技术的发展，人们拥有的数字财产会越来越多，类型也会越来越丰富多样。数据财产的价值核心是数据信息所承载的适用价值，数据财产的本质则是其内在功效而不是外在形式。在数字经济时代，数据服务创造的价值正逐步超越实物价值，这可能会在人类历史上出现数据服务主导硬件产品的情形。在数据主导硬件的情况下，数据承载的财产价值有时可能会大于实物财产，如手机、电脑等电子设备的价值可能远比不上其数字钱包中存储的比特币价值。在刑事诉讼中，若仅保护公民的实物财产权，而不保护公民的数字财产权利，则会产生财产权保护的结构失衡；若仅将物证、书证等传统实物证据纳入非法证据排除规则适用范围，而不将

---

〔1〕　参见［美］亚伦·普赞诺斯基、杰森·舒尔茨：《所有权的终结：数字时代的财产保护》，赵精武译，北京大学出版社2022年版，第6—13页。

电子数据纳入非法证据排除规则适用范围，则会产生财产权程序性救济的结构失衡。

在前网络信息时代中，人们的很多隐私可以借由住宅、车辆、文件等实物财产而获得保护，如住宅等实物财产具有的排他效力，可以为其内部的私人活动和隐私信息提供物理保护。但是，在网络信息时代，数据承载的个人隐私信息可能并不少于住宅、车辆等传统实物空间中的个人隐私信息。比如，人们在物理空间中进行沟通、交流的大多信息通常并不会留存，交谈中的相关隐私信息，除非通过监听、窃听等方式，否则极易因为很难收集而遭受干预或侵犯。但是，在网络信息时代，借助于即时通信软件等软硬件设备进行交流会同步留下大量记录，如微信记录、短信记录等，它们可以被侦查机关通过搜查、调取、远程勘验等方式予以收集。有些在前网络信息时代并不构成个人隐私的信息在网络信息时代也可能成为个人隐私，如公开场所的个人位置信息。在传统社会中，个人自愿置于公开场所，其面部信息、位置信息等可以被不特定人知悉，这些信息就不属于个人隐私。但是，网络信息、大数据分析、人工智能等科学技术的发展，相关软硬件设备的获取将会更加容易、成本更低，由此导致对个人信息持续性、海量性收集和分析成为可能，此种公开信息的海量汇集就已经发生质变，其不再是公开信息的简单汇集，而是蕴含着个人生活中各种细节的隐私信息，涉及个人隐私侵犯或干扰。[1]这就需要将干预隐私利益的电子数据纳入强制性侦查范围，如搜查、技术侦查。在网络信息时代，需要给予电子数据与传统实物证据同等待遇，其中包括非法证据排除规则所实现的基本权利救济。侦查机关在电子数据侦查取证中，实施的违法搜查扣押、违法技术侦查等侵犯电子数据中所承载的个人隐私利益，属于侵犯公民数字隐私权的取证活动，也需要通过非法证据排除予以制裁和救济。

---

〔1〕 参见李荣耕：《数位时代中的搜索扣押》，元照出版有限公司2020年版，第172-174页。

三、电子数据违法取证可能具有基本权利干预性

我国《刑事诉讼法》第 56 条规定的非法证据排除规则并未将电子数据纳入其中，《刑事诉讼法解释》《电子数据规定》等司法解释或规范性文件中对电子数据合法性的审查规则也主要基于保障电子数据真实性而设置。在《刑事诉讼法》确立非法证据排除规则的过程中，有意见认为应将非法实物证据排除的范围扩大至电子数据，但立法部门考虑到非法证据排除规则对于犯罪控制的敏感性，最终未将电子数据纳入非法证据排除规则范围之内。[1] 其实，作为网络信息时代"证据之王"的电子数据，虽然因具有虚拟性等特征而有别于物证、书证等传统实物证据，但由于很多电子数据也承载着财产权、隐私权等基本权利，其在侦查机关的侦查取证活动中也可能面临基本权利干预。虽然基本权利侵入或干预的方式可能会存在区别，如传统实物证据主要是直接物理接触式干预或侵入，而电子数据可以通过电子设备、网络连接等方式而无须直接接触式侵入；传统实物证据主要是一次性干预或侵入，而电子数据取证中可能会存在对存储介质所处物理空间、电子数据所处虚拟空间的二次干预或侵入等。但是，这些差异并不能掩盖电子数据取证与传统实物证据取证中都会面临基本权利干预和侵入的共同特征，电子数据侦查取证所具有的基本权利干预性与传统实物证据并不存在本质区别，其需要纳入强制性侦查范围而受到法律保留、比例原则和令状主义的控制。电子数据违法取证中也会违法侵犯公民基本权利而需要予以程序性救济和程序性制裁。

非法证据排除规则是实现对侦查机关违法取证程序性制裁的重要措施，通过事后的程序性制裁不仅可以惩罚侦查机关的违法取证行为，也可以有效威慑潜在的违法取证行为，从而实现对基本权利的保护和救济。电子数据取证方法和技术虽然有别于传统实物证据，但是其所采取的搜查、扣押、查封、勘验等侦查措施在程序上与传统实物证据取证并没有本质区别，由此决定了电子数据侦查取证中违法侵害公民基本权利的严重违法性

---

〔1〕　程雷："非法证据排除规则规范分析"，载《政法论坛》2014 年第 6 期。

与之并没有本质区别，特别是在采取搜查扣押、技术侦查等强制性侦查措施方面，电子数据取证也需要采取这些强制性侦查措施。在电子数据取证中，若违法采取搜查扣押、技术侦查等强制性侦查措施，事实上也存在侵犯公民基本权利的可能，此时就需要将电子数据纳入非法证据排除规则适用范围，通过剥夺侦查人员违法取证的成果，以实现惩罚违法取证和救济基本权利的目的。

目前，我国《刑事诉讼法》及相关司法解释、规范性文件没有明确将电子数据作为搜查扣押的直接适用对象，侦查机关在电子数据取证中主要通过现场提取、网络在线提取、网络远程勘验等方式进行收集。因此，现阶段电子数据违法取证中较为常见的违法干预基本权利的行为主要包括以下几类：

第一，初查中采取强制性侦查措施收集的电子数据。由于初查阶段尚未启动刑事诉讼程序，侦查机关仅能采取不侵犯公民基本权利的任意性侦查措施来收集证据，而不得采取强制性侦查措施来收集证据。若侦查机关在初查中采取了强制性侦查措施来收集电子数据，则不仅回避了《刑事诉讼法》赋予犯罪嫌疑人的各项诉讼权利，也会侵犯当事人的基本权利，故应当认定归为非法证据。比如，在某网络诈骗案中，公安机关在接到被害人报案后，考虑到数额、情节尚未达到刑事立案标准，故暂时没有立案，而是先进行了初查。初查过程中，收集了被害人陈述、被害人手机 QQ 聊天记录，还对犯罪嫌疑人 QQ 进行监控，在查明其他被害人遭受损失后才予以立案。[1] 由于监控作为较为常见的技术侦查措施之一，其会对公民基本权利构成严重干预，会侵犯公民的隐私权和通信秘密权，其仅能由侦查机关在立案后经过严格审批才可适用。该案中，侦查机关在立案前的初查阶段违法适用技术侦查措施来收集电子数据，严重违法侵犯公民隐私权和通信秘密权。

第二，"借任意性侦查之名，行强制性侦查之实"而收集的电子数据。

---

〔1〕 李睿懿、韩景慧："电子数据的证据资格和证明力的审察与判断"，载《中国检察官》2017 年第 16 期。

《电子数据规则》和《电子数据取证规则》规定电子数据侦查取证措施时，主要规定了现场勘验、网络远程勘验、网络在线提取等侦查措施。这些侦查取证措施主要是任意性侦查措施，仅能适用于不承载财产权、隐私权等基本权利的电子数据，如网站、博客等公开发布的电子数据，而不能适用于承载基本权利的电子数据，如手机中存储的微信聊天记录、网络服务器中存储的电子邮件等电子数据。若侦查人员在承载基本权利的电子数据取证中采取网络远程勘验、网络在线提取等侦查措施，则属于以"任意性侦查替代强制性侦查"，这就意味这些电子数据侦查取证活动无法受到强制性侦查措施的程序控制，由此导致电子数据承载基本权利所要求的程序保障措施会被侦查机关恶意回避，此种电子数据取证方式会严重侵犯公民基本权利。

第三，未经法定审批采取技术措施收集的电子数据。在我国《刑事诉讼法》中，搜查扣押和技术侦查是较为常见的强制性侦查措施，它们都因会干预公民基本权利，而必须经过法定审批程序。但是，《电子数据规则》和《电子数据取证规则》在规定电子数据的强制性侦查取证措施时，并没有将搜查纳入其中，而仅规定了技术侦查措施。[1]采取技术侦查措施来收集电子数据，需要经过严格审批程序，需要"报设区的市一级以上公安机关负责人批准"，即地级市以上公安机关负责人才有权批准。由于我国尚未建立强制性侦查措施的司法审查程序，不是由处于中立、超然地位的法官通过签发令状来赋予强制性侦查权，而主要是由侦查机关内部通过行政化审查方式来赋予强制性侦查权，提高审批机关的行政级别就成为实现"严格批准"程序的重要方式。[2]在司法实践中，若侦查人员未经过批准就采取技术侦查措施来收集电子数据，也会严重侵犯公民隐私权等基本权利。比如，前文朱某信用卡诈骗案中，辩护方认为公诉机关所出示的聊天记录、上网痕迹以及通过 IP 地址查找到的网站，并通过登录记录查找到朱

---

〔1〕　参见《电子数据规定》第 9 条第 3 款、《电子数据取证规则》第 33 条第 2 款之规定。

〔2〕　胡铭："技术侦查：模糊授权抑或严格规制——以《人民检察院刑事诉讼规则》第 263 条为中心"，载《清华法学》2013 年第 6 期。

某均系通过技术侦查措施获取的证据，因无批准法律文书，属于非法证据，应予排除。若未经依法批准取得授权采取技术侦查措施来收集电子数据，则会干预电子数据承载的隐私权、通信秘密权等基本权利。

第三节 电子数据合法性规则的理论反思

《刑事诉讼法解释》《电子数据规定》等司法解释和规范性文件按照传统的证据客观性、关联性、合法性理论，建立了较为完善的电子数据合法性审查规则系统。但是，合法性审查规则并不等同于非法证据排除规则，并不能因此就认为我国已经建立了非法电子数据排除规则。

一、非法证据排除规则的基本性质：证据能力规则

根据证据规则的功能，可以将其分为证据能力规则和证明力规则，前者主要是规范和调整证据能力的规则，后者主要是调整证据证明力的规则。非法证据排除规则中的证据排除，是基于证据能力的排除，还是基于证明力的排除？现有立法并未明确，《刑事诉讼法》仅规定非法证据"不得作为起诉意见、起诉决定和判决的依据"。有学者认为我国非法证据排除规则是基于对证明力的排除而不能作为定案的依据，而不是对证据能力的排除。[1]也有学者提出不同观点，认为非法证据排除规则主要是解决取证严重违法导致证据能力丧失的问题，它是基于证据能力的排除，而与证明力无必然联系。[2]还有学者认为，对非法证据排除可在证据能力和证明力两个层面适用，我国立法和司法解释所确立的非法证据排除规则在两个层面都有展开。[3]上述观点对非法证据排除规则理论基点存在截然不同的解读，而不同理论基点可能会影响电子数据合法性审查规则的理论定位。

---

〔1〕 王超："刑事证据排除的两种模式"，载《现代法学》2013年第4期。

〔2〕 闵春雷："非法证据排除规则适用问题研究"，载《吉林大学社会科学学报》2014年第2期。

〔3〕 顾永忠："我国司法体制下非法证据排除规则的本土化研究"，载《政治与法律》2013年第2期。

因此，在分析电子数据合法性审查规则的性质之前，有必要厘清非法证据排除规则的性质。

根据《刑事诉讼法》第56条第2款之规定，非法证据不能作为起诉意见书、起诉决定书和刑事判决书中认定案件事实的依据，即非法证据不能作为定案依据。"不能作为定案的依据"仅意味着不能作为刑事诉讼中认定案件事实的基础，但并不能基于此而得出其是基于欠缺证据能力或证明力而排除非法证据的结论。例如，我国台湾地区"刑事诉讼法"第155条第2款规定："无证据能力，未经合法调查，显与事理有违，或与认定事实不符之证据，不得作为判断之依据。"该条阐述了证据能力、证明力与定案依据之间的关系。作为定案依据的证据，需兼备证据能力和证明力，证据欠缺两个属性中的任何一个，均不能作为定案依据。依据仅从逻辑上看，证据材料的证据能力与证明力之间存在以下四种关系（见表11-1）。

表11-1　证据材料的证据能力与证明力关系

证明力　　证据能力	有（+）	无（-）
有（+）	①++	②-+
无（-）	③+-	④--

在情形①下，若某一证据材料同时具备证据能力和证明力，则该证据就可能成为定案依据。这里仅是可能而并不必然成为定案的依据，因为同时兼备证据能力和证明力的证据材料，能否最终成为定案的依据，还取决于证据证明力的大小。比如，某一依照法定程序收集的电子数据打印件既有证据能力，也有证明力，但可能会因其无法与电子数据原件核对，也不能与其他证据之间有效印证，导致其证明力相对比较弱而无法成为定案依据。若电子数据系依照法定程序收集，其能够和其他证据之间有效印证，则具有证明能力且证明力较大，法院应当将其作为定案依据。

在情形④下，某一证据材料同时不具备证据能力和证明力，则该证据不能作为定案的依据。比如，侦查机关通过非法搜查方式收集的电子数据与案件其他证据不能印证或存在明显矛盾之处，此时，该电子数据既欠缺证据能力，也欠缺证明力，显然不能将其作为定罪依据。

在情形②下，某一证据材料具有证据能力，但缺乏证明力，该证据材料亦不能作为定案依据。此种情形下，证据不能作为定案的依据，并非源于其在取证主体、手段、程序等方面存在违法情形，而是因为证据在可靠性、关联性等内在属性方面存在缺陷。比如，犯罪分子在实施犯罪之后为逃避惩罚而伪造、破坏犯罪现场，刻意留下误导案件侦破的痕迹或者线索类电子数据，这些数据被侦查人员按照法定程序收集。此时，侦查人员对于这些证据材料的收集程序合法，但在法庭质证阶段才发现证据材料欠缺真实性、相关性，故不能作为认定案件事实的根据。需要注意的是，证明力是证据的内在固有属性，证据具有客观性并与待证事实相关通常就具有证明力，但不同证据因其与待证事实的关系不同，对待证事实往往具有不同的证明价值。虽然，该伪造的电子数据在证明指控犯罪事实方面不具有证明力，但在其他争议事实上可能具有证明力，如证明伪造、破坏犯罪现场的行为。

在情形③下，某一证据虽有证明力，但欠缺证据能力。证明力是证据本身内在、固有的属性，而证据能力是证据的形式、规范属性，它通常属于法律问题。因此，在违法取证中就可能出现有证明力但无证据能力的证据材料。比如，侦查机关在违法搜查扣押中收集的电子数据，该电子数据按照技术标准予以收集、移送和保障，且具有关联性，能够保障其真实性和完整性。

非法证据排除规则是证据能力规则而不是证明力规则。证据能力主要解决证据是否具有准入资格问题，而并不解决其证明力问题，[1] 它主要是基于前文情形②和④下的证据排除。非法证据排除规则主要是通过否定侦查人员因违法取证侵犯公民基本权利而收集证据的准入资格，来剥夺侦查人员违法取证的成果，从而实现对侦查机关严重违法取证的程序性制裁，实现对公民基本权利的程序救济。对有证明力而不具备证据能力的非法证

---

[1] 孙远：《刑事证据能力导论》，人民法院出版社 2007 年版，第 6—15 页。

据予以排除，主要是基于程序自身的独立价值考量，凸显了程序价值的优先性。前文对证据能力和证明力关系的探讨，仅是逻辑层面对二者相互关系的分析，但它们两者是在适用上具有顺位关系或结构性，即在证据审查认定中通常需要先审查作为证据准入资格的证据能力，后审查判断证明作用大小的证明力。[1]此种层次性决定了在证据审查认定中，若没有证据能力就不具备作为认定案件事实根据的资格，通常直接予以排除，而不对证明力予以审查；只有证据具有认定案件事实根据的资格，才会进一步审查其证明力。在程序设置上，应当对非法证据排除问题设置"先行审查"程序，由此保障非法证据排除规则所承担的权利救济得以有效实现。

二、电子数据合法性审查规则的法律本质

任何证据材料在转化为定案依据之前，均需由司法机关经过法定程序予以审查认定，电子数据亦不例外。我国现有刑事证据制度、司法解释等在规定电子数据的审查认定规则时，主要是依据传统的证据属性理论来确立电子数据的审查认定规则，其主要审查电子数据的关联性、客观性与合法性。比如，《电子数据规定》第2条就明确要求检察院、法院应围绕关联性、真实性、合法性来审查判断电子数据；第24条则明确了对电子数据合法性审查的具体事项。《刑事诉讼法解释》第112条也规定了电子数据合法性审查规则，该条基本上吸收了《电子数据规定》第24条的主要内容。那么，能否就可因此认定我国建立了非法电子数据排除规则？这就需要对现有规定予以分析。现有电子数据合法性审查规则主要具有以下内容：

第一，电子数据取证主体合法性的审查。这要求审查收集、提取电子数据是否由二名以上侦查人员进行。具体来说其要求从两个方面来审查电子数据取证主体的合法性：（1）取证主体人数。我国刑事诉讼法对各种侦查措施或行为都要求二名以上侦查人员，如讯问犯罪嫌疑人，需要由二名以上侦查人员进行。对于取证主体人数限制，既是为了侦查人员人身安

---

〔1〕　郑飞："证据属性层次论——基于证据规则结构体系的理论反思"，载《法学研究》2021年第2期。

全，保障取证活动的警力优势以震慑犯罪嫌疑人，防止发生民警被不法分子袭击等危险情况，也可以防止在侦查取证活动中发生违法行为，为后期证据合法性提供证明；还可以在取证活动中取长补短，弥补单人取证在知识、经验上的不足。[1]在刑事诉讼中对电子数据的侦查取证，通常也要求二名以上侦查人员。比如，《电子数据取证规则》第6条就要求收集、提取电子数据，应当由二名以上侦查人员进行。但是，单纯的取证主体人数并不符合法定要求，并不会导致侵犯或干预公民基本权利的后果。（2）取证主体身份。在刑事诉讼中，取证主体通常要求是具有侦查（调查）取证权限的侦查人员、检察人员等，对于上述主体以外的其他人员，通常并不具有刑事诉讼中的侦查（调查）取证权。但是，对于取证主体身份的法定要求，仅限于强制性侦查措施，对任意性侦查措施执行主体的要求则可以适当宽松。对于法定主体以外的其他人员，并不具有实施强制性侦查措施的权限，此时就可能产生对公民基本权利的违法干预或侵犯的问题。

第二，电子数据取证方法合标准的审查。这要求审查电子数据取证方法是否符合相关技术标准。技术标准是对法律执行中技术措施的具体操作指南，其主要是为了规范电子数据取证过程，保障电子数据取证质量。我国刑事侦查依据的取证标准体系主要有国家标准（GB/T）、行业标准（GA/T）等。比如，作为国家标准的《电子物证数据搜索检验规程》（GB/T 29362—2012）等，作为行业标准的《电子物证数据搜索检验技术规范》（GA/T 825—2009）等。由于这些电子数据取证标准主要是为了规范取证过程、保障取证质量，故需要通过取证方法的合技术性规范来保障电子数据的真实性。

第三，对电子数据保管链条的审查。这要求审查电子数据取证笔录、见证人、取证录像等材料，其都是固定证据收集保管链条的重要方式，也都是电子数据的传统鉴真方法。取证笔录是对侦查人员取证活动、过程、证据状况等情况的记录，它是取证过程中固定、保全证据的重要方法之一。在后期诉讼活动中，若对证据的真实性、合法性发生争议，取证笔录

---

〔1〕　李玉华："同步录音录像下单警讯问的突破"，载《法学》2019年第4期。

即成为证明取证程序合法的重要依据，也是实物证据鉴真的重要方法之一。当取证笔录的签名、盖章、记载事项等发生欠缺或错误，将会使实物证据的合法性与真实性受到质疑。[1]见证人见证、取证录音录像等，承担着与取证笔录基本相同的诉讼功能，它们主要是用于证明实物证据合法性和真实性的证据材料，但是这些材料缺失或错误本身并不意味着对被调查人基本权利的侵犯或干预。在电子数据审查认定中，对取证笔录、见证人、取证录像等证据材料予以审查，主要是为了审查电子数据的真实性和合法性。

第四，对电子数据写保护、备份的审查。《电子数据规定》第 24 条第 4 项要求审查电子数据检查是否将电子数据存储介质通过写保护设备接入到检查设备；是否制作电子数据备份，并对备份进行检查；无法制作备份且无法使用写保护设备的，是否附有录像。这主要是对电子数据检查中写保护、备份的审查。电子证据检查与刑事诉讼法规定的检查并不相同，它是电子数据取证中产生的新兴侦查措施。写保护是电子数据取证中"不得改变数据原始性"技术原则的基本要求，对于采取写保护措施的设备，其存储的数据就只允许读出以被使用，但不允许写入以防破坏。通过写保护措施，可以让电子数据取证中的相关操作不会影响、改变电子数据，从而保障提取、分析电子数据的完整性和可靠性。

电子数据备份主要是为事后审查电子数据完整性和真实性提供比对材料。但是，在电子数据取证中，并非任何数据都具有备份条件。随着网络信息技术的飞速发展，存储介质容量越来越大，以一块 8TB 容量的机械硬盘为例，通过硬盘复制设备制作其数据备份耗时约 30 小时；而侦查取证活动的紧迫性，可能要求侦查人员仅能在数分钟内从该硬盘中提取优先的电子数据，此时要求数据备份可能会浪费大量时间，造成电子数据检查活动中的本末倒置。[2]因此，对电子数据备份的审查主要是为了保障电子数据

---

〔1〕　王景龙："论笔录证据的功能"，载《法学家》2018 年第 2 期。

〔2〕　刘浩阳等：《公安机关办理刑事案件电子数据取证规则释义与实务指南》，中国人民公安大学出版社 2020 年版，第 187 页。

的真实性和可靠性。

第五，对取证程序合法性的审查。《刑事诉讼法解释》第112条第2项、第3项仅在技术性侦查（调查）措施中要求审查是否"经过严格的批准手续"。该条第4项要求对采用技术侦查（调查）措施收集、提取的电子数据，需要审查是否经过严格的批准手续。《电子数据规定》第24条没有类似规定，这是《刑事诉讼法解释》对电子数据合法性审查增加的一项要求。技术侦查中"严格的批准手续"要求，是为了防止侦查人员随意启动技术侦查而侵犯公民基本权利。在对技术侦查收集电子数据的合法性审查中，专门要求审查"是否依法经过严格的批准手续"，对于保障公民基本权利具有积极意义。第112条第4项之规定在我国电子数据审查规则中无疑具有开创性，在一定程度上体现了电子数据合法性审查的独立价值。略显不足的是，这一规定对违反"严格批准手续"而采取技术侦查时所收集电子数据的效力未作任何说明。

第六，瑕疵电子数据和不可靠电子数据的排除。《电子数据规定》第27条规定了瑕疵电子数据的排除规则，其主要包括：（1）未以封存状态移送；（2）笔录或者清单上没有侦查人员、电子数据持有人（提供人）、见证人签名或者盖章；（3）对电子数据的名称、类别、格式等注明不清；（4）有其他瑕疵。其中情形（1）涉及电子数据存储介质封存。封存在电子数据"一体取证"中是较为常见的证据保全方式，它是通过电子数据存储介质的封闭保存来实现"不得改变数据原始性"技术原则。对于存储介质的封存应保证在不解除封存状态的情况下，无法使用或者启动被封存的原始存储介质；封存手机等具有无线通信功能的原始存储介质，应采取信号屏蔽、信号阻断或切断电源等技术措施，从而保证无法对处于封存状态的电子数据予以修改、删减，确保电子数据的真实性和完整性。实践中，对于不封存或封存不合规，就不能排除电子数据在保管、移送过程中存在修改或增减的风险。但是，由于封存仅是保全电子数据的方式之一，不以封存状态移送但可以通过其他方式证明电子数据的完整性和真实性的方式仍可以被采用，如完整性校验值比对、鉴定等方法；否则就不能作为定案依据。情形（2）和（3）主要涉及电子数据取证笔录。正如前文所述，取证笔录仅是电子数据鉴真方法之一，它可以通过见证人、取证录像等传统方法予以鉴真，也可以通过完整性校验、存储链存证等技术方法予以鉴真，此时也并不因取证笔录存在瑕疵就必然排除电子数据。情形（4）属于兜底条款，主要包括电子数据取证中的其他程序瑕疵，如制作、取得的时间、地点、方式等有疑问，不能提供必要证明或者作出合理解释，来源不明的电子数据，在真实性方面存在疑问，不能作为定案根据。[1] 上述瑕疵电子数据，主要是因取证程序中更多的各种瑕疵导致真实性存在疑问，其并不属于因违法取证而干预或侵犯公民基本权利的非法电子数据。

案例：王某等侵犯著作权案 [2]

在王某等侵犯著作权案中，辩护方认为：侦查机关收集代码电子数据并不是从上线运行的服务器调取，而是从被告人电脑中自由选择，且没有规范提取保管，《电子证据检查笔录》记载送检电脑未封存。

侦查机关提供情况说明：侦查机关从被扣押的台式机中将源程序代码拷贝出来并刻录成光盘作鉴定，民警提取完该数据后将该扣押计算机送至物证室封闭管理保存，物证室是独立房间，非经允许不得进入。移送审查起诉后，检察机关两次退侦，其间民警到 MM 公司调取了王某等人上传运行并盈利的程序代码。为侦查需要，民警多次在扣押电脑中查看涉案可疑程序代码，最终发现电脑中存放的涉案电子数据，送网警部门勘验提取形成《电子证据检查笔录》并将数据刻录成光盘。其间民警仅对电脑数据依法查看，并无删改。

法院经审理后认为：公安机关已对涉案电子数据收集提取过程、原始存储介质存放地点、电子数据来源、电子数据有无增减等情况予以书面说明，根据《电子数据规定》第22条、第23条之规定，可以认定涉案电子数据的真实性和完整性。即便电子数据收集提取存在"未以封存状态移

---

〔1〕 万春等："《关于办理刑事案件收集提取和审查判断电子数据若干问题的规定》理解与适用"，载《人民检察》2017年第1期。

〔2〕 详见徐州市中级人民法院（2016）苏03刑初100号刑事判决书。

送"等瑕疵，因公安机关已按《电子数据规定》第27条之规定作出合理解释，因此可以作为定案依据。辩护人没有提供相应证据证明存在《电子数据规定》第28条规定"不得作为定案的根据"的几种情形，故对该辩护意见不予采纳。

在该案中，法院将"未以封存状态移送"的电子数据作为瑕疵证据，并以侦查机关出具的情况说明为依据认为该瑕疵已得到有效补正。未以封存状态移送的存储介质通常并不会影响电子数据所承载的公民基本权利，因为侦查人员通常在封存前已经取得对电子数据存储介质的占有和控制，是否封存并不会干预或侵犯存储介质及电子数据所承载的基本权利；但是可能会影响电子数据的真实性和完整性，因为未封存介质可能在移送过程中产生电子数据的增减、修改和存储介质毁坏等情形，从而减损电子数据的真实性和完整性。此种风险的发生具有盖然性，故需要将其作为瑕疵证据，给予控诉方予以补正或作出合理解释的机会。在该案中，控诉方主要通过侦查机关出具的情况说明来对该瑕疵电子数据予以补正。但是，该补正可能存在形式化补正的问题，因为其并未说明未以封存状态移送的具体原因，且并未说明在未以封存状态移送情况下如何来保障电子数据的真实性和完整性。

《电子数据规定》第28条规定了不可靠电子数据排除规则，其主要包括：（1）电子数据系篡改、伪造或者无法确定真伪；（2）电子数据有增加、删除、修改等情形，影响电子数据的真实性；（3）其他无法保证真实性的电子数据。上述情形主要是基于电子数据不可靠、不真实而设置的强制排除规则，它们属于不可靠证据排除规则范畴，而不是非法证据排除规则。不可靠证据排除规则认为，当证据的取证操作程序或本身存在某种可能影响其真实性的缺陷时，其证明力存疑，对这类证据要求绝对排除。[1]不可靠证据的排除主要是基于证据不真实可能导致对案件事实错误认识和

---

〔1〕 纵博："不可靠证据排除规则的理论逻辑、适用困境及其出路"，载《环球法律评论》2020年第3期。

产生冤假错案而将证据排除，其基点在于实体正义和真实。非法证据的排除则主要是基于侦查机关的违法取证行为严重侵犯公民基本权利而将证据排除。

通过上述分析可知，电子数据的绝对排除规则和裁量排除规则具有以下特点：（1）现有排除规则主要是基于电子数据的真实性无法保障，而不是基于侦查机关取证侵犯电子数据承载的基本权利。瑕疵电子数据的裁量排除主要是基于电子数据的某些鉴真方法存在瑕疵，如封存状态、笔录制作、见证人见证等，而允许通过其他鉴真方法予以补救，如事后鉴定，在无法补救时则予以排除。这是主要基于鉴真方法存在瑕疵而导致电子数据鉴真不能的排除。电子数据的绝对排除规则是基于证据不真实而产生法律后果，它们并不是因为电子数据取证中违法侵犯基本公民权利而产生的法律后果。（2）电子数据排除规则与权利保障规则之间缺乏联系，无法为仅有的两项权利保障要素提供救济。电子数据合法性审查规则虽然在对取证主体、技术侦查审批程序的审查中体现了权利保障，但没有在排除规则中明确此两项要素不合法的法律后果，即对取证主体欠缺权限、技术审批违法情况下所收集的电子数据并没有规定予以排除，侦查机关违反权利保障程序欠缺相应制裁后果。对于侦查机关在电子数据侦查取证中严重侵犯公民财产权、隐私权等基本权利的违法行为，无法借助于现有电子数据合法性审查规则和排除规则来获得救济。

案例：黄某侵犯公民个人信息案[1]

在黄某侵犯公民个人信息案中，侦查人员在搜查扣押黄某电脑后，检查提取电脑内存储的公民信息达 6.52G，经统计含有公民信息约 551 万条。辩护方认为：公诉机关作为证据出示的载有 551 万条公民个人信息的两张光盘，来源不清，提取过程不完备；该存有 551 万条公民个人信息的电脑主机，属于原始存储介质，与当初侦查人员查扣的电脑主机不具有同一性，不能作为定案根据。

---

〔1〕　详见河南省鹿邑县人民法院（2018）豫 1628 刑初 374 号刑事判决书。

侦查机关对电子数据取证过程出具情况说明：在提取黄某电脑内电子数据时，对该台式电脑进行了扣押、封存，并全程录音录像，但因执法记录仪损坏，致使录音录像未随案移交。从黄某电脑主机内勘验、检查出公民信息刻录成光盘。制作过程在勘验检查笔录中有记录，未专门制作笔录，但已全程录音录像，但因执法记录仪损坏，致使录音录像未随案移交。

法院经审理后认为：侦查机关在从黄某电脑中提取电脑内存储的公民信息时应制作笔录但没有制作，侦查机关称进行全程录音录像，但因执法记录仪损坏，致使录音录像无法移交，故无法确认是否全程录音录像；侦查机关应以封存状态移送扣押黄某的电脑主机，经法院要求侦查机关移送了该主机，该主机经当庭出示，经黄某辨认确认是其主机，但已不完整，主机机箱正面下半部、机箱右侧贴有封条，但主机机箱正面上半部没有封存是一个空洞，明显缺少零件；侦查机关在原始介质（电脑主机）发生改变，辩护方对侦查机关提供的光盘记载电子数据的完整性、真实性提出异议的情况下，应当根据《电子数据规定》第 17 条规定进行鉴定，以证实其提取数据的真实性、完整性，但侦查机关没有进行鉴定。故，依据《电子数据规定》第 28 条之规定对上述电子数据予以排除。

在该案中，法院就依据《电子数据规定》第 28 条之规定将光盘中存储的电子数据予以排除。在电子数据真实性发生争议时，需要由电子数据的举证方对其真实性承担证明责任。在该案中，辩护方并不认可含有约 551 万条公民信息电子数据的真实性，此时需要由控诉方来证明该电子数据的真实性。通常来说，控诉方可以通过取证笔录、同步录像、见证人辨认、存储介质封存状态、鉴定意见等方式来证明电子数据的真实性。但是，侦查机关在该案中没有制作提取笔录，没有进行同步录音录像，没有以封存状态移送扣押涉案电脑主机箱，后期对电子数据发生争议时，也没有委托鉴定机构对其真实性和完整性予以鉴定，故无法证明和保障光盘中电子数据的真实性、完整性。故，法院依据《电子数据规定》第 28 条之规定对上述电子数据予以排除。在该案中，侦查机关对搜查扣押的电脑已经过依法审批授权，不存在违法搜查侵犯公民基本权利的问题，但侦查机关违反了《刑事诉讼法》《电子数据规定》《电子数据取证规则》等法律法规关于搜查中笔录制作、同步录音录像等程序要求，这些程序主要是为了保障收集证据的真实性和可靠性，属于真实性保障程序。违反此类程序通常并不会侵犯或干预公民基本权利，但此类程序违法会导致证据来源、流转等情况无法得到证明，从而使得电子数据因欠缺真实性而被排除。

第四节　非法电子数据排除规则的制度建构

中国信息通信研究院发布的《中国数字经济发展白皮书》显示，2020年我国数字经济规模已经达到39.2万亿元，占GDP比重为38.6%。在数字经济占据重要比例的背景下，我国数据权利保护立法也日臻完善。比如，我国《民法典》已经明确了数据财产权、数据隐私权、个人信息权等，[1]这些制度为私法领域的数据权利提供了法律依据；我国相继出台《网络安全法》《数据安全法》《个人信息保护法》等专门立法。但是，《刑事诉讼法》尚未确立对数据基本权利的程序救济机制，也未将电子数据纳入非法证据排除规则适用范围，由此就形成了数据权利保障的短板和漏洞。为了弥补此短板，更好地促进我国数据经济发展，在刑事诉讼中实现对数字权利的保障和救济，有必要确立非法电子数据排除规则。

第一，在刑事诉讼中确立尊重和保障"数字人权"的基本理念。我国《刑事诉讼法》第2条已将"尊重和保障人权"作为其立法目的之一，这就意味着刑事诉讼立法和司法需要将其作为价值目标。国家专门机关在收集证据、查明事实、追诉犯罪等各项诉讼活动中应当遵循程序法治的要求，防止国家权力在追诉犯罪中的滥用给公民基本权利造成不当侵害。"人权保障是刑事诉讼法的善恶标尺，正是人权保障决定了肆意的权力滥用与法定正当程序的区别，也正是人权保障直接反映出国家民主与法治的

---

〔1〕　参见《民法典》第127条、第1032条、第1033条、第1034条等条款。

进步水平。"[1]在网络信息时代，人权已经不再局限于有形物所承载的传统人权范畴，数字经济和智慧社会的飞速发展所带来的数字化重塑的人权形态即"数字人权"。[2]在数字人权已成为网络信息人权重要组成部分的情况下，刑事诉讼中"尊重和保障人权"的原则自然也会衍生出对数字人权的尊重和保障。

电子数据作为网络信息时代的"证据之王"，其可能承载着财产权、隐私权、通信自由权、言论自由权等基本权利。[3]在网络信息时代之前，人们主要通过书籍、报刊、广播等方式来表达自己的思想和观点；在网络信息时代，人们主要借助于网页、博客、微信、朋友圈等来行使言论自由权，这就会产生"言论表达类电子数据"。在网络信息社会之前，人们的财产权主要依附于各种有形物，如房屋、土地、车辆、生活物品、生产设备等；在网络信息时代，人们除了拥有实物财产外，有些财产也会以数据形式存在，如数字货币、算法程序、操作系统等，这就会产生"财产类电子数据"。在网络信息时代之前，人们主要通过纸质邮件、电话电报等方式行使通信自由权；在网络信息时代，人们主要通过电子邮件、QQ、微信等网络信息技术进行通信交流，这就会产生"通信类电子数据"。对于承载财产权、隐私权、通信自由权的电子数据，对其侦查取证行为应当归为强制性侦查范畴，其制度设计和实践运行应遵循法律保留主义、令状主义、比例原则等基本要求。需要将电子数据纳入非法证据排除规则适用范围，对于通过严重侵犯公民基本权利的违法取证行为而收集的电子数据，应当将其作为非法电子数据而予以排除。通过非法电子数据排除方式，对侦查机关违法侵犯数字基本权利的行为给予程序性制裁，从而实现对公民数字基本权利的法律救济。

第二，将承载财产权、隐私权等基本权利的电子数据列入搜查扣押的

---

〔1〕 闵春雷："《刑事诉讼法修正案（草案）》完善的基本方向——以人权保障为重心"，载《政法论坛》2012年第1期。

〔2〕 马长山："智慧社会背景下的'第四代人权'及其保障"，载《中国法学》2019年第5期。

〔3〕 谢登科："论电子数据收集中的权利保障"，载《兰州学刊》2020年第12期。

适用对象中。从非法证据排除规则的诞生和发展来看，其主要是为了解决违法搜查中对公民基本权利侵害的问题，通过否定非法搜查获取证据的证据能力，来实现对公民基本权利的救济。目前，我国《刑事诉讼法》及其相关司法解释和规范性文件在规定电子数据侦查取证措施时，并未将电子数据列为搜查扣押的直接适用对象，仍然仅将搜查扣押的适用对象限定于作为有形物的传统实物证据。《电子数据规定》《电子数据取证规则》等司法解释和规范性文件将现场勘验、网络远程勘验、网络在线提取、调取、鉴定、检查等作为电子数据收集取证的主要措施。即便对于承载财产权、隐私权等基本权利的电子数据，也主要是通过这些侦查取证措施予以收集，而不是通过搜查扣押方式予以收集。由于现场勘验、网络远程勘验、网络在线提取、调取、鉴定、检查等侦查措施，主要是任意性侦查措施，法律通常对其运行程序不作严格限定，如适用这些侦查措施时通常无须经过侦查机关负责人审批，可以由案件承办人根据情况来自由裁量决定是否适用以及如何适用上述侦查措施。

　　任意性侦查措施在法律保留主义、令状主义、比例原则等程序性保障方面，相比作为强制性侦查措施的搜查扣押要大幅弱化，电子数据所承载的基本权利在适用现场勘验、网络远程勘验、网络在线提取、调取、鉴定、检查等任意性侦查措施时无法得到充分程序保障，程序性救济和威慑的效果也会大打折扣。因为强制性侦查使用强制方法进行调查取证、查获犯罪嫌疑人的侦查；而任意性侦查不使用强制方法，不干预或者侵犯被调查对象重大权益的侦查。[1] 由于任意性侦查不会侵犯公民基本权利，故法院在审查通过适用任意性侦查措施所收集的证据材料时，通常会将审查重点放在证据的真实性和关联性上，而相对弱化证据合法性审查。由于《电子数据规定》《电子数据取证规则》主要将现场勘验、网络远程勘验、网络在线提取等任意侦查措施作为电子数据的侦查取证措施，即便对于承载公民财产权、隐私权等基本权利的电子数据也主要通过上述任意性侦查措

---

　　[1] [日] 田口守一：《刑事诉讼法》，张凌、于秀峰译，法律出版社 2019 年版，第 52-53 页。

施予以收集，这就会导致法院在对电子数据予以审查时，可能不会关注违法侦查取证中的数据基本权利的侵犯与干预问题，也就不会通过非法证据排除方式对于数据基本权利予以程序性救济。因此，有必要将承载财产权、隐私权等基本权利的电子数据侦查取证纳入强制性侦查措施的范畴。对于电子数据取证的强制性侦查措施，《电子数据规定》《电子数据取证规则》仅规定了技术侦查措施，而并未将电子数据纳入搜查扣押的直接适用对象。从应然层面来看，对于承载公民基本权利的电子数据，绝大多数需要通过搜查扣押方式来予以收集，而不是借助技术侦查措施。技术侦查措施仅适用于特定案件中特定类型电子数据的收集，其适用范围相对较小。因此，为更好地实现对数据人权的有效保障，应当将承载公民财产权、隐私权等基本权利的电子数据纳入搜查扣押的直接适用对象，这是非法电子数据排除规则得以建立的有效前提之一。

第三，将电子数据纳入非法证据排除规则适用范围，明确非法电子数据主要是侦查人员违法取证侵犯数字基本权利的电子数据，而不是真实性无法得到保障的电子数据。设置证据合法性条件的主要目的在于平衡各种诉讼价值，在诉讼中不仅追求查明事实的价值目标，也需要考虑人权保障、诉讼效率等法律价值。[1]在电子数据的侦查取证程序中，有些程序是为了保障收集电子数据的真实性而设置的，即"真实性保障程序"，如取证笔录、见证人、取证录像等程序要求。有些程序则是为了保障被调查人的基本权利而设置的，即"权利保障性程序"，如搜查、技术侦查中设置的审批程序。这就决定了证据合法性审查，有些是通过合法性审查来保障证据真实性，有些是通过合法性审查来保障被调查人权利。前者属于广义的证据合法性审查范畴，其也可以放在证据真实性审查规则中予以规定；后者则属于狭义的证据合法性审查范畴，其真正体现了证据合法性审查的独立价值。狭义证据合法性审查规则的集中体现就是非法证据排除规则。非法证据排除规则作为现代国家的法治成果，其主要规制证据能力问题而非证明力问题，它通过对违法侵犯公民基本权利取得的证据予以排除，来

---

〔1〕 施鹏鹏：《证据法》，中国政法大学出版社 2020 年版，第 89-115 页。

遏制侦查人员非法取证，从而保障被调查人的基本权利。[1]电子数据作为网络信息时代的"证据之王"，其可能承载着财产权、隐私权、通信自由权、言论自由权等基本权利。对于通过违法搜查、违法技术侦查措施等强制性侦查来收集电子数据从而侵犯公民基本权利的行为，也需要通过非法证据排除方式来实现对数字权利的救济。

第四，对非法电子数据的认定应以基本权利不法侵犯为标准。我国《刑事诉讼法》规定了非法实物证据的认定标准，即收集不符合法定程序，可能严重影响司法公正，不能补正或者作出合理解释的证据。将电子数据纳入非法证据排除规则适用范围，则意味着对非法电子数据的认定亦应遵循上述标准。这三个要素呈现递增态势，逐步提高了非法电子数据的认定门槛。"收集不符合法定程序"的涵盖范围较广，包括取证主体不合法、表现形式不合法、取证手段不合法等。比如，由不具备办案资格的人员收集的电子数据、取证笔录缺少有效签字或盖章的电子数据、无搜查证而收集的电子数据等。不过，很多收集不符合法定程序的电子数据属于技术性违法的瑕疵证据，并不会对犯罪嫌疑人、被告人基本权利构成侵害。"对于带有技术性违法的程序瑕疵，若动辄采取证据排除，则有违比例原则，使得程序性制裁措施与非法取证行为的严重程度不相适应，容易使其他重要利益受到不应有的损害。"[2]因此，需要通过"严重影响司法公正"的条件限定非法电子数据范围。非法证据排除规则，通过对侵犯公民基本权利方式收集的证据予以排除的程序性制裁，来敦促侦查人员依法办案，实现对诉讼参与人权利的保障。因此，"严重影响司法公正"主要需从取证行为违法自身对公民权利的侵害这一角度出发，而不是着眼于排除实物证据后可能对认定事实产生的不利影响。收集电子数据的行为故意违反法定程序，侵犯了公民财产权、通信自由和通信秘密权等基本人权，可视为"严重影响司法公正"。因此，对于收集不符合法定程序、侵犯公民基本权

---

〔1〕　闵春雷："非法证据排除规则适用问题研究"，载《吉林大学社会科学学报》2014 年第2 期。

〔2〕　陈瑞华：《刑事证据法学》，北京大学出版社 2012 年版，第 293 页。

利的电子数据，可以纳入非法证据范围，其证据能力处于待定状态。考虑到电子数据属于实物证据，采用违法侵犯公民基本权利方法收集的电子数据，一般不会影响其关联性和真实性。因此，对于非法电子数据应给予补正或合理解释的机会。若能补正或作出合理解释，则承认其证据能力；若不能补正或作出合理解释，则否定其证据能力。

参考文献

一、中文著作

1. 陈光中主编：《刑事诉讼法》，北京大学出版社 2013 年版。

2. 陈瑞华：《程序性制裁理论》，中国法制出版社 2010 年版。

3. 陈瑞华：《刑事诉讼法学》，北京大学出版社 2021 年版。

4. 陈瑞华：《刑事证据法学》，北京大学出版社 2018 年版。

5. 陈学权：《科技证据论——以刑事诉讼为视角》，中国政法大学出版社 2007 年版。

6. 戴长林、罗国良、刘静坤：《中国非法证据排除制度：原理·案例·适用》，法律出版社 2016 年版。

7. 戴长林主编：《网络犯罪司法实务研究及相关司法解释理解与适用》，人民法院出版社 2014 年版。

8. 方玉珍：《电子证据认知新思路——基于实验的直观体现方式》，中国法制出版社 2019 年版。

9. 冯娇：《互联网电子证据论：以刑事诉讼为视角》，北京大学出版社 2023 年版。

10. 傅美惠：《侦查法学》，中国检察出版社 2016 年版。

11. 高航、俞学劢、王毛路：《区块链与人工智能：数字经济新时代》，电子工业出版社 2018 年版。

12. 顾敏康：《逮捕、搜查与扣押的宪法问题：美国的经验教训》，法律出版社 2009 年版。

13. 郭旨龙、丁琪、高严：《网络犯罪公约的修正思路》，中国法制出版社 2016 年版。

14. 韩阳、高咏、孙连钟：《中美刑事诉讼制度比较研究》，中国法制出版社 2013 年版。

15. 何家弘、刘品新：《证据法学》，法律出版社 2019 年版。

16. 何家弘主编：《电子证据法研究》，法律出版社 2002 年版。

17. 何渊主编：《数据法学》，北京大学出版社 2020 年版。

18. 胡锦光、韩大元：《中国宪法》，法律出版社 2016 年版。

19. 胡云腾主编：《网络犯罪刑事诉讼程序意见暨相关司法解释理解与适用》，人民法院出版社 2014 年版。

20. 京东法律研究院：《欧盟数据宪章：〈一般数据保护条例〉GDPR 评述及实务指引》，法律出版社 2018 年版。

21. 郎胜：《中华人民共和国刑事诉讼法修改与适用》，新华出版社 2012 年版。

22. 李荣耕：《数位时代中的搜索扣押》，元照出版有限公司 2020 年版。

23. 李寿伟主编：《中华人民共和国刑事诉讼法解读》，中国法制出版社 2018 年版。

24. 李双其、林伟：《侦查中电子数据取证》，知识产权出版社 2018 年版。

25. 李彦：《打击跨国网络犯罪国际法问题研究》，中国法制出版社 2021 年版。

26. 林钰雄、王士帆、连孟琦：《德国刑事诉讼法注释书》，新学林出版股份有限公司 2023 年版。

27. 林钰雄：《刑事诉讼法（上册）》，中国人民大学出版社 2005 年版。

28. 林钰雄：《刑事诉讼法（下册）》，中国人民大学出版社 2005 年版。

29. 刘浩阳等：《公安机关办理刑事案件电子数据取证规则释义与实务指南》，中国人民公安大学出版社 2020 年版。

30. 刘浩阳主编：《电子数据取证》，清华大学出版社 2016 年版。

31. 刘品新：《电子证据法》，中国人民大学出版社 2021 年版。

32. 刘玉民、于海侠：《刑事证据规则适用》，中国民主法制出版社 2012 年版。

33. 龙宗智等：《司法改革与中国刑事证据制度的完善》，中国民主法制出版社 2016 年版。

34. 马悦：《美国证据法》，中国政法大学出版社 2012 年版。

35. 麦永浩主编：《电子数据司法鉴定实务》，法律出版社 2021 年版。

36. 孟军：《艰难的正义：影响美国的 15 个刑事司法大案评析》，中国法制出版社 2015 年版。

37. 潘申明等：《电子数据审查判断与司法应用》，中国检察出版社 2017 年版。

38. 裴炜：《数字正当程序——网络时代的刑事诉讼》，中国法制出版社 2021 年版。

39. 皮勇：《刑事诉讼中的电子证据规则研究》，中国人民公安大学出版社 2005 年版。

40. 全国人大常委会法制工作委员会行政法室著：《〈中华人民共和国行政强制法〉释义与案例》，中国民主法制出版社 2012 年版。

41. 施鹏鹏、褚侨:《德国刑事诉讼与证据制度专论》,法律出版社 2023 年版。

42. 施鹏鹏:《证据法》,中国政法大学出版社 2020 年版。

43. 孙谦:《〈人民检察院刑事诉讼规则(试行)〉理解与适用》,中国检察出版社 2012 年版。

44. 孙远:《刑事证据能力导论》,人民法院出版社 2007 年版。

45. 王立梅、刘浩阳:《电子数据取证基础研究》,中国政法大学出版社 2016 年版。

46. 王学光:《电子证据法律问题研究》,法律出版社 2019 年版。

47. 王兆鹏:《美国刑事诉讼法》,北京大学出版社 2005 年版。

48. 吴宏耀等:《美国联邦宪法第四修正案:非法证据排除规则》,中国人民公安大学出版社 2010 年版。

49. 吴宏耀等:《美国宪法第四修正案:搜查与扣押》,中国人民公安大学出版社 2010 年版。

50. 张翔主编:《德国宪法案例选释(第 2 辑)言论自由》,法律出版社 2016 年版。

51. 张玉镶主编:《刑事侦查学》,北京大学出版社 2017 年版。

52. 赵刚、张健:《数字化信任:区块链的本质与应用》,电子工业出版社 2020 年版。

53. 赵长江:《刑事电子数据证据规则研究》,法律出版社 2018 年版。

二、中文论文

54. 艾明:"调取证据应该成为一项独立的侦查取证措施吗?",载《证据科学》2016 年第 2 期。

55. 艾明:"刑事诉讼法中的侦查概括条款",载《法学研究》2017 年第 4 期。

56. 陈邦达:"论'有专门知识的人'参与刑事诉讼——兼论《刑事诉讼法》第 192 条",载《大连理工大学学报(社会科学版)》2014 年第 3 期。

57. 陈醇:"非法集资刑事案件涉案财产处置程序的商法之维",载《法学研究》2015 年第 5 期。

58. 陈瑞华:"案卷笔录中心主义——对中国刑事审判方式的重新考察",载《法学研究》2006 年第 4 期。

59. 陈卫东:"涉案财产处置程序的完善——以审前程序为视角的分析",载《法学杂志》2020 年第 3 期。

60. 陈永生:"电子数据搜查、扣押的法律规制",载《现代法学》2014 年第 5 期。

61. 陈永生:"论电子通讯数据搜查、扣押的制度建构",载《环球法律评论》2019 年第 1 期。

62. 陈征："论宪法出版自由的保护范围"，载《当代法学》2014 年第 4 期。

63. 陈征："我国宪法中的平等权"，载《中共中央党校学报》2010 年第 5 期。

64. 程雷："非法证据排除规则规范分析"，载《政法论坛》2014 年第 6 期。

65. 董坤："不得强迫自证其罪原则在我国的确立与完善"，载《国家检察官学院学报》2012 年第 2 期。

66. 杜强强："法院调取通话记录不属于宪法上的通信检查"，载《法学》2019 年第 12 期。

67. 段莉琼、吴博雅："区块链证据的真实性认定困境与规则重构"，载《法律适用》2020 年第 19 期。

68. 冯大同："国际贸易中应用电子数据交换所遇到的法律问题"，载《中国法学》1993 年第 5 期。

69. 冯俊伟："跨境电子取证制度的发展与反思"，载《法学杂志》2019 年第 6 期。

70. 高波："电子数据偏在问题之解决——基于书证提出义务规则的思考"，载《法律科学》2019 年第 2 期。

71. 高国祐："线上搜索之合宪性分析——评德国刑事诉讼法相关规范"，载《军法专刊》2022 年第 2 期。

72. 高艳东、李诗涵："数字时代财产犯罪中财物的扩张解释：以数据服务为例"，载《吉林大学社会科学学报》2020 年第 5 期。

73. 顾永忠："我国司法体制下非法证据排除规则的本土化研究"，载《政治与法律》2013 年第 2 期。

74. 韩德明："穿行于规则和规范之间——侦查技术理论引论"，载《北京人民警察学院学报》2005 年第 3 期。

75. 韩旭至："司法区块链的复合风险与双层规制"，载《西安交通大学学报（社会科学版）》2021 年第 1 期。

76. 韩哲："电子证据的审查与辩护"，载《中国检察官》2017 年第 16 期。

77. 何邦武："论网络交易犯罪惩治中电子数据的保全"，载《东方法学》2017 年第 4 期。

78. 胡丽、齐爱民："论'网络疆界'的形成与国家领网主权制度的建立"，载《法学论坛》2016 年第 2 期。

79. 胡铭："电子数据在刑事证据体系中的定位与审查判断规则——基于网络假货犯罪

案件裁判文书的分析"，载《法学研究》2019 年第 2 期。

80. 胡铭："技术侦查：模糊授权抑或严格规制——以《人民检察院刑事诉讼规则》第 263 条为中心"，载《清华法学》2013 年第 6 期。

81. 蒋勇："大数据背景下我国电子数据的附带搜查问题研究——以美国法上的判例为参照"，载《兰州学刊》2019 年第 5 期。

82. 李睿懿、韩景慧："电子数据的证据资格和证明力的审查与判断"，载《中国检察官》2017 年第 16 期。

83. 李勇、翟荣伦："电子证据的证据能力及其审查方法"，载《中国检察官》2017 年第 16 期。

84. 李玉华："同步录音录像下单警讯问的突破"，载《法学》2019 年第 4 期。

85. 梁坤："跨境远程电子数据取证制度之重塑"，载《环球法律评论》2019 年第 2 期。

86. 梁坤："论初查中收集电子数据的法律规制——兼与龙宗智、谢登科商榷"，载《中国刑事法杂志》2020 年第 1 期。

87. 梁坤："美国《澄清合法使用境外数据法》背景阐释"，载《国家检察官学院学报》2018 年第 5 期。

88. 刘贵祥、闫燕："《关于刑事裁判涉财产部分执行的若干规定》的理解与适用"，载《人民司法（应用）》2015 年第 1 期。

89. 刘铭："公安电子数据取证规范的文本分析"，载《中国人民公安大学学报（社会科学版）》2021 年第 4 期。

90. 刘品新："电子取证的法律规制"，载《法学家》2010 年第 3 期。

91. 刘品新："电子证据的基础理论"，载《国家检察官学院学报》2017 年第 1 期。

92. 刘品新："论区块链证据"，载《法学研究》2021 年第 6 期。

93. 刘品新："印证与概率：电子证据的客观化采信"，载《环球法律评论》2017 年第 4 期。

94. 刘亚："电子证据：跨越国界的互联网取证"，载《方圆》2017 年第 10 期。

95. 柳忠卫、滕孝海："论贪污贿赂犯罪初查证据的转化"，载《中国刑事法杂志》2009 年第 4 期。

96. 龙宗智："初查所获证据的采信原则——以渎职侵权犯罪案件初查为中心"，载《人民检察》2009 年第 13 期。

97. 龙宗智："强制侦查司法审查制度的完善"，载《中国法学》2011 年第 6 期。

98. 龙宗智："取证主体合法性若干问题"，载《法学研究》2007 年第 3 期。

99. 龙宗智："寻求有效取证与保证权利的平衡——评'两高一部'电子数据证据规定"，载《法学》2016 年第 11 期。

100. 马长山："智慧社会背景下的'第四代人权'及其保障"，载《中国法学》2019 年第 5 期。

101. 闵春雷："《刑事诉讼法修正案（草案）》完善的基本方向——以人权保障为重心"，载《政法论坛》2012 年第 1 期。

102. 闵春雷："非法证据排除规则适用问题研究"，载《吉林大学社会科学学报》2014 年第 2 期。

103. 闵春雷："以审判为中心：内涵解读及实现路径"，载《法律科学》2015 年第 3 期。

104. 裴炜："比例原则视域下电子侦查取证程序性规则构建"，载《环球法律评论》2017 年第 1 期。

105. 裴炜："犯罪侦查中网络服务提供商的信息披露义务——以比例原则为指导"，载《比较法研究》2016 年第 4 期。

106. 裴炜："刑事立案前后电子取证规则衔接问题研究——以电子数据证据过程性为视角"，载《当代法学》2019 年第 2 期。

107. 裴兆斌："论刑事诉讼中电子数据取证模式"，载《东方法学》2014 年第 5 期。

108. 帅奕男："基本权利'新样态'的宪法保障——以互联网时代公民通信自由权为例"，载《法学评论》2018 年第 6 期。

109. 孙明泽："刑事诉讼电子数据冻结的程序规制研究"，载《中国人民公安大学学报（社会科学版）》2020 年第 1 期。

110. 孙锐："实物证据庭审质证规则研究——以美国鉴真规则的借鉴为视角"，载《安徽大学学报（哲学社会科学版）》2016 年第 4 期。

111. 孙远："刑事证据能力的法定与裁量"，载《中国法学》2005 年第 5 期。

112. 万春等："《关于办理刑事案件收集提取和审查判断电子数据若干问题的规定》理解与适用"，载《人民检察》2017 年第 1 期。

113. 万毅、陈大鹏："初查若干法律问题研究"，载《中国刑事法杂志》2008 年第 4 期。

114. 万毅："取证主体合法性理论批判"，载《江苏行政学院学报》2010 年第 5 期。

115. 汪振林、张从慧："刑事初查电子数据取证措施适性研究"，载《重庆邮电大学学报（社会科学版）》2019 年第 2 期。

116. 王超："刑事证据排除的两种模式"，载《现代法学》2013 年第 4 期。

117. 王景龙："论笔录证据的功能"，载《法学家》2018 年第 2 期。

118. 王锴："调取查阅通话（讯）记录中的基本权利保护"，载《政治与法律》2020 年第 8 期。

119. 王利民："论个人信息权的法律保护"，载《现代法学》2013 年第 4 期。

120. 王敏远、祁建建："电子数据的收集、固定和运用程序规范问题研究"，载《法律适用》2014 年第 3 期。

121. 吴桐："电子数据搜查、扣押的行为相关性研究"，载《中国人民公安大学学报（社会科学版）》2021 年第 5 期。

122. 夏燕、沈天月："美国 CLOUD 法案的实践及其启示"，载《中国社会科学院研究生院学报》2019 年第 5 期。

123. 谢登科、刘冷："论'扫黄打非'中电子数据的收集与认定——以'快播案'为视角"，载《出版发行研究》2017 年第 4 期。

124. 谢登科："电子数据的技术性鉴真"，载《法学研究》2022 年第 2 期。

125. 谢登科："电子数据的鉴真问题"，载《国家检察官学院学报》2017 年第 5 期。

126. 谢登科："电子数据的取证主体：合法性与合技术性之间"，载《环球法律评论》2018 年第 1 期。

127. 谢登科："电子数据网络远程勘验规则反思与重构"，载《中国刑事法杂志》2020 年第 1 期。

128. 谢登科："个人信息跨境提供中的企业合规"，载《法学论坛》2023 年第 1 期。

129. 谢登科："论电子数据收集中的权利保障"，载《兰州学刊》2020 年第 12 期。

130. 谢登科："论技术侦查中的隐私权保障"，载《法学论坛》2016 年第 3 期。

131. 谢登科："论行政执法证据在刑事诉讼中的使用——基于典型案例的实证分析"，载《华东政法大学学报》2016 年第 4 期。

132. 谢登科："论侦查机关电子数据调取权及其程序控制——以《数据安全法（草案）》第 32 条为视角"，载《环球法律评论》2021 年第 1 期。

133. 谢登科："讯问中录音录像制度适用问题研究：以念斌案为视角"，载《北京理工大学学报（社会科学版）》2016 年第 4 期。

134. 闫立东："以'权利束'视角探究数据权利"，载《东方法学》2019 年第 2 期。

135. 杨夏："诉讼外限制性自认的效力"，载《人民司法（案例）》2018 年第 26 期。

136. 喻海松："刑事电子数据的规制路径与重点问题"，载《环球法律评论》2019 年第

1 期。

137. 张欣："电子数据搜查法律规制研究"，吉林大学 2022 年博士学位论文。

138. 赵长江等："电子数据取证'不损坏原件'原则的挑战与变通"，载《山西警察学院学报》2021 年第 1 期。

139. 郑飞："证据属性层次论——基于证据规则结构体系的理论反思"，载《法学研究》2021 年第 2 期。

140. 郑曦："刑事侦查中远程在线提取电子数据的规制"，载《国家检察官学院学报》2019 年第 5 期。

141. 朱赟先："电子数据搜查：规定情境与新经验主义"，载《江西社会科学》2021 年第 3 期。

142. 朱嘉珺："数字时代刑事侦查与隐私权保护的界限——以美国卡平特案大讨论为切入口"，载《环球法律评论》2020 年第 3 期。

143. 纵博："不可靠证据排除规则的理论逻辑、适用困境及其出路"，载《环球法律评论》2020 年第 3 期。

三、中文译著

144. 王进喜编译：《证据科学读本：美国"Daubert"三部曲》，中国政法大学出版社 2015 年版。

145. ［德］托马斯·魏根特：《德国刑事程序法原理》，江溯等译，中国法制出版社 2021 年版。

146. ［俄］К. Ф. 古岑科主编：《俄罗斯刑事诉讼教程》，黄道秀等译，中国人民公安大学出版社 2007 年版。

147. ［加］唐·塔普斯科特、亚力克斯·塔普斯科特：《区块链革命：比特币底层技术如何改变货币、商业和世界》，凯尔、孙铭、周沁园译，中信出版社 2016 年版。

148. ［美］Eoghan Casey：《数字证据与计算机犯罪》，陈圣琳等译，电子工业出版社 2004 年版。

149. ［美］Marjie T. Britz：《计算机取证与网络犯罪导论》，戴鹏、周雯、邓勇进译，电子工业出版社 2016 年版。

150. ［美］Sherri Davidoff、Jonathan Ham：《黑客大追踪：网络取证核心原理与实践》，崔孝晨等译，电子工业出版社 2016 年版。

151. ［美］阿维娃·奥伦斯坦：《证据法要义》，汪诸豪、黄燕妮译，中国政法大学出版社 2018 年版。

152. ［美］艾伦·德肖维茨：《一辩到底：我的法律人生》，朱元庆译，北京大学出版社 2020 年版。

153. ［美］爱德华·J. 伊姆温克尔里德：《科学证据的秘密与审查》，王进喜等译，中国人民大学出版社 2020 年版。

154. ［美］路易斯·D. 布兰代斯等：《隐私权》，宦盛奎译，北京大学出版社 2014 年版。

155. ［美］罗纳德·J. 艾伦等：《证据法的分析进路：文本、问题和案例》，张保生、王进喜、汪诸豪译，中国人民大学出版社 2023 年版。

156. ［美］亚伦·普赞诺斯基、杰森·舒尔茨：《所有权的终结：数字时代的财产保护》，赵精武译，北京大学出版社 2022 年版。

157. ［美］约书亚·德雷斯勒、艾伦·C. 迈克尔斯：《美国刑事诉讼法精解（第一卷·刑事侦查）》，吴宏耀译，北京大学出版社 2009 年版。

158. ［日］田口守一：《刑事诉讼法》，张凌、于秀峰译，法律出版社 2019 年版。

159. ［日］田口守一：《刑事诉讼的目的》，张凌、于秀峰译，中国政法大学出版社 2011 年版。

160. ［英］约翰·帕克：《全民监控：大数据时代的安全与隐私困境》，关立深译，金城出版社 2016 年版。

四、外文论文

161. Daniel J. Solove, The Coexistence of Privacy And Security: Fourth Amendment Codification And Professor Kerr's Misguided Call for Judicial Deference, 74 Fordham Law Review (2005).

162. Jennifer Daskal, The Un-Territoriality of Data, 125 Yale Law Journal 326 (2015).

163. Haynes, Derek, Search Protocols: Establishing the Protections Mandated by the Fourth Amendment against Unreasonable Searches and Seizures in the World of Electronic Evidence, McGeorge Law Review 757 (2009).

164. Miranda Rutherford, The CLOUD Act: Creating Executive Branch Monopoly over Cross-Border Data Access, Berkeley Technology Law Journal, 34 (4), (2019).

165. Nathalie A. Smuha, Towards the EU Harmonization of Access to Cross-Border E-Evidence: Challenges for Fundamental Rights & Consistency, European Criminal Law Review

8 (2018).

166. Orin S. Kerr, Digital Evidence and the New Criminal Procedure, Columbia Law Review, 105 (2005).

167. Orin S. Kerr, The Fourth Amendment and New Technologies: Constitutional Myths and The Case For Caution, Villanova Law Review 801 (2004).

168. Raphael Winick, Searches and Seizures of Computers and Computer Data, Harvard Journal of Law & Technology 75 (1994).

169. Robert J. Currie, Cross-Border Evidence Gathering in Transnational Criminal Investigation: Is the Microsoft Ireland Case the Next Frontier, (2016) 54 Canadian Yearbook of International Law.

170. Sofie Depauw, Electronic Evidence in Criminal Matters: How About E-Evidence Instruments 2.0, 8 European Criminal Law Review 1 (2018).

171. Susan W. Brenner, Barbara A. Frederikse. Computer Searches and Seizures: Some Unresolved Issues. Michigan Telecommunications and Technology Law Review, 8.

172. Tim Cochrane, The Presumption Against Extraterritoriality, Mutual Legal Assistance, and the Future of Law Enforcement Cross-Border Evidence Collection, 85 Modern Law Review 526 (2021).

关键词索引